第一部
公开出版的
高岗传记

高岗传

GAOGANGZHUAN

戴茂林 赵晓光·著

陕西新华出版传媒集团
陕 西 人 民 出 版 社

THIRD
第三编辑室

图书在版编目（CIP）数据

高岗传/戴茂林，赵晓光著，—西安：陕西人民出版社，2011

ISBN 978 -7 -224 -09634 -7

Ⅰ. ①高… Ⅱ. ①戴… ②赵… Ⅲ. ①高岗（1905～1954）—传记 Ⅳ. ①K827 =7

中国版本图书馆 CIP 数据核字（2011）第006113号

高 岗 传

作　　者	戴茂林　赵晓光
出版发行	陕西新华出版传媒集团　陕西人民出版社 西安北大街147号　邮编：710003
印　　刷	西安市建明工贸有限责任公司
开　　本	787mm×1092mm　16开　30.75印张　2插页
字　　数	544千字
版　　次	2011年4月第1版　2019年3月第8次印刷
书　　号	ISBN 978 -7 -224 -09634 -7
定　　价	65.00元

CONTENTS

目录

中篇　到东北

下篇 进北京

附录

引子

2008年的12月26日，在北京富力万力酒店三楼宴会大厅，硕大的"寿"字在临时搭建的舞台上高挂，一幅一个老太太的半身画像端放在舞台中央。操着陕北、东北、北京等地口音的男女老少团团围坐的21桌酒席布满大厅，画像中的老人身着喜庆的红衣慈祥地坐在主桌的正位上享受着人们的生日祝福。

这位老寿星就是有着70年党龄目前享受国家部级待遇的李力群。

不过，明眼人一看就知，虽然1937年就奔赴延安参加革命的李老太太资历不浅，但在阴冷的寒冬有如此众多的男男女女老老少少从各地赶来为其祝寿，定非寻常。

果然，李力群在由别人代念的讲话中倒出了其中的缘由：

"今天是我的生日，我已经88岁了。今天，还有这么多的老同志，这么多的年轻人来看我，我很感谢，也很感动！首先，我要感谢陕北革命根据地来的父老乡亲，是你们在革命最危难的时刻，以黄土地宽广的胸怀和淳朴的感情，前赴后继，流血牺牲，养育了中国革命，养育了中国共产党。我是17岁时，满怀革命理想投奔革命圣地延安的，我的青春年华献给了那块火热的黄土地。所以，我的心永远情系养育我的陕北人民，情系那激情燃烧、充满革命理想的难忘岁月。我也要谢谢从东北、在北京赶来参加我生日聚会的同志们和孩子们。我知道，在今天这个欢乐的日子里，大家还有一个心愿，就是怀念牵挂我远去的亲人——高岗。"

谜底终于揭开，原来，比她的老革命资历更为引人注目的身份，是被1955年中国共产党全国代表会议定为"高岗、饶漱石反党联盟"首脑的国家原副主席高岗的妻子。

70年的党龄让人敬佩，但70年的岁月对于一个饱经风霜的女人实在不易。如李力群所言，高岗早在50多年前就远去了，他于1954年49岁时在北京家中自杀身亡。但这位今日的寿星，在大喜大悲历经坎坷后，却能在88岁的寿筵上亲自点燃生日蛋糕上的礼花。

是历史的偶然还是命运的捉弄?

让我们回到一百多年前,徐徐地打开高岗的人生画卷,用我们尽可能发掘到的客观史实,让这场寿筵后的身影慢慢地走到前台,来解答人们心中的疑问吧。

上篇 在西北

DURING NORTHWEST

黄土地、黑土地、红土地。

陕北、东北、华北。

“三地”与“三北”，这就是高岗四十九年生涯的轨迹。

一个典型的“北人”。

“北人”有何特点？

鲁迅先生在《南人与北人》一文中写道：“北人的优点是厚重，南人的优点是机灵。但厚重之弊也愚，机灵之弊也狡。”

高岗是否如鲁迅先生所言，具有北人的厚重之弊？抑或也有南人的机灵之狡？

这并非是一两句断语就能够回答的问题。

况且伟大的鲁迅对人性的论述也只是一家之言，“南人”“北性”、“北人”“南性”者并不少见。

不过，无论“南性”还是“北性”，就个体而言都是从小慢慢养起的。

因此，还是让我们从高岗的童年慢慢谈起吧。

一 童年与求学

高岗是个人物，并且后来成了一个很大的人物。

但大人物的童年也不会与其他的孩子有太大的差异。

不过，当一个普通的孩童成为一个不普通的大人物之后，别人仍然能用普通人的眼光对其进行评价，则需要一个宽松的环境。

1941 年高岗连任陕甘宁边区参议会议长后，《解放日报》在介绍参议员高岗时的第一句话，就这样写道：

“这是一个顽皮的家伙。”

1 | 讨饭娃娃孩子王

高岗，原名高崇德，字硕卿，1905 年 10 月 25 日（农历九月二十七日）诞生于陕西省横山县武镇乡高家沟村（当时属米脂县）的一个贫苦的农民家里。

横山县位于陕西省北部、毛乌素沙漠南缘的无定河上游，东邻米脂县，南靠子长县，西连靖边县，北依榆林市，西北与内蒙古乌审旗接壤，东南同子洲县毗邻。

横山县属于风沙高原区和黄土丘陵区，境内西南部有连绵起伏、东西走向的横山山脉，故取名“横山”。

横山县原名怀远县。清雍正九年（1731）始设县制，民国三年（1914）改称横山县，隶属陕西省国民政府榆林道管辖。全县总面积 4084

平方公里，明长城从境内穿过，有“陕西省北大门”之称。为内蒙古、宁夏、陕西三省区联系的交通要道，也是历来兵家争夺的军事要地，自古即称“北地边障”。

与中国大多数贫穷地区一样，横山人民也具有朴实、勤劳的美德和光荣的革命斗争传统。笔者在横山县调查时发现，横山县的老百姓在论及历史时最愿提到两个人：

一个是本书的传主高岗，另一个就是大名鼎鼎的农民领袖李自成。

李自成是米脂人，米脂人自有米脂人的特点。流传甚广的“米脂的婆姨绥德的汉”之说，即指米脂的女人长得漂亮，绥德的男人威武健壮。但出人意料的是，盛产漂亮婆姨的米脂却出了个威震华夏的农民英雄李自成。

李自成1606年生于米脂县怀远堡李继迁寨。明代以前横山未设县，怀远堡属米脂县管辖，所以李自成原是米脂人。清雍正九年（1731）将怀远堡设为怀远县，民国三年（1914）怀远县又改称横山县，因此李自成就成了横山县人。但事情并非如此简单，因为怀远堡虽然改为了横山县，但在横山县境内，插有一条弯曲的走廊地带，包括李继迁寨在内的几个村镇仍归米脂县管辖。这一带民国初年叫米脂西北上区，土地革命时期一度为米西县，抗日战争爆发后叫李先乡，一直到新中国成立后，这一带才划归横山县。由此看来，李自成既是米脂人也是横山人，或者说，李自成原是米脂人，现为横山人。

高岗的家乡与李自成的出生地相距很近，高家沟村所在的武镇乡与李继迁寨一样，当年也属于米脂县管辖的走廊地带。

中国人相信风水，善良的百姓们多不怀疑名人必定出自于福地。也不知是先天的福气还是后天的栽培，吸引大批游客的名人故居还真的多在山清水秀之地，但高岗的故居高家沟村却丝毫不见灵气。

高家沟村背靠山皇庙山，一条弯弯曲曲的小河（叫背湾沟）从村旁蜿蜒流过。虽然我们今天不可能看到当年高家沟村的风貌，但笔者1998年来到高家沟村时，村中尚无公路，百十户人家的主要交通工具还是毛驴车。一阵阵西北风掠过裸露的山皇庙山，将带沙的黄土撒满高家沟村的沟沟坎坎，并穿过带孔的窗纸飘落在窑洞的炕上和地下。

据《高氏宗谱》记载，高岗所在的高氏家族是高家沟村的老户，乾隆十二年（1747）高氏祖先就居住在这里。

高岗始祖高锐，人称“高百户”，当年在高家沟一带小有名气。但到高岗出生时，高家沟村仅有二三十户人家，村中只有高、白两姓，多是穷人。

高岗的祖父高万智一生务农，有三子。老大高仲来，老二高仲魁，老三高仲发。

高仲来即是高岗的父亲。他虽然继承父业以种地为主，但农闲时经常赶着毛驴贩盐倒酒，还当过驴伢子（贩驴），在当地也算一位比较活泛的人物。

高岗的母亲杨氏，农家妇女，生育两男两女。长子高崇义，长女乳名长俊，次子高崇德即高岗，小女高崇礼。

两男两女，六口之家，和谐年代，定会兴旺。但在天灾人祸连年不断的那个年代，杨氏在高岗7岁那年即因贫病交加而中年早逝。高岗的姐姐15岁嫁给了同村的农民，妹妹则在6岁那年因生活所迫，以换回六吊钱的代价嫁给一农民当了童养媳。

高岗的生母病逝后高仲来娶农家女常氏为妻，生有一子。但这个给家庭带来了新欢乐的孩子两岁时不幸夭折，常氏也因忧愁过度，患上了严重的精神分裂症，在中年即去世。

横山是个穷县，高家沟更是这个穷县中的穷村。当年这里流传着这样的民谣：

农民身上三把刀：租子重、利钱高、苛捐杂税受不了。
眼前只有三条路：逃荒、寻死、坐监牢。
吃的草籽野沙米，穿的破烂老羊皮，
白天穿、黑夜盖，天阴下雨毛朝外。
湿了有心晒一晒，身上无衣不等待。

住的烂窑黑窟窿，黄蒿柏子绑成门。
窗子塞些糜草捆，风吹雨打难藏身。
风扫院、月点灯，端起饭碗照影影。
躺在炕上望星星，抱住膀子等天明。
铺没铺、盖没盖，当炕撂条毛口袋，又顶铺来又顶盖。
穿没穿、戴没戴，皮袄冬夏离不开，虱子咬起墙头晒。

农民苦、农民穷，穷得要甚没有甚。

三个囤囤两个空，一个不空放些屋阶尘。

三个箱箱两个空，一个不空放些苦菜根。

三个缸缸两个空，一个不空放根驴纣棍。

衣不遮体，食不果腹，时常要靠讨饭维持生计，这是童年的高岗无法摆脱的命运。但高岗出生时就虎头虎脑，又排行老二，故取名二愣。虽然家境贫寒，但二愣却越长体魄越强壮，在骨瘦如柴的孩子们中可以算做人高马大，因7岁那年患天花病而造就的一张麻子脸方方正正，很有几分英气。加之自幼就养成的天不怕、地不怕的性情，使高岗很自然地成了高家沟村讨饭娃娃的头头，经常是由他率领着孩子们去讨饭，孩子们讨来的饭再交由他来分配。

高岗的叔伯侄儿高生埔，曾于1998年在高家沟村向笔者讲述了他听老人们叙述的往事：

高岗小时很调皮，也很勇敢，娃娃们都拥戴他为头头。他经常领着孩子们去讨饭，也经常和别村的孩子们打架。有时候，他坐在炕上，装做山大王，让娃娃们给他磕头。

1954年4月，高岗在被管教期间撰写的《我的反省》中曾经有童年的回忆，说：

在童年的记忆里，印象最深的是，村里的大财主武世晨，仗着儿子在外当军官，横行乡里，欺压百姓。一次，武世晨的儿子回乡省亲，头戴金边帽，腰挎东洋刀，骑着高头大马，护兵前呼后拥，好不威风！暗暗下决心，长大后也要带兵打仗，杀富济贫，为穷人报仇。也要做这样威风凛凛、出人头地的人。①

我们不应该推测当年的“孩子王”和后来的“西北王”乃至再后来的

① 转引自赵家梁、张晓霁著：《半截墓碑下的往事：高岗在北京》，第267—268页。大风出版社2008年7月版。后文中引自《我的反省》的材料，皆出自此书。

“东北王”有什么必然的联系，高岗后来成名也不是因为他小时候敢于打架。但是，淳厚的黄土高坡、凛冽的西北寒风、苦难的讨饭童年和孩子王的生活经历，必然对高岗后来的曲折道路产生重要影响。

至于想做个“威风凛凛、出人头地”的人物，也无可非议，由报仇而革命的人在当年并非少数。

2 | 10 岁读书，16 岁结婚

横山地倚边塞长城，自古兵燹频仍，民不聊生，致使人们重武功而轻文治，读书习文者寥若晨星。据旧县志记载，明末清初县境内有文进士 3 人、举人 10 人、贡生 12 人、武进士 5 人、武举 22 人。清康熙十一年（1672）至光绪三十年（1904）间，有拔贡 2 人、例贡 5 人、贡员 113 人。民国初年，全县各类学校毕业生亦仅有大学生 4 人（含留日学生 1 人）、省高等学堂学生 3 人、师范生 5 人、军校生 6 人、中学生 27 人。

生长在这样一个“风气窒塞、人文学风向无可传”的偏僻之地，高岗的命运似乎很难与黄土高坡之外的地方联系在一起。然而，当过驴伢子的高仲来终究比刨黄土的乡亲们来得精明。1915 年冬，高岗 10 岁时，他把高岗送到了武家坡读私塾。1918 年，高仲来又作出了一个改变高岗一生命运的重大决定：让高岗兄弟俩到龙镇小学读书。

龙镇小学旧址

高岗在龙镇小学读书时的老师叫赵相林，高岗的官名高崇德及哥哥高崇义的名字都是他们到龙镇小学后其父请赵相林给起的。据高岗的同族侄儿高生买介绍，高岗小时虽然顽皮，但头脑还是比较聪明，比他哥哥高崇义学习要好。

1998年9月，笔者在高家沟村邀请几位70至80岁的老人召开了一个了解高岗情况的座谈会，听到了一件与高岗在龙镇小学读书时有些联系的往事：

> 高岗在龙镇小学读书时，老师是龙镇赵家庄的赵相林。赵先生多次批评高岗调皮，说他将来不会有大出息。结果，新中国成立后高岗当了“东北王”，而赵相林却因开小煤窑赔了钱而陷于窘境。于是，新中国成立初赵相林跑到了东北请求高岗给予帮助。高岗当时没有答应赵的请求，但当赵回来后，高岗托人在事先没有告知赵的情况下，给赵送去了四万斤小米。

本书没有必要评价高岗送赵老师小米一事的其他含义，但如果此事属实，至少说明高岗在龙镇小学读书时也并非循规蹈矩的读书郎，否则不会三番五次地遭到赵老师的批评。

由讨饭娃娃到读书郎，虽然高岗的生活环境发生了重大改变，但十几岁的高岗仍然是个孩子。然而，在封建传统的束缚下，即使是不谙世事的孩童，也要肩负起传宗接代的重任。

1921年，年仅16岁的高岗在父母的包办下开始了他的第一次婚姻。

高岗的原配夫人杨芝芳，1905年11月7日出生于陕西米脂县郭兴庄乡杨家印村一个贫农家庭。杨家印村与高家沟村相距仅十几里路，但婚前二人并未谋面。据杨芝芳在新中国成立后填写的一份表格中介绍，她的家庭经济情况如下：

> 革命前有土地22垧、土窑5个，这是两家的。土地分开种，有毛驴一个，常是不够吃穿。1948年5月，我大哥家饿死几口人。

生长在那样一个闭塞落后的山村，杨芝芳没能避免被缠足的命运，也不会有去学堂读书的权利。与高岗完婚后，高岗仍去龙镇小学读书，杨芝芳则在高家承担起了家务。

中国女人的命运往往是与自己男人的沉浮联系在一起的。如果高岗没有投身革命，杨芝芳也许很难走出横山县；如果高岗没有在投身革命后又成为陕甘宁根据地的代表，杨芝芳也许不会在自己事业的辉煌时期被迫离开高岗；如果……

1930年，已经是中国共产党党员的高岗回到了高家沟村。高岗回家后，帮助丧妻的哥哥娶了第二个老婆，然后与杨芝芳一道，抱着两个儿子，离开了家乡，从此再也没有回过高家沟村。

1999年1月5日，94岁高龄的杨芝芳老人向中共中央递交了一份材料，开头的一段讲述了她参加革命后的一些情况：

我叫杨芝芳，陕北米脂人，是高岗的前妻，15岁由父母包办与高岗结婚的。1926年高岗投身革命，与刘志丹等同志一道创建陕甘宁边区。受他们的影响，我逐渐懂得一些革命道理，于1930年也参加了革命。起初，我当红军的交通员，送情报。尽管我的身体条件不好（裹脚），但是，我还是努力完成了党交给我的各项任务。1935年毛主席率领红军到达陕北，当时我负责后勤供给工作，立即将为陕北红军准备的冬季服装，全部发给了中央红军，受到中央和毛主席的夸奖。解放战争开始后，组织上让我担任陕甘宁边区保育院院长，负责培育革命干部和烈士的后代。为了这些孩子们的安全，我和全院教职工不惜牺牲自己的生命，保护着孩子们，历尽艰险，辗转西北战场，直至西安解放。当年许多革命先烈的子女和中央领导同志的孩子，就是在那里经过培养，送往苏联学习去的。

杨芝芳是1935年7月在陕西省安定县（今子长县）经徐长伍介绍，加入中国共产党的。从1935年4月至1938年3月，她先后担任安定县女工被服厂厂长和延安妇女商店主任。1938年4月以后，杨芝芳主要在延安从事儿童保育工作，为中国共产党的儿童保育工作作出了特殊的贡献。

2000年1月27日，笔者再次拜会了杨芝芳老人。时年95岁的杨老仍然眼不花，耳不聋，思维清晰，神态安详。为了回答我们的询问，老人将她于1982年口述的回忆材料交给了我们。材料中关于她率领延安保育院辗转西北战场的叙述，使我们仿佛回到了电影《啊！摇篮》中所描写的情景：

“1941年组织上调我到边区政府保育科当科长，1943年还当过一年边区妇联的副主任。1946年11月，因保育院院长黄杰同志要随徐向前同志一起离开延安，边区政府又调我到保育院当院长，接替黄杰同志的工作。这次回到保育院，主要工作就是带领全院人员撤离延安，实行转移。1月7日，边区政府命令保育院在三到五天内向瓦窑堡方向转移。接到这个命令后，全院工作人员就日夜为孩子烘干粮。孩子们是分四批走的，分住在七个村子里。在瓦窑堡住了两三个月，到1947年3月，保育院又开始了新的转移。这时又接到上级指示，要保育院的孩子和工作人员分做两路。随中央走的一路有七八十个孩子，由总务科长刘景田带队，到河北去。留在边区的一路有八九十个孩子，由我带领，继续向北转移。途中大孩子走路，每人带三个鸡蛋、一个缸子、一块肥皂、一条毛巾，小孩子动员老乡背。协理员带队，指导员前后跑着照护，我和秘书压后，保教科、卫生科的全体同志紧跟孩子们在一起。保育人员是很辛苦的，晚上要照顾孩子，不能很好地休息，白天还要紧跟孩子，寸步不离。我因为是小脚，长途行走很吃力，组织上照顾我，给我拨了一匹战马，但我看着孩子们走得疲乏的样子，怎能忍心骑马呢，这匹马就专门用来驮孩子、带行李。'一切为了孩子！'这就是我们全体保教工作人员的信念。有的同志在敌机轰炸时用自己的身体去掩护孩子，有的同志为了不让孩子掉队，扔掉自己的行李背着孩子前进。就是在行军间隙，她们还抓紧教孩子们识字、唱歌、做游戏。经过长途跋涉，我们于1947年5月2日过了黄河，到山西离石县碛口镇王家沟村住下来。这时晋绥边区政府已接到陕甘宁边区政府林伯渠主席的电报，他们除表示欢迎外，还供给保育院的全部生活所需。有一次，我去给晋绥边区负责同志汇报工作，途经贺龙同志驻地时我进去看望他，他当即给我们保育院六七枝枪，还有一些子弹，让我和协理员带回去，并说无论如何要保证孩子们的安全。"

"1948年延安光复后，保育院又回到了延安。我们这次历时近20个月、行程1000多里，实现了孩子们安全转移。当许多家长怀着感激的心情来探望自己的子女，看到孩子们一个个活泼健壮时，都情不自禁地热泪盈眶，说：'想不到孩子长得这么好呀！'"

杨芝芳是新中国保育事业的奠基人。她从1938年陕甘宁边区保育院成立到新中国诞生，先后培养了2000多名儿童，这些人后来基本上都成了祖国建设各条战线上的骨干。新中国成立后，她于1954年春调到东北，任黑龙江省哈尔滨市机关幼儿园主任。1955年西北保育院改为西安市第一保育院，她又回到西安任保育院院长，一直到1978年离职休养。

1986年，组织上安排这位德高望重的老革命到北京市海淀区老干局干休所安度晚年。2001 年 5 月 1 日，老人家在北京 304 医院与世长辞，享年 96 岁。

杨芝芳与高岗生有两个孩子。大儿子小名“海潮”，生于高家沟村，三岁时因病死于延安。二儿子名高毅，小名“老虎”，1930 年生于高家沟村。1939 年，高毅随同周恩来去苏联，在国际儿童院学习七年。1947 年，随同王稼祥等由苏联回到哈尔滨，进入哈尔滨工业大学预科学习。1948 年，中共中央东北局决定派一批干部去苏联留学，高毅同后来曾任中华人民共和国国务院总理的李鹏等 21 人一道，再次赴苏学习，在莫斯科动力学院土木工程系学习建筑。1952 年回国，进入哈尔滨工业大学学习机械。次年，与宋丽达结婚。1960 年，为照顾老母，举家由哈尔滨迁到西安，先在四〇三厂工作，后因“清理阶级队伍”，去了咸阳纺织器材厂。1979 年，经王震同志批示调回北京，在市科委电加工研究所当一名普通的工程师，直到退休。

3 | 组织“一高”学潮

在清代和民国初，横山县官办学堂很少。光绪三十一年（1905）维新变法，学部颁发兴学章程，通令各县成立学堂，县令章春芳才下令将乾隆十四年（1749）成立的岩绿书院改建为高等小学堂。民国四年（1915），高等小学堂又奉令改为横山，后又改称横山县立第一高级小学（简称“一高”），成为横山创办最早、规模最大的一所官办学校。

所谓的高等小学校相当于现在的初中，一般学制三年，招收小学毕业生。高岗是 1922 年离开龙镇小学进入“一高”读书的。当时的“一高”在校长曹思温的苦心经营下，已经成为在陕西省小有名气的学校。学校不惜重金从北京、西安、绥德等地延聘名师任教。从北京请来的教师陈建晨（女，新中国成立后曾任六届全国政协委员），当时的年薪就高达 400 银元。

“一高”校舍是在 1947 年胡宗南进犯延安时在战火中被焚毁的。校舍遗址距现在的横山县城有十几里路。

1998 年 9 月 24 日，我们在横山县史志办赵庆隆先生的引导下，来到了位于半山腰的“一高”旧址。

映入我们眼帘的只有几处残垣断壁和满山坡的庄稼。历时 200 余年的横山县第一高级小学，现仅存五孔残窑。昔日人声鼎沸的操场已经长满了绿油

青年时期的高岗

油的庄稼，我们只能从新编县志中窥见当年学校的概貌：

民国七年（1918），县长张文丞因学款支绌变卖冯君聘等膏火学田数处，得银洋三千余元，除以二千元作基金洋外，以千余元在原学堂的基础上增修校长和教员室、益智图书馆、贮藏室石窑五孔，并购置图书、教科书及理科标本，学校设备渐趋完善，学生也发展到一百五十余名，教师七名。民国十年（1921）后，县长刘治堂重视人才，热心教育，设法给学校增筹基金，添聘教师。并在窑前东西两边各新建宿舍五间，在西院修通用大教室五楹（三大间），学生宿舍两排各五间。对校长室东侧的操场也进行了扩建。①

高岗入“一高”时已经17岁，身高已达1.8米，加之生性好动，善于结交朋友，爱打抱不平，很快就成为学生们所瞩目的人物。1922年秋天，在榆林举行了有陕北23个县参加的学生运动会，横山“一高”在这次运动会上取得了优异的成绩，声名大振。身高力壮的高岗也在运动会上又跑又跳，大出风头。

现代学堂往往成为新思想传播的主要阵地，这是中国革命过程中的一个特点。高岗入“一高”的1922年，中国共产党已经诞生，以马克思主义为代表的先进思潮正通过大中城市向城镇扩散。特别是到了1925年，国共合作掀起的大革命高潮也波及了偏远的横山，宣传新思潮的各种书刊在学生们中广泛流传。

① 《横山县志》编撰委员会编：《横山县志》，陕西人民出版社1993年7月第1版，第503页。

1925年入“一高”读书的谷奇峰（1981年离休前任河北省军区副政委），竟然在历经战乱和内乱后，还神奇地保留着他1925年至1928年在“一高”时读过的部分书籍，为我们了解当年以马克思主义为代表的新思潮在“一高”的传播情况，留下了真实的证据。

谷奇峰保存的在“一高”时读过的书有下列七种：

《社会进化论》（油印本），昆山著
《新社会观》，课外读物
《社会主义讲授大纲》，萧楚女著，课外读物
《政治学概论》，恽代英著，课外读物
《工人与政党》（油印本）
《政治生活》杂志（77、80、81期）
《向导周报》（160、161期）①

横山“一高”旧址

这些书刊都是当年流传甚广的宣传马克思主义的读物，在当时的“一高”可以公开地阅读。虽然我们没有见到高岗如何学习这些书刊的直接材料，但作为“一高”学生领袖之一的高岗必然受到这些马克思主义书籍的影响，则是可以推论的。

例证就是高岗在1925年春天爆发的“一高”学潮中的表现。

关于“一高”学潮爆发的原因、经过与意义，《中国共产党陕西省横山县组织史资料》是这样论述的：

① 《谷奇峰回忆横山县早期革命斗争》（1983年），未刊稿。现存于中共横山县委党史资料征集办公室。

1925年3月，横山县立第“一高”级小学（简称横山“一高”）学生曹动之、高岗等人受绥德、榆林等地共产党员活动的影响，积极组织起来，开展罢课斗争，反对奴化教育，并与王东皋、石作琦、王怀信等组织建立学生自治会，高岗、曹动之先后任学生会主席。他们的革命活动，引起了校方的惊恐，于是开除了曹动之、高岗等五个带头人的学籍，又给其他参与者以罚款处分。对此，全校学生极为不满，学生自治会组织学生整队到县政府门前请愿。结果遭到县知事刘治堂和反动军警的镇压，关押了学生王怀信、石作琦。第二天，学生纷纷离校罢课，并派曹动之、高岗等五人徒步前往榆林镇道署申诉。后经榆中校长杜斌丞先生从中斡旋，横山县当局释放了被押学生，免除了对学生的罚款，杜先生将被开除的五名学生收入榆中就读。这便是震动陕北的横山“一高”学潮。①

“一高”学潮从小学闹到中学，从横山闹到榆林，其反抗旧思想、旧制度的革命影响远远超出了学校的范畴，在当时的陕北高原震动很大。《中国共产党陕西省横山县组织史资料》就称其为“横山革命的先声”。

高岗在“一高”学潮中发挥了作用，得到了锻炼，并因此进入了著名的榆林中学读书，这是年轻的高岗所没有想到的。但恐怕高岗更没有想到而且是对他后来的人生历程产生了重大影响的一件事，也是在“一高”学潮时发生的。

这就是他在“一高”学潮期间结识了刘志丹。

刘志丹1903年10月4日出生于陕西省保安县（今志丹县）金汤镇。虽然刘志丹仅比高岗大两岁，但与出身贫寒的高岗不同，刘志丹的祖父刘士杰是清同治年间的拔贡，父亲刘培基是乡里的秀才。出生于这样一个书香世家，刘志丹从小就受到了良好的教育，1922年就来到离家六七百里的榆林中学读书。而且胸怀大志、聪颖勤奋的刘志丹很快就在榆林中学崭露头角，于1924年当选为榆林中学学生自治会的首届会长了。

横山“一高”学潮之所以能够胜利，是与榆中校长杜斌丞先生的从中斡旋分不开的。高岗与曹动之等五人徒步前往榆林镇道署申诉，也是在杜斌丞

① 中共横山县委组织部、中共横山县委党史研究室、横山县档案局编：《中国共产党陕西省横山县组织史资料》，陕西人民出版社1995年8月第1版，第8页。

以及榆林中学学生自治会的支持下才得以实现的。高岗等人来到榆林后，首先受到了榆中校长杜斌丞的亲切接见，榆林中学学生自治会会长刘志丹与高岗等横山“一高”的学生代表也进行了深入交谈。然后，在杜斌丞和刘志丹的努力下，召开了榆林各学校学生会负责人联系会，高岗等在会上报告了学潮的起因与经过，与会者也一致表示坚决支持“一高”学生的合理要求。在学生义愤填膺，民怨渐渐上升的巨大压力下，又由社会名望很高的杜斌丞亲自出面斡旋，才迫使横山县当局做出让步，使学潮取得了胜利。

我们虽然没有刘志丹与高岗首次相见的详细材料，但二人在这样一种背景下的见面会谈，留下难以忘怀的印象还是自然的。

1943 年 4 月，高岗在刘志丹逝世七周年之际写了一篇《向刘志丹同志学习》的长文。他在这篇文章中写道：

我和志丹同志前后共患难十年。

刘志丹是 1936 年 4 月 14 日在东征战役中牺牲的。二人“患难十年”的起点，就应当是这次学潮引发的相见。

刘志丹

4 | 就读榆林中学

高岗是在“一高”学潮后，于 1925 年秋入榆林中学读书的。

榆林城位于毛乌素沙漠与黄土高坡的交汇处，居陕西省的最北部。这里曾是榆林道台衙门和陕北镇守使所在地，管辖着榆林、延安两府 23 个县的地界，是北通内蒙古，东至山西、直隶（河北省的旧称）的交通要道，也是陕北的政治、经济和文化中心。

黄土高原雄浑壮美，毛乌素沙漠浩瀚无垠。在一望无尽的浩瀚沙漠和波浪起伏的黄土丘陵之间，耸立着这样一座繁华的都市，也可谓陕北高原上的一个奇观。

榆林中学历史悠久，名人辈出。它的前身是清朝末年（1903）创办的榆阳中学堂。1905 年，清廷传谕立停科举，以广学校，鼓励地方办学。榆林府借机将榆阳中学堂办学经费分摊给榆林、神木、府谷、怀远、葭州（今佳县）五县，榆阳中学堂也因此改名为五县中学堂。辛亥革命后，原榆林府官办的五县中学堂改归陕北道立，陕北道尹公署遂将五县中学堂改为陕北殖边学校，面向陕北 23 县招生。1913 年，陕北道改为榆林道，陕北殖边学校也随之改称榆林殖边学校。1915 年，中华民国教育部实施教育整顿，“变通从前官治的教育，注重自治的教育”，强调地方民众的办学责任。榆林道尹吴敬之遂将道立陕北中学校改为陕北 23 县联立，录取陕北各县高小毕业生，办学经费由陕北 23 县共担，校名也改为陕北联合县立榆林中学校。

榆林中学旧址

1917 年，毕业于北京国立高等师范学校的杜斌丞来到榆林中学，开创了榆林中学发展的新时期。

杜斌丞原名丕功，1888 年出生于陕北米脂县，1907 年考入三原宏道高等学堂，1913 年考入北京国立高等师范学校史地部。1917 年夏毕业后，杜斌丞接受陕西督学袁刚的聘请，来到榆林中学。他先任历史、国文教员，后为教务主任，1918 年 8 月就任校长。

这位后来被周恩来称为“鲁迅式的共产党员”的教育救国论者主持学校工作后，提出了德智体“三育并重”的教育方针，努力培养学生“活泼、大胆、勇敢、坚韧、进取”的性格，立志要把榆林中学办成培养振兴中华有用人才的摇篮。他大胆地把蔡元培在北大实行的“循思想自由原则，取兼容并包主义”运用到榆林中学，增设新课程，传播新思想，提倡科学民主，反对封建迷信，提倡革命进步，反对保守落后，在校内树立起了民主、科学、自由、学术的崭新旗帜。

杜斌丞深知要想办好学，首先要有一支高水平的教师队伍。1923 年春，他聘请著名共产党人魏野畴来榆林中学任教。魏野畴来校后积极宣传马克思主义，传播新文化运动，短时间内就极大地活跃了学生的思想和校内的学术空气，给榆林中学带来了前所未有的生机。魏野畴于当年秋冬之际被迫离开榆林中学后，杜斌丞又亲自去北京，在蔡元培、李大钊、林语堂等人的帮助下，聘请了李子洲和王森然两位新文化运动的健将来榆林中学任教。1924 年 5 月李子洲去了绥德，王森然也于年末因病返京。杜斌丞再聘高宪斌、呼延震东、曹又参等共产党员和进步知识分子来榆林中学任教。这些才华横溢、朝气蓬勃的共产党人和先进分子，精心培育着榆林中学的莘莘学子，使这所西北高坡上的普通中学涌现出了刘志丹、谢子长等一大批杰出人才。

杜斌丞

来到这样一所新思潮气息浓郁的陕北名校读书，必然对已经接触到先进思想的高岗产生重大影响。高岗也正是在榆林中学读书期间，加入了中国共产党。

然而，遗憾的是，有关高岗在榆林中学读书时情况的可靠材料很少。一些回忆材料只是说高岗在榆林中学读书期间参加了中共党组织发起的学生运动，并且因此被迫于 1926 年秋离开榆林中学到伊盟的乌审旗开展革命活动。

不过，高岗在榆林中学读书期间，于 1926 年经胡立亭、史唯然介绍加入了中国共产党，这是在他后来自己写的简历中有记载的。

1998年9月，笔者满怀希望地来到了这所历史悠久的陕西省重点中学，想寻找一些有关高岗在此读书活动的足迹。然而，面对着绝大部分都是20世纪80年代以后建立的校舍，引导我们参观的年轻的副校长也无法描述当年学校的旧貌。翻开为庆祝建校90周年而自编的《榆林中学校史》，在“知名校友”一栏里并没有找到高岗的名字。但在校史陈列室里，我们却在“知名校友”橱窗内见到了一张高岗的照片和一纸《高岗简介》。

当笔者问起为什么在校史中没有的高岗却在陈列室里出现了，这位副校长的回答出人意料：

高岗确实曾在榆中读过书，但他后来犯了错误，在校史中出现不好办。这次在陈列室中出现，也是临时加上去的。因为高岗的儿子高轩前几天到榆林来考察投资，要来榆中看他爸爸当年读书的母校，我们就临时增加了高岗的介绍。

看得出，《高岗简介》确实是临时撰写的。因为高岗离开榆林中学后进入的西安中山军事学校是1927年初创办的，而《高岗简介》中却说，高岗“1926年春进西安中山军事学校”。

二 跟随刘志丹、谢子长搞兵运

1943年11月26日，陕甘宁边区第一届劳动英雄模范生产工作者代表大会在延安召开。

12月5日，六个分区的67名劳动英雄向高岗献上了六面锦旗，锦旗上分别写着：

“西北星辰”、“西北灯塔”、“西北人民的领袖”、“你给我们创造了丰衣足食的边区”。

此时，担任中共西北中央局书记的高岗，成了西北革命根据地的一面旗帜，所有关于西北革命根据地的光环，都戴到了高岗的头上。

而在我们将要叙述的年代里，领导创建西北革命根据地的星辰，应当首推刘志丹和谢子长，之后才是高岗。

1 | 短暂的军校生涯

高岗的革命生涯，是踏着中国现代史上第一次国共合作的尾声开始的。

1926年11月，围困西安城达八个月之久的直系军阀刘镇华部终于被杨虎城率领的西安军民击溃，陕西地区的大革命进入了高潮。

1927年1月，国民军联军驻陕总司令部在西安成立，著名的国民党左派于右任担任总司令，邓宝珊任副司令，共产党员史可轩任政治保卫部主任。

史可轩，1890年生于陕西省兴平县，7岁入私塾，14岁上高小，17岁到太原入山西常备军第一营后队七棚当兵。从军期间，因受孙中山三民主义影

响，宣传革命，被捕入狱，在狱中由李岐山介绍加入了中国同盟会。1909 年夏，史可轩考入太原陆军学校。辛亥革命爆发后，陆军学校的学生编成了学生军，史可轩任游击营营长，参加了攻占大同府的战斗。1913 年秋，史可轩被陕西省保送到孙中山在日本主办的浩然军事学社学习，并于次年在日本加入了中华革命党。同年回国后，史可轩先后在陕西军阀陈树藩部、井勿幕部任职。1924 年 10 月，冯玉祥发动北京政变，史可轩任骑兵营营长进驻北京。在京期间，史可轩多次与李大钊会谈，开始接受共产党人的主张。1924 年底，史可轩被河南军务督办胡笠僧（胡景翼）委任为郑州警备司令，并在郑州结识了中共豫陕区委书记王若飞。1926 年，经王若飞介绍，史可轩加入了中国共产党。

1927 年初，在中国共产党的倡导下，为了培养军政人才，联军驻陕总司令部委派史可轩负责筹建中山军事学校。军校建立后，史可轩任校长，李林任副校长，邓希贤（邓小平）任政治部主任，许权中任总队长。军校聘请了乌斯曼诺夫、赛夫林等五位苏联顾问任教官，从国民军联军下级军官和进步青年中招收学员。

高岗是 1927 年 2 月来到西安中山军事学校的。他在中山军事学校的时间虽然很短，只有半年左右，但短短的几个月军校生涯却使高岗的一生发生了重要转变。

中山军事学校是在中国共产党的倡导下开办的，校长及学校的主要负责人都是中共党员。因此，学校的课程除军事理论和军事技术训练外，还设有社会科学概论、帝国主义侵略中国史、列宁主义概论、土地问题、农民问题、军队的政治工作等课程。对共产党员和积极争取加入共产党的学员，还加授“什么是共产党”和“共产主义 ABC”等党课。中山军事学校还非常注重对学员的实践锻炼，除施以军事和政治训练外，还规定学员要经常到街头、农村进行宣传工作，参加群众大会，帮助农民建立农民协会，从事革命实践活动。

中山军事学校的丰富生活使高岗如鱼得水。

身高体壮、生性好动的高岗自幼就喜爱舞枪弄棒，艰苦的军事训练对于高岗而言极易适应；直接的马克思主义教育更使高岗明白了要想反抗旧制度的统治，必须在中国共产党的领导下才能够成功的真理。因此，高岗革命热情极其高涨。他在党组织的领导下，经常活跃在西安市的大街小巷，贴标语，散传单，秘密运送武器弹药，开展革命活动。

然而，1927 年 4 月 12 日，蒋介石在上海突然发动反革命政变，革命形势急转直下。6 月，镇守陕西的国民革命军第二集团军总司令冯玉祥在徐州会议上接受了蒋介石“清党”反共的主张，开始在豫陕两省清除共产党人。

史可轩领导的中山军事学校当时有“西北黄埔”之称，共产党人云集，是被“清剿”的重点。积极开展革命活动的高岗又是学员中的活跃人物，自然引起了敌人的注意。6 月的一天，中山军事学校校长史可轩得知敌人要对高岗等几名中共党员下毒手，便及时通知了中共党组织。党组织果断地安排高岗等人星夜离开西安躲避。

于是，高岗于 1927 年 6 月辗转数日回到了老家横山县。

2 发动农民抗捐抗租

在高岗回到横山之前的 1927 年 5 月，中共横山第一个党支部已经在“一高”诞生，支部书记是曹亚华。

曹亚华又名曹培杰，与高岗同龄，横山响水堡人。1925 年，曹亚华考入北京中国大学读书，1926 年夏，因参加北京三一八爱国运动被驱逐，返回横山，到“一高”任教。

1927 年 3 月，中共陕甘区委第一次代表大会在西安召开。这次会议通过了《陕甘区目前工作计划》，决定今后的工作原则是“工作集中，人才集中”。工作要首先集中在陕西，“在陕北目前集中于绥德，渐及榆林、延安”。这个工作计划还提出了“党到农民中去”和“一切工作归支部”的口号，要求党要深入农村，扩大党的组织，建立党支部。会后，已经在绥德加入了中国共产党的曹亚华，按照中共榆林地委的指示，开始在横山等地建立党的支部。同年 5 月，曹亚华与 1925 年在山西新民中学读书期间加入中国共产党的李彝民老师一道，发展了“一高”教师钱德明加入党组织，成立了中共横山“一高”支部，由曹亚华任书记，钱德明任组织干事，李彝民任宣传干事，隶属中共榆林地委领导。

在曹亚华等人的积极工作下，到 1927 年 7 月，横山已有共产党员 7 名、共青团员 9 名。党组织还帮助建立了国民党横山县党部，曹亚华任执行委员。

但是，大革命失败后，全国一片白色恐怖，中共榆林地委和绥德地委相

继遭到了破坏，横山党组织也处于瘫痪状态。高岗就是在这种革命低潮的不利形势下回到横山的。回到家乡后，他主动与党组织取得联系，积极开展革命活动，使横山党的组织重新活跃起来。

《中国共产党陕西省横山县组织史资料》是这样记述高岗回横山后的革命活动的：

他与曹亚华等人在响水堡、怀远堡举办了“农民运动通俗讲习所”，在农村中宣讲农民运动，传播革命思想，成立了农民协会，号召农民起来革命并积极加入党团组织。于是，横山党的组织又重新活跃起来，党的工作重心也逐渐转向了农村。①

当年在“一高”读书的高增培（离休前任内蒙古自治区副主席、党委常委），补充回忆了高岗回来后的一些细节：

1927 年他和谷占锋一起从西安军校回来。是年秋谷占锋和高岗就给横山“一高”教唱《国际歌》，高岗还搞了个县文化馆，以后就不知去向了。②

高岗可能到“一高”教唱过《国际歌》和办过文化馆（还有的知情者回忆说是办了个民众教育馆），但当时党组织的工作重心还是在农村。

陕北位于黄土高原的中部，雨水稀少，十年九旱。1928 年春，陕北地区又遭受了特大旱灾，庄稼几乎颗粒无收。国民党政府救灾赈济会虽然拨来少许粮款和救灾物资，但横山县县政府不管人民死活，乘机侵吞，将其挪用来修建监狱，其余部分也被地主豪绅掠夺一空，由此激起了广大人民群众的强烈不满。见此时机，高岗在横山县中共组织的统一领导下，积极组织广大党团员发动农民抗捐、抗租。在党的领导下，清坪堡、黑木头川、响水、油房头等地数千人涌向县城，围城请愿，要求政府免除粮款。经过三天的说理斗争，国民党横山县县长张斗山被迫宣布免除粮款，围城抗粮斗争取得了胜利。

---

① 中共横山县委组织部、中共横山县委党史研究室、横山县档案局编：《中国共产党陕西省横山县组织史资料》，陕西人民出版社 1995 年 8 月第 1 版，第 13 页。

② 高增培：《有关高岗的一些情况》（1985 年 3 月 9 日），未刊稿，现存于中共横山县委党史资料征集办公室。

逐步高涨的农民运动引起了敌人的恐慌，反动政府加紧了对高岗等共产党人的迫害。1928年秋，党组织决定高岗离开横山，到佳县、吴堡一带组织群众抗粮抗捐。不久，又调高岗到肤施县（今延安县）开展地下工作。

3 | 打入敌军搞兵运

论及高岗的兵运工作，还应当从刘志丹的武装斗争讲起。

刘志丹、谢子长与高岗可谓校友，三人都曾经在榆林中学读书。但高岗入榆林中学的1925年，刘志丹已经是大名鼎鼎的黄埔军校的高才生，谢子长则是在北京开展秘密工作的中共党员。

刘志丹是1925年末，被中共党组织选派到黄埔军校第四期学习的。1926年秋，刘志丹从黄埔军校毕业后随军参加了东征。同年冬，奉派赴国民军联军第四路军马鸿逵部任党代表兼政治处长。次年春，又作为国民革命军第二集团军总司令的代表，去豫西收编军阀吴佩孚部所属的刘镇华部。

1927年大革命失败后，刘志丹返回陕西，担任中共陕西省委交通。1928年春，按照省委的部署，刘志丹与唐澍、谢子长等来到归属于军阀李虎臣部的新编第三旅许权中（中共党员）部，准备举行武装起义。

许权中旅是1927年7月以西安中山军事学校和国民军联军驻陕总司令部政治保卫部领导的政治保卫队的成员为骨干组建的。全旅有1200多人，其中有160多名共产党员，是一支在中国共产党控制下的武装力量。刘志丹等来到许权中旅后，党的领导力量进一步加强，部队驻地附近的农民运动也在党的领导下迅速发展。武装起义的条件逐步成熟。1928年3月18日，中共中央作出《关于陕西工作决议案》，提出："工农武装暴动，实行土地革命，建设苏维埃政权，无疑的是陕西革命发展的前途。"按照中共中央的决定，中共陕西省委加紧了武装暴动的准备工作。

1928年5月10日，震动全国的渭华起义爆发，"西北工农革命军"和"西北工农革命军事委员会"宣告成立。工农革命军由唐澍任司令，刘志丹任军事委员会主席，谢子长任军事委员会委员兼西北工农革命军第二大队队长（共四个大队），王泰吉任参谋长，许权中任总顾问。

同年8月，渭华起义失败，刘志丹、谢子长又回到了西安。

同年秋，省委任命刘志丹为中共陕北特委军委书记，谢子长为委员，返回陕北，开展兵运工作。

陕北特委是1928年4月正式成立的。特委下辖榆林、神木、延安等八个县委，三个直属区委及一个直属支部。1929年四五月间，特委在榆林红石峡举行扩大会议，研究加强武装斗争等问题，刘志丹出席了会议。会议提出，武装斗争有三种形式：白色的（兵运工作）、灰色的（改造土匪）、红色的（建立革命武装）。在当前形势下，应以做兵运工作为主。

红石峡会议对于党在陕北领导的武装斗争产生了重要影响。这次会议提出党在搞工运、农运、学运的同时，要将今后工作的重点由学运、农运转到兵运上来。并要求大部分党员要打入国民党内部去做兵运工作，“借水养鱼”，以建立中共领导的人民武装。会后，刘志丹来到延安布置贯彻会议精神，向当时正在延安的高岗等中共党员传达了会议的主要内容。

在红石峡会议之前，高岗已经在组织的安排下，化名为“高岗”，打入国民党延安县党部，任党部录事，开展地下工作了。红石峡会议之后，高岗等决定在国民党军驻延安高双成部搞一次兵变，拉出一批部队开展独立的武装斗争。但在即将举行兵变之际却因内部出了叛徒而导致兵变流产，高岗也险些被敌人抓住，后在友人的帮助下从污水洞爬出城外，才化险为夷。

1930年春，军阀冯玉祥为准备中原大战，把甘肃、宁夏的主力部队调到了河南一线。为了控制后方，冯玉祥委任包头土匪出身的苏雨生为骑兵四师师长，留守宁夏平罗。

招兵买马、扩展地盘，是土匪、军阀共有的本性。苏雨生见有机可乘，认为这正是扩充自己势力的好机会，便树起大旗，广招兵马，来者不拒。

中共陕北特委抓住这一开展兵运工作的有利时机，先后派遣谢子长、刘志丹等一批共产党员，打入苏雨生部。

苏雨生部第八旅第十五团团长王子元，与谢子长、刘志丹相识，比较开明，愿意借助一些年轻有为的先进分子来扩充自己的实力。于是，中共陕北特委决定把该团作为兵运的重点，先后派遣共产党员张东蛟、高岗、张秀山、贺晋年、高鹏飞等到该团，秘密开展兵运工作。

为了培养一支中国共产党直接领导的武装力量，1930年5月，中共陕北特委经与王子元协商，在贺兰县李岗堡成立了一个学兵队。双方商定：学兵队归属王子元部，但由共产党员领导，并任命张东蛟、高岗为学兵队正副队长。

张东蛟，1903年出生于横山县高镇乡张家洼村，既是高岗的同乡，又曾经共同在横山“一高”读书。他先后入保定军校、黄埔军校学习，并在黄埔军校学习期间加入了中国共产党。从黄埔军校毕业后，张东蛟被派往国民革命军第一集团军第四十七军，参加了反奉战争，并升任连长。大革命失败后，他辗转于宁夏、甘肃、北平、南京等地，从事革命活动。1930年初打入王子元部后，张东蛟被委任为少校团副，不久又担任了学兵队队长。

张东蛟

学兵队共有40多人，多数是共产党员。这支由中国共产党组织直接掌握的革命武装，不同于一般军阀部队那种单调、呆板的机械训练。高岗与张东蛟等在对学员进行军事训练的同时，加强了对学员的革命思想教育，也注重活跃士兵的文化生活。学兵队内还秘密成立了中共特别支部，由张东蛟任书记，高岗为副书记。

同年秋，学兵队结业，编入王子元团学兵连。此时张东蛟升任副团长，高岗被任命为学兵连连长。

苏雨生在宁夏大肆扩充实力，威胁到“五马”（马鸿逵、马鸿宾、马步青、马步芳、马青宛）在宁夏的统治地位，引发了“五马”与苏雨生之间的军阀混战。乌合之众的苏雨生部哪里是“马家军”的对手，一触即溃，四分五裂。刘志丹、谢子长借机带领着中共控制的一部分队伍，包括王子元团的学兵连，转移到了甘肃的庆阳地区。

刘志丹、谢子长的卓越军事才能使他们在陕甘土匪当中也很有威望，庆阳地区的五属清乡司令谭世麟见二人率部到来，便想笼为己有，主动提出要收编这支武装。陕北特委为了保存这支党所控制的武装力量，也想“借水养鱼”，便接受了改编。于是，刘志丹、谢子长率领的部队被编为庆阳五属清乡司令部直辖第三团，谢子长为团长，刘志丹为副团长，驻守陕西吴起镇三道川一带。

不料，正当部队积极扩充、准备寻机起义的时候，遭到了原苏雨生部八旅十六团团长张廷芝的袭击，部队在三道川被打散。

三道川兵败后，刘志丹、谢子长去向陕北特委汇报情况，高岗则辗转回到了老家高家沟。

据杨芝芳老人回忆，高岗是在年末回来的。当时高岗的哥哥高崇义的媳妇已经病逝，老实巴交的高崇义也无力续弦。高岗见状，便出面张罗帮助哥哥娶了第二个老婆，然后与杨芝芳和孩子一道，离开了高家沟。

三 参与创建西北革命根据地

中国共产党领导的新民主主义革命，是以走农村包围城市、最后夺取全国政权的独特道路而闻名于世的。

在漫长的28年艰难跋涉中，中国共产党领导人民建立过许多块农村革命根据地，但历经土地革命战争、抗日战争和解放战争三个历史时期而红旗不倒的只有一块，那就是土地革命战争时期建立的西北革命根据地。

中共中央和红一、二、四方面军长征的落脚点，是西北革命根据地。

红军改编抗日的出发点，是西北革命根据地。

中共中央从1935年到1948年，一直在西北革命根据地。

因此，1945年4月，毛泽东在《"七大"工作方针》中深情地说：

有人说，陕北这地方不好，地瘠民贫。但是我说，没有陕北就不得下地。我说陕北是两点：一个是落脚点，一个是出发点。①

在黄土高坡上长大的高岗参与了西北革命根据地的创建，踩到了中国革命的"两点"上。

① 中共中央文献研究室编：《毛泽东在七大的报告和讲话集》，中央文献出版社1995年4月第1版，第12页。

1 狱中探望刘志丹

三道川兵败后，刘志丹和谢子长参加了 1930 年 8 月在绥德召开的陕北特委第五次扩大会议。这次会议决定继续进行兵运工作，寻机建立独立的革命武装。会后，刘志丹继续辗转于陕甘边一带搞兵运工作。

1931 年春，中共陕西省委指示刘志丹继续与苏雨生部合作，争取联合苏雨生部参加到计划中的西北反蒋大同盟中。

有奶便是娘，占山便是王，这是军阀的共性，苏雨生也不例外。自被“马家军”击溃后，他又收拾残部，逃到了陕西，投奔了杨虎城，被杨虎城收编为警备骑兵旅，驻防彬县。

由于有过与苏雨生合作的经历，刘志丹接省委指示后，立即率部来到了彬县，任苏雨生部团长，驻守旬邑职田镇。刘志丹在职田镇一方面训练部队准备起义，一方面发动群众，分了地主老财的钱粮，大地主刘日新上吊自杀。

刘志丹的义举得到了百姓的拥护，却遭到了地主老财的攻击。气急败坏的当地豪绅联名写状子到西安诬告刘志丹，说“渭华暴乱的匪首”又在旬邑作乱。

在国民党陕西省党部的指示下，反复无常的苏雨生借机逮捕了刘志丹，并给刘志丹戴上了 12 斤重的铁镣，严刑拷打，押入大牢。

刘志丹的被捕引起了中共陕西省委的高度重视，立即想方设法组织营救，并委派时任省委交通工作的高岗赶到彬县探望刘志丹。

高岗是离开老家高家沟后来到省委机关担任交通工作的。接省委的指示后，高岗即刻只身一人来到了彬县监狱，与刘志丹会面。

高岗后来回忆说：

> 当我去探问时，他笑着说：“坐监狱等于休息罢了。”在监狱中，他仍暗中策动同志继续革命工作。当反革命一度判决枪毙他的时候，他毫无畏惧，并委托同志说：“你告诉高岗，我遭毒手，要死就死，绝不会连累任何同志，叫他自己小心。”①

---

① 高岗：《向刘志丹同志学习》，《解放日报》1943 年 4 月 24 日。

关于刘志丹入狱后省委派人来看望的情况，虽然目前一些出版物中有更为详细的描述，甚至有刘志丹与省委派来的人之间的大段对话，但实际上这些很生动的内容都是对高岗在这篇文章中的上述记述的演绎。因为当事人刘志丹并没有留下任何文字或口头的回忆，目前所能见到的只有另一个当事人高岗的这段简短叙述。

然而，那些大段描写刘志丹与省委派来的人如何交谈的著述，并没有说这个“省委派来的人”就是高岗。

毕业于黄埔军校的刘志丹历经磨难，坚忍不拔地开展兵运工作，在西北也是一位响当当的人物，他的被捕入狱引起了社会各方的关注。在陕西省委的努力下，时任陕西省政府秘书长的共产党员南汉宸和杨虎城的高级参议杜斌丞，亲自找杨虎城说情，请求杨虎城命令苏雨生放人。

在多方营救下，杨虎城下令苏雨生放人。曾经当过刘志丹校长的杜斌丞，亲自带着杨虎城的手令来彬县接刘志丹出狱，使愈挫愈坚的刘志丹重新投入到中共领导的兵运工作中。

2 | 参加陕甘游击队

1931 年 5 月，出狱不久的刘志丹又根据中共陕西省委的指示，打进了平凉甘军新编十三师陈珪璋部，开展兵运工作。

陈珪璋是个开油坊起家的小军阀。他当时虽然被蒋介石封为师长，驻守平凉，统治陇东 14 个县，但他与周边的军阀交恶，四面楚歌，处境不利，急需帮助。所以，他虽然知道刘志丹是共产党人，却仍然想利用刘志丹的才干和威望，扩充自己的实力。刘志丹也借此以陈的名义成立了一个旅，号称十一旅，自任旅长，招兵买马，寻机兵变。

这期间，中共陕西省委制定了一个策动甘肃五个旅兵变、建立桥山根据地的计划，并委派与刘志丹多次交往的高岗去平凉与刘志丹商讨兵变事宜。

关于高岗与刘志丹在这期间的联系情况，长期与高岗在一起工作的张秀山曾经有过如下回忆：

当时高岗在十一旅没有职务，他是陕西省委和刘志丹联系的人。记得我们在盘克塬活动时，高岗和我曾在一个小庙里给陕西省委写过密信报告情况。

因为志丹在旅部时身边还有非党员，所以要避开，在小庙里草写。密信是先公开写几句问候话，然后在背面用白矾水写报告，对方收到信后，用碘酒一涂，字就显出来了。①

然而，这些单纯的兵变明显带有盲动的痕迹，过多依赖于军阀，没有和农民运动相结合，因而都没有取得成功，刘志丹的十一旅也在与陈珪璋冲突中被打散。

部队被打散后，刘志丹只身回到了南梁堡，高岗则又返回了驻西安的陕西省委。

几年的兵运工作屡战屡败，使刘志丹、谢子长为代表的西北共产党人认识到利用军阀搞兵运是很难成功的，必须建立党独立领导的革命武装，走建立革命根据地的道路，才能发展壮大革命力量。

恰在此时，阎红彦领导的中国工农红军晋西游击队西渡黄河，进入陕北，为西北革命根据地的发展带来了新的生机。

阎红彦，这位后来在“文化大革命”中被林彪、“四人帮”迫害致死的陕北硬汉，1909 年 9 月出生在陕西省安定县（今子长县）瓦窑堡的贫苦农民家庭。1924 年，不满 15 岁的阎红彦就因生活所迫，到陕北地方军阀部队石谦团驻安定县的李象九连当了一名勤务兵。

李象九是共产党员，他领导的这个连革命气息浓郁，使阎红彦迅速成长。1925 年 4 月，不满 16 岁的阎红彦便由李象九介绍加入了中国共产党。

1927 年 10 月，阎红彦跟随李象九参加了清涧起义。1931 年初，中共中央北方局决定从陕北抽调一部分干部，到山西组建红军游击队，阎红彦奉命东渡黄河，来到太原。在中共山西省委的领导下，1931 年 4 月下旬，中国工农红军西北游击队第一大队（简称晋西游击队）正式成立，大队长拓克宽，副大队长阎红彦、吴岱峰，政委黄子文，支部书记杨重远。

1931 年夏，晋西游击队遭敌人重兵围击，被迫西进。9 月 3 日，仅剩 30 余人的游击队乘坐羊皮筏子，渡过黄河天险，进入陕北高原。

到陕北后，9 月 6 日，游击队领导层进行了改选。在战斗中机智勇敢的阎红彦被公推为大队长，吴岱峰为副大队长，杨重远为政委。9 月 8 日，部

① 《刘志丹纪念文集》，军事科学出版社 2003 年 9 月版，第 297 页。

队来到了阎红彦的老家安定县，与中共安定县委书记马文瑞接上了头，并通过马文瑞找到了中共陕北特委，游击队也迅速地由 30 多人扩大到 100 多人。

10 月下旬，晋西游击队转战到陕甘交界的南梁堡地区，找到了在这里活动的刘志丹。战友相见，分外高兴，阎红彦还把一支自己心爱的驳壳枪送给了刘志丹。

南梁堡位于桥山山脉的中段，地处陕甘两省边界，反动力量统治薄弱，地理位置十分优越，是积粮屯兵、建立革命根据地的理想之地。刘志丹于陈珪璋部兵变失败后来到这里，很快又拉起了一支几百人的武装。这支武装与晋西游击队会合后，实力大增，成为中共陕西省委领导的主要武装力量。

为了加强对这支由共产党直接领导的武装力量的领导，10 月 30 日，中共陕西省委派谢子长、高岗来到了南梁。俩人来到部队后，向部队传达了省委的指示，成立了新的队委会，由谢子长任书记，刘志丹、阎红彦、杨重远、高岗等为委员。

从此，高岗开始了在党独立领导的革命军队里开展革命斗争的军旅生涯。

3 | 临镇失守

在高岗的军旅生涯中，既有“赤臂战劳山”的英雄传说，也有“临阵逃脱”的不光彩记录。

所谓的“临阵逃脱”，就发生在 1932 年 6 月的临镇战斗中。

1931 年 12 月下旬，中共陕西省委根据九一八事变后中日民族矛盾急剧上升、西北地区人民抗日运动日益高涨的新形势，决定将党领导的部队改编为西北抗日反帝同盟军，由谢子长任总指挥，刘志丹任副总指挥，杨重远任参谋长。同盟军下设一、二两个支队，师祝杰任第一支队队长，刘志丹兼任第二支队队长。

1932 年 1 月初，同盟军来到甘肃省正宁县三嘉塬，一边进行整编，一边向地主土豪筹粮筹款。

但是，同盟军在整编时，谢子长等人认为刘志丹率领的二支队“成分不纯”，“系土匪杂合而成”，因此，在某日队伍集合后，按照事先的安排，谢子长下令突然解除了二支队的武装，然后就宣布二支队解散，刘志丹也被软禁。

这就是后来长期争论不休的“三嘉塬事件”。

2月12日，根据中共陕西省委的指示，西北抗日反帝同盟军在甘肃省正宁县三嘉塬又改编为中国工农红军陕甘游击队，由谢子长任总指挥、省委常委高维翰任政委兼队委会书记、杨重远任参谋长。陕甘游击队下辖步兵大队两个，警卫大队、骑兵大队各一个。第一大队队长阎红彦、政委张赫，第二大队队长吴岱峰、政委高岗，警卫大队队长白锡林、政委胡廷俊，骑兵大队队长强龙光、副队长杨琪。（刘志丹已去省委汇报工作）

2月末，中共陕西省委决定高维翰去渭北巡视，由省委常委李艮接任陕甘游击队政委兼队委会书记。然而，李艮因故并未到职，省委又派省委书记杜衡以省委特派员的名义前来部队“视察”。

当时的中共中央正在推行“左”倾盲动路线，陕西省委也在教条主义地执行“左”倾盲动政策，对于陕甘游击队的领导朝令夕改，不讲实际。

在杜衡来到部队之前，部队曾经两次攻打正宁县政府所在地山河镇，但皆因敌强我弱，相继失利。“钦差大臣”杜衡来到部队后，下车伊始哇里哇啦，一到部队就批评谢子长是“游而不击”、“梢山主义”，并以两次攻打山河镇未克为借口，撤销了谢子长的总指挥职务。

在不作任何调查就草率地撤销了谢子长的总指挥职务后，杜衡又回到了西安，向中共陕西省委做了关于陕甘游击队情况的报告。根据杜衡的报告，中共陕西省委于1932年3月6日和7日，分别作出了《陕西省委关于红军陕甘游击队决议》和《关于游击队新胜利与冲破敌人“围剿”的主要策略决议》。

《陕西省委关于红军陕甘游击队决议》认为：

“红军游击队目前在政治上犯了许多严重的错误，执行了右倾机会主义的路线。”

“必须加紧两条战线的斗争，拼命地与右倾机会主义、‘左’倾立三路线，口是心非的两面派作坚决斗争。目前最明显的右倾机会主义的表现：不执行土地革命，不扩大红军苏维埃运动，对客观形势估计不足，关住门的整顿改造；只执行部分的游击战争纲领，不利用一切机会向敌人进攻，只是退守让步；实际工作的消极怠工，散漫不紧张，不相信自己的力量。右倾机会主义，实是目前最严重的敌人，必须集中火力去反对。”①

《关于游击队新胜利与冲破敌人“围剿”的主要策略决议》则提出：

“游击队必须坚决地执行进攻的路线”，“游击队必须坚决执行省委对游击队的决议，进行彻底改造，加强游击队在政治上与战斗上的力量。”

3月21日，中共陕西省委又在向中共中央汇报陕甘游击队情况的信中提出：

陕甘游击队应“迅速回三原发展，配合三千农民武装、城市中的革命兵变、广大贫民，夺取陕西政治经济最中心的三原，马上建立苏维埃政权”。“为执行这个迫切的任务，省委决定组织渭北特委，负全责去领导，派励君（即杜衡）同志任书记”。

信中还提出要成立正式红军，请中央规定编制和番号。

4月5日，中共陕西省委又给陕甘游击队发来指示信，继续批判游击队“现在还坠在右倾机会主义的泥坑里，对于你们的错误还没有根本了解”。

4月中旬，杜衡又代表省委，和刘志丹、黄子文一道，来到陕甘游击队的驻地旬邑县马家堡。在当晚召开的队委会上，杜衡宣布了省委的决定：

撤销陕甘游击队总指挥部，部队改编为三、五两个支队；谢子长调往甘肃从事兵运工作；刘志丹任三支队队长，阎红彦任五支队队长。

部队改编后，高岗在刘志丹麾下任三支队二大队队长兼政委。

4月20日，中共中央作出《关于陕甘游击队的工作及创造陕甘边新苏区的决议》，同意中共陕西省委创建红军的意见，规定陕甘游击队的番号为中国工农红军二十六军四十二师。

①② 中央档案馆、陕西省档案馆编：《陕西革命历史文件汇集》（1932年1卷），1991年编（内部出版），第44、54页。

虽然中央同意了陕甘游击队改编为正式红军，但在艰苦的环境下努力奋战的游击队还不可能按照“左”倾教条主义者们的主观愿望来战斗，况且上级领导的决议也是在不断地变化。5 月 10 日，游击队三、五支队在旬邑清水塬集结。为了统一指挥，省委又决定恢复陕甘游击队总指挥部，由刘志丹任总指挥，高维翰任政委。

总指挥部恢复后，具有丰富革命斗争实践经验的刘志丹率领部队连续战斗，15 日攻克马栏镇，27 日占领吉子岘，31 日夺取英旺镇。半个月之内，游击队在周边五个县作战近十次，歼敌千余人，取得了重大胜利。

然而，在不久进行的攻打甘泉临镇的战斗中，阎红彦率五支队担任正面主攻，高岗率领二大队占领该镇东山，掩护主力。由于敌人进攻猛烈，高岗率部未能守住东山，带领十余人撤出了战斗，致使攻入镇内的游击队损失很大。

这就是“高饶事件”后有的老同志在 1955 年召开的关于西北历史问题座谈会上提出的高岗“临阵逃脱”案。

高岗“临阵逃脱”后干了些什么呢?

1983 年 5 月 25 日，陕北游击队第九支队的创始人之“一高”朗亭，在谈第九支队的创建与发展时，提供了高岗后来的下落：

6 月 3 日傍晚，先锋队（九支队的前身，笔者注）在延长县沙滩坪附近梢沟村宿营。当时细雨濛濛，天色黑暗，伸手不见五指。还未吃饭前，我正在调理伤口，突然有个人进门来，问：你们是否老师家的人（师祝杰，鸦片烟保运局的保镖头，手上有 30 多条枪）？众人回头一看，那人身穿便衣，手持自来得枪。我们即刻缴了那人的枪，然后答话说，我们是红军，你是什么人？他说，我叫党益三，是中国工农红军陕甘游击队的人，总指挥刘志丹，我们的支队长阎红彦，五支队二大队长高建章（高岗的化名），我是中队长。今天凌晨游击队奔袭临镇未克，部队失败，我们在找大部队，不料碰到你们，原来是自己人。我又问，你们同来多少人？他接着回答，我们中队十九个人，二十一支枪，高大队长带队，就在南面的山上。我们先锋队里的经理处长党益三 1928 年到 1929 年在延安中学读书时认识高岗，所以，我决定，让党益三徒手去找高岗下山来。不一会儿，高岗带着自来得木套枪和皮子弹袋来了。他们讲的与党益三的话完全一样，并动员我们也同他们一道去找刘志丹的大部队。他们还说，他们下午在后面一直跟了我们一下午。高岗下来我们才知道他们在富县、吉子砚打仗，在英旺镇消灭了高双成一个营，临镇打了一仗，估计没打开。

当时，我们也想找刘志丹，我们那时有四十多条枪，六七十个人，大部分是徒手，多半是大刀、长矛。他们动员我们去找大部队，我们也愿意一块联合行动。于是，把自来得枪还给了高岗，把我们先锋队编成两个中队，他们十九个人编成一个中队，共三个中队，高岗随先锋队司令部一起行动，并任先锋队总指挥。

我们大队从临镇以南往下，赶了几天，高双成派两个营又追我们，我们决定经南泥湾、延安南三十铺、高桥川绕过安条岭到保安瓦子川再到合水太白去盘克塬找刘志丹。因我的枪伤未愈，决定留在延安县城南三十华里的三十铺红市沟养伤。红市沟老乡均是横山下来的移民，很好，高岗认识。于是，高岗和先锋队参谋长带队向盘克塬方向去了。

高岗带部队经过延安县城南川三十五华里的马步踏河，翻越杜甫川到达延安西川的高桥镇，一路上打击地主民团，没收地主粮食，抓土豪劣绅，筹经费，开仓放粮，并缴获十来条枪和八十多匹骡马，平均每人一匹马。刘志丹想成立骑兵，高岗就准备带马回去。这时，敌人在延安的驻军二五六旅得知了我军行动，即派一个营追了上来。保安县民团也集中一百五十余人，在安条岭布设了埋伏。当部队进到安条岭的深腰，山岭上的敌民团首先开枪，正好打在后卫部队。马怕枪，往后便跑，冲散了尾随之敌，部队乘机躲进树林隐蔽撤退。高岗听到枪声后，放弃指挥，一人向右侧逃脱了。①

能如此详细地叙述高岗临镇战斗后情况的人，看来只有高朗亭了。从高朗亭的叙述中又不难看出，高岗在临镇失守后，既没有投降，也没有消极逃避，而是收拾残部，继续在战斗中寻找大部队。虽然高岗在安条岭战斗中又一次“逃脱”了，但在后来的叙述中读者们还会看到，在当年那种革命力量弱小、战斗异常复杂惨烈的环境下，部队被打散、领导人频繁更换，是非常普遍的事情。

---

① 高朗亭：《中国工农红军陕北游击队第九支队创立发展情况》（1983 年 5 月 25 日），未刊稿。现存于中共横山县委党史资料征集办公室。

1981 年 6 月 3 日，同样参加了西北根据地创建的王世泰说了这样一番深有感触的话：

我到陕甘游击队的那一年，一连撤过四个总指挥。开始，撤了谢子长，刘志丹当总指挥，撤了刘志丹后，阎红彦当总指挥，撤了阎红彦后，总指挥又是老谢。那时，谁当总指挥，打胜仗都不说，但打一次败仗，就被撤下来了。这反映了那个时期的领导水平，实际也是时代条件问题。①

4 | 西安脱险

安条岭战斗失利后，部队被打散，高岗腿部负伤，只身一人拄着一根树根来到一家姓张的老乡家里，之后又转到华池地区哥老会龙头大爷郑德胜处躲避养伤。后又辗转数日，于 1932 年 6 月底回到了陕甘游击队。

由于高岗对临镇战斗的失利负有不可推卸的责任，游击队队委会决定给予高岗撤销党内职务的处分。

这是高岗的第一次被撤职，而此时的陕甘游击队，也正处于连续失败的艰苦时期。

临镇战斗后，陕甘游击队转入韩城县境，打算在韩城一带建立革命根据地。

韩城位于关中和陕北之间，是进出潼关的要道，历来为兵家必争之地。就战略选择而言，落脚此地建立根据地并非上策，因为敌人绝不容许在此战略要地形成革命根据地，必然疯狂地进行“围剿”。果然，6 月下旬，敌人派出重兵，向游击队据守的禹山、香山阵地发起了进攻。虽然游击队在刘志丹的率领下顽强奋战，但终因寡不敌众，损失过半，被迫放弃阵地，退入桥山。游击队在转移途中又遭敌人拦截，部队被打散，及至退到正宁县梁家堡时，全队只剩下 200 余人。

此时部队士气低落，思想混乱，领导之间也产生了严重分歧。有的主张南下三原，坚持渭北根据地；有的主张北入桥山，建立陕甘边根据地。6 月

① 《访问王世泰同志谈话记录》（1981 年 6 月 8 日），未刊稿。现存于中共横山县委党史资料征集办公室。

底，部队在梁家堡召开会议。会上经过激烈争论，大多数人主张就地坚持，以正宁为中心，依托桥山，创建陕甘边革命根据地。这次会议还对游击队的领导机构进行了改选，选举阎红彦为总指挥，并决定全军编为两个大队，一个骑兵队。第一大队队长高山保，政委黄子文；第二大队队长兼政委刘志丹，副大队长吴岱峰，骑兵队队长强龙光。

高岗正是在梁家堡会议后回到部队的。高岗归队不久，即被调回西安中共陕西省委，从事兵运工作。

1932 年冬，从鄂豫皖苏区转移出来的红四方面军进入陕南。高岗奉命来到陕南，与红四方面军进入陕南的部队进行了联络，并协助中共陕南特委，在红四方面军的帮助下，将陕南游击队改编为中国工农红军第二十九军。

1933 年春，高岗奉命来到了陕西省耀县，与任陕军骑兵团团长的中共党员王泰吉协商起义事宜。

王泰吉 1906 年出生于陕西省临潼县北田镇尖角村，1924 年在黄埔军校时加入中国共产党。大革命失败后，他于 1928 年春率部举行了麟游县武装起义，起义失败后，他又参加了著名的渭华起义，并担任了西北工农革命军参谋长。渭华起义失败后，王泰吉被捕入狱，后经杨虎城保释出狱，先后被杨虎城任命为第十七师补充旅副旅长和骑兵团团长。1933 年 7 月 21 日，在中共的领导下，王泰吉率部在耀县起义，骑兵团正式改编为西北民众抗日义勇军，王泰吉任总司令，杨声（刘映胜）任党代表。

贾拓夫

王泰吉率部在耀县起义时，高岗已经回到了陕西省委。1933 年 7 月 28 日，高岗与在西安的中共陕西省委主要领导杜衡、萧章、贾拓夫等在西安东大街骡马市福盛楼饭馆以吃饭为掩护，开会研究西北民众抗日义勇军行动计划等问题。会议尚未开完，叛徒陈建文便带领着一帮国民党特务闯入饭店。杜衡、萧章刚一出门便遭逮捕，正在算账的贾拓夫发现不妙，机智地从后门跑掉，高岗也趁乱跑开脱险。

这次西安脱险，是高岗传奇经历中的重要事件，后来也形成了不同的传说版本。但最为可信的，是当事人贾拓夫在当时的回忆。

1933 年 11 月 13 日，贾拓夫就陕西党组织遭破坏的情况，向中共中央写了一份报告。他在这份报告中叙述到“福盛楼事件”时说：

当时省委经过两次破坏，机关都没有健全起来，一时找不到可以开会的地方，秘书处、军委与我的地方都不能开会，最后决定到饭馆去开。开会是岳栋（即萧章）、励君（即杜衡）、高麻子（即高岗）连我四人。当我们进饭馆去，高麻子即发现有一人旋即出去，也不注意，并未对我们说。继而经半点多钟，先前进那人与另一人又进来在我们前面经过，在另一桌坐下没有三分钟即出去，而且特别注意励君。当时我们已发现这个事情很奇怪，但没有即时离开，仍继续报告。不多时，彼两人又进来，我们才断定是侦探，于是决定马上离开到另一地方去，决定他们三人先走，我开账。岳栋、励君先出去，高麻子因喝了一杯茶迟出去一会。我走到前门开账时，发现街上人都把目光集中在一个方向，而且听到哨子声与汽车很杂乱的声音。我到门口一看，那两个人正抓着岳栋与励君，我立刻乘他们捕人慌乱之际跑出来，这时高麻子也跑出来了，我们俩幸逃脱。①

高岗“幸逃脱”后干什么了呢？

贾拓夫在这份报告中继续说：

我找见高麻子，与他讨论了骑兵团工作后，派他到那里去工作，这是以前省委就决定的。

“高饶事件”发生后，贾拓夫还在一份回忆材料中谈到过这次“福盛楼事件”：

① 中央档案馆、陕西省档案馆编：《陕西革命历史文件汇集》（1933 年 4 月—1936 年），1991 年编（内部出版），第 155—156 页。

在红二十六军南下途中，杜衡回到西安。高岗在做了王泰吉骑兵团的哗变工作后也回到省委。一天，萧章、高岗、杜衡和我去西安东大街骡马市福盛楼，借吃饭的机会召开省委会议，会议准备讨论义勇军（王泰吉部兵变后准备成立义勇军）和杜衡的工作问题。但会议刚开了一半，敌人就来捕人（因陈建文叛变告密，敌人发现了我们），结果萧章和杜衡被捕，我和高岗逃出。我在逃出后，马上通知省委秘书处转移，并与高岗商量确定西安党的工作，义勇军和二十六军的工作由高岗负责，并立即去二十六军；我把西安的工作安排一下，去上海与中央接关系。

在这份没有公开发表的回忆材料中，贾拓夫还认为：

高岗能爬上去，有三个关口，一是省委被破坏后去陕甘边，对恢复红二十六军起了些作用。高岗去陕甘边是代表省委的，这事我去上海时向中央报告过。二是 1937 年苏区党代表会议，那时高岗的地位已开始形成。由于 1935 年陕北错误肃反，使许多同志含冤，高岗代表了一方面，得到了大会代表的拥护，在选举边区书记时，高岗得票最高。三是 1942 年边区党的高干会。会议检讨了边区党的历史，证明高岗“代表”了正确路线。①

虽然“爬上去”的用语带有特定年代的色彩，今天看来未必恰当，但贾拓夫认为高岗在西安脱险后去了陕甘边是其后来高升的转折点，还是很有道理的。因为高岗在省委被破坏后去陕甘边，对恢复红二十六军不仅仅是“起了些”作用，而是起了重大作用，这也是高岗后来在谢子长、刘志丹牺牲后能够以西北根据地代言人自居的重要资本。

① 《贾拓夫同志谈陕西党史问题》（1982 年 4 月 4 日），未刊稿。现存于中共横山县委党史资料征集办公室。

四 恢复红二十六军

红二十六军是第二次国内革命战争时期党在西北建立的主力红军部队。

可以毫不夸张地说，西北根据地的兴衰，是与红二十六军的曲折发展联系在一起的。

而红二十六军能够从挫折中奋起，高岗是功不可没的。

1 | 陈家坡会议

高岗于 1932 年 6 月离开陕甘游击队到省委工作后，陕甘游击队并未摆脱困境，反而进一步受到“左”倾冒险主义的影响。

1932 年 7 月 23 日，中共陕西省委派李艮来游击队传达省委关于“彻底转变陕甘新苏区的机会主义领导，以创建陕甘新苏区与二十六军”的指示，并委任李艮为陕甘游击队政委。由于李艮强迫部队执行“左”倾路线，不到一个月内同敌人打了三次硬仗，结果全部失败，引起指战员不满。他却认为是阎红彦等人搞阴谋，便通过省委撤销了阎红彦的总指挥职务。省委重派谢子长任游击队总指挥。

谢子长任总指挥后，部队采取了分路游击、休养生息的策略，逐步恢复了元气。但在形势刚刚有所好转时，杜衡又以中共中央北方局特派员、陕西省委代表的身份于 1932 年 12 月 18 日来到了游击队。12 月 22 日，游击队在宜君杨家店子（今属旬邑）召开党员会议，由杜衡传达了中共陕西省委改编陕甘游击队为中国工农红军第二十六军第二团的决定。会上，杜衡指责刘志丹、谢子长、阎红彦等执行了右倾机会主义路线，提出要彻底改造陕甘游击队的“机会主义领导”，并要对谢子长、阎红彦、刘志丹、杨重远四人执行党的纪律，开除出部队，让他们到上海中央去受训。由于谢子长、王世泰等广大干部、战士的要求和考虑到军事技术问题，才勉强将刘志丹、杨重远留在了部队。

12 月 24 日，部队在宜君县转角镇（今属旬邑）举行改编授旗仪式，陕甘游击队正式改编为中国工农红军第二十六军二团。军政委兼团政委杜衡，党委书记汪锋，团长王世泰，参谋长郑毅，政治处长刘志丹，参谋处长杨重远，经理处长刘约三，管理处长杨琪，青年团书记史克寿。红二团下辖一个骑兵连、一个步兵连和一个先锋连，共 200 余人。

红二团组建后，决定在位于耀县西北的照金地区建立革命根据地。这里地处耀县、三原、淳化、旬邑、宜君、同官（今属铜川市）六县之交，沟壑纵横，山峦重叠，地势险峻，是建立根据地的理想之地。部队开赴照金后，很快就消灭了当地民团，并帮助当地党组织建立起游击队，打开了局面。

1933 年 3 月 8 日，中共陕甘边特委在照金成立，书记金理科，军委书记习仲勋。同时还成立了陕甘边游击队总指挥部，由李妙斋任总指挥。3 月下旬，红二团进入三原武字区，组建了红二十六军渭北游击队总指挥部，黄子祥任总指挥。随后，又陆续建立了十几支游击队。

4 月 5 日，中共陕甘边特委在照金召开了陕甘边工农兵代表大会，选举产生了陕甘边革命委员会，主席周冬至，副主席习仲勋。至此，东起香山，西至淳化塬畔，南抵高山槐，北至马栏，东西 50 余里，南北 80 余里，以薛家寨为中心的照金革命根据地基本形成。

红二十六军的发展和照金革命根据地的建立引起了敌人的恐慌，4 月下旬，敌人以四个正规团和六个民团的兵力，分四路“围剿”照金根据地。面对强敌，陕甘边特委和红二团党委召开联席会议，决定红二团跳出敌人的包围到外线作战，游击队则在当地坚持斗争。在游击队的配合下，红二团经过 20 余天的机动作战，消灭了一批敌人，部队扩大到 500 余人，迫使进犯照金的敌人撤出了根据地。

然而，形势的好转却使杜衡的头脑发热，他不顾刘志丹等的反对，强令红二团乘胜南下，创建渭华新苏区。结果，部队在南下抵达蓝田张家坪时，遭遇强敌伏击。指战员虽经血战，但仅有不足百人得以突围。

历经磨难建立起来的第一支西北红军主力，就这样被打散了。

杜衡是在红二团南下不久只身一人返回西安陕西省委驻地的。他回西安后，即在福盛楼被捕并叛变。而高岗则是在福盛楼逃脱后按照与贾拓夫的商定，直奔照金苏区。

本来按照贾拓夫与高岗的商定，也是中共陕西省委以前就做好的安排，高岗是到位于耀县的王泰吉骑兵团工作。但王泰吉骑兵团于 1933 年 7 月 21 日在耀县起义后，在三原辘轳把村被敌人打散，余部已经退到了照金，所以，高岗在西安脱险后，就直接来到了照金。

高岗于 8 月初到达照金地区时，革命形势已经处于非常危急的时期。

红二团南下后，中共陕甘边特委将渭北游击队改编为红二十六军第四团，由黄子祥任团长，同时建立了新的渭北游击队。7 月 21 日王泰吉骑兵团在耀县起义后，成立了西北民众抗日义勇军，中共耀县县委也乘势建立了耀县革命委员会和耀县游击队。西北民众抗日义勇军失败后，王泰吉率领余部 300 余人，于 8 月初进入照金根据地，耀县游击队也于此时来到这里。然而，几支革命力量尚未站稳脚跟，敌人又纠集了九个团的兵力向渭北根据地发起了进攻，大批共产党员、共青团员和革命群众惨遭屠杀，渭北根据地也被敌人所占领。

在此关键时期，高岗作为中共陕西省委代表，与陕甘边特委一道，于 8 月 14 日在照金陈家坡召开了对重建红二十六军有决定性意义的党政军联席扩大会议，即著名的陈家坡会议。

当时的陕甘边特委就在照金，汇集到照金的革命武装主要有红四团、耀县游击队、西北民众抗日义勇军及几支游击队，因此，参加会议的人员有陕西省委的代表高岗，西北民众抗日义勇军总司令王泰吉，陕甘边特委负责人习仲勋、张邦英、秦武山，红四团团长黄子祥、政委杨森，陕甘边游击队总指挥李妙斋，耀县游击队队长王伯栋、政委张秀山以及其他几名军队干部。

陈家坡会议的主要议题是研究陕甘边地区的革命力量如何统一行动、怎样创建主力红军的问题。虽然这次会议不可能留下原始的文字记载，但我们从当事人后来的回忆中，还是可以看到这次通宵达旦的会议是如何经过激烈的争论最终统一了思想，确定了正确的路线。

1983 年 4 月，参加了陈家坡会议的习仲勋回忆说：

1933 年 8 月，我们在照金根据地陈家坡召开会议，克服了存在于一些同志中的右倾主义情绪，决定恢复红二十六军，拉起队伍再干。我们吸取了过去的教训，决定分三路建立游击区：第一路陕北，以安定为中心；第二路陇东，以南梁为中心；第三路为关中，以照金为中心。当时陈家坡会议发生路线分歧，一种意见是以黄子祥为代表的，反对集中领导、统一指挥，主张把红四团带回渭北，不承认高岗为省委代表；一种是以高岗为代表的，主张成立指挥部，统一行动，坚持扩大与创造陕甘边新苏区。会议终于以后一种正确路线取得胜利，成立了陕甘边红军临时总指挥部，王泰吉任总指挥，高岗任政委。这时的方针是：不打大仗，打小仗，集小胜为大胜，集中主力，深入陕甘边积极活动，并拟定了有战略意义的一、二、三路根据地的创立计划。所以，陈家坡会议是一次关键性的会议。

1988 年 3 月，同样参加了这次会议的张秀山回忆说：

1933 年 8 月 14 日，中共陕甘边特委在照金召开扩大会议。会议的中心内容是讨论重新组建主力红军问题。参加会议的有秦武山、习仲勋、李妙斋、杨森、高岗、张秀山、张邦英、黄子祥、王伯栋、陈子鼎，还有几个连队指导员、义勇军中的党员干部。会上，讨论了三支革命武装会合照金苏区后的形势和任务，认为应当拿出切合实际的对策，扭转被动局面。但是，在三支革命武装是统一活动还是分散活动的问题上发生了激烈的争论。一种意见认为，应当将抗日义勇军、耀县游击队、红四团统一起来，组成主力红军部队，使分散的相对弱小的红军能形成有力的拳头，打击敌人的薄弱部分，发展陕甘边革命根据地，扩大边区的游击战争；另一种意见认为，红军和苏区接连受挫，敌人攻势凶猛，成立主力部队目标大，在现在形势下还不行，主张各部队仍回原地分散游击。围绕这两种意见，会议整整进行了一个通宵，绝大多数赞成第一种意见。会议决定：成立陕甘边红军临时总指挥部，王泰吉任总指挥，高岗任政委，统一领导红四团、义勇军、耀县游击队。同时，决定撤销抗日义勇军总司令部，改编为一个大队。陈家坡会议是一次恢复与扩大红二十六军的关键会议。实践证明，它为重建红二十六军奠定了坚实基础，对陕甘边革命形势的发展起了非常重要的作用。

另一位与会者秦武山也在1983年回忆说：

> 陈家坡会议是在红二团南下失败后，恢复与扩大红二十六军的关键性会议。这次会议在三支部队统一与分散活动等问题上发生了激烈的争论。黄子祥、王伯栋等少数人不主张统一行动，主张回各地打游击。这种主张遭到了与会的绝大多数人的反对，反对这种主张的有习仲勋、秦武山、杨森、高岗、李妙斋、张秀山、张邦英、陈子鼎等同志。第二个争论是总指挥部的人选问题。大多数同志主张王泰吉任总指挥，黄子祥、王伯栋认为这是义勇军领导红军，不同意。第三个问题是高岗任政委的问题。大多数同志主张高岗为总指挥部政委，但黄、王反对。会议从当日下午一直开到第二天太阳大照才结束，最后正确的意见终于占了上风。

通过上述回忆我们可以看出，虽然这次会议时间长、争论激烈，但最终还是作出了正确的决定。

高岗是代表陕西省委参加并主持这次会议的。在这次对重建红二十六军具有决定性意义的党政军联席扩大会议上，高岗力主将分散的小股革命武装力量统一起来集中行动，坚持创造陕甘边革命根据地的正确方针，并基本上统一了与会者的思想。他本人也在这次会议上被推选为新成立的陕甘边红军临时总指挥部政委。

2 | 违纪被撤职

陈家坡会议后，部队按照会议确定的“集中主力，不打大仗，集小胜为大胜”的战略方针，频频出击，节节胜利。10月4日，刘志丹又由南山脱险回到照金，被任命为副总指挥兼参谋长，更加强了部队的领导力量。

革命力量的恢复和壮大引起了敌人的恐慌，10月上旬，敌人调集了四个正规团和六个县的民团共6000余人，向照金根据地发动了大规模的进攻。面对强敌，高岗与王泰吉、刘志丹冷静地分析了敌情，认为敌强我弱，不宜在狭小的根据地内与强敌周旋，必须跳出包围，转到外线作战。于是，总指挥部决定，主力红军转到外线，寻机歼敌，游击队留守内线，坚持斗争。10月10日，红军主力出发北上。18日，一举攻克敌人守备薄弱的甘肃合水县城，毙伤敌人200多名，缴枪百余支，使部队声威大震。紧接着，部队又在合水县毛家沟门重创敌赵文治团，使该团元气大伤，不敢再战。

然而，红军主力在外线的胜利仍然无法避免照金革命根据地的失守。虽然留守根据地的游击队英勇顽强地与敌人血战，在保卫照金根据地的首府薛家寨的战斗中，一天曾经打退了敌人的数十次进攻，予敌以重大杀伤，但游击队也伤亡惨重。敌人于10月16日占领了薛家寨，坚持了十个月之久的照金根据地终于失守。

照金根据地的失守，使陕甘边红军再次陷入漂泊的困境。到哪里安家？怎样发展？由谁来领导？这支西北红军的主力部队又一次面临着艰难的抉择。

为了决定红军的下一步行动方向，11月3日至5日，陕甘边红军临时总指挥部在甘肃省合水县包家寨召开会议，作出了三项极其重要的决定：

第一，撤销陕甘边红军临时总指挥部，恢复中国工农红军第二十六军，首先成立红二十六军四十二师，由王泰吉任师长，高岗任政委，刘志丹任副师长兼参谋长。

第二，开辟陕北、陕甘边、关中三个游击区。在这三个游击区分别由四十二师派出一些干部，建立三路游击队。

第三，军事后方移至南梁，创建以南梁堡为中心的陕甘边革命根据地。

11月8日，部队根据包家寨会议决定，在合水县莲花寺正式成立了红二十六军四十二师。全师人枪500余，下辖红三团和红四团两个团。同时建立了红四十二师党委，由杨森任党委书记。

南梁位于陕甘两省交界处，地处桥山山脉中段大梁山南麓，东距延安、西距庆阳、北距保安（今志丹县）均很远，南却与原照金革命根据地相邻。南梁地区以荔园堡川的南梁堡为中心，包括平定川、豹子川、林镇川、玉皇庙川、白马川、二将川、大凤川等，方圆百余里。这里重峦叠嶂，梢林密布，沟壑纵横，地势险要，易守难攻，是开展游击战争、建立根据地的理想之地。红四十二师于11月中旬进入南梁地区后，首先扫荡了反动民团，然后发动民众，在各地逐步建立起了农民联合会和赤卫军。红四十二师还派出一批军事干部，拨出部分武器弹药，帮助地方组建游击队。为了廓清南梁外围，红四十二师主力在根据地基本建立后，又主动转入外线，先后击溃了井岳秀部一个营，全歼了新堡民团和赵沟民团，消灭了陕西警备骑兵旅四个连，为创建并巩固南梁根据地奠定了基础。

应当说，高岗为红二十六军的重建和南梁根据地的建立作出了重要贡献，功不可没。然而，在枪林弹雨中出生入死的高岗却过不了美色关。1934 年 1 月初，高岗在正宁南邑堡战斗结束后打扫战场时，见一窑洞内有一妇女，便上前调戏。此事恰好被红四十二师政治部主任黄子文发现，并报告了师党委。

1 月上旬，红四十二师党委在合水县蔺家砭召开会议。此时红四十二师因 1 月初师长王泰吉请求去豫陕边做兵运工作，已经由刘志丹任师长。这次会议对高岗在正宁南邑堡的严重违法乱纪行为进行了严厉的批评，决定撤销他的师政委职务，由师党委书记杨森接任。

高岗因违纪被撤销了红四十二师政委职务后，被下派到第二路游击队，任总指挥部政委，总指挥是杨琪。

包家寨会议决定开辟三个战略游击区，建立一、二、三路游击队后，随着南梁根据地的建立，各路游击队逐步发展壮大起来。当时第一路游击队主要活动在安定县一带，第二路游击队以南梁为中心，第三路游击队以照金为中心。由于第二路游击队实际上就在南梁根据地内，能够及时得到红二十四师的支持和帮助，所以在各路游击队中发展最快。

1934 年 2 月，国民党陕甘军阀调集了八个团的兵力，向陕甘边根据地发动了大规模“围剿”，企图将新生的革命根据地扼杀在摇篮中。为了粉碎敌人的“围剿”，红军主力继续采取外线作战的方针，红四十二师跳出南梁，转入外线，二路游击队则坚守南梁，与敌人展开游击战。

1934 年 3 月，刘志丹率领红四十二师回师南梁，与高岗、杨琪率领的二路游击队会师，然后一起向北进发，突袭蔺家砭，轻取崖窑，在庆阳元城活捉国民党第四自治区区长高明山，在赵梁子消灭谭世麟部一个骑兵连。4 月上旬，红四十二师在二路游击队的配合下取得西华池大捷，全歼敌人两个营共 600 多人，创造了红二十四师成立以来的歼敌最高纪录。西华池大捷也成为粉碎敌人“围剿”的决定性一战。

3 | 复职与再被撤职

西华池大捷后，刘志丹率领红四十二师南下三原、淳化、耀县等地，高岗、杨琪仍率领二路游击队坚守南梁。

1934 年 5 月中旬，敌人借红军主力离开南梁之机，再次向南梁根据地发动“围剿”，高岗和杨琪则率部与敌周旋。敌军抓不到红军，就以疯狂的仇恨，在占领的区域内毁坏窑洞，焚烧粮食，屠杀牲口，而且还丧心病狂地烧了刘志丹的家，挖了刘志丹家的祖坟。

高岗、杨琪则指挥二路游击队避敌锋芒，转入敌后，开展游击战。高岗在动员部队坚持战斗时说：

敌人来进攻，我们就抄他的后路。敌人后方就像老姑娘的屁股，摸不得，一摸就得回头。

果然，二路游击队在敌人后方攻城拔寨，迫使敌军回撤保家，使敌人“围剿”根据地的计划再次破产，南梁根据地又胜利收复。

5 月下旬，红四十二师主力又回师南梁。5 月 28 日，师党委在南梁寨子湾召开会议。会议决定健全中共陕甘边特委，由张秀山任特委书记；成立陕甘边军事委员会，由刘志丹任主席；杨森任红四十二师师长，高岗复任红四十二师政委。

在曲折、复杂甚至是惨烈、悲壮的战争环境下，部队领导人的变化经常、频繁，有时也是出人意料的。高岗从 1933 年 8 月担任陕甘边红军临时总指挥部政委到 1934 年 5 月重新接任红四十二师政委，短短的九个月，已经是四任政委了。但这还仅仅是开始，不足两个月后，高岗又一次被撤销了政委的职务。只不过这次被撤职的主要原因并不是高岗个人的过错，而是受“左”倾错误打击的结果。

1934 年 7 月下旬，谢子长、郭洪涛率陕北游击队一、二、五支队来到南梁，与红四十二师会师。

提到陕北游击队，还必须从谢子长和陕北根据地的建立谈起。

谢子长 1897 年 1 月 19 日出生于陕西省安定县（今子长县）枣树坪一个比较富裕的农民家庭。父亲谢标朋以务农为主，兼开柴草店，家中生活尚可。1919 年，谢子长考入西安陕西省立第一中学，次年转入陕北联合县立榆林中学，曾担任校学生会负责人。与高岗和刘志丹由榆林中学而军校的生涯不同，1922 年春，中学尚未毕业的谢子长就抱着教育救国的信念，返回家乡办起了一所小学。然而，愿望虽好，办学却并非易事。谢子长虽然费尽九牛二虎之力办起了学校，穷人家的孩子却无钱上学。同年秋，谢子长决心投笔从戎，毅然只身赴山西，考入阎锡山办的太原学兵团学习军事。1924 年，谢子长离开学兵团，先是回到家乡办起了民团，后又奔赴京津，探求革命真理，并于北京加入了中国共产党。

谢子长

1926 年初，谢子长受党的委派，回到家乡，以县民团团总的身份开展秘密工作。大革命失败后，谢子长与唐澍等人领导了著名的清涧起义，任西北工农革命军游击队副总指挥。清涧起义失败后，他又受省委的委派，于 1928 年 5 月与刘志丹等参与领导渭华起义，任西北工农革命军军事委员会委员兼第三大队队长。

从渭华起义起，谢子长与刘志丹经常并肩作战，共同搞兵运，高岗则追随其中。但从陕甘游击队改编为红二十六军后，谢子长被迫离开了部队，先到上海中央局“受训”，后被派往张家口察绥抗日同盟军工作，一直到 1933 年 11 月，才又被派回陕西，被中共中央驻北方代表任命为西北军事特派员。1934 年 1 月，谢子长辗转回到了安定县。当时正值陕北根据地困难时期，主力部队陕北游击队第一支队已经被打散。谢子长回来后，立即集合失散人员，取出埋藏的枪支，于 3 月 8 日正式恢复了红一支队。

中共中央驻北方代表继派谢子长回陕后，1933 年 12 月又派郭洪涛、李铁轮前往陕北工作，并改组了陕北党、团特委。党的特委由书记崔田夫、组织部长郭洪涛、宣传部长马明方组成，团的特委由书记马文瑞、组织部长崔田民、宣传部长李铁轮组成。1934 年 1 月，陕北特委在佳县南洼村举行了党团联席会议，决定迅速恢复红一支队，加强红二、三支队，组建红四、五支队，开辟绥、米、佳、吴游击根据地。会后，一支队在谢子长的领导下迅速恢复，四、五支队也逐步建立。

1934 年 7 月 8 日，中国工农红军陕北游击队总指挥部在安定县杨道峁成立，谢子长任总指挥，郭洪涛任政委，贺晋年任参谋长。游击队下辖一、二、五三个支队，300余人。7月18日，谢子长指挥游击队一举攻克安定县城，开创了陕北红军攻占县城的先例。

7月23日，谢子长率领陕北游击队来到南梁阎家洼子，与刘志丹、高岗、杨森率领的红四十二师会合。25日，中共陕甘边特委、红四十二师党委与中共陕北特委、陕北红军游击队总指挥部在阎家洼子举行联席会议，即著名的阎家洼子会议。

由于当时的陕甘边特委和陕北特委分属于两个上级机构领导，陕甘边特委归中共陕西省委领导，陕西省委直接归党中央领导。而陕北特委归中共北方局领导，中共北方局归中央驻北方代表直接领导。所以，阎家洼子会议的主要议题是研究陕甘边与陕北两个根据地的战略配合问题。

会议作出了两项重要决定：一是红四十二师三团北上陕北，配合陕北游击队粉碎敌人对陕北苏区的第一次“围剿”；二是撤销高岗红四十二师政委职务，给予留党察看三个月处分。红二十六军四十二师政委职务由谢子长兼任。

会后，陕甘边特委调拨步枪一百支、银元数百枚，支援陕北游击队。

如何评价阎家洼子会议？至今公开出版的著述鲜有涉及。

为什么在这次会议上要撤销高岗的政委职务，并且给予留党察看三个月的处分？至今仍是个谜。

虽然有的回忆材料说这次会议撤销高岗的职务是因为他在正宁南邑堡战斗中违纪，但通过本书的上述材料读者已经清楚，高岗因违纪而被撤职是在半年以前的蔺家砭会议，而且在两个月以前的寨子湾会议上，高岗已经恢复了政委职务。

果真高岗被撤职是个难解之谜？

实际上又并非如此。虽然在当时的战斗环境中，无法保存会议记录，一些新中国成立后的回忆材料又受当事者的记忆力以及各种政治环境的影响，未必准确，但1942年召开的西北局高干会议，却为我们了解这次会议的真实情况，留下了一些非常重要的参考材料。

参加阎家洼子会议的有陕甘边特委和红四十二师的刘志丹、杨森、高岗、习仲勋、张秀山、王世泰，陕北特委和陕北游击队的谢子长、郭洪涛、贺晋年以及红四十二师连以上和陕北游击队支队长以上的干部。虽然陕甘边根据地建立得较早，红军与游击队的实力也比较大，但陕北游击队的郭洪涛和谢子长是中共中央驻北方代表派来的，他们更了解党中央的方针和路线。因此，会议首先由谢子长宣读了中共上海中央局和中共中央驻北方代表给红二十六军的两封指示信。由于当时王明“左”倾冒险主义已经在党内占据了统治地位，这两封信的基本精神也就不可能不受“左”倾错误的影响，自然对红二十六军的游击战争进行了一些无端的指责。接着，郭洪涛在发言中又批评红四十二师是“梢山主义”、“右倾机会主义”。虽然刘志丹、高岗等在发言中对红四十二师在极端艰难的条件下开展游击战争的正确选择进行了辩解，但由于指示信与郭洪涛的发言代表了当时“左”倾中央的基本路线，所以会议还是决定撤销高岗的政委职务，由谢子长接任。

1942 年 11 月 11 日，参加了这次会议的习仲勋在西北局高干会议上提到了阎家洼子会议的情况。由于是当时会议的记录稿，习仲勋的发言又是即兴的，所以有些话未必很恰当。但为了保持历史原貌，照录原稿如下：

习仲勋

阎家洼子会议“大概是阳历七月前后开的，我也是参加那个会议的一个，许多情形都了解。洪涛同志来的时候，就是钦差大臣的派头，当时我确实也是马马虎虎，不知他是中央的代表，还是北方局的代表，介绍信我也没有看。在那个会上我很拘束，过去我不爱说话，一说话面孔就红。我在这次会议上讲话很少，当时我还是主席团之一，也不知是争论了一些什么问题，我只把照金苏区、武子苏区讲了一些意见，讲的不很多。在会议后，洪涛同志便根据这个东西，写了一篇二十六军长期斗争的主要经验教训一文。他主要批评陕甘边党和红二十六军主要领导者刘志丹、高岗同志都是右倾机会主义、逃避路线、串山林主义、枪杆主义。我们大家想想在那个时候，谁不愿意在一个大平原上建立一个根据地，省得上坡、下坡（笑声），但国民党不能让我们这样干，要存在只有实行梢山主义。甚至在打开延长后，还有一位八十四师的政治部李主任，还批评我是梢山主义。后来刘志丹讲，梢山主义不错呀！没有梢山主义就不行。谁说不能以南梁堡、二将川、豹子川为中心去开展新的进攻呢？所以我觉得洪涛同志不懂，当时有意识模糊红二十六军和陕甘边党的当时斗争的真实事实，而且确实有企图篡军。在这次会议上好像洪涛同志胜利了，把大家批评了一顿，高岗同志被打击了，撤了他政治委员的职。为什么没有篡军呢？就是真的把军队交给他也不行，自己无能，他手中又没有这样的干部。”①

如果说习仲勋的发言还只是他个人的意见，不一定代表绝大多数人的看法，那么，我们可以进一步看看中共中央对这次会议的评价。

1942 年 12 月 12 日，在西北局高干会议尚未结束之际，中共中央通过了一份党内秘密文件，题目为《中央关于 1935 年陕北（包括陕甘边及陕北）“肃反”问题重新审查的决定》。这份党内秘密文件虽然没有专门评价阎家洼子会议，但在提到郭洪涛时，有一个括号，在这个括号中，这样写道：

郭是 1933 年底到达陕北，曾以钦差大臣的身份打击过陕北特委重要负责同志马明方。1934 年 7 月在阎家洼子会议上又打击过刘志丹、高岗，企图夺取二十六军及陕甘党的领导地位，但这种企图受到抵抗而未能成功。

虽然说在当时的战争时期，部队领导变换频繁，并且无论就资历还是能力，谢子长取代高岗任政委都无可非议，但上述的回忆材料和中央的决定已经清楚地回答了高岗在阎家洼子会议上被撤职的原因。

至于如何评价 1942 年西北局高干会议和中共中央当时的决定，则是一个更加复杂的问题，将在后文予以专门的探讨。

4 | 周家硷会议

阎家洼子会议后，谢子长虽然担任了红四十二师政委，但在会议结束后，

① 《习仲勋同志在高干会上关于党内历史问题的发言》（1942 年 11 月 11 日），未刊稿，现存于陕西省档案馆。

他并没有留在红四十二师，而是率领陕北游击队返回了陕北。红四十二师第三团也按照会议的决定，在团长王世泰的带领下，北上安定，配合陕北游击队粉碎国民党军队对陕北根据地发动的第一次反革命“围剿”。

陕北游击队和红四十二师三团在谢子长指挥下，先后在安定、绥德、清涧、横山等地连战连捷，基本上粉碎了敌人的“围剿”。但不幸的是，1934年8月26日，谢子长在清涧河口战斗中胸部中弹，身负重伤。

阎家洼子会议后，高岗虽然被撤销了红二十四师政委的职务，但他并没有离开部队，而是以参谋长的名义，与红四十二师二团一起战斗。然而，非常遗憾，从阎家洼子会议到周家硷会议这半年间高岗的情况，我们没有找到更多的材料，目前只见到曾任西北工委书记的崔田夫1945年在谈陕北苏区创建时提到了高岗被撤职后的行踪。

崔田夫说：

七八月间（阎家洼子会议是7月25日召开的，笔者注），高岗带了红二十六军二团北上，在安定打垮了敌人，收了百多条枪，又到清涧打了两个胜仗，在安定成立了红一团，还成立了革命委员会，群众组织了贫农团和自卫军，实行了分粮。清涧二支队扩大后，到10月成立了红二团，在神府成立了红三团。还有十三四个支队。

年底，高岗北上在安定白庙岔，以红一团、红二团配合几个支队，成立了红二十七军八十四师，在安定南沟岔打了一个胜仗，收了几十条枪和两架轻机关枪，跟着刘志丹也带来一团，统一了陕甘、陕北两苏区，成立了红二十六军、红二十七军总指挥部，刘志丹为总指挥，高岗为政委。①

经查实，中国工农红军陕北游击队第一团是1934年9月18日在安定县西崖窑沟成立的，团长贺晋年，政委马佩勋，参谋长路文昌。全团200多人、100多条枪；中国工农红军陕北游击队第二团，是1934年底在清涧县大马家山成立的，团长郭育仁，政委马万里，参谋长惠世良。全团300人、100多条枪；中国工农红军陕北游击队第三团，也是9月18日在神木县南乡王家庄成立的，团长王兆相，政委杨文谟，参谋长刘洪飞。全团300多人、100多

①《崔田夫谈陕北苏区创立记》（1945年），未刊稿，现存于陕西省档案馆。

条枪。

1935 年 1 月 30 日，中国工农红军第二十七军在安定县白庙岔宣布成立。下辖八十四师，师长杨琪，政委张达志，参谋长朱子休。八十四师成立后的第二天，就在安定县南沟岔歼灭了国民党军高桂滋部一个连，并击溃了由老君殿开来的援兵。接着，部队乘胜东进，连战连捷，使陕北游击队扩展到延长、延安和宜川一带，并把清涧、安塞、安定、靖边四个县连成了一片。

调刘志丹到陕北来统一指挥陕甘边和陕北两支红军部队，是中共中央北方代表巡视员的决定。1934 年 10 月，中共中央驻北方代表孔原派巡视员黄翰来陕北，布置陕甘边和陕北两块根据地的相互配合和两支红军统一指挥的问题。

土地革命战争兴起后，西北逐步形成了陕甘边和陕北两块革命根据地和红二十六军与红二十七军两支主力红军。但是，由于陕甘边和陕北是被敌人分割开的两块根据地，党和红军也就存在两个领导关系。陕甘边根据地属陕西省委领导，陕西省委被破坏后，直接归陕甘边特委领导；陕北根据地则直接受中共中央驻北方代表的领导。虽然阎家洼子会议后，两支红军部队有了配合，但基本上还是以各自活动为主。1934 年 10 月黄翰来到陕北后，鉴于谢子长身负重伤的实际情况，建议调刘志丹到陕北，统一陕甘边和陕北两地的军事领导。黄翰并致信刘志丹，指示刘志丹尽快来陕北。

接指示后，刘志丹率领红二十六军部分部队，于 12 月底奔赴安定。1935 年 1 月下旬，刘志丹来到陕北根据地中心区赤源县（今子长县）的水晶沟灯盏湾，探望了在此地养伤的谢子长。两人就陕甘边和陕北两块根据地的统一领导和两支红军的统一指挥共同作战等问题交换了意见，并取得了共识。

1935 年 2 月 5 日，中共陕甘边特委和中共陕北特委在赤源县周家硷召开联席会议，即著名的周家硷会议。

刘志丹率部来到陕北时，已经率部在陕北活动的高岗立即与刘志丹会合到一起，并一同参加了周家硷会议。由于陕甘边特委的主要领导正在领导反“围剿”斗争，没有到会，所以，参加周家硷会议的除刘志丹、高岗外，还有陕北特委的崔田夫、郭洪涛、马明方，白坚作记录。

周家硷会议召开时，蒋介石正调集重兵，对陕甘边和陕北根据地发动第二次反革命“围剿”。因此，会议首先研究军事问题，并决定成立中国工农红军西北革命军事委员会，统一领导红二十六、二十七军及陕甘、陕北两块根据地的其他武装力量。刘志丹为军事委员会主席，谢子长为副主席，高岗、杨森、杨琪、张秀山、张达志为委员。

西北军事委员会成立后，又产生了军委归谁领导的问题。因此，会议又决定成立中国共产党西北工作委员会，书记惠子俊（未到任前由崔田夫代理），组织部长郭洪涛，宣传部长张秀山。西北工委成立后，陕北特委撤销，原陕北特委领导的各县县委改由西北工委直接领导；陕甘边特委保留，原陕甘边特委所属的各县县委仍由其领导。

周家硷会议不久，2 月 21 日，时年 39 岁的谢子长因病情恶化，不幸逝世。

谢子长是与刘志丹齐名的西北红军和陕甘宁革命根据地的创始人，在西北党和人民群众中享有崇高的威望，有“谢青天”之称。

谢子长的逝世是党和西北人民的重大损失。然而，历史的机遇有时就是这样的无情。谢子长逝世后，高岗接任西北军事委员会副主席，成为仅次于刘志丹的西北根据地二号人物。

五 在反“围剿”战斗中

陕北是中央红军长征的落脚点，但首先到陕北落脚的是由鄂豫皖苏区西征北上的红二十五军。

红二十五军的到来使土生土长的高岗与陕北之外的中共组织和红军部队联系到了一起，为其后来的发展提供了更广阔的空间。

但机遇是一把双刃剑，红二十五军的到来，也使高岗遭受了一次险些成为“刀下鬼”的噩运。

1 | 打横山

在中国共产党的历史上，“围剿”与反“围剿”是一对专有名词。

这一对相辅相成的名词使用的时间范围，主要是第二次国内革命战争时期。“围剿”，指国民党反动派对革命根据地发动的进攻；反“围剿”，则是指共产党领导的红军和游击队为粉碎敌人的进攻而进行的战斗。

“围剿”与反“围剿”发生的空间并非是一块根据地。从1930年到1933年，蒋介石调集重兵对毛泽东、朱德领导的中央根据地连续发动了五次“围剿”。在第五次反“围剿”战役中，由于已经在党内占据统治地位的“左”倾冒险主义排斥毛泽东的正确领导，致使红军反“围剿”失利，中央红军被迫开始了极其艰难、险恶、前途未卜的长征。

西北根据地与中央根据地不同，总共经历了三次“围剿”与反“围剿”的战役。当中央红军1935年1月在长征途中召开历史性的遵义会议，重新确定了毛泽东的领导地位时，西北根据地的第二次反“围剿”战役才刚刚打响。

1935年初，蒋介石在取得了对中央根据地第五次“围剿”的胜利后，在继续围追堵截中央红军的同时，开始把对革命根据地“围剿”的重点转到了硕果仅存的西北根据地。

1月，蒋介石调集了6个师，30个团，约5万人的兵力，照搬对中央苏区第五次“围剿”的“成功”办法，采取分割“清剿”、逐区“蚕食”的方针，对西北根据地发动了第二次“围剿”。

当时，陕甘边和陕北的红军加上游击队，也不过五六千人，而且部分游击队员拿的是大刀长矛，既缺乏军事训练，又缺少战斗经验。

敌众我寡，敌强我弱，大军压境，情况危急。

然而，身经百战的刘志丹有着丰富的革命斗争经验和出色的军事指挥才能。他和西北军事委员会副主席高岗一起主持召开了中共西北军事委员会会议，统一了大家的意见，确定了首先打击深入陕北根据地但却在陕北人地生疏又与陕北军阀井岳秀互有戒备的高桂滋部，而后向南向西发展，使陕甘和陕北根据地连成一片的战略方针。为了保证反“围剿”战役的胜利，刘志丹还亲自为西北军事委员会起草了粉碎敌人第二次“围剿”的动员令，要求红军、游击队、赤卫队以及少先队都必须实行严格的军事化管理，服从命令，听从指挥，反对散漫习气和无组织无纪律状态。

5月3日，为了统一军事指挥，在安定玉家湾成立了“中国工农红军西北革命军事委员会前敌总指挥部”，刘志丹任总指挥，高岗任政委，白坚任政治部主任，统一指挥红二十六军和红二十七军的作战行动。

高岗从谢子长逝世后接任西北军事委员会副主席到就任前敌指挥部政委，又一次与刘志丹并肩战斗。就客观而言，高岗与刘志丹这位才干突出、情操高尚的优秀共产党人共同战斗，必定耳濡目染，受其熏陶，增长才干。高岗在后来成为“西北王”后，虽然很少提及另一位西北根据地的创立者谢子长，但他对刘志丹还是钦佩有加的。1943年3月，在纪念刘志丹逝世七周年时，高岗在《解放日报》上发表文章写道：

志丹同志被公认为西北党和西北人民最好的领袖。他是陕甘苏区和红军的创造者。他深谙战争的艺术，特别擅长于运动战和游击战争，是西北党的军事家。

虽然后来有人认为这是高岗在“推刘压谢抬高自己”，有拉大旗做虎皮之嫌，但高岗确实与刘志丹相识较早，共事较深。高岗后来能为党的事业作出重要贡献，与刘志丹对他的影响和两人曾经同甘共苦的经历也有一定的关联。

西北根据地的第二次反“围剿”战役，从1935年1月31日的南沟岔战斗开始，到同年8月21日的定仙墕战斗结束，历时近8个月，消灭敌人5000余人，缴获枪支5000余支，攻克了延长、延川、安定、安塞、保安、靖边6座县城，开辟了甘泉、富县、宜君、定边、环县等游击区，将陕北和陕甘边两块根据地连成了一片，使西北根据地进入了全盛时期。

关于刘志丹与西北根据地军民英勇奋斗、连战连捷、终于粉碎了敌人的第二次“围剿”的史实，在有关的著述中已多有描述，本书不加赘述。虽然这些讲述西北根据地第二次反“围剿”的文章和书籍都只讲总指挥刘志丹，不提政委高岗，但在西北根据地第二次反“围剿”中高岗与刘志丹一直共同指挥战斗则是不争的事实。

第二次反“围剿”的硝烟尚未散尽，气急败坏的蒋介石又调集了东北军、中央军和陕、甘、宁、晋、绥五省军阀共十万多人马，自任“西北剿匪总司令部”总司令，兵分五路，向西北根据地发动了空前规模的第三次“围剿”。

8月21日的定仙墕战斗首开西北红军一战歼敌一个整团、一个旅直属队又一个营的先例，是粉碎第二次“围剿”的标志性战斗。定仙墕战斗后，8月25日，刘志丹、高岗率领西北红军主力，转移到延川县的文安驿，在8月27日召开了目前少有论及的前总文安驿会议，并在会议后进行了至今也争议颇多的横山战斗。

在西北红军主力到达文安驿之前，中共西北代表团书记朱理治在延川永坪镇主持召开了西北工委执委扩大会议。由于在前线作战的刘志丹、高岗等委员们无法参加会议，因此，部队到达文安驿后，刘志丹、高岗便派红二十七军一团政委张达志去永坪镇，请中共西北代表团书记朱理治和西北工委秘书长郭洪涛来文安驿传达永坪镇会议精神。

朱理治是1935年7月作为中共中央北方局的代表来到延川县永坪镇的。

不久，上海中央局又派聂洪钧到陕北，并由朱理治、聂洪钧等组成了中共中央北方局代表团，由朱理治任书记，统一领导陕甘地区党的活动。

8 月 26 日，朱理治与郭洪涛来到了文安驿，第二天，便召开了西北红军连以上干部参加的会议，即文安驿会议。

关于文安驿会议的情况，去请朱理治和郭洪涛并参加了这次会议的张达志后来回忆说：

朱理治同志在会议上作了报告，内容主要是国际形势和国内形势、西北形势和红军的任务。他要求西北红军武装保卫苏联，打通国际路线。同时要求陕北红军先在南面打下延安县城，北面打下瓦窑堡、清涧、绥德等县城，并且批评陕北红军过去执行了右倾机会主义路线等等。①

虽然在讨论中大多数与会者对朱理治提出的红军下一步作战计划表示怀疑，但由于朱理治坚持己见，而西北代表团又是党中央派驻西北的最高领导机关，因此，会议最终还是接受了上级领导的意见，决定红军主力要首先攻打瓦窑堡或清涧县城。

9 月 3 日，刘志丹、高岗率领红军团以上的指挥人员，来到瓦窑堡郊外查勘地形，了解情况。

一行人爬上瓦窑堡近郊的黑山梁，不用借助望远镜，就可见城墙内外碉堡林立，沟壑纵横，防守严密，易守难攻。敌人在墙外布满了梅花陷坑，每个梅花坑直径三至五米，坑底栽立着锋利的枣、竹尖桩和金属刺，而且全部梅花陷坑都在碉堡的交叉火力控制之下。面对着敌人如此严密的防守，刘志丹、高岗以及各团指挥员一致认为，如果强攻瓦窑堡，纯粹是拿战士的生命开玩笑，这项任务无论如何也不能执行。

瓦窑堡无法攻破，清涧县城的敌人更多，防御工事更坚固，地形更险要，更没有强攻的可能。怎么办？不攻城拔寨，违背上级领导的命令；勉强硬攻，则是以卵击石，自取灭亡。正当指挥员们议论纷纷时，陕北游击队第三纵队总指挥曹动之提出了一个既不打瓦窑堡也不打清涧县、但又不违抗命令消极

① 张达志：《忆粉碎敌人对陕北苏区第二、第三次反革命“围剿”的一些情况》，《甘肃文史资料》第九期。

怠工的良策：改打敌人防守薄弱的横山县。

这个曹动之，就是当年与高岗一起发动““一高”学潮”，又同时被校方开除，转入榆林中学的高岗同乡。高岗去西安中山军事学校后，热情追求新思潮的曹动之因在榆林中学积极参加学生自治运动而被开除，回到了横山县。1927年，他加入了中国共产党，并担任了中共横山县特别支部书记。后来他奉命打入军阀部队搞兵运，并于1934年率部参加了红二十七军。

曹动之对于自己生长的横山县十分熟悉，他向刘志丹、高岗介绍说，虽然横山县城险要，但工事简略，只有国民党军一个骑兵三营驻守，只要我们集中优势兵力，便可一举攻破。

与曹动之经历相同的前敌总指挥部政委高岗，自然对横山县城也很熟悉。他在曹动之介绍完情况后，首先表示同意改打横山县城，认为曹动之的意见很有道理，其他人也都表示同意。总指挥刘志丹见没有异议，便立即作出决定：放弃攻打瓦窑堡和清涧县，奔袭横山县城。

9月9日，刘志丹、高岗率领部队在曹动之的带引下，来到了卧牛城根据地。部队在这里休整了一天，于11日拂晓赶到了横山城下。

凌晨，攻城战斗打响。

关于这次战斗的具体情况，担任主攻的红一团团长贺晋年于1983年11月10日做了如下回忆：

刘志丹同志率领红军主力兵团第一次奔袭横山县城，是于1935年8月27日文安驿会议后，在卧牛城一带做的战斗准备。其中参战的有红二十六军、红二十七军和抗日义勇军等。其中参战的红二十七军一团团长是我，政委是张达志。在这次战斗中，我们红一团是主攻，位于横山城的北面，约有八九百人。在偷袭时由于攻城的云梯断了，所以使梯子显得短了，经几次攀登后，被敌人发觉，后采取强攻，还是没有成功。战斗持续了一上午，最后由于我军伤亡太大，其中我团三连连长和通讯员也都牺牲了。所以下午前敌总指挥命令我军撤退了。

1983年11月8日，当年参加攻城的红一团政委张达志，也对攻城战斗做了回忆。

张达志的回忆与贺晋年的回忆基本相同，只是张达志认为攻城失利的原因是：

由于当时仅听了横山游击队负责人曹动之的一面之词，对县城的情况侦察得不好，对城墙高低掌握得不够详细具体。当时说有一处很低的地方，结果没有找到，致使我登城云梯准备得不当，尺寸相差有一丈之多。所以云梯虽然架上去了，人也都到了城根底下，经多次攀登还是没有上去。后因被敌人发现，我军只好实行强攻，一直攻了一上午，还是没有成功。这时村子周围的敌人也都进了城，使城内的力量更加强大了。所以中午过后，我军只好撤退了。

虽然这两位担任主攻的指挥员在近30年后的回忆中有些细节上的差异，但整个攻城的情况还是很清晰地呈现在了我们的面前，战斗失利也是不可否认的事实。但是，据此就像有些回忆材料那样，把打横山失利的责任推到高岗的头上，也是不准确的。

对于打横山战斗的评价，贺晋年与张达志这两位当事人曾经做过如下很有说服力的分析：

贺晋年说：

这次战斗虽然失败了，但是有力地打击了北线的敌人。其主要教训是，我军事先没有对地形进行很好的侦察，致使对敌据点地形情况了解得不够，使登城的云梯准备得短了。

张达志说：

在这次战斗中我们虽然失利了，同时也牺牲了一些同志，如红一团有一个连长梁文有和一个通讯员等，但这次战斗的打法和布局都是完全正确的。战士们的士气是旺盛的，群众的情绪是高昂的。在战斗中，全体指战员都表现得非常勇敢，群众对我们的战斗十分支持，他们纷纷给我们送水、送饭，掩护伤员，掩埋牺牲的同志，因而有力地打击了敌人。但所不足的是战前没有很好地进行地形侦察，致使登城的云梯准备得短了，使这次战斗没有获得成功。

打横山是西北红军在第三次反“围剿”中进行的一次比较大的战斗，也是刘志丹在第三次反“围剿”中亲自指挥的唯一一次没有取得胜利的战斗。虽然打横山本身是失利了，但这次战斗的意义如贺晋年、张达志等所言，仍然是很大的。如果当时红军不来打横山，而是按照文安驿会议的决定，去打瓦窑堡或者是清涧县，部队的损失可能会更大。

很可惜，刘志丹亲自指挥的这场既有意义又有教训的典型战斗，无论在解放军出版社1992年9月出版的《刘志丹传》中，还是全国党史人物研究会编写的《中共党史人物传》中的《刘志丹》一文中，都没有任何的记述。

2 | 永坪镇会师

打横山失利后，刘志丹、高岗率领部队返回到清涧县一带活动。恰在此时，传来了红二十五军到来的消息，刘志丹、高岗立即奉命率部赶往永坪镇，与红二十五军会合。

红二十五军原战斗在鄂豫皖苏区。中央红军长征后，红二十五军作为“中国工农红军北上抗日第二先遣队”，在中共鄂豫皖省委领导下，于1934年11月16日由军长程子华、副军长徐海东、政委吴焕先率领，离开鄂豫皖根据地，开始西征。部队沿途冲破了敌人30多个团的围追堵截，越过桐柏山，横跨豫南，转战千里，于12月上旬进入陕西雒南（今洛南）地区。12月10日，中共鄂豫皖省委在雒南县痪家河举行常委会议，决定将鄂豫皖省委改为鄂豫陕省委，在鄂豫陕边创造新苏区。

红二十五军在鄂豫陕边打土豪，分田地，扩红军，连战连捷。1935年7月初，红二十五军获悉红一、四方面军已在川西会师，并有北上的动向。因此，鄂豫陕省委决定红二十五军继续北上，与陕北红军会师，迎接中共中央和一、四方面军的到来。

7月16日，红二十五军由沣峪口出发，出秦岭，渡渭河，过六盘山，驰骋于陇南陇东，有力地策应了中央红军的北上。然后，红二十五军进入陕北，于9月7日抵达西北革命根据地的保安县豹子川。由于政委吴焕先已经在战斗中牺牲，所以，鄂豫陕省委召开会议，决定由徐海东任军长，程子华任政委。9日，红二十五军到达永宁山，受到陕甘边苏维埃政府和红军代表习仲勋、刘景范等人的热烈欢迎。

红二十五军到达陕甘边根据地后，中共西北工委立即发出了《为欢迎红二十五军北上给各级党部的紧急通知》，要求“动员全体党员及全苏区的每个劳苦群众，欢迎红二十五军与陕甘红军的会合，庆祝红二十五军北上的伟大胜利”。并指令西北红军回永坪镇与红二十五军会师。

红二十五军是1935年9月15日到达永坪镇的。16日，刘志丹与高岗就率领西北红军主力来到了永坪镇，与红二十五军胜利会师。

中国革命走的是一条农村包围城市的道路。这条道路的基点，就是在不同的地区建立一块一块的根据地。由此，也就形成了分别活动在不同根据地的一支支红军部队。然而，虽然根据地是分块的，各支红军部队是相对独立活动的，但领导这些根据地和红军的党却只有一个，党中央对各个根据地和革命武装的统一领导是绝对不可动摇的。无论从鄂豫皖北上的红二十五军还是土生土长的西北红军，都是中国共产党领导的武装力量，都必须接受党中央的绝对领导。

两支红军会师后的第二天，即9月17日，在中共北方局驻西北代表团的主持下，中共西北工委、鄂豫陕省委和军队的主要领导干部在延川永坪镇召开联席会议，研究确定会师后的统一领导和下一步军事行动等方针问题。

这次会议决定：撤销西北工委和鄂豫陕省委，成立中共陕甘晋省委，由西北代表团书记朱理治兼任陕甘晋省委书记，郭洪涛任副书记；改组西北军委，由聂洪钧任主席；改编红二十五、二十六、二十七军为中国工农红军第十五军团，军团长徐海东，政委程子华，副军团长兼参谋长刘志丹，政治部主任高岗。军团下辖三个师：红二十五军编成七十五师，师长张绍东，政委赵凌波；红二十六军编成七十八师，师长杨森，政委张明先；红二十七军编成八十一师，师长贺晋年，政委张达志。全军团共8000余人。

红十五军与西北红军的胜利会合，极大地壮大了西北的革命力量，也拉开了中国工农红军三军大会师的序幕。

本书的传主在这场两军大会师中没有什么更多的故事，只是被任命为红十五军团的政治部主任。但在接下来开展的劳山战役中，这位军团的政治部主任却上演了一幕“赤臂战劳山”的传奇故事。

正当两军会师之时，国民党东北军一一〇师、一二九师已进驻延安，气势汹汹地向根据地突进。

张学良的东北军在西北被蒋介石推上“剿共”前线后，尚未与红军真正交手，也并没有把这些看起来土里土气的“共匪”放在眼里。针对东北军态度狂傲、气焰嚣张的特点，红十五军团确定了佯攻甘泉、围城打援的作战方针。先以八十一师一个团佯攻甘泉，主力则埋伏于甘泉北30里的劳山。当一一〇师匆忙由延安来增援甘泉守军时，落入我军伏击圈。此时，红军主力突然发起猛攻，东北军虽拼死顽抗，但激战六个小时，全歼该师两个团和师直属队，俘获3700多人，师长何立中和参谋长裴焕彩皆被击毙。

在这场红十五军团组建后的第一场大胜仗中，作为政治部主任的高岗并没有留在指挥部，而是来到了七十八师的阵地前沿。当我军发起最后的冲击时，高岗甩掉了上衣，挥舞着手枪，赤臂与战士们一道向敌人冲去。

这就是后来人们经常谈论的高岗“赤臂战劳山”。

3 ｜蒙冤入狱

劳山大捷后，东北军的骄横气焰遭受重挫，瓦窑堡守敌弃城而逃，红十五军团乘胜拔除了瓦窑堡周围的全部敌据点，根据地的首府也迁到了瓦窑堡。10月25日，红十五军团又对东北军一〇七师的一个加强团守卫的榆林桥发起攻击，全歼守敌，生俘团长高福源等官兵1800多名。

劳山、榆林桥战斗的胜利使敌人大为恐慌，“西北剿总”急忙调整部署，调集重兵，组织新的进攻。

正当西北根据地反“围剿”斗争进入关键时刻，王明“左”倾错误却在陕北恶性发展，在根据地内部发生了严重的“肃反”事件。

为什么会发生这样一场影响深远的“肃反”事件？虽然至今也是众说纷纭，但具体负责这场“肃反”的朱理治还是最有发言权。他在新中国成立后撰写的《往事回忆》中对当年的这场“肃反”事件的缘由做了详细的叙述：

肃清“右派”反革命是“中代”派我去陕北的任务之一，但我去后只是传达了“中代”指示，集中力量搞扩红等工作，想在工作中看看究竟，并没有想到进行肃反。后来发现陕甘边扩红推不动，派去分地的同志被撤了职，土改等工作开展不起来，李西萍等发表失败主义和反对土改的怪论；又听说西安党为“右派”把持，陕甘边有他们派来的很多人，同时，抓住了张慕陶到陕甘边和黄子文接头的交通，我这才感到陕甘边确有“右派”在捣乱。恰在此时，二十五军到陕北，又从他们那里得知，他们在陕南亦听到西安党为“右派”把持，并从张翰民同志的供词中（即张汉民，当时任杨虎城的第十七路军警卫旅旅长，红二十五军路过陕南时与该旅发生战斗，二十五军因不知其地下党员的身份，将其误杀）知道西安党派了很多人到二十六军。因此，又怀疑二十六军也混入了反革命。由于二十五军和陕北过去从没有联系，也听说西安党有问题，更感到有搞清之必要。于是，省委决定肃反。①

仅凭“听说”、“感到”就开始的“肃反”，远非善良的人们想象的那样轻松。早在劳山战役之前的 9 月 21 日，刚刚成立的陕甘晋省委就发出指示，在“更加猛烈地反对反革命的右倾取消主义”的口号下，开始了一场残酷捕杀自己人的“肃反”。包括刘志丹、高岗、习仲勋、马文瑞、张秀山、杨森、高朗亭等在内的原红二十六军营以上的干部、陕甘边根据地县委书记和县苏维埃主席以上的干部几乎全部被捕，200 多名为创建西北根据地出生入死的好同志没有倒在敌人的枪口下，却在这场革命队伍内部的“肃反”中惨遭杀害。

高岗与刘志丹都是在劳山战役后从前线被骗回瓦窑堡，然后被捕入狱的。他们虽然没有留下入狱后的有关材料，但我们从赵启民的回忆中可见他们被捕后的遭遇。

1981 年 10 月 1 日，当时任七十八师参谋主任的赵启民，写了一篇《党中央、毛泽东主席挽救了陕甘革命根据地和西北红军》的回忆文章。文章写道：

我是在杨森同志离开后的第二天以开作战会议为名被骗到军团部被捕的（杨森是七十八师师长，已先被捕）。我走进军团部，被引进一个窑洞，突然上来几个人缴了我的枪，接着搜身并戴上一个布筒式的面罩（一个布套只有两个眼睛洞），被送到另一个伸手不见五指的窑洞。我一脚踩到高棉纯同志的身上（高是骑兵团政委）。他问了一声谁呀？我说：“棉纯你早来了。”他说：“我也才来不久。”八十一师参谋主任任浪花同志赶紧说：“快坐下，不要说话。”因这几句对话我们被抽了一顿鞭子，我才知道不准说话的“规

① 《纪念朱理治文集》，中共党史出版社 2007 年 7 月出版，第 449 页。

矩”。我同高棉纯、任浪花由洛河川被押送到瓦窑堡途中既不准我们相互讲话，更不准我们向群众讲话。押送我们的同志骂我们是“右派”、“反革命”。从骂声中才知道我们的“罪名”。他们对群众说我们是东北军的军官。我们穿的衣服是劳山战斗中缴获的东北军的军服（西北红军是缴获到什么就穿什么）。因为头上戴着面罩，群众真的把我们当成了东北军军官看待，不时有人向我们做宣传工作，搞得我们啼笑皆非。到了瓦窑堡，关在监狱里，看管之严厉难以用笔墨形容。连站起来伸伸腰、睡觉时翻个身都要报告，否则就是一顿毒打，诬你要逃跑。至于审讯时的肉刑就更残酷了。①

“肃反”是“左”倾错误在根据地表现的极端。它的基本特征就是黑白颠倒，把革命者打成反革命；它的残酷则在于不但不允许蒙冤者辩解，而且也不给你“改过”的机会，直接挥刀将你杀掉；它的悲哀则源于杀人者与被杀者都认为自己是在从事着同样的革命伟业。如果没有党中央和毛泽东恰好于“左”倾错误者已经举起了屠刀的危急时刻来到了陕北；如果历史与人们开一个小小的玩笑，中央红军虽然到了陕北但却没有及时听到“肃反”的噩讯；如果毛泽东虽然听到了“肃反”的消息但稍一犹豫，未果断下令“刀下留人”；如果……那么，刘志丹、高岗、习仲勋、马文瑞、张秀山、杨森、高朗亭等一批后来为新中国的诞生立下过汗马功劳的红军将领，就将与那200多个被错杀的冤魂一样，弃尸荒野，了无踪迹。

也就是基于这样的背景，马文瑞1942年11月11日在西北局高干会议上开了这样一个让人无法发笑的“玩笑”：

我和一些同志常开玩笑说，张国焘反对中央，闹独立，对于整个中国的党，对全国革命是有很大的损害，可是对这个苏区，对我们这些个人，还有好处。要是张国焘不反党、反中央，那么中央就来不了，那么陕甘苏区与我们这些人早就完蛋！确实是这样。②

---

① 赵启民：《党中央、毛泽东主席挽救了陕甘革命根据地和西北红军》（1981年10月1日），未刊稿，现存于中共横山县委党史资料征集办公室。

② 《马文瑞同志在高干会上关于党内历史问题的发言》（1942年11月11日），未刊稿，现存于陕西省档案馆。

关于西北根据地发生的这次“肃反”，1942年12月12日，中共中央曾经作出了《中央关于1935年陕北“肃反”问题重新审查的决定》。虽然后人对这份党内秘密文件有不同的看法，但它终究是1942年时的党中央对这一事件的审查结论，并非是某一个人的意见。因此，本书将这份文件中说明“肃反”情况及表明中央对“肃反”态度的部分照录如下：

中央根据十月（1942）陕甘宁党的高干会议对陕北历史问题的检讨与结论，认为1935年九十月间朱理治、郭洪涛等同志所主持的“肃反”，将陕北苏区和红军创造者刘志丹、高岗、张秀山、杨森等同志逮捕，并杀害了200名以上的党政军干部。这种将党的最好干部诬认为“反革命分子”，加以逮捕和杀害，不仅是完全错误，而且是革命的罪恶。

从陕北历史问题检讨中，可以看出在这一错误“肃反”开始之前，陕北党内曾发生了两条政治路线的斗争。一方面是以刘志丹、高岗为代表的正确路线，在这一路线之下，创造和发展了陕北的苏区与红军；另一方面是以朱理治、郭洪涛为代表的“左”倾机会主义的路线——这也是遵义会议前一个时期内，在党内曾占统治地位的路线——这种路线几乎使陕北的苏区和红军全部塌台。由于“左”倾机会主义路线发展的结果，由于朱理治、郭洪涛二同志个人主义、高度领袖欲和政治野心家的恶劣品质，以及他们打击刘、高抬高自己的预定企图，就把党内的原则斗争发展成为党外对敌斗争的性质。他们企图用这种方法，来压制刘志丹、高岗等同志所执行的正确路线，并满足自己篡夺整个陕北党政军领导地位的目的，这就造成了当时杀害和逮捕执行正确路线的领导干部（的后果），造成了极大的罪恶。假如不是中央到达陕北制止这一错误“肃反”，且判定这些被诬陷的同志并非反革命，则陕北的苏区与红军有全部丧失的危险。

朱理治同志是当时陕北党的最高负责者（代表团书记和陕甘晋省委书记）。他在1935年夏来陕北前，即抱着陕甘党内存在右倾机会主义的成见，来到陕北后便以钦差大臣的架子，不与刘志丹、高岗等同志作任何谈话，不作具体情况的调查研究，只是片面听信郭洪涛同志关于苏区红军党和群众工作及干部等方面的情况报告。而郭洪涛同志所供给的报告材料，基本上又是挑拨离间造谣中伤的性质。这样就造成了他们对陕甘边及二十六军的主要干部是右倾取消主义和右派反革命的包庇者（其实刘、高曾对右派作过斗争的）的共同认识。在党的刊物上和会议上，有意识的打击刘、高、张等主要干部，而且在西北工作委员会执委扩大会议的决议中公开指出："这种右倾取消主义者，他们企图阻止党的正确路线的执行，这种右倾机会主义者，在事实上他们表明要取消阶级利益，他们是阶级的仇敌……动员全党同志一致的揭发这些右倾取消主义与机会主义的欺骗叛卖作用，只有坚决的斗争与驱逐右倾取消主义与右倾机会主义的分子……"

这样在思想上政治上作了"肃反"的准备，而红二十五军的到达陕北，其领导者又带有过去鄂豫皖张国焘时代错误"肃反"路线的影响，以及在陕南错误地处理张翰（汉）民问题的成见。因此他们的到达，对朱理治、郭洪涛实行错误"肃反"起了有力的支持作用，于是就促成了这一错误"肃反"的爆发。张国焘时代（在）鄂豫皖保卫局任过审讯科长的戴季英同志，被任（命）为当时的保卫局长，他在这一错误"肃反"中起了积极赞助作用。聂鸿钧同志当时任陕北军委会主席，他在前方主持这一"肃反"，部队中二十六军的干部被逮捕杀害者特别多。

但是，中央虽然对此事件作出了决定，可人们的认识分歧并未完结。对西北党的历史以及中央的这份决定，一直到党的七大召开时，争论仍然很大。

因此，在党的七大闭幕不久，中共中央就决定在1942年西北局高干会议的基础上，于1945年7月召开西北党史座谈会，进一步统一思想，减少分歧。

虽然在这次座谈会上仍然有一些不同意见，但经过与会者的反复讨论，对历史上一些重大问题的认识趋于一致，绝大多数人认为《中央关于1935年陕北"肃反"问题重新审查的决定》是正确的。

至此，关于1935年陕北的"肃反"问题似乎应当盖棺论定了。然而，1954年"高饶事件"出来后，1935年陕北"肃反"问题又被提起。

1956年9月和1958年，郭洪涛两次向中央提出申述，要求中央重新审查他在陕北时的问题。

1959年11月23日，中央监委作出了《中央监委关于郭洪涛同志几个历史问题的审查意见》，基本上否定了1942年《中央关于1935年陕北"肃反"问题重新审查的决定》中的主要观点。

1978年12月21日，中组部将《中央监委关于郭洪涛同志几个历史问题

的审查意见》转发给了各省、自治区、直辖市党委组织部和中央、国家机关各部委政治部。在之后出版的《毛泽东选集》中，也删掉了关于陕北“肃反”问题的注释。

此举在西北老同志中引起了较大反响，张秀山等给中组部和党中央写报告，要求中央澄清事实，认真处理这一问题。

1983 年 4 月，中央决定由李维汉、王首道、冯文彬、荣高棠、何载组成五人小组，原在西北工作过的刘景范、张秀山、张邦英、张策、郭洪涛、贺晋年、崔天民、李铁轮等领导参加，共同研究西北历史问题。

经反复的讨论、争论，1983 年 7 月 13 日，中央发布了五人小组提出的《关于解决西北历史争论问题的分析和方针》（中发 28 号文件），基本上坚持了延安整风时关于西北历史问题的结论。

但是，中央发布 28 号文件后，关于西北历史问题的争论仍未画上句号。

1984 年，朱理治的爱人苏菲致信中共中央领导同志，要求对朱理治 1935 年在陕北工作期间的问题予以澄清。

1984 年 2 月 24 日，中共中央组织部在《关于朱理治同志几个历史问题的审查意见》中，一方面指出陕北错误“肃反”“不是出于”朱理治“个人对刘志丹等同志的阴谋陷害”，朱理治也“不存在拒绝迎接中央和中央红军的问题”。另一方面也指出：

“当时朱理治同志是中央北方代表派驻西北代表团的负责人，又是陕甘晋省委书记，因此，他在这一事件中应负主要责任。”他的错误，“主要在于积极执行了王明的‘左’倾路线和上级对‘肃反’的错误指示，盲目搬用鄂豫皖等苏区错误的‘肃反’经验，偏听个别人的反映，轻信逼供来的假材料，而对陕北的情况缺乏系统的调查研究”。①

4 | “刀下留人”

人的一生虽然有其必然的轨迹，但很多环节尤其是一些非常关键的时刻，

① 转引自中共党史人物研究会编：《中共党史人物传》第 48 卷，陕西人民出版社 1991 年 5 月第 1 版，第 218 页。

往往是由一些偶然的因素串联起来的。

如果说中央红军的到来挽救了高岗的性命是高岗的福气，那还仅仅是从高岗个人的命运而言。实际上，陕北能够成为中央红军的“落脚点”和红军改编抗日的“出发点”，从而成为中国革命的新起点，这才是中国人民的大福气。

然而，这一历史性的抉择，竟然要感谢国民党的一张报纸。

举世闻名的二万五千里长征，是在第五次反“围剿”失败后被迫进行的。

包括党中央、中华苏维埃共和国临时中央政府、红军总部、中央红军等在内的这样一场“举国”大搬家，实际上是一场没有目的地的仓促大撤退。

转移到哪里？何处去落脚？战士们不知道，指挥员也不清楚，只能随机处理了。

1934 年 11 月的湘江恶战，红军由长征出发时的 8.6 万余人锐减至 3 万多人，北上湘西与红二、六军团会合的计划不得不改变；1935 年 1 月召开的遵义会议确立了毛泽东在全党的领导地位，也确定了去川西与红四方面军会合的战略方针。但中央红军转战云贵川，历尽艰险与红四方面军会师后，红四方面军主要领导张国焘却反对北上建立川陕甘新苏区的战略方针，提出西进，向川康发展，而且张国焘竟然在与中央发生战略分歧时采取了分裂行动。在此危急时刻，党中央和毛泽东在对张国焘的错误行为进行批评教育的同时，果断地决定率领一、三军团单独北上。

北上，是个大的战略方向。但是，北上到哪里？

陕甘边与陕北有红军和根据地，党中央是了解的。1933 年底，中共陕西省委秘书长贾拓夫去江西瑞金参加全国苏维埃第二次代表大会时，向党中央详细汇报了陕西红军和根据地的发展情况，会后，贾拓夫留在了中央苏区，并随同红一方面军一起长征。但是，与中央苏区和鄂豫皖等大块根据地比较起来，西北根据地的范围和红军的力量都比较小，在其他的根据地都已经丧失的情况下，西北根据地是否还存在？由于当时中央与陕北没有电台联系，陕北根据地与陕北红军的情况中共中央一无所知。

然而，天无绝人之路。

一年来的艰苦征战，经历了无数次的惊涛骇浪，早已使以毛泽东为代表的共产党人处变不惊，遇险不乱。1935 年 9 月 17 日红军突破天险腊子口后，打开了北上的通道。19日，部队来到了甘肃宕昌县的哈达铺。此时，先行到达的一军团直属侦察连在哈达铺活捉了敌军的一个少校副官，缴获了几驮书籍和报纸，发现其中的一张报纸上刊登有徐海东率红军和陕北刘志丹的红军会合的消息，并且有“匪区”略图。

这真是久旱逢甘霖，来得太及时。当这张“联络图”送到聂荣臻的手中时，他立即命令骑兵通讯员迅速把报纸送给毛泽东——聂荣臻在他的回忆录中记下了这一历史镜头，毛泽东看后高兴地说：“好了！好了！我们快到陕北根据地了。”

9月20日，党中央在哈达铺召开了全军团以上干部会议。毛泽东在会上的报告中提出：红军“要到陕北去，那里有刘志丹的红军”。

据杨成武在《长征记》中回忆，毛泽东还风趣地说：

感谢国民党的报纸，为我们提供了陕北红军的比较详细的消息，那里不但有刘志丹的红军，还有徐海东的红军，还有根据地。

既有红军，并且还是两支红军，又有根据地，这对于苦苦寻找落脚点的党中央来说，真是天大的喜讯。会后，立即组建了由毛泽东任政委、彭德怀任司令员的中国工农红军陕甘支队，向陕北挺进。9月27日，陕甘支队到达甘肃省通渭县榜罗镇；10月19日，胜利到达陕北吴起镇（今吴起县城）。10月21日，中央红军在吴起镇以西一举将尾随而来的马鸿逵部及国民党军一个骑兵团全歼，并乘胜将后续的三个团击溃，痛快淋漓地割掉了“尾巴”，胜利完成了党中央和中央红军的长征。

在“切尾巴”战斗的前一天，10月20日，毛泽东和党中央其他领导同志就在吴起镇先后听取了当地游击队负责人张明科和红二十六军骑兵团政委龚逢春的汇报，了解到了西北苏区错误“肃反”的严重形势，并立即派白区工作部部长贾拓夫以及中央组织部部长李维汉等人携带电台，作为先遣队去寻找陕北红军和刘志丹。

与贾拓夫同行的李维汉回忆说：

我们在甘泉下寺湾遇到了郭洪涛，得知陕北苏区正在对红二十六军和原陕甘边党组织进行“肃反”，刘志丹等主要领导干部已被拘捕。在吴起镇时，曾有同志向党中央反映陕北“肃反”和刘志丹被捕的事，现在得到了证实。我们当即电告党中央毛泽东等同志。①

错误严重，形势危急，不容迟疑。接贾拓夫和李维汉电报后，毛泽东立即下令：

“刀下留人，停止捕人”，“所逮捕的干部交给中央处理”。②

然后，派中央红军保卫局局长王首道携带电台，代表党中央前往瓦窑堡，接管“左”倾分子控制的西北保卫局，防止事态恶化。

党中央和毛泽东对于西北错误“肃反”问题的处理是及时、果断的，也是慎重、严肃的。11月2日，毛泽东来到下寺湾，3日，在下寺湾召开了中共中央政治局常委会议。会议听取了中共陕甘晋省委副书记郭洪涛、西北军委主席聂洪钧关于西北苏区、西北红军、“肃反”及劳山、榆林桥战役情况的汇报。会议决定成立以董必武为主任，李维汉、张云逸、王首道、郭洪涛为委员的党务委员会，审查西北错误“肃反”事件。

同日，党中央又召开政治局会议，决定建立西北革命军事委员会，主席毛泽东，副主席周恩来、彭德怀，成员有王稼祥、林彪、程子华、徐海东、聂洪钧、郭洪涛等；成立中共西北中央局，书记张闻天；成立中华苏维埃共和国临时中央政府西北办事处，主席秦邦宪。会议还决定中央领导人分两部分行动，毛泽东、周恩来和彭德怀率红一方面军南下同红十五军团会合，迎战第三次“围剿”苏区的敌人；张闻天等率领中央机关北上瓦窑堡。

党中央对西北根据地的领导机构组建后，11月5日，中共中央又召开常委会议，决定撤销中共陕甘晋省委，建立陕甘、陕北两个省委和关中、神府、三边三个特区。中共陕甘省委书记朱理治、副书记李富春，省苏维埃政府主席王生玉，机关驻地下寺湾；中共陕北省委书记郭洪涛，省苏维埃政府主席马明方，机关驻地瓦窑堡；中共关中特委书记贾拓夫，苏维埃政府主席秦善秀；中共神府特委书记杨和亭，苏维埃政府主席乔钟灵；中共三边特委书记

① 李维汉：《回忆与研究》上卷，中共党史出版社1986年4月第1版，第370页。
② 习仲勋：《红日照陕甘》，《星火燎原》选编之四，第23页。

谢维俊（后因谢维俊被叛匪杀害，特委未建立）。两个省委和三个特区统归中共西北中央局和西北办事处领导。

11 月 7 日，张闻天率领中共中央机关到达瓦窑堡，受到了当地机关干部、部队和群众的热烈欢迎。下午，中央党务委员会即下令释放了刘志丹、高岗、习仲勋等因西北错误“肃反”而被关押的 100 多人。

11 月 18 日，毛泽东同周恩来、彭德怀致电张闻天、秦邦宪，请他们详细考察陕北苏区“肃反”中的问题，指出：

错捕有一批人，定系事实。

按照党中央和毛泽东的指示，中央党务委员会进行了认真的调查研究。11 月底，中央组织部召开平反大会，公布了《西北中央局审查肃反工作的决定》。王首道在会上代表党务委员会宣布了刘志丹、高岗等受冤屈的同志是无罪的。

这份被李维汉称为“也有缺点错误的”《西北中央局审查肃反工作的决定》是这样公布的：

过去陕甘晋省委领导反右倾取消主义斗争与坚决肃清反革命右派的斗争，一般的是必要的，正确的；但个别领导同志认为右派在边区南区和红二十六军中，有很大的基础，夸大反革命的力量，在反革命面前表示恐慌，因此在肃反斗争中犯了小资产阶级的“极左主义”和“疯狂病”的严重错误。

在这次会议上还宣布了中共西北中央局党务委员会《关于戴季英、聂洪钧二同志在陕甘区域“肃反”工作中所犯错误处分的决定》，指出：

陕北“肃反”错误的“主要责任，应由当时主持全部‘肃反’工作的戴季英（当时的保卫局长）及在前方主持‘肃反’工作的聂洪钧（当时的军委主席）二同志负责之。戴季英同志在保卫局工作上犯了许多严重错误，本应受到党的最严重的处分，因顾及他长期参加国内战争，为党工作很久，特决议从轻给予最后警告，对聂洪钧同志给予严重警告。”

12 月 13 日，毛泽东由前线回到了瓦窑堡，与周恩来等接见了刘志丹、高岗等蒙冤受屈的人员，给予他们亲切的安慰与鼓励。

这是高岗与毛泽东的第一次相见，背景是毛泽东率领中央红军来到了陕北，使高岗幸免于难。虽然此时西北根据地的代表还是刘志丹，西北党的领导人还有朱理治、郭洪涛等人，毛泽东对高岗还未必有更深刻的印象。但是，对高岗而言，这是他一生的转折点。没有毛泽东和党中央的到来，他非常有可能在“左”倾分子的屠刀下命丧黄泉；没有毛泽东和党中央的到来，他也很难在短短的几年间就迅速成为党在西北的最高领导人，更不可能在后来成为国家领导人之一。

因此，即使毛泽东当时对高岗印象不深，但高岗对毛泽东是非常感激的。

只是这种感激之情还需要时间的证明。

六 连升三级

命运多变，职务频换；三十年河东，三十年河西。

这在战争年代的领导者身上屡见不鲜。

然而，个人政治生命的沉浮虽然与自己的努力有关，但更取决于大环境的改变。

中央红军长征的胜利，抗日民族统一战线的建立，陕甘宁边区的形成，这些大的历史背景，为高岗个人的升迁创造了极为有利的条件。

虽然还要经受一些磨难，但鲜花已在招手，掌声即将响起。

1 ｜戍守三边

高岗获释后，先是被安排到中央军委武装动员部负责扩军和筹款，后于1936年1月被派往内蒙古带领当时只有十几人的陕北骑兵团。

后来在西北局高干会议期间，包括高岗在内的许多西北根据地的干部，认为郭洪涛、朱理治当时对在“肃反”中被关押的干部获释后仍然压制，未予重用，安排得不当。马文瑞曾在会议上说，把高岗“放在草地上让他做蒙古的工作，这等于流放，好像苏武牧羊”①。

李维汉后来也说：

① 《马文瑞同志在高干会上关于党内历史问题的发言》（1942年11月11日），未刊稿，现存于陕西省档案馆。

由于“左”倾路线没有清算，陕甘边苏区的地方干部和军队干部仍然带着右倾机会主义的帽子，所以对他们的工作分配，特别是对一些高级干部的工作分配，一般是不公正的。①

马文瑞的“苏武牧羊”论也是高岗的想法。他后来在《我的反省》中说：

郭洪涛派我带13个人到蒙古地，那里的工作不好搞，一片黄沙地，天天刮风，跑来跑去，经常打仗。当时认为自己是流放去了，是苏武牧羊，迟早会被郭洪涛害死，不如出家去当和尚。志丹去山西前，我和他谈了自己的想法，他批评了我，我也明白自己的想法不对。后来他牺牲了，我发狠在蒙古地干出个样子给他们看看。

客观地说，李维汉的评论是公允的，当时对高岗等人的工作分配，“是不公正的”。但从高岗后来的反省中也可以看出，从小就想“出人头地”的高岗，虽然跟着共产党干革命出生入死并不含糊，但从为了“报仇”到“干出个样子给他们看看”，既反映了高岗的淳朴，也体现了高岗的狭隘。

在高岗看来，既然是“苏武牧羊，迟早会被郭洪涛害死，不如出家去当和尚”，那就把生死置之度外，及时行乐吧。所以，他后来在《我的反省》中交代说：

在蒙古地工作，私人生活对我影响很深的。生活确实腐化，社会反映是落后的。

生活作风腐化，是高岗从参加革命后一直到生命的终结也没有能够彻底改正的错误。

但高岗也并非是酒色之徒，打土匪，与国民党军队作战，高岗是既不怕苦也不怕死。他很快就率部与当地的蒙汉游击队一道，打出了一片天地。

① 李维汉：《回忆与研究》上卷，中共党史出版社1986年4月第1版，第373页。

不久，高岗即被派往中共三边①特委任蒙古工作委员会主任。早在高岗来三边之前的1935年12月20日，高瞻远瞩的毛泽东就以中华苏维埃共和国中央政府主席的名义，发表了《对内蒙古人民的宣言》，号召内蒙古人民起来抗日反蒋。

这个宣言指出：

“我们认为只有我们同内蒙古民族共同奋斗，才能很快地打倒我们共同的敌人——日本帝国主义及蒋介石。同时相信，内蒙古民族只有与我们共同战斗，才能保存成吉思汗时代的光荣，避免民族的灭亡，走上民族复兴的道路。”

“我们愿意彼此缔结攻守同盟，去打倒我们共同的敌人。”②

要联合内蒙古同胞抗日反蒋，就必须首先主动与蒙古族上层认识联系，做好蒙古族上层的工作。对此，高岗是如何运作的呢？

1986年5月27日，中共横山县委党史办整理了一份《田万生主要经历及早年革命活动》的材料。在这份未刊稿中，有一段田万生关于高岗到三边后开展统战工作的回忆：

1936年1月，高岗与张爱萍率领二路骑兵团来到了长城区（田万生时任长城区苏维埃政府副主席，笔者注）。一天，张爱萍找我谈话，意思看能否先联络蒙古上层中一二个有威望的人洽谈，进一步开辟蒙古工作。事后，我们分头积极联络。由于志趣相投，革命志士蒙古副协理齐国贤表示愿与我方进行谈判。谈判伊始，我方在史家洼举行了欢迎会，会上，高岗、张爱萍宣讲了我党对蒙提出的“由上至下、由政治到经济，政治上平等、经济上扶助”的工作口号，以及打通国际路线，联络苏联经济的战略方针。会后，高岗还和他开诚布公地谈了好多革命道理及斗争形势，使齐国贤听后大有“听君一席话，胜读十年书”之感，当即慷慨地表示：“过去我对贵党不够了解，今后你们开辟蒙古工作，只要在我的管辖范围内，尽可畅通无阻。”第二天，

① 三边指陕北与内蒙古交界的靖边、定边、安边。

② 中共中央文献研究室编：《毛泽东年谱》上卷，人民出版社、中央文献出版社1993年12月第1版，第496页。

齐国贤欲返，二路骑兵团200多人举行了隆重的欢送大会。高岗、张爱萍送了齐国贤一支双管马步枪，作为分别留念。一时，大家依依不舍，神色黯然。张爱萍提出："既然大家志同道合，何不结为兄弟。"众皆赞同。于是，焚香、拜天，高岗、张爱萍、我、赵成蜀（长城区书记）、张金贵（蒙古族人）、齐国贤等海誓山盟，滴血饮酒，结为异姓兄弟。

关于高岗与齐国贤结为拜把兄弟的情况，目前只有田万生一人的回忆，还只能作为参考。但高岗在内蒙古工作期间与著名的蒙古族革命领袖那素结为拜把兄弟，则有《解放日报》发表的文章为证。

1943年7月31日，蒙古族革命领袖、边区政府委员那素先生在延安不幸病逝。8月8日，延安党政军民代表及蒙、回各民族群众1000余人，举行了隆重的追悼大会，高岗在追悼大会上发表了演说。次日，《解放日报》发表了《高岗同志在那素委员追悼会上演词记略》一文。文中说：

1936年4月，在蒙汉边境的房子里，高岗同志和那素先生第一次见面的时候，那素先生畅谈他和石尼喇嘛、蒙克耳纪两次革命运动的故事，那时他曾教给高岗同志一个歌子，高岗同志现在还记得，汉文的大意是："高高举起解放的旗帜，把一切阻碍解放的势力都推翻，不管他是蒙人还是汉人。我们要求光明，我们要求解放……"以后，他们的关系就更好了。由于彼此深相敬慕，故于同年10月，在定边结为拜把兄弟。那素先生行四，高岗同志行七。

中国人重理讲情，其中的少数民族更是以友情为重。在团结少数民族共同革命的工作中，拜把结盟是一种常见的形式，而高岗的天性显然更擅长此道。他在三边工作期间，不但注重与蒙古族上层人士搞好关系，也经常与平民百姓拉家常，了解情况，联络感情。

当时负责后勤供给的曹怀文回忆说：

1936年2月间，高岗负责指挥蒙古伊克昭盟乌审旗等地工作。当时高岗被关押拷打的身体还不太好，带两个警卫员住在赤源县六区麻城界、八岔等村，约半年时间，指挥曹动之蒙古游击队和红军骑兵团，他们的粮草生活供需由六区供给。这段时间我负责供给他们部队的粮草工作，和高岗在一起住过。高岗对同志、对群众很亲切，生活很朴素，住在农村，和群众吃、住在一起，给群众讲革命道理，闲时也要我叫群众拿纸牌来和他玩纸牌。他对陕北农村人民生活情况和人情习惯很熟悉，群众爱和他拉家常。①

高岗爱玩纸牌、下象棋，后来甚至到了不赢不收摊的地步。这是后话。

据田万生回忆，高岗在戍守三边期间，还有一件“只身平定哥老会叛乱”的传闻：

1936年，我党发表了《致哥老会宣言》，蒙古工作委员会立即响应，马上在三段城（三段城位于伊克昭盟，笔者注）成立了哥老会招待所，并派人四处联络活动。一时间，各地哥老会组织闻风响应，竞相投奔，使我党声威大震。哥老会组织大多数是贫苦农民团体，但其中也不乏由土匪流氓、地痞恶棍组成的团伙，他们有奶便是娘，对革命事业有极大的威胁性。其中有一个哥老会头目叫李大辫子，他在国民党特务的金钱引诱下准备策动武装叛乱。高岗在延安闻讯后，立即率领一支游击队来到了哥老会招待所。在座谈会上，高岗问大家对我党的政策、方针有什么想法和意见，李大辫子马上站起来，说这也不对，那也错了，企图蛊惑人心，激起公愤，达到那罪恶的目的。高岗见状大怒，但他不露声色，假装赞许，乘其不备，从地上捡起一砖猛击，李大辫子当场脑浆迸裂，死于非命。其余个别呼应者，见李大辫子已死，群龙无首，只好跪地求饶。我军未失一人，未放一枪，就很快地平定了叛乱。

一砖将叛匪打死，也许只是个传闻。但高岗当年31岁，身高力壮，如从入中山军事学校算起，从军已近十年，刀枪丛中已闯荡过无数次，情急中做出此事，也极有可能。

高岗在三边地区的工作是卓有成效的，确实是“干出了个样子”，而干出了样子也是会被人看到的。

1936年9月15日至17日，高岗列席了中央政治局扩大会议，并在会议

---

① 《曹怀文回忆西北革命斗争》（1985年1月30日），未刊稿。现存于中共横山县委党史资料征集办公室。

上汇报了开辟绥蒙少数民族地区工作的情况，得到了好评。

2 ｜高司令

高岗在三边工作的时间不到一年半。

不管高岗任蒙古工作委员会主任后内心作何感想，调三边后，他是携妻带子居住在定边的。

来定边之前，高岗的妻子杨芝芳在安定县（今子长县）女工被服厂工作。虽然定边的生活条件比安定更艰苦，但一生勤劳的杨芝芳并不在乎环境如何。与频繁的战斗生涯比较起来，高岗担任蒙古工作委员会主任，已经是相对稳定了。能与丈夫和孩子在一起，对于杨芝芳来说，也已经是非常幸福了。儿子老虎（当时还叫“赖狗”）6 岁，虽很调皮，但活泼可爱。眼见着自己养育的小生命渐渐长大，这对于丈夫经常不在身边的杨芝芳来说是莫大的安慰。

高岗到远离中央所在地的三边地区工作，业绩还是不俗的。但高岗由三边调到延安，却与其他因素有关。

1936 年 4 月 14 日，红二十八军军长兼北路军总指挥刘志丹，在山西中阳县三交镇战斗中英勇牺牲，时年仅 34 岁。

刘志丹是西北根据地的重要创始人。他的壮烈牺牲不但是西北人民的重大损失，也是中国共产党的重大损失。这位为中国人民的解放事业流尽了最后一滴血的共产党人，不但才华横溢，有着卓越的军事指挥才能，而且品格高尚，从不计较个人的地位得失。中央纠正了陕北的错误“肃反”后，虽然刘志丹仅被安排为革命军事委员会西北办事处副主任和当时只有五六百人的红二十八军军长，但他顾全大局，没有怨言。东征战役开始后，他身先士卒，亲临前线，血洒疆场，奉献一生。

由于当时党中央和中央红军还刚刚到达陕北，陕北人民更熟悉的还是刘志丹、谢子长这些土生土长的西北根据地领袖。因此，当谢子长和刘志丹相继去世后，曾经与他们并肩战斗过的高岗就自然成了西北根据地的代言人，党中央和毛泽东要更加注重发挥高岗在陕北的特殊作用，就成了历史的必然。

1936 年 12 月 12 日，震惊世界的西安事变突然爆发。

西安事变成为中国时局转换的枢纽已经被世人所熟知，它对中共中央机关驻地的直接影响，则是事变后的第五天，即 12 月 17 日，驻守延安的东北军撤出延安。又过了半个月，中共中央领导机关由保安县城迁驻延安。

中共中央进驻延安，为高岗离开定边创造了条件。1937 年 3 月，高岗虽然还担任蒙古工作委员会主任，但奉命全家搬到了党中央所在地——延安。

为了明确中国共产党在抗日时期的任务，争取千百万群众进入抗日民族统一战线，1937 年 5 月 2 日至 14 日，中国共产党在延安召开了全国代表会议（当时称为苏区代表会议）。毛泽东在会上做了《中国共产党在抗日时期的任务》的报告和《为争取千百万群众进入抗日民族统一战线而斗争》的结论。毛泽东在报告中论述了中日矛盾已经成为主要的矛盾，提出了中国共产党在当前的总任务是“为抗日民族统一战线和统一的民主共和国而斗争”，并阐述了红军和抗日根据地的具体任务。在结论中，毛泽东还专门论述了干部问题，重申了斯大林提出的“干部决定一切”的重要观点，认为“我们党的组织要向全国发展，要自觉地造就成万数的干部，要有几百个最好的群众领袖”。

党的全国代表会议刚刚结束，5 月 15 日，中国共产党陕甘边区第一次代表大会（当时叫苏区党代表大会）即在延安召开。这是党中央来到陕北后在陕甘宁边区召开的首届代表大会。时任中共三边特委蒙古工作委员会主任的高岗是西北革命根据地的创始人之一，理应参加这次党的重要会议。然而，十分可惜，高岗并没有能够成为会议代表出席这次会议。但是，不是会议代表的高岗竟然在这次会议上以最高票当选为中共陕甘宁边区委员会执委。

5 月 16 日，苏区党代表大会秘书处公布了陕甘宁边区党委选举结果：

高岗：83 票；林伯渠：82 票；吴亮平：78 票；马明方：78 票；李富春：71 票；周兴：69 票；李坚贞：68 票；郭洪涛：64 票；王达成：61 票；习仲勋：60 票；白治民：59 票；刘长胜：57 票；崔田民：49 票；张秀山：48 票；刘景范：48 票；崔田夫：46 票；李维汉：43 票。

以上 17 人当选为边区党委正式执委。

罗锌铭、蔡畅、马锡五、王世泰、张邦英、马丕勋六人当选为边区党委候补执委。

17 日，第一次执委会议进行了书记和各部部长的选举，确定由郭洪涛任书记，王达成任组织部长，吴亮平任宣传部长，李坚贞任妇女部长。

陕甘宁边区委员会成立后，中共陕北、陕甘两省委逐步撤销，党在陕甘边地区的领导机构又逐步归于统一。

中共陕甘边第一次代表大会后，高岗虽然当选为中共陕甘宁边区委员会执委，但他的工作并没有什么变动，仍然担任蒙古工作委员会主任。不过，高岗在没有参加会议的情况下仍然以最高票数当选，确实说明了他在陕北人民心中有较高的威信，自然引起了党中央的关注。两个月后，中共中央决定成立少数民族工作委员会，并任命高岗为书记。中央初到陕北时成立的蒙古工作委员会和定边工作委员会随即撤销，改为少数民族工作委员会所属的蒙古工作部和回民工作部。

虽然担任少数民族工作委员会书记的职务也难说是重用，但这是一个重要的信号，不但表明高岗在蒙古工作委员会的工作确有业绩，也意味着高岗已经进入了毛泽东的选拔视野，非常有可能成为“几百个最好的群众领袖”之一了。

在党的组织进一步完善的同时，边区政府的建立也在紧锣密鼓地进行。

由 1937 年 7 月 7 日卢沟桥事变引发的全国抗战爆发后，抗日民族统一战线的建立步伐加快。9 月 6 日，根据国共谈判口头达成的协议，中国共产党将陕甘宁边区革命根据地的苏维埃政府正式改为陕甘宁边区政府，由林伯渠任主席，张国焘任副主席，高岗与秦邦宪、董必武、徐特立、谢觉哉、郭洪涛、马明方等为边区政府主席团委员。边区政府首府设在延安，下辖陕西、宁夏、甘肃的 23 个县（市），面积 13 万平方公里，人口约 150 万。

边区政府成立后，下设机构逐步建立。秘书长为伍修权，民政厅厅长为马明方，财政厅厅长由林伯渠兼任，教育厅厅长为徐特立，建设厅厅长为刘景范，贸易局局长为叶季壮，保安司令为高岗。

虽然高岗在三边时也被称为“司令”，但那时的十几人的“司令”与此时的“高司令”是不能同日而语的。虽然这时的保安部队也只是由原来的游击队、警卫队等地方武装改编而成，主要任务是动员与组织民众、镇压汉奸、清剿土匪、维持边区的治安等活动。但此时的高岗在陕甘宁边区的地位已经开始上升。在党内，他是少数民族工作委员会书记；在政府，已经升任保安司令，并且很快又将成为八路军骑兵司令。

11 月 16 日，毛泽东同张闻天、萧劲光致电高岗，指出：

> 太原失守，绥远更加紧急，急需我们有一支兵北出蒙境，以便镇定人心，联络各族开展游击战，保卫三边。因此，决定你为八路军骑兵司令，率骑兵及蒙汉支队北出，活动于三边以北及沙漠以南地区。其任务是：甲、以蒙汉两民族团结一致抗日保护绥远的口号，去发动起与奔走各旗王的联系会议，做到伊克昭盟各旗上层的抗日统一战线团结抗日（对德王、沙王采取批评态度），同时进行扩大蒙汉民族工作，组织与武装他们，建立新的抗日游击队以扩大自己。乙、与马占山、何柱国等及当地国民党人取得联络，传达我们抗日主张及八路军在晋情况，督促他们改善民族政策，去团结全绥远抗日组织与武装当地人民，坚决向汉奸作斗争，发展独立自主的群众的游击战争，来打击日寇进攻。

看起来，当年戍守三边并非是件坏事。正因为有担任蒙古工作委员会主任的经历，高岗才能在红军改编为八路军后被任命为八路军骑兵司令。

能够荣任八路军骑兵司令，对于高岗而言确实是一件十分高兴的事情。这不但表明党中央对于高岗在创建西北革命根据地中的作用给予了认可，更是有可能得到更大重用的信号。因此，接命令后，高岗立即率部开到陕北的靖边、定边、安边以北及沙漠以南地区，联合蒙古族同胞，清剿土匪，开展抗日游击战争。

从这时开始，高岗可以经常列席中共中央政治局会议了，在中共中央政治局的一些会议记录上，也可以找到高岗的名字了。例如，在1938年1月11日召开的中共中央政治局会议上，就决定高岗以八路军代表名义到榆林工作，与傅作义、邓宝珊协商办蒙民干部训练班。

抗战全面爆发后，陕甘宁边区作为中共唯一一块根据地，既是中共中央所在地，又是八路军的总后方。八路军主力开赴抗日前线后，为了保卫党中央、保卫边区，中央军委从三个主力师中分别抽出部分兵力，组建了八路军后方留守处，由萧劲光任主任。1937年12月，留守处改为留守兵团，萧劲光任司令员兼政委，全兵团共有万余人。陕甘宁边区的另一支武装力量，就是高岗任司令的保安部队，共有4000余人。此外，还有基干自卫军2万多人、普通自卫军14万余人。

1938年4月，中央军委决定，边区保安部队统归留守兵团指挥。此后，高岗虽然还兼任保安司令，但他的主要工作，已由军事斗争转到了党的领导工作上。

3 | 陕甘宁边区委员会书记

按照1937年5月15日制定的《特区党选举条例》中的有关规定，“特区党委每一年半改选一次”。党中央在1938年4月决定改组中共陕甘宁边区委员会，任命高岗为书记，张邦英负责组织工作，王若飞负责宣传、统战工作。

中共陕甘宁边区委员会是在中共西北中央局领导下的党在陕甘宁边区的领导机构，负责整个边区党的工作。

边区委员会书记职务之重要，不言而喻。

后来，高岗又担任了中共陕甘宁边区中央局书记、中共西北中央局书记，并在中共七大上当选为中共中央政治局委员。

为什么高岗能升任如此高位？

存在的就是有缘由的。

高岗能步步升迁，主要源于以下三个相互关联的因素。

1937年高岗在延安

第一，高岗已经无可争议地成为西北根据地的代表。

通过上文的叙述读者已经清楚，西北红军和根据地的主要创立者是刘志丹和谢子长，其次就是高岗、阎红彦、王泰吉、杨森等人。就资历而言，深于高岗的刘志丹、谢子长先后去世，同于高岗的阎红彦、王泰吉、杨森也非亡即走。曾任红二十六军四十二师师长的王泰吉，毕业于黄埔军校，是渭华起义的领导人之一。他于1933年7月率领骑兵团近2000人在耀县起义，极大地激励了处于困难境地的西北革命活动，对于壮大西北红军和发展陕甘边苏区都起了重大作用。1934年1月初，他要求去豫陕边做兵运工作。经党组织同意后，他于农历正月初二秘密从师部出发，但行至淳化县通润镇时，被旧友——当地民团团长马云从出卖，于1934年3月3日在西安英勇就义。曾于1934年1月接替高岗任红二十六军四十二师政委的杨森，与高岗同时进入中山军事学校，1933年11月包家寨会议后四十二师正式成立时，王泰吉任师长，高岗任政委，刘志丹任参谋长，杨森任师党委书记。1934年5月南梁寨子湾会议后，杨森任四十二师师长，高岗复任政委。红十五军团组建后，四十二师改编为七十八师，杨森仍然任师长。1936年东征战役开始后，杨森任红三十军参谋长，不幸在奉命掩护东征主力红军回师陕北的战斗中壮烈牺牲，成为红军东征期间继刘志丹、杨琪之后光荣献身的第三位红军高级将领。阎红彦1925年即加入中国共产党，是西北红军和根据地的创建人之一。他于1933年初因“左”倾错误的排挤被迫离开陕甘游击队到上海中央局“受训”，后被派往河北工作，1934年10月又到苏联，一直到中央红军到达陕北后才回到陕北。

这样一种无法预料的复杂局面，历史地将高岗这位幸存者推到了台前，使其成了西北根据地的代言人。

第二，中共中央和毛泽东“照顾山头政策”的需要。

高岗虽然在客观上具备了西北根据地代言人的条件，但能否升迁还要取决于中共中央政策调整这个大的环境。在中国共产党第七次代表大会上，毛泽东几次讲到了实行“照顾山头”政策的必要性，也几次检讨了党中央和中央红军初到陕北时没有重视陕北地方干部的失误。在中共七大的讲话中，毛泽东首先实事求是地承认，“中国革命有许多山头，有许多部分，内战时期，有苏区、有白区，在苏区之内又有这个部分那个部分，这就是中国革命的实际。离开了这个实际，中国革命就看不见了。”然后，毛泽东极富哲理地说：“一定要认识山头，认识了以后才能照顾，照顾就能够逐步缩小，然后才能够消灭。”毛泽东还在口头政治报告中专门以西北根据地为例，论述了如何正确对待当地干部的问题，说：“我初到陕北，开头忽视了这个问题。这个边区是高岗同志他们一手搞起来的，因为我对这个问题处理不好，所以陕北人就讲闲话。有人说，陕北人只能建立苏区，不能当红军。出了这样的言论，是由于对本地一些军队处理不好。”“上面那些话，证明这些同志是受了气的。”“你走的路多，但是你失去了根据地，江西根据地现在就没有了；人家没有走路，但是陕北还是一个根据地。”

高岗等人搞起了西北根据地，西北根据地又成为中国革命的“两点”

（即落脚点和出发点）。而以毛泽东为首的党中央又认这个账，并因此给予了特殊的关照，这才是高岗能够逐步升迁的最重要的原因。

第三，粗中有细的性格与平易近人的工作作风。

生长于黄土高坡的高岗虽然具有西北人的耿直和东北人的豪爽，但并非如有些人所言，只是一介没有文化的武夫。他虽然不是知识分子出身，但读过高小，上过中学，进过军校，受教育的经历也可谓不少。高岗确实有过赤膊冲杀、抡砖砸敌的举动，但他也善于察言观色，揣摩领导人的旨意。与高岗共事多年的贾拓夫就曾经评价过高岗粗中有细，或者说是先粗后细的性格特点，他说："1930 年至 1933 年，我在陕西省委工作期间，高岗搞兵运工作。当初对高的印象，一方面听人说高岗很勇敢，从外表上也能看得出来，人是凶凶的；另一方面，感到他有些粗，水平不高，生活浪漫。""1942 年边区党的高干会，检讨了边区党的历史，证明高岗'代表'了正确路线。我当时感到：'不错啊，高岗还是粗中有细的。'"

不过，高岗在工作中也确实有平易近人、善于与百姓沟通的特点。因此，在陕甘宁边区一直有较高的威信。在中国共产党陕甘宁边区第一次代表大会上，高岗虽然没有当选为书记，但他在选举中却得票最高。

高岗后来给人们留下了敢说敢干、雷厉风行，但说话粗俗、办事鲁莽的印象，所以经常被称为"二杆子"。但实际上，在中国共产党领导穷人闹革命的那个年代，高岗的文化程度并不算低，况且高岗的性情外露，又极善言谈，加之土生土长的高岗非常熟悉陕北的经济文化和风土人情，所以讲起话来很有煽动力，极易打动听众。

仅举两例。

1944 年 3 月 5 日，高岗在延安纪念三八节集会上发表讲话。他开门见山地说：

我不是做妇女工作的专家，也不是妇女，要我讲话我就讲不出来。白主任（指陕甘宁边区妇联会主任白茵）讲得很好，因为她是妇女专家，是妇救会主任。我今天乱讲一气，有不对的地方，大家把它改掉。在去年开过这样一个会，我也讲过话，说的是怎样喂猪，怎样纺织，还不是那一套。……不过经过去年一年努力之后，今年是新的气象。就在这个礼堂里边，可以看得很清楚，每一个同志的手中都拿着一个毛衣，拿着一个针，挑来挑去。那一个同志手中拿着鞋帮子，锥来锥去。去年开会时，这种现象就很少。那个同志用毛团子在那里捻毛线，在去年这个现象就是很少。这说明什么呢？就是过去思想没有搞通，现在因为脑子搞通了，手也搞通了，手中拿着一个毛衣、一个鞋帮子、一个毛团子。这因为大家对生产有了认识。白主任讲得很好，思想改变了，手也改变了。从前说我这个手是写政治报告的，写大纲的，是政治家、演讲家。现在说我的手是捻毛线、织毛衣的，纳鞋帮子的。在思想上搞通了，行动就会一致，这一点是很重要的。在这里把什么东西不要了？把什么东西否定了？把什么办法否定了？就是说有一种一般号召——我们男女要平等呀！我们女子要解放呀！我们反对封建压迫呀！我们反对贫困呀！我们养娃娃，都要养活，把男女搞得肥肥胖胖。这个话对不对？很对，但是问题在什么地方呢？就是用什么方法达到这个目的呢？我们能不能说天天在这个礼堂里喊，肥肥胖胖呀！男女平等呀！反对贫困呀！反对封建压迫呀！天天这样喊，天天这样讲，能不能达到这个目的？天天这样开会，天天这样号召，天天这样讲，我也讲，大家也讲，这样能不能达到这个目的？还达不到。如果你天天那样讲，没有做，那还是贫困。在纬华毛纺厂有一个女人，是从米脂逃下来的，是米脂一个什么富人的媳妇，过去是做官的，两个儿子都死了，一个媳妇和李景波结婚了，一个跑到延安和一个老百姓结婚了。你说反对贫困，那是解决不了问题，结果怎样解决呢？她去纺毛，她一年纺了十八石小米，这样就把贫困解决了，可以吃得肥肥的胖胖的，是这样一个问题。在从前妇女工作中有那样一套作风，那样一套理论，那样一个派头，下去的时候拿一个包包，到了农村去老百姓怎样讲？老百姓说二流子又来了(笑声)。大家不大赞成，因为她们去了讲的是，看你老公是那样，婆婆是那样，要离婚。这样一鼓动，我们想一想，如果他是一个工人，是一个雇工，没有二百洋、一百石粮食、几个牛、几间房子，家庭生活差不多，她就不来。那些贫农雇农，一年不洗脸，手上的死肉很厚，肮里肮脏，胡子也不剃，也不是用烟锅子抽烟，也不刷牙，看见他土里土气的，看见就不爱。好几年搞了一个老婆，现在又被搞走了，怎么办？这个方向就搞得不对。女人要解放呀！反对男人压迫女人呀！你这样一下，把一部分贫农雇农的老婆搞得没有了，做一辈子光棍，一辈子没有老婆，那就不叫压迫？问题在哪里呢？问题在使得贫农雇农的经济生活向上发展，使他们也会刷牙，也会穿好衣服，那就把问题解决了。①

以上这段是高岗讲如何做妇女工作。下面这段话是高岗1944年4月3日在中央党校第五部开学典礼上的讲话，主要讲如何学习毛泽东的思想方法。

高岗说：

“我们学习毛主席的思想方法与彭真同志的工作作风，到底怎样学呢？毛主席经常向我们说的就是调查研究和实事求是，这就是我们要学的思想方法和工作作风。但是，人做事情是相当顽固的，很不容易就了解了这句话，也很不容易就接受了这句话，所以我们大家就得要下决心来学习毛主席的思想方法和彭真同志的工作作风。”

“比如吧，我们今天组织变工队，毛主席在那里号召我们组织起来，我们说，对！要组织起来。怎样组织起来呢？好，于是开个会我们也来个号召动员。但是，这并不等于解决了组织起来的问题。组织起来的实际问题却在这里：比如十八个全劳动力，十八个牛，组织在一块，我只有两垧包谷，组织起来就发生大家土地太分散不集中的困难了；或者，我的牛没力气，你的牛力壮，组织在一块套着耕地，没两天我的牛累坏了；遇着天下雨，大家都要犁地，可是前十天给你犁，后十八天才给我犁，但是，轮到犁我的地时，天早把地全晒干了；或者有人说：‘我过去同他打过官司的，我们两人关系不好。’因此不愿组织在一块。像这些具体的问题怎么办呢？组织起来就是要解决这些问题呀！所以说，在组织起来这个号召下，它的本身就带来了许多新的问题、新的困难和新的现象。倘若我们不在这些新的事物发生中间去摸索，让事情听其自然而然地去做，靠组织起来这个口号、这句话去解决组织起来的问题，结果是什么也没解决，什么也没组织。一切客观事物，光靠自然是不能解决问题的，一定要靠人，靠人去了解，去行动，然后问题才有办法。”②

高岗是1938年4月被中共中央任命为陕甘宁边区书记的。1939年11月

①② 中央档案馆、陕西省档案馆编：《中共西北中央局文件汇集》（1944年），1993年编（内部出版），第37—38、60、62页。

15日，中国共产党陕甘宁边区第二次代表大会在延安召开。作为边区书记，高岗在大会上做了《抗战新阶段中陕甘宁边区的任务》的总结报告。

在这个分三部分、近两万字的报告中，高岗论述了边区在抗日战争中的地位与共产党保卫边区的任务，总结了陕甘宁边区两年半以来的工作，提出了今后的任务，论述了边区党的建设。

这篇报告是我们目前所见到的以高岗的名义公开发表的第一篇文章，载于1941年5月15日出版的《解放》杂志第128期。

在中共陕甘宁边区第二次代表大会上，高岗继续当选为党委书记。

4 | 中共西北中央局书记

中共陕甘宁边区委员会成立后，按照中共中央政治局刚刚到达陕北时规定的领导体制，就一直归张闻天兼任书记的中共中央西北工作委员会领导。不过，张闻天这位当时在党内"负总责"的领导人，自1939年初起，实际上不再在党内负总的责任了，只负责宣传部与干部教育部的工作。

因此，1940年9月11日，在中共中央政治局常委会上，毛泽东提议成立陕甘宁边区中央局，由张闻天先同高岗、高自立、谢觉哉商量。

既然是毛泽东提议商量，一般情况下是不会出现意外的。9月25日，中共中央政治局常委会根据毛泽东的提名，决定由高岗、谢觉哉、林伯渠、萧劲光、高自立等19人为中共陕甘宁边区中央局委员（其中本地干部11人，外来干部8人），高岗为书记，谢觉哉为副书记。高岗、林伯渠、谢觉哉、萧劲光、高自立、张邦英、王世泰、刘景范等8人为常委。会议还决定由任弼时代表中央领导陕甘宁边区的工作。

毛泽东在会上指出：陕甘宁边区要把经济建设当做党和民众团体整个工作的中心，在边区的六万五千干部和部队要争取全部自给。边区党委和边区政府同样要以经济建设为中心，民主建设要为经济建设和文化建设服务。

这次会议还决定，边区中央局下设财政经济委员会，高岗为主任；军委系统的财经委员会、中直机关的财经管理处的负责人，参加边区中央局的财经委员会，经济生产工作归边区中央局财经委员会统一管理，财政分系统管理。

中央政治局会议后，高岗主持召开了陕甘宁边区中央局常委会议，毛泽东、任弼时和张闻天参加了会议。高岗在会上表示说，为了做好工作，军事干部要有涵养，地方干部要有耐心。

9月25日的政治局会议虽然成立了边区中央局，但对中央局的领导体制和职权并没有作出明确的规定。10月5日，在中央政治局常委会议上，代表中央领导陕甘宁边区工作的任弼时就此提出了一系列建议，并得到了与会者的一致同意。

1941年高岗在延安

这些建议主要有两个方面：

一是明确中央局的体制和职权。原边区工委的组织、宣传、统战等部，工青妇团体，边区政府，保安部和留守兵团政治部的工作，均应集中由中央局讨论解决，需要请示中共中央的问题，经由中央局讨论后提请中共中央或中央有关部门讨论解决；中央和中央各部门下达的指示，经由中央局讨论执行。中央局讨论各部门工作时，请中央有关部门派人指导。有关边区军事上的大的行动，经中央局商议后，由书记高岗报毛泽东主席批准执行，一般的军事行动由高岗负责解决。

二是加强和充实中央局各部门的干部。调陈正人为中央局组织部部长，任作民为秘书长，原边区政府副主席高自立改任建设厅长，原建设厅长改任民政厅长。

会议同时还决定：

（一）由留守兵团主任萧劲光统一负责盐的产运销工作，留守部队实行自给。

（二）三五九旅由王震负责实行“屯田政策”，生产自给，拨给生产资金40万元。

（三）任命谢觉哉为边区政府党团书记，公开职务是秘书长。

（四）由中央组织部调39名干部充实边区中央局机关。

这是一次明确界定边区中央局职权与边区中央局书记高岗权力的重要会议。通过这次会议的人事安排与决定内容可以看出，边区中央局已经由党在一般根据地的领导机关，上升到党中央以及中国革命大本营所在地的领导机关，直接划归中共中央领导，高岗也可以直接向毛泽东请示汇报了。

然而，改革仍未到位，变动还要继续，高岗还要高升。

1941年4月16日，中共中央政治局会议又原则决定，将中央西北工作委员会（中央西北工作委员会是1939年初成立的，主要负责陕甘宁边区以外的西北陕、甘、宁、青、新、内蒙各省区地下党的工作，书记由张闻天兼任，日常工作由李维汉和贾拓夫负责）与陕甘宁边区中央局合并，成立中共西北中央局；委员名单由任弼时与陈云商定；中共陕西省委划归西北中央局领导。

政治局会议的原则决定很快得到了落实。4月27日，中共中央政治局会议正式决定：中共西北中央局正式委员为高岗、王世泰、张邦英、林伯渠、谢觉哉、陈正人、萧劲光，候补委员为李卓然、贾拓夫，高岗任书记；陕西省委改为陕甘省委，隶属西北中央局。这次会议还决定，成立一个委员会，由任弼时召集，李富春、王首道、陈正人、康生、陈云参加，以解决过去边区党内争论的问题。

高岗在中共西北局

5月13日，中共中央书记处发出《关于成立西北中央局的通知》：

为着统一整个西北工作的领导，特将中央西北工作委员会与陕甘宁边区中央局合并成立西北中央局，以高岗、王世泰、张邦英、林伯渠、谢觉哉、陈正人、萧劲光等七同志为委员，贾拓夫、李卓然二同志为候补委员。高岗同志为书记。特此通知。

至此，从1937年9月担任陕甘宁边区保安司令，到1938年4月担任中共陕甘宁边区委员会书记，再到1941年4月担任中共西北中央局书记，短短的三年半，高岗完成了“三级跳”，登上了他在黄土地上的权力巅峰，开始逐步进入中国共产党的核心领导机构。

七 连任参议会议长

延安是中国革命的圣地，陕甘宁边区是抗日民主政权的旗帜。在八年抗战的历史进程中，陕甘宁边区的民主政治建设也一直走在全国的前面。

作为西北根据地的代言人，历史已经注定高岗要承担更多的权力与荣誉。

高岗不仅是陕甘宁边区党的负责人，他还是陕甘宁边区第一任参议会议长，而且是中共历史上唯一一位连任三届的参议会议长。

1 | 离婚与再婚

高岗是 1938 年 4 月担任中共陕甘宁边区委员会书记的。此时的延安已经成为抗日民主的一面旗帜，众多的热血青年从祖国的四面八方，历尽艰辛，涌入延安。

青年，是热血沸腾、蓬勃向上的标志；青年，也意味着阳光灿烂、青春爱情。

当时虽然是残酷的战争年代，但革命圣地延安却充满了生机与活力。一方面，这里汇集了大批中共的精英，他们是中国反帝反封建的斗士，历经土地革命战争的磨炼，跨越二万五千里征程来到了延安，又高举起民族战争的旗帜。这批大浪淘沙的将士是中国抗日战争的真正脊梁。另一方面，追求民主、渴望光明、立志报国的大批知识青年也来到了延安。用毛泽东的话说，他们是中国革命的先锋队，他们所代表的方向，就是中国革命的方向。虽然他们只是一个方面军，还不是主力军，但他们只要与工农这支主力军汇合到一起，就会成为战无不胜的伟大力量。

代表着中国光明与前途的两股力量，在抗日战争的特殊年代，于黄土高坡上的延安交融了。

这种交融不但使中国抗战的力量大为增强，也必然会碰撞出火花，产生出爱情。

高岗，就是在这个大背景下与结发之妻杨芝芳离异的。

爱情是可以跨越时空、不分民族、不计年龄而超现实展开的，但婚姻是具体的、讲条件的、有缘由的。

1998 年 11 月 12 日，杨芝芳老人向笔者倾诉了她当时与高岗离婚的情景：

那时高岗已经是陕甘宁边区的领导，经常出席各种会议。我是家庭妇女，又是小脚，外边又来了很多年轻的革命的女同志，所以，高岗提出要分开。记得是王子宜（陕甘宁边区政府民政厅厅长）跟我谈的。他说，高岗活动很多，经常出头露面，你是小脚，与高岗一起出面不太合适，最好与高岗分开。我就同意了。分开后，我们还是革命同志，经常有联系，他作报告我也去听。我与李力群（高岗的第二位妻子）相处得也很好。

满头银丝的世纪老人在谈到她人生中唯一的婚姻时，声音轻微，心态沉稳，神态安详，使人置身于历史的真实，回到了那并不平淡的年代，更感到岁月的沧桑在不停地冲刷着人们心灵的伤痕，时间老人会帮助任何人走出悲伤。

高岗与杨芝芳的离异，并非如某些传言所讲，系高岗生活作风糜烂所致，而是与当时的环境、风气、地位有关。当时陕甘宁边区婚姻法已经公布，婚姻自由的新风在革命队伍内部迅速传播。为了革命事业与个人幸福，不少领导干部都与早年的包办婚姻脱钩，与奔赴革命圣地延安的年轻知识女性重结良缘。

杨芝芳老人虽然忘记了她与高岗是哪月离婚的，但她记得大致的时间是在毛泽东与江青结婚前后。而我们知道，毛泽东与江青是 1938 年 11 月结婚的。

高岗与杨芝芳离异后并未马上结婚，到了 1940 年，高岗才与时年 19 岁的李力群缔结良缘。

1940 年杨芝芳在延安

1921 年 12 月出生于江苏省宿迁县的李力群与目不识丁的杨芝芳不同，1937 年来延安之前，李力群是徐州省立女子师范学校的高才生。抗日战争爆发后，学堂的书桌已经载不下抗日的志向，李力群与几位同学毅然离开家庭，走出校门，辗转来到了西安，并在西安八路军办事处的安排下，来到了延安。

延安是座革命的大熔炉，热血青年在这里迅速成长。1938 年，李力群光荣地加入了中国共产党，实现了她人生中的一个重要夙愿。

然而，这位年轻的共产党员没有想到，她人生中的一个重大考验，在她毫无准备时已经悄然降临身边。

1998 年 11 月 12 日，笔者在北京李力群的家中第一次采访了这位饱经沧桑的离休老人。未谋面之前，因为在材料中已经知道李力群是 1940 年与高岗结婚的，所以在笔者脑海中跳跃着的总是一个留着短发、穿着军装、扎着皮腰带的一脸稚气的小八路。

然而，真实地坐在笔者面前的却是一位耄耋妇人。年近八十岁的老人有些耳背，但思维清晰，也很健谈。虽然坎坷的岁月使老人有着高度的政治敏锐，但随着交谈的深入，老人也慢慢地向笔者谈起了她半个世纪前与高岗结婚时的戏剧性场面：

“我十七岁去延安，后进党校学习。有一天，高岗去党校讲党建课。我个子小，听课时始终坐在前面，他可能在讲课时就看上了我。党校学习结束后，陈云就把我留在了陕甘宁边区委员会办公室秘书处。当时我很不情愿，我愿意去敌后，我觉得这里的人太土，但组织上的安排必须服从。不久，高岗就带我出差去了安塞，这次出差大约有三四天。出差回来后，毛主席请我们吃饭，是高岗带我一起去的。毛主席请我们吃腊肉，席间毛主席说了许多高岗的好话，让我向高岗学习，而且说，你将来如果能找到这样的对象如何如何。我当时心里就一惊，因为那时候我见到高岗就害怕，他样子很凶，又是大首长，但毛主席的意思我已有所觉察。又过了几天，王明、王若飞、习仲勋等人又请我和高岗吃饭，还请周围的一些小姑娘吃枣，并说今天就是结婚的日子。一听这话，我撒腿就跑，一直跑到了延河边。但这时王若飞找到我说，你学过党建吗？党员要听党的话，这也是党的安排。他劝我回去，但我当时还是没回窑洞吃饭。"

"就这样。我们没有任何感情，一天也没恋爱，就结婚了。结婚后，高岗半年内不准我下山，怕我见到同学们。后来，我曾经对陈云等人说，是你们把我强配给他的。不过，结婚后他对我还不错。"

真让现代青年男女们无法想象，为追求民主、自由而来到延安的李力群，却"遭遇"了这样一场"包办"婚姻，竟然在"一天也没恋爱"的暗箱中被"操纵"成婚。

李力群

不过，这并非是一场封建的包办婚姻，只不过带有浓厚的现代政治色彩。这种政治色彩足足伴随着李力群度过了坎坷的半个多世纪。

李力群与高岗结婚后，虽然半年内未被准许下山，但"下山"后，先后担任了陕甘宁边区党委秘书处秘书、延安柳林区党委宣传科长、区委书记、县委委员等职务。一直到1945年10月高岗离开延安去东北，李力群始终与高岗战斗在延安。

2 | 参议会议长

参议会是民主政治的产物。

但中国的参议会诞生于抗日战争的特殊时期，分属于国统区和根据地两个方面，而且从参议会诞生之初，就具有不同的性质。

全面抗战爆发后，随着抗日民族统一战线的建立，国民党在政治上实施了一些民主措施，承认了中国共产党和其他一些党派的合法地位。1937 年 8 月，国民党政府成立了国防参政会，邀请各党派和社会名流参加，共议国是。1938 年 4 月，国民党召开了临时全国代表大会，通过了《抗战建国纲领》，其中也决定要成立“国民参政会”，并于 4 月 12 日公布了《国民参政会组织条例》。同年 7 月，第一届国民参政会在武汉召开。9 月下旬和 10 月初，又相继公布了省、市参政会的组织条例。

虽然国民参政会在国民党的把持下难以真正地发挥作用，但它是国民党在抗战时期实施的具有初步民主形式的咨询机构，因此，它仍为各党派和进步团体开展抗日民主运动提供了某些方便条件。所以，就国民参政会的诞生，1938 年 6 月 17 日的《新华日报》曾发表短评说：

虽然国民参政会的产生方法和人员成分，不能完全如国人所希望，可是这一战时相当代表民意机关的产生，的确是政治上一个进步的改革。

中国共产党是全中国抗日民主的模范。早在国民参政会成立之前，中国共产党领导下的陕甘宁边区就实行了议会民主制度。

1937 年 5 月 12 日，苏维埃中央政府驻西北办事处召开会议，正式通过了《陕甘宁边区议会及行政组织纲要》和《陕甘宁边区选举条例》，“陕甘宁边区”的名称也由此开始使用。

这一纲要规定：

“陕甘宁边区为争取中华民族独立解放，在全国范围内，首先实行最适合于抗战的彻底的民主制度。”“各级议会议员由选民直接选举，各级行政长官由各级议会选举。”

从同年 7 月起，乡级代表会和区、县、边区三级参议会逐步产生，然后由代表会和参议会选举出各级行政长官，并把选出的边区政府主席和行政委员呈请国民政府加委。

1938 年 7 月第一届国民参政会召开后，为了在名称上与全国保持一致并促进地方参议会的早日成立，陕甘宁边区政府于11月25日发出训令，将边区议会改为参议会，并积极筹备召开陕甘宁边区第一届参议会。

陕甘宁边区参议会与国民党把持的国民参政会不同，它不仅是陕甘宁边区全体人民的民意代表机关，而且是全边区人民管理自己政治的最高权力机构。组建一个什么样的参议会，不但事关边区的民主政治制度建设，而且必然在全国引起极大震动，对如何坚持党的全面抗战路线也将产生重大影响。当时，国民党虽然公布了省、市参议会的组织条例，但它并不希望中共打出参议会的旗号，不想让民主的旗帜在陕甘宁边区飘扬。所以，在陕甘宁边区政府发出训令将边区议会改为参议会后，国民党政府竟然向陕甘宁边区政府发来电报，提出边区参议会是否改为准备会，并不要向外宣传。

针对国民党的无理要求，1939年1月12日，毛泽东在中共中央书记处讨论陕甘宁边区参议会问题的会议上尖锐地指出：

边区议会要开，国民党攻击我们立异，我们为实行民主制度必须立异，否则不能表示我们的进步。议会名称仍用参议会好。边区问题解决必须坚持下列原则：（一）边区事情由我们办；（二）保证民主制度。

也就是在这次会议上，毛泽东还提出了著名的“人不犯我，我不犯人，人若犯我，我必犯人”的反摩擦原则。

边区议会要开，而且必须开好。参议会的名称要用，而且必须用足。为此，由谁来做边区参议会的代表呢？这可是中共的第一位参议会议长啊！

在当时的战争环境下，党政合一是最有效率的组织结构，而且一年多的实践也已经证明，高岗胜任全面领导陕甘宁边区的工作。因此，党中央决定，由高岗来兼任陕甘宁边区参议会议长。

后来的实践证明，党中央的这一决策是正确的。高岗担任陕甘宁边区参议会议长后，较好地履行了议长的职责，得到了边区人民的拥护，并连续三届担任了陕甘宁边区参议会议长的职务。

第一届陕甘宁边区参议会是1939年1月17日在陕北公学大礼堂开幕的。到会的参议员共有145人，加上国共两党及工人、农民、知识分子、商人、地主、社会名流等各界来宾，约有700余人参加了会议。

中共中央对第一届参议会的召开非常重视，毛泽东、张闻天、陈云、王稼祥等领导人出席了会议并发表了重要讲话。

会议从 1 月 17 日到 2 月 4 日共开了 19 天，毛泽东三次到会发表讲话。在第一天的开幕式上，毛泽东指出：

抗战一定要有民权主义与民生主义。孙中山先生的三民主义——民族、民权、民生是互相配合的。没有民权主义、民生主义就不能实现民族主义，抗战就不会胜利。边区的进步主要表现在民主，而这民主又是苏维埃在现阶段的发展物，现在各阶级、工农商学兵各界都可参加参议会。1937 年边区的施政方针是：大大发展国防经济，发展农业手工业，改良人民生活；发展国防教育，办初级的、中级的、高级的学校，开展识字运动，使边区人民大大提高文化水准；大大发展国防的民众运动，加强军事训练。

在会议开幕的第二天下午，毛泽东又做了《关于目前政治形势》的报告，指出：

武汉失守了，但还没有进到敌我相持的新阶段，而是敌攻我守与敌我相持两个阶段中间的过渡时期。完成这个过渡需要三个条件：中国坚持持久抗战并增强抗日力量；日本的困难增长；国际上给中国更多的援助。目前军事、经济、国内矛盾、国际环境都使日本更加困难，这就逼使日本不得不在一定时间停止其进攻。中国的抗战，一方面更加困难，一方面更加进步，而进步一定压倒困难。近几个月来的国际形势也对中国有利。

报告最后指出：

共产党的任务，是要坚持抗战，强固与扩大统一战线。八路军、新四军的任务，主要是在敌后拖牛尾巴，配合国民党军队的正面作战。陕甘宁边区要成为抗战的堡垒、民主的模范。

在会议的最后一天，毛泽东又在闭幕式上发表了讲话，批评了国民党五届五中全会所确定的反共、溶共方针，指出：

为国为民的共产党绝对不应当溶化的，应当溶化的是那些发国难财、吃摩擦饭的顽固分子和其他的坏东西。国民党鼓吹的“一个主义”、“一个党”的谬论应当取消。

陕甘宁边区参议会是在陕甘宁边区政府成立两年后召开的。会议听取了边区政府主席林伯渠和副主席高自立关于边区政府两年来的工作报告及政府各厅、院、处负责人对各部门工作的总结，作出了《陕甘宁边区第一届参议会对陕甘宁边区政府工作报告的决议》，并制定了《陕甘宁边区抗战时期施政纲领》。

会议选举高岗为参议会议长，张邦英为副议长；常驻参议员为毛齐华、崔田夫、陈伯达、周长安、路志亮、王观澜、高述先。会议还选举林伯渠为边区政府主席，高自立为副主席，雷经天为边区高等法院院长；边区政府委员为林伯渠、高自立、周兴、王世泰、周扬、曹力如、刘景范、阎红彦、雷经天、霍维德、马锡五、王兆祥、贺晋年、李子厚、乔钟灵。常务委员为林伯渠、高自立、曹力如、雷经天、刘景范、王世泰、周扬。

会议闭幕的前一天，大会向国民参政会、国民政府主席林森、军事委员会委员长蒋介石、各战区司令长官及全体将士和八路军新四军分别发了专电，还发表了《告边区同胞书》。

2 月 4 日，陕甘宁边区第一届参议会会议胜利闭幕。

关于本届参议会的特点，时任陕甘宁边区教育厅厅长的周扬在 1939 年 2 月 22 日出版的《新华日报》上发表了一个专论，总结了以下三个方面：

第一，它是包括各党派各阶级的真正边区全体人民的代表机关；第二，它是根据普遍、平等、直接、不记名的原则选举出来的；第三，它不仅是陕甘宁边区全体人民的民意代表机关，而且是全边区人民管理自己政治的最高权力机关。

自此，高岗除高书记、高司令外，又多了一个高议长的头衔，成为陕甘宁边区民意代表机关的最高代表。

陕甘宁边区第二届参议会是 1941 年 11 月 6 日至 21 日在延安举行的。在第二届参议会开幕的前一天，中共中央政治局召开会议，专门讨论陕甘宁边

陕甘宁边区参议会议长高岗（中）与副议长谢觉哉（右）、安文钦（左）合影

区第二届参议会问题。这次政治局会议决定，继续提议高岗为陕甘宁边区参议会议长，李鼎铭、谢觉哉、安文钦为副议长，林伯渠为边区政府主席。

此时的抗日战争虽然仍处于艰苦的相持阶段，但陕甘宁边区经过大生产运动，已经度过了经济上的最困难时期，政权稳固，人心安定，民主气氛愈加浓厚。

第二届参议会在新修建的“民主之宫”——陕甘宁边区参议会礼堂举行。这是陕甘宁边区空前的民主盛会，也是高岗在黄土高坡上极为风光的时刻。1941 年 11 月 7 日的《解放日报》发表了特讯，详细记述了开幕式的盛况和高岗、毛泽东在会上讲话的主要内容。虽然这篇报道在本书中全文引用略显冗长，但就其含量而言实属精悍，可省去更多的叙述文字，故全文引用如下：

陕甘宁边区第二届参议会，昨日在延安开幕。出席者有正式参议员高岗、林伯渠、李丹生、安文钦、李鼎铭、贺连城、阿里阿罕、巴素华、马国藩、那素滴勒盖、森健等一百九十三人，候补参议员十六人，政府首长到会者有林主席、高副主席、谢秘书长及各厅厅长等五十余人，来宾有第十八集团军朱总司令，军委会驻十八集团军高级联络参谋陈宏谟、周劲武、郭亚生三先生，晋西北行署续主任范亭，晋察冀、冀晋豫、胶东、鲁西、冀中、苏北等各敌后抗日根据地代表，各界来宾等五百余人。各参议员、政府首长、各界来宾准时络绎入场，会场周壁遍悬由各方送来祝贺大会开幕之联幛及边区三年来施政成绩之图表五百余幅，壮丽辉煌，琳琅满目，主席台上高悬孙中山先生大幅遗像及用大字标写的抗战建国纲领、陕甘宁边区施政纲领。各参议员来宾入场后，彼此见面，握手言欢，着礼帽长袍之银髯耆绅，包头布留发辫的老年农民，着短服之工人士兵，蓄发髻的农村妇女，名流、学者，各民族、党派、阶级团体职业之人民参议员齐集一堂，态度诚恳，情绪热烈，会场内充满感奋的空气。振铃开会后，全场肃静中大会筹备会南汉宸同志报告到会参议员已过法定人数，当即请前届议长高岗同志宣布开会，立时乐音奏起缭绕全场，后唱国歌，向国旗及总理遗像行三鞠躬礼后，由谢参议员觉哉恭读总理遗嘱，并为抗战死难将士静默三分钟。静默毕由高议长致开幕词，首先申述国内外形势，指出这次参议会的主要任务在于团结全边区人民，坚持抗战，检查政府工作，确定今后施政方针，并选出新的政府。后林主席致词，朱总司令、陈联络参谋相继讲话。这时毛泽东同志乘车莅场，立时掌声雷动，会场空气更为振奋。毛泽东同志身着灰色军装入场后与全场参议员来宾颔首为礼，后被请登台讲话。毛泽东同志申述参议会开会之惟一目的，是为了打倒日本帝国主义，实行三民主义。共产党今天实行“三三制”，有义务与党外人士合作，无权利排斥党外人士，共产党员绝对不许一意孤行，把持包办，最后并希望各参议员一本“知无不言，言无不尽”的精神，提供意见，实行三民主义，打倒日本帝国主义。全场参议员兴奋倾听，约三十分钟始毕。后续范亭先生讲话，续范亭先生为老同盟会会员，矢志革命三十余年，语词恳挚，令人感动。后荷印籍参议员阿里阿罕、印度籍参议员巴素华、日籍参议员森健先后分别用英语日语讲话，由专人负责翻译。何思敬教授，文艺家萧军，绥德参议员安文钦，米脂参议员贺连城、赵亚农，女参议员路志亮，华侨参议员李介夫，工人参议员李平等先后就民主政治之意义及本届参议会之任务发表意见后宣告休会。

会议的第二天，进行了议长和副议长的选举。高岗以 152 票当选，连任第二届参议会议长，谢觉哉以139票、李鼎铭以129票当选为副议长。

陕甘宁边区第二届参议会部分代表合影，前排右三为高岗

这次大会通过了《陕甘宁边区施政纲领》（此《纲领》于1942年5月1日在《新中华报》正式发表，故又称为《五一施政纲领》），通过了李鼎铭等11人提出的“精兵简政”案及其他各类提案共380件。会议根据“三三制”原则，选举林伯渠为边区政府主席，李鼎铭为副主席，雷经天为边区高等法院院长。边区政府各厅长是：建设厅长高自立，副厅长霍子乐；民政厅厅长刘景范；财政厅厅长南汉宸；教育厅厅长贺连城；秘书长周文。

《陕甘宁边区施政纲领》是以“中共陕甘宁边区中央局提出、中共中央政治局批准”的名义发布的，实际上是由毛泽东亲自起草和修改的。《纲领》共21条，毛泽东做过多次修改，而且其中的第七、第八、第十、第十二、第十三、第十四、第十九、第二十条是毛泽东直接起草的。1942年4月30日，中共陕甘宁边区中央局作出了《关于发布新的施政纲领的决定》，提出：

此纲领之发布，具有严重之政治意义。各级党组织收到后，须立即加以讨论。为本党同志所领导之一切机关、部队、团体、学校均须讨论此纲领，或用为教材，加以熟读。

5月26日，高岗撰写了《为实现陕甘宁边区新的施政纲领而斗争》的长篇文章在《解放》杂志第一二九期发表。文章论述了《五一施政纲领》的主要内容、重要意义，对如何贯彻实施也提出了具体的要求。

陕甘宁边区第三届参议会是1946年4月在延安举行的。此时的高岗已经从黄土地来到了黑土地，任北满军区司令员。但陕甘宁边区参议会三届一次会议仍然选举高岗任议长。到会正式议员111名，经无记名投票，高岗以87票连任。

为什么在高岗已经离开陕北后仍然选举高岗任议长？笔者认为主要因素有以下两个方面：

第一，当时尚无能够替代高岗的更合适的人选。陕甘宁边区参议会既是边区的最高权力机关，又是边区的最高民意机关。参议会议长作为边区的代表，必须由边区内最有威信者担任，而能够以陕甘宁边区代言人出现的，当时又只有高岗。

高岗于4月3日连任议长后，1946年4月4日的《新中华报》刊登了陕甘宁边区政府主席林伯渠对记者说的这样一段话：

> 高议长为边区创始人，自1939年一届边区参议会以来，举凡边区一切实际工作，如生产建设、保卫边区、文化教育，特别是干部作风之转变方面，高议长无不予以全面的密切注意及督促。1941年二届边区参议会通过之边区施政纲领，亦在高议长之帮助督促下，得以贯彻实施。

该报同时还刊登了边区合作英雄刘建章在选举后说的话：

> 高岗同志把咱老百姓从多灾多难的旧社会里救出来，他把陕北这块贫苦地方建设得多繁荣！他事情很忙，还亲自到南区合作社，问我关于农民生活改善的情形，指导我办合作社的方针，他心里就是离不开老百姓，连任议长是最适合了。

劳动英雄吴满有也说：

他是时时挂念咱老百姓，曾和我谈过四次话，我还在他那里住过三天。他每一次和我谈话都是谈劳动英雄要怎样为群众服务，对我的帮助很大，真正是一个好议长。

第二，1945 年 10 月党中央虽然决定调高岗到东北工作，但当时还没有让高岗长期留在东北的安排。在 9 月 26 日召开的政治局会议上，还决定高岗兼任陕甘宁晋绥联防军司令员；中共西北中央局办公厅在 9 月 28 日转发的中共中央书记处调整西北局成员的通知中，还任命高岗等九人为西北局常委。是毛泽东于 10 月 11 日结束重庆谈判返回延安后，才决定高岗等人去东北加强东北局工作的，但也不是说到东北后就不再返回陕北。这从 1946 年 3 月 27 日刘少奇致东北局的电报中可以得到证明。

电报中说：

为了应付东北目前紧张的局面，高岗、立三同志暂时不必回延，留在东北工作，高岗最好留东北局帮助彭真工作，立三工作由东北局决定电告。①

既然是“暂时不必回延”，就意味着不是长期留东北，从而也就可以继续担任参议会议长了。

3 ｜在大生产运动中

2000 年 9 月 16 日的《北京晨报》，发了一条《南泥湾 50 年前开荒，50 年后种树》的报道。

这篇并不惹人注目的报道写道：

“南泥湾位于延安城东南九十华里处。过去方圆百里森林茂密，土地肥沃。1940 年，朱德总司令勘察后认为是个屯田的好地方，就将回防边区的一二〇师三五九旅从绥德调往南泥湾开荒生产。在王震旅长的带领下，战士们

① 中共中央文献研究室编：《刘少奇年谱》下卷，中央文献出版社 1996 年 9 月第 1 版，第 32 页。

仅用三年时间就使昔日的深山老林变成了丰衣足食的陕北好江南，粉碎了国民党对边区经济的封锁。”

“然而向荒山要粮、战争以及管理等原因，使南泥湾在生态环境上欠了债，也使当地进入了‘越开垦越穷、越穷越开垦’的恶性循环中。”

我们相信这条消息不会与事实不符，但在本书将要叙述的那个年代，如果没有那么大规模的开荒种地，陕甘宁边区的党、军队和老百姓，就将被困死、冻死、饿死。因为当时已经“弄到几乎没有衣穿，没有油吃，没有纸，没有菜，战士没有鞋袜，工作人员在冬天没有被盖”的绝境。①

这种用今天的眼光来审视确实有些难以理解的举动，在当时确是必须的，而党中央和毛泽东对此也是非常清楚的。1942 年毛泽东在大生产运动蓬勃进行中就明确指出：

军队和机关学校所发展的这种自给经济是目前这种特殊条件下的特殊产物，它在其他历史条件下是不合理的和不可理解的，但在目前却是完全合理并且完全必要的。②

这样一场在其他历史条件下是不合理的和不可理解的、但在当时却是完全合理且完全必要的大生产运动，实质上关系到中国共产党的前途与命运，关系到中国的抗日战争能否取得最终胜利。

指挥这场“中国历史上从来未有的奇迹”的，是以毛泽东为首的党中央；具体负责陕甘宁边区政府和民众大生产运动的，是时任陕甘宁边区委员会书记、陕甘宁边区参议会议长的高岗。

1939 年 1 月，毛泽东在陕甘宁边区第一届参议会上讲话时，就提出了“发展生产，自力更生”的口号，号召边区人民群众和部队、机关、学校的全体人员开展必要的生产。

2 月 2 日，中共中央在延安召开了党政军民生产动员大会。毛泽东代表中共中央在大会上说：

①② 《毛泽东选集》第三卷，人民出版社 1991 年 6 月第 2 版，第 892 页。

今天开生产动员大会，意义是很大的。要继续抗战，就需要动员全中国的人力物力。要发动人力，就要实行民权主义；要动员物力，就要实行民生主义。今天的生产动员大会，也就是实行民生主义的大会。陕甘宁边区有二百万居民，还有四万脱离生产的工作人员，要解决这二百零四万人的穿衣吃饭问题，就要进行生产运动。生产运动还包含一个新的工农商学兵团结起来的意义。这二百零四万人中，有学生、军人、老百姓等等，今年都要种田、种菜、喂猪，这是农；要办工厂，织袜做鞋等，这是工；要办合作社，这是商；全体都要学习，老百姓要开展识字运动，这是学；最后是军，八路军自然是军，学生要受军训，老百姓要组织自卫军。这样，工农商学兵都有了，聚集在每一个人身上，叫做工农商学兵团结起来，也叫做知识与劳动团结起来，消灭了过去劳心与劳力分裂的现象。

毛泽东还在大会上尖锐地提出：

饿死呢？解散呢？还是自己动手呢？饿死是没有一个人赞成的，解散也是没有一个人赞成的，还是自己动手吧——这就是我们的回答。①

李富春代表中央总生产委员会在大会上做了《加紧生产，坚持抗战》的报告，指出，1939 年生产运动应以发展农业生产为主，同时帮助人民发展手工业，统筹发展生产合作事业。

这次动员大会吹响了在陕甘宁边区全面开展大生产运动的号角。会后，陕甘宁边区政府立即成立了由高岗、高自立、王世泰、周兴、毛齐华等人组成的总生产委员会，高岗亲任主任，并在各学校、机关、单位亦相继成立了生产委员会，召开生产动员大会，开始了全民齐动手的大生产运动。

作为陕甘宁边区的主要领导，高岗自然要在党中央的领导下把经济建设作为主要工作。从他这一年的主要活动来看也可以得出这样的结论。

大生产运动动员大会结束后，2 月 6 日至 8 日，高岗出席了陕甘宁边区政府委员及县长联席会议。这次会议对政府施政方针、国防建设、国防教育、

① 中共中央文献研究室编：《毛泽东年谱》中卷，人民出版社、中央文献出版社 1993 年 12 月第 1 版，第 108—109 页。

肃清土匪、优待抗日军人及工作人员家属、社会救济等问题作出了实施决定。

5 月 1 日，高岗陪同毛泽东参加了陕甘宁边区工业展览会开幕式。毛泽东在会议上表扬说：

陕甘宁边区的政治建设、军事建设、经济建设、文化都搞得很好。这次工业展览中，有重工业、轻工业，有大工业、小工业，在边区这样困难的条件下作出这些成绩来，是非常有意义的。①

7 月 12 日，高岗又与毛泽东出席了陕甘宁边区县长、区长联席会议。毛泽东在会议上提出了著名的“工作！学习！生产！一面工作，一面学习，一面又要生产”的口号。

11 月 15 日，高岗在中国共产党陕甘宁边区第二次代表大会上作《抗战新阶段中陕甘宁边区的任务》的总结报告。这次大会总结了抗战以来边区经济工作的经验，通过了《关于继续发展边区经济改善人民生活的决议》，号召边区人民继续努力，渡过难关，自给自足，丰衣足食。

1939 年和 1940 年，还是大生产运动的发动和探索阶段。转入 1941 年，中国抗战进入最艰苦的阶段，陕甘宁边区也迎来了最困难的时期。一方面，国民党政府不但断绝了抗战初期拨给八路军、新四军的少量军饷，而且对边区实行严密的军事包围与经济封锁，企图把边区军民困死、饿死；另一方面，边区的军政人数却急剧增加，不但国统区许多人因不满国民党的统治纷纷来到边区，各解放区的干部也相继来到延安参加整风学习，而且为了保卫边区，边区的驻军迅速增加，以军队为主的脱产人员，从 1939 年的 4.9 万人增加到 1941 年的 7.3 万人，边区百姓的负担更加沉重。在如此严峻的困难面前，正如毛泽东所说，“如果不自己生产，则势将饿饭；如果取之于民太多，则人民负担不起，人民也势将饿饭”。只有开展大规模的生产自救运动，才能解决军民的吃饭问题，并逐步达到丰衣足食的目标。

因此，从 1941 年起，大生产运动进入了渡过难关、争取自给的第二阶段，所有的机关、部队和学校都开展了生产自救运动，各级领导干部也都投

① 中共中央文献研究室编：《毛泽东年谱》中卷，人民出版社、中央文献出版社 1993 年 12 月第 1 版，第 121 页。

身到生产劳动当中。毛泽东亲自下田种菜，朱德与他的生产小组开垦了三亩荒地，周恩来曾被评为纺线能手……这些中共领袖们的以身作则，极大地鼓舞了边区军民战胜困难的信心，成为推动大生产运动迅猛发展的巨大力量。

作为陕甘宁边区政府总生产委员会的主任，高岗自然也要在大生产运动中率先垂范。据 1944 年 2 月 2 日《解放日报》报道，在 1944 年 2 月 1 日召开的边区党民系统生产动员大会上，高岗曾经当众宣布过他自己的生产计划：

带领他的秘书、警卫员、勤务员和马夫，种棉花两垧、洋芋两垧，生产细粮两石，被服全年自给。而且以后不吸纸烟，改吸旱烟。

1943 年，中国的抗日战争度过了最困难的时期，陕甘宁边区的大生产运动也进入了实现丰衣足食的最后阶段。经过边区军民几年的艰苦奋斗，终于达到了“猪羊满圈，骡马成群，瓜菜满地，粮食满囤”，实现了丰衣足食的目标。

金色的秋季，丰收的季节，鲜花颂模范的时刻。1943 年 11 月 26 日，被称为“中国历史上第一次出现的劳动英雄及模范生产工作者代表大会”的边区生产展览会，在延安隆重开幕了。200 余名劳动英雄和 3 万多名各界群众出席了大会。朱德、高岗、林伯渠等在大会上发表了热情洋溢的讲话。

高岗给劳动英雄孙万福题写的奖状

高岗在讲话中说：

> 今天我们开劳动英雄大会，同时开生产展览大会，这不仅是中国从来没有的事情，而且也是东方各民族从来没有过的事情。这是拿锄头的、拿斧头的、拿鞭子的、拿剪刀的人民所开的劳动英雄会议。在苏联，劳动者已经成了社会的主人，他们被人尊重。在我们这里，革命以前劳动者是被人看不起的，可是他们现在已经受到了无上的尊重。他们是劳动英雄，是新社会的状元。

高岗还总结说：

今年我们边区增加了十六万石细粮，生产了一百万斤棉花、六十万驮盐。我们把消费合作社变成供给合作社，又由供给合作社变成了生产合作社，又把消费、供给、生产三者统一起来了。这许多发明，许多创造，使我们达到了丰衣足食的目的。这些都是和劳动英雄们的努力分不开的。今天，我们召开这个大会，就是要号召大家向劳动英雄们学习，学习劳动英雄们的创造精神，把我们的丰衣足食运动推向一个新高潮。

这次生产展览会共展出展品6600多件，反映生产过程的图表、照片1980多张。这些活生生的事物与详细的图表表明，一年来，耕地面积扩大为1338万亩，粮食总产量184万石，棉花总产量173万斤，产盐60万驮。全边区的33万劳动力中参加集体劳动互助组的占四分之一，改造好4500个“二流子”，安置移民8000户，部队开荒21万亩，合作社发展到255处，公营工厂百余家，各种日用品基本自给。

这次盛会还评选出特等劳动英雄25名、甲等34名、乙等8名。

毛泽东虽然没有出席这两大盛会的开幕式，但他11月29日下午在杨家岭中央大礼堂，接见并宴请了出席会议的劳动英雄，做了著名的《组织起来》的讲话。12月9日，毛泽东参观了展览会，并邀请吴满有、申长林等17位劳动英雄座谈生产经验。

16日，两大盛会胜利闭幕。

这次英模大会和展览会是对大生产运动的最好总结，用汗水、泪水和血水浇灌硕果的普通劳动者们理应戴上英雄的桂冠。作为大生产运动的组织者之一，高岗也为之作出了重要的贡献，自然也会得到百姓们的拥护。然而，作为中共西北中央局书记，高岗只是党的领导集体中的一员。如果把百姓的拥戴看做是个人功劳的回报，把所有的桂冠都心安理得地戴在自己的头上，那将是摆不正个人与组织关系的危险信号，势必留下严重的隐患。

12月5日，高岗以中共西北中央局的名义宴请全体劳动英雄。6日的《解放日报》对这次招待会做了如下的报道：

在昨天，英雄们又会见了时刻渴望的老朋友、他们最亲近的知心人高岗同志。十年以前在关中，及以后几年在三边，在绥德，在陇东，在延属各县，高岗同志头上缠着手巾儿，穿着破上衣烂裤子，和他们一块闹革命，一块挨饿受冻，向黑暗势力作斗争，英雄们没有一分钟忘记过他。

招待会上，各分区的劳动英雄向高岗献上了六面旗帜，每面旗帜都写上了颂扬高岗的词句：

关中分区为："西北星辰"；

延属分区为："你给我们创造了丰衣足食的边区"；

绥德分区为："西北人民的领袖"；

陇东分区为："西北灯塔"；

三边分区为："西北人民的灯塔"；

中直、军直、留直、边直为："西北人民的领袖"。

1943 年高岗与夫人李力群及儿子、女儿在延安的合影

这位"西北人民的领袖"代表中共西北中央局在献旗仪式上即席发表了热情洋溢的讲话。虽然高岗的讲话主要是赞美英雄们的业绩，称劳动英雄是"群众中的圣人"，号召全体军民要向他们学习，并且告诫英雄们说："我们

不要自满，毛主席说，我们的房子要天天打扫，不扫就要有灰尘，意思就是说，要经常注意和检查自己的缺点，今年当了劳动英雄，明年还要当劳动英雄。”但高岗在讲话中并没有对英雄们给自己戴上的桂冠表示谦让。

4 | 一场由“盐”引发的争执

1941年七八月间，在大生产运动如火如荼地进行中时，以高岗为首的陕甘宁边区中央局和以林伯渠、谢觉哉为首的陕甘宁边区政府之间，在边区财经政策上，出现了分歧和争论。

关于这场争执的来由和焦点，《胡乔木回忆毛泽东》一书中有着至今为止最为详尽、权威的回忆。

边区政府从1937年成立以后，主席职务一直由林伯渠同志担任。在开头的几年，林老曾作为中共代表常驻西安，但边区政府主席一职仍由他兼任着，政府日常工作先后由张国焘、董必武、高自立代理。1940年10月林老返延后，便专任边区政府工作。边区政府的另一重要领导人是谢觉哉同志，谢老于1940年10月出任中共陕甘宁边区中央局（后西北中央局）副书记，兼任边区政府秘书长和政府党团书记。边区党组织的主要领导人为高岗。自1938年4月以后，高岗相继担任边区党委书记、边区中央局书记、西北中央局书记。林老、谢老年高德劭，中央苏区时就担任过苏维埃政府的领导工作，在党和人民中享有崇高的威望。毛主席对他们十分尊重。高岗是陕甘红军和革命根据地的创始人之一，熟悉边区情况。毛主席把高岗看做本地干部的代表，非常器重，常加表扬，在决定成立边区中央局时，明确讲：“高岗的意见应成为主要的意见。”

1941年，抗战进入最艰苦的岁月，各种矛盾都突出起来。在一些经济政策问题上，如怎样看待减轻民赋问题、如何认识当时带有一定强制性的运盐政策问题、政府预算问题、纸币发行问题等，边区政府与中央局之间出现了分歧和争论。①

① 《胡乔木回忆毛泽东》，人民出版社1994年9月第1版，第138、141、139页。

胡乔木还指出，这场“争论的问题是所谓施仁政，减轻民赋”，焦点是“对‘官督民运’的运盐政策的不同估计”。

争论的焦点竟然是怎么运盐！

很多读者看到这里肯定会不以为然。

然而，盐，在当时确是边区政府除公粮之外的最大收入，边区对外出口的90%就是盐。

1941年5月18日，中共西北中央局作出了《关于运销食盐的决定》。这份决定引用高岗在西北局会议上的话说：“目前组织全边区人民驮盐运动，成为我们边区党与人民当前迫切的中心任务”，争取时机运销食盐，“关系到边区的生死存亡”。①

因此，如何组织好盐的产、运、销，成为发展边区经济、克服财政困难的一项极其重要的工作。

而这项工作关键中的关键，就是运输，即如何把边区北部出产的盐，更多更快地运往边区南部，以待外销，换取急需的药品和棉布。

以高岗为首的边区中央局坚持实行“官督民运”的运盐政策。这项政策就是从乡到边区，全部成立食盐运销委员会，高岗亲任边区运销委员会主任，军队负责人为各路运销司令，县、区、乡、村四级分别成立运盐总队、大队、小队、组，由党政正职干部亲自挂帅，实行带有军事化的半强制性的运盐政策。

很显然，这种半强制性的“官督民运”政策不可避免地要进一步增加边区群众的负担，工作中也存在着这样那样的缺点。林、谢二老在工作中发现了这一政策的不足方面，并为此进行了一些研究，谢老还写出了《华定池盐运销研究》，送交毛泽东批示。他们的基本主张是：“盐的运销应由政府管理，实行自由贸易，即使有强制，也应以政治动员和群众压力为限，不应把运盐变成军事性质的。”②

我们没有找到高岗与林、谢二老直接争论的具体材料，但官司打到毛泽东那里，双方肯定会各执己见，互不相让。

一方是年高德劭、威望崇高的老字辈，另一位是代表一方、且得到毛泽东器重的“坐地炮”。要想解决二者的矛盾，并且是事关边区财经政策的大

① 中央档案馆、陕西省档案馆编：《中共西北中央局文件汇集》（1941年），1992年编（内部出版），第4、5页。

② 《胡乔木回忆毛泽东》，人民出版社1994年9月第1版，第138页。

分歧，看来也只有请出毛泽东了。

因此，这一期间，“毛主席以很大精力来解决双方的矛盾，主要是说服林、谢二老，维护中央局现行的政策”①。

从1941年7月24日至8月22日，在不到一个月的时间内，毛泽东给林伯渠、谢觉哉写了十封信，还与二人数次长谈。

据《毛泽东年谱》记载，7月24日下午，谢觉哉到毛泽东住处来访，二人长谈至深夜。26日上午，谢老致信毛泽东并附上了《华定池盐运销研究》一文。当夜，毛泽东就来到谢老的住处，谈话至次日凌晨一点方归。

7月31日，毛泽东在给林、谢二老的信中写道：

“最近两次谈话，又读谢老两信，又得高岗同志转达二老意见，使我对现行边区财经政策的争论问题有更多的了解。我的了解仍不足，现行政策的几个根本点（预算分散，纸币，运盐）又尚在执行之中，最后的谁是谁非，还无法作结论。”“我现在不能断定纸币与运盐不失败，我同二兄谈过，如弄得不好，也许要失败的。但我现在还不能同意停止现行政策，采用另一政策，因为另一政策也许要失败的，或失败的更大。”

毛泽东在信中还建议二老：

多从反面（即现行政策的正面）设想，现行政策固然已出了很多毛病，但另一政策是否即毛病较少？从相对性设想，勿只从绝对性设想（即只设想现行政策完全是错的，另一政策完全是对的）。

上述内容引自《毛泽东年谱》中卷第315页，但这封信的下面一段话《毛泽东年谱》中没有，《胡乔木回忆毛泽东》中的第139页却予以完整的引用，现转抄如下：

引用搜集材料亦应从两方面搜集，勿只注意现行政策的缺点或错误方面，这方面要密切注意！请继续给我以材料，尤要注意现行政策的成绩与正确方

① 《胡乔木回忆毛泽东》，人民出版社1994年9月第1版，第141页。

面，我觉得二兄在这点态度上是不足的。要注意积极克服执行现行政策中所发生的各种困难。

毛泽东是化解矛盾的大师，更是我党思想政治工作的鼻祖。为了说服林、谢二老克服片面性，加强边区党政机关的团结，8 月 5 日，毛泽东又致信谢觉哉，说：

“你的各信我都转给弼时、王明、高岗、陈正人四同志看，使他们多了解你。他们都愿意多和你及林老谈，都愿把事情把关系弄得好些。事情确需多交换意见，多谈多吹，才能周通，否则极易偏于一面，对下情搜集亦然，须故意（强所不愿）收集反面材料。我的经验，用此方法，很多时候，前所认为对的，后觉不对了，改取了新的观点。客观地看问题，即是孔老先生说的‘毋意，毋必，毋固，毋我’，你三日信的精神，与此一致，盼加发挥。此次争论，对边区，对个人，皆有助益。各去所偏，就会归于一是。”“事情只求其‘是’，闲气都是浮云。过去的一些‘气’，许多也是激起来的，实在不相宜。我因听得多了，故愿与闻一番，求达‘和为贵’之目的。现在问题的了解日益接近，事情好办。”

对于毛泽东的上述两封信，胡乔木评论说：

毛主席的信说理透彻，词意恳切，态度又是那样谦恭有礼，使人不能不感到折服。在当时发生的争论中，主席既不因林、谢是革命老人就对他们的意见加以迁就，也不因他们的某些偏颇和不足就对他们的看法一概否定。对中央和西北局确定的现行财经政策，既肯定其在当时环境下的正当性、必要性，又指出其确实存在和可能发生的缺点与问题。他殷殷期望二老不固执己见，以和为贵，求得边区党政领导机关意见和行动的统一。这些信，对林谢二老的触动是很大的。①

① 《胡乔木回忆毛泽东》，人民出版社 1994 年 9 月第 1 版，第 139 页。

虽然“毛主席干预这个争论，支持边区党委”①，但毛泽东并未放过工作中出现的问题，指示高岗等要调查了解情况，发现问题，及时解决。8月8日，谢觉哉致信毛泽东并附一份从安塞来的报告。第二天，毛泽东即致信高岗和西北中央局组织部长陈正人，并附上了谢觉哉的信和报告，要求：

下列两点请予示复：（一）如安塞报告，情形是很坏的，是否属实？你们有此类调查否？是否你们所得的仅偏于好的一面，而事情之实际则基本是坏的，即是说运盐是行不通的。又报告中所说“向友区迁徙”，“收成已坏”，“无人锄草”等项是否属实，统请见告。（二）盐运正紧，国特操纵，须在庆富设栈收囤，否则等于白运，如谢老所说，两驮仅抵一驮，此事宜即解决，是否已在着手？②

作为土生土长的陕北人，高岗对陕甘宁边区的乡土民情还是比较了解的，对边区的经济工作也比较熟悉。他在1940年9月担任陕甘宁边区中央局书记的同时，就兼任了中央局下设的财政经济委员会主任，亲自主管财经工作。接毛泽东的信后，高岗不敢怠慢，立即组织人调查了解情况，并向毛泽东做了汇报。虽然我们没有高岗向毛泽东汇报的具体材料，但从高岗在10月14日召开的边区政府专员县长联席会议上专门就运盐检查问题作的报告来看，他对运盐工作的实际情况还是非常了解的。

在这份报告中，高岗首先论述了“官督民运”的必要性，然后分别总结了各县运盐工作的状况，表扬了靖边、志丹、陇东、安塞、延长等地在运盐工作中的不同特点，严厉批评了一些地区存在的缺点与不足。他在报告中举例说：

如安定有一乡长与支书，有驴不去驮，引起群众反对，也效尤不去，不但不自认不对，还骂上级，这是顶坏的一个，要给以适当的处分。

报告认为，当前运盐工作有三大缺点：

一是事前准备不充分，二是行动当中有缺点，三是执行命令精神差。而“组织得好，牲口好，派出的人有经验，都赚了钱，反之，都亏本”。

①② 《胡乔木回忆毛泽东》，人民出版社1994年9月第1版，第135、140页。

作为中共西北中央局书记和陕甘宁边区参议会议长，高岗的工作确实是比较繁忙的。但高岗干工作确实有一抓到底的作风，往往直接处理基层工作中的一些很微小的问题。1941 年，中共西北中央局公布了高岗答复延安县干部关于运盐工作的一些疑问，以此作为各地运盐干部的工作参考。我们从这些非常细小的问题中，可见高岗工作作风之一斑。

问：动员大批人和牲口去运盐，家里草没人锄，地不能翻耕，荞麦、春麦、菜都种不下，那就误了农时，误了大事，怎么办？

答：我先说锄草。头次（最难除的一次）已经过去了。现在是第二次，比较容易。我们要有组织地来补充新的劳动力。

强壮妇女可以锄草。延安壮年妇女一万以上，除去妊妇三分之一，带娃娃的三分之一，有病的一千左右，身强力壮的总还有两千个，可以动员组织她们上山。这时候我们同志的家属尤其是干部的老婆，要首先出动，起模范作用。再加以各方面宣传鼓励，妇联会也努力加油，不会不成功的。

青年娃娃青救会也应努力动员一下，青年应该成为锄草的模范者。

老年人也可做点轻松的事。

还有难民，他们除照顾自己的庄稼以外，劳动力还有剩余，可以组织扎工队到各家锄草。许多难民借了附近老户的粮，用自己的力去还清借粮岂不两得其利。

照计算延安一县动员六千牲口去运盐，不过抽动二千个壮丁去赶牲口，如果有方法把妇女、青年、老人、难民都组织起来，保证能够抵得上两千个壮丁吧，锄草是决不会耽误的。

再说耕麦地，这就首先要把麦地到底有多少垧数，所要留的每条牛力到底有多大，计算得完全切实，要对老百姓说明白，是为的最恰当地解决牲口，把必需要的耕地牛力留下，不至于留多了耽误了运盐，留少了耽误了种麦。则尽量把所有强壮有力的牛上路运盐，母牛、比较小的牛留在家里翻地，再不够才留下少数壮牛在家。

牛力也要有很好的组织，互相调剂，彼此照顾运盐，彼此照顾翻地，彼此照顾锄草，要双方都顾及到，不但运盐计划要完成，而且庄稼也必须锄好，绝不能因运盐耽误了庄稼。我们的老百姓如此地团结一致，还有什么困难不能克服呢？

问：运盐路费太贵，赚不了钱，老百姓不愿意去，怎么办？

答：运盐贴本，这个事是有的。其原因是在于天旱，草长得迟，不能放场；路上自己不带吃粮，用费本高等等。

现在不同了，天下了普雨，大部分可以放青，牲口不要草，不要料，就算要险上边有一二站路没有草，现在麦割了，所以装两袋麦穗、一点麦麸带去。还不放心，再做些准备，往上走时带点草，到一个地方留下来，记下账，存在那里，牲口回来时吃，也就解决了。

至于人的粮食，在家时也不是一样要吃？一个人带八升粮米，午饭锅，自己做着吃，也不会比家里吃用贵多少。

一乡一区的人在一起走，一部分人赶牲口，走得慢；一部分人打栈，沿路就割些草，找好放青的地方，停下来做好饭，等得牲口队到了，松下驮子，牲口放青，人吃饭，老实一点用钱，路费决不会很大。

每人赶三个牲口，自带粮食都算钱，也不过花费百元左右，三驮盐起码卖上四百元，运盐是有钱赚的，赔本是例外。①

1941 年 8 月 13 日，毛泽东就陕甘宁边区的财经问题做了总结性发言。他说，现在边区财经问题主要有两个矛盾，一是人民负担过重，二是出入口不平衡。解决矛盾的方针也有两个，一是发展经济，二是使出入口平衡。平衡出入口，就要大量出口盐。“现在采用组织人民运盐的官督民运办法，是平衡出入口的好办法”。

至此，一场由“盐”引发的争论，基本上画上了句号。

由盐引发的争论虽然结束了，但陕甘宁边区党政之间的关系尚需进一步加强。1942 年 9 月，为了进一步协调边区政府与中央局的关系，毛泽东采取了一个重要的措施，就是派有着丰富工作经验的李维汉同志担任陕甘宁边区政府秘书长兼政策研究室主任，以弥补林、谢二老在工作中的某些不足。

李维汉临行前，毛泽东找他长谈。毛泽东说：

今后边区政府的工作，第一，要讲团结，全边区要团结在以高岗为首的

① 中央档案馆、陕西省档案馆编：《中共西北中央局文件汇集》（1941 年），1992 年编（内部出版），第 316—318 页。

西北局周围，边区政府内部要团结在以林伯渠为首的政府党组周围；第二，要精兵简政，做到五句话：精简，节约，统一，效能，反对官僚主义；第三，要发展生产，主要是农业生产，也要搞好工业生产；第四，要搞好文化教育工作，边区文化教育太落后，文盲多，巫神多，迷信多，文化教育要抓紧发展；第五，要搞好“三三制”政权，此事，陕甘宁边区一定要带头搞好。

李维汉回忆说：

我离开时，他送到窑洞外，特别叮咛说：“罗迈，延安好比英国的伦敦。”我体会这句话的意思是说，伦敦是英国的首都，它的政策影响着英国的众多的殖民地。我们当时也有很多根据地，根据地当然不是殖民地，但需要一个“首都”作为政策中心，则是一样的。毛泽东是要求陕甘宁边区在执行党的政策中带个头，自觉承担试验、推广、完善政策的任务。期望殷切，鼓舞极大。毛泽东的这次谈话，我向西北局报告过，也在边区政府党组传达讨论过。①

从后来的实践看，李维汉的到来加强了边区政府的领导力量，促进了政府与中央局的团结。陕甘宁边区也没有辜负毛泽东的期望，在各根据地中，确实起到了“首都”的作用。

① 李维汉：《回忆与研究》下卷，中共党史出版社1986年4月第1版，第499页。

八 参加西北局高干会议

颇受争议的西北局高干会议开了88天，一个很吉祥的数字。

西北局高干会开得确实很顺利。

这次会议时间较长，内容丰富，所解决的问题也很重要。因此，西北局高干会成为全党整风中整顿党风阶段的最主要事件。

虽然西北局高干会是在党中央毛主席领导下召开的，但由于西北局的书记是高岗，会议的重要内容之一又是研究如何评价与高岗关系密切的西北局历史。因此，对于这次会议的研究就成了中共党史研究领域鲜有涉足的问题之一。

不过，作高岗传，西北局高干会是绕不过去的。我们越翻阅历史材料越感到，这次高干会议不仅不应该回避，而且非常有必要对其作出实事求是的评价。

1 | 会议的由来

中共西北中央局高干会议是1942年10月19日至1943年1月14日在延安召开的。

此时，正是全党整风的关键阶段。

延安整风是在抗日战争最艰苦的岁月中进行的。从1941年5月19日毛泽东在中央宣传干部学习会议上作《改造我们的学习》的报告，发出整风动员令，到1945年4月20日党的六届七中全会原则上通过了《关于若干历史

问题的决议》，为整风运动画上圆满句号，延安整风历时四年之久，几乎是八年抗战的一半。

为什么在那么困难的条件下，要用那么长的时间，花那么大的精力，从上至下地在全党开展整风运动？

有的论著引用胡乔木的回忆，说关于整风的意义，“毛泽东曾对彭德怀说：只有你才懂得这一点，其他很多人不懂得这个意义”①。

实际上整风的意义并非如此玄妙，毛泽东对彭德怀所说的“只有你才懂得而其他人不懂得”的“这个意义”，仅是指整风的意义之一。《胡乔木回忆毛泽东》一书中的原话是这样说的：

为什么整风文件要那样学习讨论？要开展批评和自我批评，并用那么长的时间？这里还有个重要原因，是抗日战争处在相持阶段，前方根据地正处在缩小时期、困难时期。毛主席给彭德怀讲，只有你才懂得这一点，其他很多人不懂得这个意义。如果不是那个条件，在延安集中那么多干部来学习也是很难理解的。②

也就是在这本书中，胡乔木用翔实的史料回答了上述关于整风的疑问。他说：

延安整风运动，是一次全党范围内的马克思主义教育运动。其主要目的是清算六届四中全会以后在党内长期占统治地位的“左”倾错误路线及其表现形式——主观主义、宗派主义和党八股。整风运动分高级干部的整风和全党干部的普遍整风两个层次进行。整风运动的主要对象，是党的高中两级干部，特别是高级干部。③

延安整风的主要目的是清算以王明为代表的“左”倾错误路线。

整风分高级干部的整风和全党整风两个阶段进行，而高级干部又是整风的主要对象，这在今天已经不难理解。可是，要理解为什么在全党整风阶段

① 高新民等：《延安整风实录》，浙江人民出版社2000年7月第1版，第448页。
②③ 《胡乔木回忆毛泽东》，人民出版社1994年9月第1版，第10、188页。

会召开一次长达88天的西北局高干会议，则有必要从延安整风起于高级干部整风、经过全党整风后又终于高级干部整风的复杂过程讲起。

整风运动是从党中央一级的高级干部学习马克思主义理论和研究党的历史上的路线问题开始的。毛泽东从1938年的六届六中全会就号召要结合中国革命的实际来学习马克思主义，中央领导层的整风运动是从1941年9月中央政治局会议开始的。

1941年9月10日至10月22日，中央政治局召开扩大会议，讨论党的历史上特别是土地革命战争时期的路线问题。到会的政治局委员有在延安的毛泽东、任弼时、王稼祥、王明、朱德、康生、陈云、凯丰、博古、邓发。高岗和李富春、杨尚昆、罗迈、陈伯达、林伯渠、叶剑英、王若飞、彭真等列席了会议。

这次会议虽然横跨九、十两月，但实际上只在9月10日、11日、12日、29日和10月22日开了五次会。据担任会议记录的胡乔木回忆：

> 在九月会议上，发言者对1932年至1935年间的中央路线的认识趋于一致，都承认是路线错误。但是涉及到评价六届四中全会，中央领导层的认识差距则较大。除王明肯定四中全会的路线是正确的外，也还有别的同志认为四中全会决议基本正确。比较多的发言是没有完全否定四中全会，但持明显批评态度。①

由此可见，虽然毛泽东在九月政治局会议第一天所作的主题报告中，就指出了苏维埃运动后期的“左”倾机会主义是主观主义的统治，比立三路线的危害更严重，还分析了主观主义的根源和克服的办法，但不用说全党，就是在党的高级干部中，认识也是相当不一致的。

这也表明，想在此时就对党的历史问题作出结论，时机尚未成熟。

因此，毛泽东果断决定，要把整风运动推进到全党，“要在党内发动一个启蒙运动”。

为此，毛泽东首先采取了两项重大步骤：

一是高级干部先走一步。

---

① 《胡乔木回忆毛泽东》，人民出版社1994年9月第1版，第198页。

9 月 26 日，中央发出了经毛泽东修改审定的《关于高级学习组的决定》，决定成立高级学习组。高级学习组的设置在军队是到师、军区或纵队一级，在地方是到区党委或省委一级。各地的高级学习组统归中央学习组管理和指导，毛泽东亲任中央学习组的组长；

二是在理论上对王明“左”倾错误路线进行彻底的清理。

毛泽东在九月会议后亲自撰写了《驳第三次“左”倾路线》的系列文章和起草了《关于四中全会以来中央领导路线问题结论草案》。虽然这两篇文章没有公开发表，但毛泽东通过对集中体现王明“左”倾错误路线的九个文件的批判，已经从世界观和方法论的高度对其进行了彻底的清算，为在全党肃清第三次“左”倾错误路线的影响做好了理论准备。

在做了组织上和理论上的准备后，1942 年 2 月 1 日，毛泽东在中央党校开学典礼上做了《整顿党的作风》的报告，标志着延安整风进入了全党整风阶段。

全党整风包括整风动员、思想整风和审查干部三个阶段。思想整风阶段又按照整顿学风反对主观主义、整顿党风反对宗派主义和整顿文风反对党八股三个内容分为三个小阶段依次进行。而其中整顿党风阶段的最重要事件，就是长达 88 天的西北局高干会议。

为什么西北局高干会议能够成为整顿党风阶段的最重要事件?

第一，西北根据地是土地革命战争时期硕果仅存的一块革命根据地。虽然王明“左”倾冒险主义“统治中央计三年又四个月，党政军民学，东西南北中，无处不被其毒”①，但“左”倾冒险主义对革命事业造成的危害，宗派主义对革命根据地发展的影响，在当时只剩下了西北根据地这一处例证。认真总结、深入剖析“左”倾冒险主义在西北根据地造成的危害，对在全党肃清王明“左”倾冒险主义的影响，显然具有典型的意义。

第二，西北根据地又是王明“左”倾冒险主义统治全党时的重灾区。以王明为代表的第三次“左”倾错误虽然在全党占据了统治地位，但在各个根据地的影响是不一样的。如果西北根据地仅仅是土地革命战争时期唯一保存下来的根据地，而不是受第三次“左”倾错误影响的重灾区，那么，它在全党整风中也不会具有如此重要的意义。然而，历史就是这样巧合，在西北根

① 毛泽东在 1943 年中央政治局“九月会议”上的发言。

据地的历史上确实发生了非常激烈的党内斗争，西北根据地的曲折发展历史，恰好就是以王明为代表的错误路线和以毛泽东为代表的正确路线激烈斗争的一个缩影。在“左”倾错误即将葬送这片唯一的革命根据地时，中央红军的到来又使它绝处逢生，并且使它成为中国革命的大本营。因此，在全党整风阶段，总结西北根据地内两条路线斗争的历史，就具有典型中的典型的特殊意义。

第三，抓住西北根据地这个典型，首先在陕甘宁边区的广大党员和干部中彻底肃清“左”倾冒险主义的影响，这对于统一全党的思想认识，特别是对在党的高级干部中深入开展整风运动，统一认识，具有先行一步的示范效果。

陕甘宁边区系统参加整风学习的有3240多人，占延安参加整风学习总人数的三分之一。陕甘宁边区的整风搞好了，取得全党整风的胜利就有了坚实的基础。

正是因为西北局的整风具有如此特殊的意义，党中央和毛泽东才直接领导召开了这次西北局高干会议，也使这次长达88天的西北局高干会议成为全党整风中整顿党风阶段的最重要事件。

2 | 会议的筹备

西北局高干会议就形式而言，可以如某些论著所言，是一次“区域性的高干会议”。但这次区域性的高干会议却有全党性的影响，对推进全党整风运动的顺利进行和陕甘宁边区的全面发展有着极其重要的意义。

因此，中共中央十分重视这次会议的召开，并直接领导了这次会议。

西北局高干会议是经过充分准备后才召开的。

首先，为了召开这次会议，边区政府和西北局分别组织了两个考察团，深入基层调查研究。

早在1941年4月27日，中共中央政治局会议在确定了西北中央局的书记和委员的同时，就决定成立一个委员会，以解决过去边区党内争论的问题。然而，连毛泽东在1941年5月作的《改造我们的学习》都“毫无影响”，如果没有1941年的“九月会议”，毛泽东都“不敢到中央党校去做整风报告”,① 所以，当时显然还不可能解决边区党内争论的问题。因此，一直到“九月会议”后，高级干部的思想趋于一致，中央才决定召开一次西北局高干会议，来解决边区党内争论的问题和陕甘宁边区发展中急需解决的一些问题。

1941年12月，陕甘宁边区政府主席林伯渠虽然年过花甲，但仍然率领一支20多人的考察团赴富县、甘泉进行调查研究，以掌握区、乡基层的具体情况，为召开西北局高级干部会议做准备。

1942年1月4日至3月20日，中共西北中央局书记高岗带领一支30多人组成的考察团，到绥德、米脂调查经济工作、政权建设、文化教育、社会阶级关系和党务状况等问题，为西北局高干会议做准备。考察团分成三个分团，高岗亲率第二分团深入到双湖峪、周家硷等地，进行实地调查。这次调查历时两个半月，形成了《绥米土地问题初步研究》一书。该书通过生动翔实的材料和大量统计数字，详细介绍了绥、米两地农业生产概况、土地分配状况以及农村的阶级关系，为西北局高干会议的召开和中央的决策提供了重要依据。

1942年在绥德、米脂调研工作时的高岗

其次，整风动员和整顿学风的进行，为召开西北局高干会议做了比较充分的思想准备。

全党整风开始后，中共中央书记处于1942年4月10日批准成立了由任弼时、高岗负责的陕甘宁边区总学习委员会。总委员会下设陕甘宁边区政府、八路军留守兵团及保安司令部、西北中央局及民众团体三个分委。

4月18日，西北局向各地党委发出了《关于准备整顿三风工作》的指

① 《胡乔木回忆毛泽东》，人民出版社1994年9月第1版，第289页。

示信。指示信论述了整顿三风的重要意义，部署了总学习委员会制定的学习计划。

4 月 21 日，总学习委员会在边区参议会大礼堂召开了边区干部学习动员大会，2000 多名干部出席了会议。任弼时首先在大会上指出：主观主义、宗派主义、党八股，在遵义会议以前，曾在党内占主导地位，现在它是党内“保存的残余”。整顿三风就是要在思想方法上来一个大的转变，真正掌握马列主义的精神与方法，使党更加巩固、团结，更有战斗力量。高岗在讲话中也说：在学习中，不是望文生义就算懂，而是要真正领会精神实质。要精读，要写笔记写心得写反省出墙报，帮助学习，要使理论和实际相联系。

为了检查督促各单位的学习情况，4 月 27 日，总学习委员会决定，由西北中央局抽出七位同志组成巡视团，了解整风学习情况，吸取学习经验，发现学习中的问题。5 月 1 日，巡视团到边区政府秘书处、审计处、教育厅、边区党校等单位巡视后，认为干部学习情绪很高，非党人士亦有很多人自愿参加，计划周密，纪律严明，好像正规学校一样。

为了促进学习运动的深入开展，总学习委员会还作出关于单位互相参观的决定。各单位纷纷行动起来，组织参观团互相观摩。

6 月 2 日，总学习委员会在参议会大礼堂召开了各单位学习委员及学习小组长联席会议，200 多个学习小组的 400 余人以及各校的 300 余名学员参加了会议。高岗代表总学习委员会在报告中首先指出，当前的学习热潮是空前的，但在学习中反省自已不够，这是很大的缺点，今后要加强领导深入学习。然后，提出了七项具体的改进办法。

陕甘宁边区的整风学习一直到 1942 年 9 月才大体结束。经过近五个月的学习，广大干部的马列主义水平普遍提高，对第三次“左”倾错误的认识基本趋于一致，为西北局高干会议的召开做了比较充分的思想准备。

再次，党中央对会议的召开进行了精心部署。

8 月 22 日，中共中央政治局召开会议，讨论加强陕甘宁边区工作和召开西北局高干会议问题。毛泽东在会上提议由任弼时代表中央指导中共西北中央局的党、政、军工作，王稼祥负责军队编制工作；西北局高干会议由任弼时、王稼祥负责指导。这次会议还决定由陕甘宁边区系统党政军干部参加的西北局高干会议于 10 月中旬召开，内容是整党、整财、整政、整军、整军民关系，以实现整顿三风、精兵简政两个目的。

中央作出召开西北局高干会议的决定后，9 月 1 日，西北局发出召开高级干部会议的重要通知。通知指出，这次会议的内容主要是：讨论整风、统一党政军民领导、精兵简政、财政经济问题。要求县委、分委、特委、省委书记，党员县长、专员、副专员，团长、团政委及旅长、旅政委等全部参加会议。

10 月 9 日，中共中央书记处再次召开会议，研究西北局高干会议的问题。会议同意任弼时提出的关于西北中央局高干会议准备工作的通知。决定由西北中央局高干会议讨论的各种决议草案，可先经会议讨论，于会议结束前提到中央讨论，再交高干会议最后通过。

至此，召开西北局高干会议的各项准备工作已经完成，胜利召开一次对推进全党整风产生重大影响的会议的各项条件已经齐备。

3 | 会议解决的主要问题

1942 年 10 月 19 日至 1943 年 1 月 14 日，西北局高干会议在延安召开。陕甘宁边区地方县以上、部队团以上的党内负责干部 300 多人出席了会议，中央高级学习组和中央党校的大部分领导干部也都参加了会议。

毛泽东不但在开幕式和闭幕式上发表了重要讲话，11 月 14 日还参加了大会关于边区历史问题的讨论，并且几次在讨论中插话发言。11 月 21 日、23 日，毛泽东结合中国共产党的具体情况，在大会上讲解了斯大林《论布尔什维克化十二条》。毛泽东还在会议期间亲自组织收集、整理经济和财政方面的历史的和现状的材料，为会议写了《经济问题与财政问题》的长篇书面报告，由贺龙在 12 月 21 日和 29 日向会议做了传达。

会议期间，刘少奇就党的历史问题、任弼时就几个问题的意见、林伯渠就简政整改问题、贺龙就整财问题、谭政就整军问题分别做了报告，朱德、陈云、彭真、叶剑英、吴玉章、徐特立也都在会上发表了讲演。会议的最后两天，由西北局书记高岗作大会总结。

这次近三个月的会议共分三个阶段，主要解决了以下三个重大问题：

第一，总结了边区党的历史经验教训。

会议于 10 月 19 日开幕后，21 日即由陈正人报告整党问题。在接下来的小组讨论中，代表们纷纷要求用整风的精神来研究边区历史上的经验教训，解决过去的争论，达到思想上的一致。因此，大会主席团接受了代表们的意见，从 11 月 2 日起，整党问题的小组研究转变为大会讨论。在长达十几天的历史问题大讨论中，张秀山、习仲勋、马文瑞、贾拓夫、阎红彦、张邦英、刘景范、霍维德、王世泰、贺晋年等边区老干部纷纷在大会上发言，他们用自己的亲身经历来揭发和批判党内“左”倾错误领导给革命事业带来的危害。郭洪涛、朱理治、戴季英等执行过错误路线的同志也在会上做了检讨。11 月 17 日和 18 日，高岗代表西北局做了《边区党的历史问题检讨》的长篇报告，实际上是代表中央对边区历史问题作出正式结论。

第二，检讨了抗战以来边区党内存在的主要偏向。

从 11 月 24 日起，会议转入第二阶段，检讨抗战以来边区在思想上、政策上以及组织上存在的主要问题。高岗做了关于统一党的领导问题的报告，林伯渠做了关于整顿政府的报告，陈正人做了关于整顿民众团体的报告。与会代表结合这些报告进行了热烈讨论，展开了尖锐的批评与自我批评，纠正了某些党员干部把党和政、军、民众团体并列的观点，明确了党是无产阶级的最高组织形式。有 70 多人在会上发言，普遍做了深刻的自我批评。为了实现党的统一领导，会议在组织上作出四点决定：第一，边区一级的党政军民工作都统一于以高岗为首的西北局领导；第二，更加紧密军队与地方的关系；第三，要克服党政军民各部门本身组织关系上存在的问题；第四，整顿党的组织，重新登记党员。

第三，明确了发展生产、发展教育是边区党今后的基本任务，而又以生产为第一。

大会的最后一个月主要研究当前的工作与任务，毛泽东为会议撰写的《经济问题与财政问题》的书面报告为确定陕甘宁边区经济建设的方针和任务指明了方向。代表们经过充分讨论，完全接受毛泽东书面报告中的指示，认为生产与教育是边区当前的主要任务，而“生产更有决定性”。高岗在会议的最后一天代表西北局宣布对三五九旅旅长王震等 22 位生产模范授奖，各奖毛泽东同志题字一幅；对三五九旅、延安县政府及延安南区合作社等三家有特殊贡献的单位，各奖奖旗一面。

这次会议所讨论解决的三个问题，对陕甘宁边区的发展都产生了重大影响，特别是关于边区党的历史问题的检讨，为延安整风的最后一个阶段——高级干部再议党内两条路线斗争，提供了难得的样板。

1943 年 6 月 25 日，西北局作出了《关于高干会对边区党的历史问题检讨的决定》。该决定说：

关于陕甘宁边区党在中央未到达前内战时期的历史问题（1935 年 11 月以前），西北局完全同意和批准 1942 年 11 月高干会检讨的基本精神及高岗同志对此问题所作的报告。并决定陕甘宁党各级组织全体干部和党员，应将高岗同志关于边区党历史问题检讨的报告，作为整顿三风的重要文件之一，进行深入的研究与讨论。

1943 年高岗在延安

高岗关于《边区党的历史问题检讨》的报告，三万多字，分六个部分：

（一）陕西党的建立到大革命时代；（二）国共分家到九一八事变；（三）反帝同盟军成立到肃反事件以前；（四）肃反事件；（五）肃反事件以后；（六）结论。

报告的前五个部分分阶段回顾了西北党的历史发展，最后部分作出了关于边区党的历史问题的五点结论：

（一）历史上的争论是路线的争论

报告认为，从反帝同盟军成立后整个创建红军与苏区的时期，包括三条路线的斗争：一条是以刘志丹为代表的正确路线，另一条是以黄子文等为代表的右倾机会主义路线，第三条则是从杜衡到朱理治、郭洪涛的“左”倾机会主义路线。在这三条路线的斗争中，主要是正确路线同“左”倾机会主义路线的斗争，二者在所有基本问题上都是对立的。

首先，政治上，在中国革命的根本问题上，他们不了解以下各点。

第一，不了解中国是半封建半殖民地的国家，在这个国家里的革命，必须以武装为主，以农村为主；第二，不了解中国民族民主革命的任务，是反对强大的帝国主义与封建势力，因此必须有广泛的统一战线，必须联合一切反帝反封建的阶级和力量进行斗争；第三，不了解中国革命的不平衡性与长期性，主张两条道路的决战，幻想革命一下子就在全国胜利；第四，不了解敌我力量的对比，否认客观事实，认为革命力量已占绝对优势，主张争取革命在全国的胜利。

其次，在军事上，在革命战争问题上，他们不了解以下各点。

第一，不了解游击战是发展革命战争、强大革命武装的惟一正确的战术；第二，不了解根据地的建立不在平原而在山上，不在城市而在山村；第三，不了解革命武装的建立是与白军兵变和土匪运动不可分开的。

再次，在各种社会政策上，也都是错误的。

第一，对农民土地问题的极左政策。如主张在肉体上消灭地主，给富农分坏田，侵犯中农利益等等；第二，完全不懂得同盟军问题。不要任何的统一战线，对国民党军队、民团、哥老会以及各种中上层分子，统统不许接触联络与争取合作；第三，不懂得知识分子在革命中的重要作用，采取严厉打击知识分子的政策；第四，对会门游民分子，不懂得争取感化与转变他们的必要，而采取消灭的政策；第五，执行疯狂的“肃反”政策；第六，不了解游击运动中政权的特点，而要求这种政权要正规化；第七，对边界工作不与中心区工作相区别，在边界实行“左”的政策，造成严重的赤白对立；第八，对白区白军工作方针，完全不懂得精干荫蔽与积蓄力量，而空喊白军哗变与地方暴动。

最后，在组织上，在干部政策问题上，是完全不正派的。

实行宗派主义的干部政策，合自己“左”的口味的干部，无条件地拉拢，反之则严厉打击。

（二）“左”倾机会主义的来源

报告认为，陕甘党内的“左”倾机会主义，不是本地特有的现象，而是带有全国性质的。其来源有两个方面：

首先，政治上的来源：就是九一八事变后党内的关门主义与“打倒一切”的错误政策，特别是北方会议的决议。

其次，组织上的来源：就是当时党内的组织路线是有毛病的，是本本主义的干部政策，实行钦差大臣制度。

（三）革命家的品质

报告认为，过去的错误不单是路线问题，还有个人品质问题。由路线错误变为“肃反”的错误，其重要关键是人的关系，是朱理治、郭洪涛个人品质的恶劣所造成的。他们是一切从个人出发的个人主义的野心家和阴谋家。而刘志丹同志不但坚决执行了正确的路线，而且是一个布尔什维克的典型。他一贯坚持党的立场，坚持党的正确路线，与一切“左”右倾机会主义进行不调和的斗争。他把马列主义的真理具体地运用于西北的斗争中。我们应当把刘志丹同志作为我们前进的方向。

（四）思想斗争问题

报告认为，这次高干会检讨历史上的争论，也是一场大的思想斗争。思想斗争有正确的，也有错误的。以错误路线反对正确路线，是借思想斗争之名，达到打人之实；以正确路线反对错误路线，是通过思想斗争，达到治病救人的目的。目前党内存在浓厚的自由主义，如果没有正确的思想斗争，就不能克服这种自由主义，就会使党逐渐腐蚀下去。

（五）理论与实际的结合

报告认为，历史给了我们最深刻的教训，就是必须把理论与实际结合起来。过去“左”倾机会主义的错误是脱离了实际，他们的理论是教条主义的。而我们过去虽有实际经验，但缺少理论，还不善于把我们的经验上升为理论，以更好地抵制与克服错误路线。因此，凡有实际经验的老干部，必须努力学习理论；一切新的知识分子干部，则必须到实际工作中去取得经验，学会把自己与农民和枪杆子结合起来。

从高岗的报告内容可以看出，报告中关于“左”倾机会主义的表现、根源以及应当吸取的经验教训等方面的论述，几乎就是毛泽东在1941年“九月会议”后关于“左”倾机会主义相关内容论述的翻版，与后来所召开的政治局1943年“九月会议”上对“左”倾机会主义的论述也基本相同，甚至包括一些比较激烈的言词，也都大同小异。这表明，高岗在这次中央直接领导下召开的会议上所作的报告是经中央审议后同意的。

正因为中央认为“朱理治、郭洪涛在陕北所执行的‘左’倾机会主义路线是遵义会议以前在党内占统治地位的错误的政治路线的具体化”，才使这次会议成为在全党彻底肃清“左”倾机会主义影响的先声。

4 会议的一点不足

具有重大意义的西北局高干会议也有其不足，主要是在批判“左”倾机会主义错误时，过于追究个人品质问题，批评犯错误同志的语言、方式也过于偏激。

西北根据地是“左”倾机会主义影响的重灾区，朱理治、郭洪涛积极贯彻“左”倾机会主义，错误也确实是严重的。一些深受“左”倾机会主义迫害的老同志在高干会上言词比较激烈，还是可以理解的。但他们的错误是积极贯彻“左”倾机会主义，仍然属于认识上的问题。如果对其简单地全盘否定，归结为品质的极端恶劣，不但不利于深刻剖析“左”倾机会主义的根源，对这些犯错误的同志也是不公正的。特别是作为中央的决定，就更应该慎重。然而，不但高岗在报告中认为朱理治、郭洪涛是“极端恶劣的个人品质”，“毫无党性的个人主义野心家”，《中央关于1935年陕北“肃反”问题重新审查的决定》（1942年12月12日）也认为他们是“个人主义、高度领袖欲和政治野心家的恶劣品质”。

从会议记录可知，在大会讨论时，也出现了“大批判”的场面。朱、郭等人在大会检讨时，不但要经常回答代表们的各种不乏过分责难的提问，而且座中经常有人大声呼喊：“要老实回答！”

西北局高干会议出现过于追究个人品质的不足，反映出如何总结党内两条路线斗争的经验教训，以毛泽东为核心的党中央也有个逐步成熟的过程。

西北局高干会议结束后，从1943年9月起，中共中央政治局又连续召开会议，进一步研究党的路线问题。这次会议比1941年的“九月会议”开的时间长，参加的人数也多。原准备开五次会议，但后来改变了计划，断断续续开到年底，实际上直到六届七中全会才完全结束。

胡乔木认为：这次会议

> 对于错误路线的批评，在基本方向上和内容上无疑是正确的，但在言辞上要比1941年“九月会议”尖锐，涉及的人更多一些，会议的空气有时也

高岗与西北局部分干部在延安

紧张一些。这是1943年“九月会议”的一个特点①。

这次中央政治局整风会议大体上分为三个阶段，在前两个阶段，还是比较注重追究“左”倾错误路线的个人品质问题的，也曾出现了“党内斗争过火的偏向”②。1943年12月28日，中央书记处发出了《关于研究王明、博古宗派机会主义错误的指示》，同一天，中央政治局也发出了《关于统一战线中的机会主义》的指示。中共中央的这些文件认为，王明的投降主义实质上是国民党在共产党内部的代表，是大地主大资产阶级在无产阶级队伍中的反映。一直到1944年1月2日，毛泽东在回复共产国际总书记季米特洛夫的电报中还坚持认为“王明进行了很多反党活动”，并且“一直在从事各种反党活动”。

1944年春，中央政治局整风会议进入第三阶段，转入对整风进行总结和对党的历史问题作出结论的最后时期，也开始纠正此前整风过程中的一些缺点。2月24日，中央书记处讨论党的历史问题，统一了对五个问题的认识，

①② 《胡乔木回忆毛泽东》，人民出版社1994年9月第1版，第282、298页。

其中的第一个问题就是“王明、博古的错误应视为党内问题”。3月5日，毛泽东在政治局会议上就如何认识“左”倾错误路线的根源等问题进行了深刻阐述，指出：

过去在我们党的历史上，除反对张国焘斗争外，有两次大的斗争，即反对陈独秀与反对李立三的斗争，那是在思想上没有很彻底地讨论但结论作得很严重，因此未达到治病救人的目的，前车之覆并没有成为后车之鉴。这一次我们要在思想上弄清楚。过去未做过认真研究理论和研究历史的工作，对犯错误者只是惩罚。没有认清立三路线的错误不是个人的问题，而是代表了小资产阶级的思想……我们要强调产生错误的社会原因，不要强调个人问题，因此我们的组织结论可以宽大些。①

很显然，在一年前的西北局高干会议上，包括毛泽东在内的全党对如何认识“左”倾机会主义产生的根源，尚未有如此深刻的认识。会议出现过于追究个人品质的偏差，就不可避免了。

另外，作为中共西北中央局书记，高岗对于会议出现的一些偏差，也应当负有一定的责任。

① 《毛泽东年谱》中卷，人民出版社、中央文献出版社1993年12月第1版，第498—499页。

中篇 到东北

DURING NORTHEAST

高岗是 1945 年 11 月来到东北黑土地的，此时的高岗刚满 40 岁。

按照孔夫子的理论，40 岁是人的不惑之年。该懂得的已经懂得了，该经历的也都经历了，遇到什么疑难问题，也可以独立思索和解决了。

然而，共产党人不是以个体的方式活动的，形势发展的呼唤，组织上的安排，永远是第一位的。

在黄土地上生活、战斗了 40 年的高岗可能事先并没有想到会来到寒冷的黑土地开创新的事业，但当这片黑土地成为国共两党谁主沉浮的关键因素时，不但组织上需要高岗赶赴东北，高岗本人也挡不住这片黑土地的诱惑。

后来的事实证明，高岗由黄土地到黑土地是一个正确的选择。

虽然高岗在黄土地上是中共西北中央局书记、陕甘宁边区参议会议长，但他事业的巅峰，还是在这片神奇的黑土地上。

不过，世事难料，祸福相依。后来的事实还证明，高岗由黄土地到黑土地也埋下了悲剧的种子。

九 北满军区司令员

高岗来东北之前，身上有几道光环：

就全党而言，他是中共中央政治局委员，中共七大选出的“十三巨头”之一；

就西北革命根据地而言，他是中共西北中央局书记，西北地区党的一把手；

就陕甘宁边区而言，他是参议会议长，相当于今天的人大常委会主任。

高岗来到东北后，在党内，这位中共中央政治局委员只是中共中央东北局领导下的北满分局的委员。

不过，当时是国共两党争夺大东北的战略决战，任何人的职务在那种非常时期都要服从于战时的需要。

何况，高岗又重新戴上了“高司令”的“桂冠”——担任北满军区司令员。

1 | 黑土地的诱惑

东北，这130万平方公里辽阔而富饶的黑土地，历来就是兵家争夺的要地。

日本帝国主义战败及伪满洲国灭亡后，东北战略地位的重要性又一次显露出来。

东北的东部和北部与苏联、蒙古和朝鲜等社会主义国家接壤；西南与冀

热辽解放区相连，同时又与山东半岛的胶东解放区隔海相望。东北的铁路、公路分别占全国总长的一半，其密度居全国首位。同时，还有安东、大连、营口、葫芦岛等优良港口以及以哈尔滨为中心的松花江、嫩江、乌苏里江、黑龙江、辽河等内河航运，从而形成了海陆纵横交错的运输网。

东北的矿藏丰富，工业发达。据当时有关资料统计，东北的铁矿蕴藏量为38亿吨，煤的蕴藏量为228亿吨；煤产量占全国的49%，生铁产量占全国的87%，钢材产量占全国的90%以上。再加上造纸、纺织、印刷等，东北的工业总产量占据全国的80%。此外，广阔的松辽平原沃野千里，可出产50余种农作物，年产可达2000万吨；长白山、大小兴安岭山脉林海茫茫，优质木材的总蓄积量达30多亿立方米，约占全国的三分之一。

东北的重要战略地位对国共两党都有着强烈的诱惑。

共产党十分看重东北，是因为控制了它就可以摆脱国民党长期包围、分割革命根据地的状况，使东北与冀热辽等解放区连成一片，拥有坚强可靠的战略大后方，从而把握解放全中国的主动权。

国民党格外青睐东北，是因为拥有它就可以增强在全国内战中的经济实力，切断共产党和苏联的联系，对解放区形成南北夹击的态势，将共产党的势力各个击破，逐步削弱消灭。

对当时的国共两党而言，得东北者得天下。

运筹帷幄、高瞻远瞩的毛泽东自然不会对东北的战略地位视而不见、置之不理。早在1942年的夏天，他就预见说：

“反希特勒斗争今冬明春就有胜利的希望，如此则明年秋冬就有战胜日本的希望”。在战后相当一段时间内，整个国际局势是“民主派各界合作的统一战线的民主共和国局面，中国更必须经过民主共和国才能进入社会主义”。在这种国际总的形势下，国民党在战后既有与中国共产党合作的可能，也有内战的可能。中国共产党的军队在日本战败并从中国撤退时，新四军及黄河以南的部队必须集中到华北去，甚至整个八路军、新四军都“需集中到东三省去，方能取得国共继续合作的条件”。①

① 《毛泽东军事文集》第二卷，军事科学出版社、中央文献出版社1993年12月第1版，第681—683页。

1945年5月，毛泽东在党的七大上再一次瞻望东北的前景：

东北是一个极其重要的区域，将来有可能在我们的领导下。如果东北能在我们领导之下，那对中国革命有什么意义呢？我看可以这样说，我们的胜利就有了基础，也就是确定了我们的胜利。现在我们这样一点根据地，被敌人分割得相当分散，各个山头、各个根据地都不巩固，没有工业，有灭亡的危险。所以，我们要争城市，要争那么一个整块的地方。如果我们有了一大块整个的根据地，包括东北在内，就全国范围来说，中国革命的胜利就有了基础，有了坚固的基础。现在有没有基础呢？有基础，但是还不巩固，因为我们没有工业，没有重工业，没有机械化的军队。如果我们有了东北，大城市和根据地打成一片，那么，我们在全国的胜利，就有了巩固的基础。①

毛泽东还在组织上对即将到来的东北决战做了一定的安排。他在七大谈到中央委员的选举问题时提议：

关于东北问题，我觉得这次要有东北地区的同志当选才好。②

随后，中共七大选举了东北籍的万毅、吕正操为中共中央候补委员。

瞬息万变的局势果然没有超出毛泽东的预料。

1945年8月8日苏联政府正式对日宣战，同年8月10日日本政府乞求投降。

延安决策中心快速反应，海陆空三管齐下进军东北。

8月11日8时，八路军总司令朱德连发三道命令，进军东北。

不但朱总司令调兵遣将，毛泽东主席也亲自安排，为争夺东北做好干部上的准备。

8月12日，毛泽东主持召开中共中央书记处会议，决定由中央组织部集中在延安的东北干部及确定赴东北工作的干部，组成训练班，准备前往东北工作。

---

①② 《毛泽东在七大的报告和讲话集》，中央文献出版社1995年4月第1版，第218、232页。

8月19日，毛泽东为中共中央起草致贺龙、林枫的电报，指示：

林枫准备去东北，去东北干部一千二百人，一星期后由延安出发，交林枫率领北进。①

8月20日，中共中央发出命令：

由陕甘宁配备一个团，晋绥配备三个团，中央配备一个干部团，共五个团，由吕、林率领开东三省。

8月29日，中共中央又发出了《关于迅速进入东北控制广大乡村的指示》和《关于去东北工作应注意事项的指示》，要求晋察冀和山东准备派往东北的部队和干部迅速出发，去东北后，不必占大城市，应控制广大乡村和苏军未驻扎的中小城市，并放手发展力量，在我军不能进入的大城市应尽可能派干部去工作。

抗日战争的硝烟尚未散尽，国共征战大东北的序幕已经拉开。

8月13日，最早接到延安总部电报的冀热辽军区司令员李运昌，立即在冀东丰润县左家坞附近的大王庄召开冀热辽党委、军区党委紧急会议。决定由李运昌率领冀热辽子弟兵八个半团和两个地区支队，还有朝鲜支队，共1.3万多人，加上2500多名地方干部，分三路越过长城，向热河、辽宁、吉林进军。

8月25日，由十六军分区司令员曾克林和副政委唐凯率领的东路4000余人，从抚宁县出发，向锦州、沈阳方向前进。

曾克林部一路势如破竹，8月29日打到山海关北的前所车站，驻守伪军当即投降。

8月30日上午，曾克林部与一苏联红军侦察小分队在前所车站以东会合，之后，两军联手解放了山海关。

9月3日，曾克林部登上东去的列车，向东北第一大城市沈阳进发。

① 《毛泽东年谱》中卷，人民出版社、中央文献出版社1993年12月第1版，第8页。

9月5日早晨，满载曾克林部队的列车开进了沈阳市郊。

9月6日，十六军分区司令部搬进原伪满市政府大楼，政治部搬进原日本宪兵司令部，部队驻扎沈阳故宫东面的小河沿。

由于曾克林部队接管沈阳和辽宁一些城市，美英等国开始进行干涉，对苏联施加压力。国民党的报纸也连篇累牍地发表文章攻击苏军和出关的八路军。驻沈苏军负责人感到为难，曾劝告曾克林等率部离开沈阳，根据中苏条约，把沈阳等大城市交国民党政府。

面对复杂、棘手的新局面，9月14日，曾克林与苏军全权代表两人一起飞抵延安向党中央汇报。

一段时期以来，中央对东北的动向十分关注，但由于通讯的障碍，一直没有得到消息。这次曾克林的到来，无疑是雪中送炭。

曾克林到达的当天下午，中央政治局就在刘少奇的主持下召开会议，听取曾克林关于东北情况的汇报。

晚上，中央政治局继续开会，就东北局势进行了热烈的讨论。会议由傍晚一直开到凌晨，作出两项重要决定：

第一，立即成立东北局，以彭真为书记，陈云、程子华、伍修权、林枫为委员，马上随苏军飞机去沈阳，创建东北根据地。

第二，从华中、华北派遣一百个团的干部去东北，“不带武器，穿便衣作为劳工到满洲找东北局”。

9月15日，中共中央发出关于组建东北中央局的通知：

> 中央决定成立东北中央局，以彭真、陈云、程子华、伍修权、林枫为委员，并以彭真为书记。他们已在奉天之沈阳城设立机关（对外不公开），各地到东北干部及党员，可到沈阳城南街张作霖公馆卫戍司令部找曾克林（党员）即可找到东北局接头。东北局全权代表中央指导东北一切党的组织及党员活动。东北一切党的组织和党员必须接受其领导。①

同时，中共中央也发出了《中央关于派一百个团的干部去东北工作的指

① 中共中央文献研究室编：《刘少奇年谱》上卷，中央文献出版社1996年9月第1版，第491页。

1946 年高岗在东北

示》。

9 月 16 日清晨，彭真、陈云、叶季壮、伍修权、段子俊、莫春和、曾克林和苏军代表一道，离开延安直飞沈阳。

高岗参加了 9 月 14 日下午和晚间的政治局会议，他也与大家一样沉浸在兴奋之中。虽然组织上并没有安排高岗去东北，这个陕北高原土生土长的汉子也并不了解那片神秘、富饶的黑土地，但建立东北革命根据地的意义太重大了，到黑土地上去施展才干太有诱惑力了。因此，在这次会议上，高岗与张闻天、李富春等人一道，都迫切地向党中央提出了去东北的要求。

创建东北根据地确实需要干部，更需要高岗这样具有丰富根据地斗争经验的领导干部。但当时的高岗肩负领导西北根据地的重任，能否让高岗也去东北？

9 月 17 日，临时主持党中央工作的刘少奇致电远在重庆与国民党谈判的毛泽东，通报了高岗等要求去东北的情况。并提出：

为了加强冀热辽地区工作，应即成立冀热辽中央局，派高岗、富春、康生等去工作，并需组织强有力的军事指挥机关，以陈毅或林彪或徐向前去担任。①

10 月 11 日下午，毛泽东结束了重庆谈判回到延安，并立即召开会议听取中央书记处的汇报。会后，毛泽东果断地决定对东北战略方针作重大调整，增派高岗、张闻天、李富春去东北，进一步加强东北局的领导力量。

① 中共中央文献研究室编：《刘少奇年谱》上卷，中央文献出版社 1996 年 9 月第 1 版，第 493—494 页。

跃跃欲试的高岗真的迎来了新的机遇，他的命运也由此再一次发生重大改变。

说走就走，时任中共西北中央局书记、陕甘宁晋绥联防军司令员的高岗迅速交代工作，安顿家眷，准备启程。

此时，高岗与李力群已有三个孩子。儿子高轩，小名宝娃，1941 年生于延安；大女儿延延，也生于延安，已经两岁；但小女儿安安还只有几个月。所以，李力群只好与陈云、彭真等的夫人一样，暂时留在了延安。

1945 年 10 月 22 日，高岗与张闻天、刘英、李富春、王鹤寿、凯丰、陈正人、陈光、朱瑞、郭述申和机要员黄友凤共 11 人，搭乘一架到延安来的美军飞机离开了延安。

离开生活战斗了 40 个春秋的陕北高原，对高岗而言确是人生的重大转折。望着机翼下千沟万壑的黄土高坡，高岗不免生出几丝惆怅。但一想到将要奔赴的是一片神奇的黑土地，面对的将是陌生的新挑战，争强好胜的高岗更坚定了在黑土地上大干一番的信念。

飞机是缩短空间距离的最佳工具，高岗一行当天晚间就来到了邯郸。但到了邯郸后不但没有了飞机，连火车、汽车也无法找到。第二天早上，高岗等人只好一会儿骑马，一会儿坐马车，逢山攀登，遇河蹚水，走了一个多星期，于 11 月 1 日到达了太行山的八路军一二九师司令部。一二九师师长刘伯承和政委邓小平热情地招待了高岗一行，留他们在那里休息了三天，然后派了一个骑兵连随行护送，使高岗一行于 11 月 8 日顺利到达玉田，再于 11 月 13 日到达承德。

此时的承德已经聚集了众多奔赴东北的干部和战士。由于交通工具短缺，住宿困难，秩序有些混乱。况且，苏军为履行中苏协定，要求共产党的军队撤出各大城市，所以对开往沈阳的火车有一定的控制，不仅要登记，还要按顺序排号。好在高岗一行是共产党的高级干部，经反复交涉，总算被安排优先上了火车。

今天的读者恐怕无法想象当年火车的状况。据知情者回忆，那时的火车既没有准确的发车停车时间，也没有固定的停靠站点。火车开起来后，时而因缺水停下，乘客就赶紧下车来用盆端水；时而因没煤停车，乘客就立即到处找豆饼做燃料；开车的司机偶尔还因为钱少而闹罢工。所以火车是开开停停，到了朝阳已经是无法再行。高岗一行只好改乘汽车赶到锦州，又从锦州换上了火车，终于在11月22日到达了沈阳。

然而，形势瞬息万变。当高岗一行人到达沈阳时，东北的局势已经发生了新的变化。

2 关于东北战略方针的争论

当共产党紧锣密鼓进军东北的时候，国民党统帅蒋介石并没有等闲视之。

他一方面同毛泽东在重庆握手言谈，拖延时间，另一方面又积极备战，争抢东北。

蒋介石采取了关内停、关外打的策略方针。1945年10月中下旬，他任命了一批负责东北的军政长官，空运了刚刚收编的伪“华北自治军”1000多人到长春和哈尔滨，同时又求助于美国海军海运国民党两个军到秦皇岛。这样，国民党军队就不但直接威胁中共经冀东进出东北部队的海陆运兵通道，而且占领了秦皇岛这一海上运兵的桥头堡，使他们的军队从华北陆路进入东北沈阳的行程缩短了三分之一，加速了国民党抢占东北的进程。

11月1日，国民党军队发起了对山海关的进攻。

由于共产党的各路大军仍在路途之中，守卫山海关的是刚刚经过长途行军到达这里、没有做任何休整便投入战斗的部队。而这些部队原来以为到东北后立刻就可以得到新武器，开拔时把一些重型的武器几乎都送给了沿途的地方部队。可是，到达后情况却发生了变化，苏军临时改变了主意，把我军看管的武器仓库全部收回。而先期进入东北的部队曾接收的那些武器，又因为仓促之间无法联系，即使联系上了，大部分武器也在运输的路上被土匪劫获。所以，当时奉命守关的部队甚至连战士人手一枪都不能保证，而蒋介石的部队却是全部的美式装备。再加上当时的东北已是初冬季节，寒风瑟瑟，战士身着单衣，有的还打着赤脚，生病的人特别多。另外，这里不同于老解放区，老百姓见到打仗就都躲起来，没有人送水送饭，找些抬担架的人都困难。更要命的是那些配合作战的新编地方部队，有不少都是乌合之众，听见枪声便逃得无影无踪。

因此，尽管守关部队孤军英勇奋战，终因寡不敌众被迫撤离。

国民党军队于11月16日占领了山海关，接着就沿北宁路作“平压式”推进，力争在短时间内夺取东北的三大城市——沈阳、长春、哈尔滨。

面对气势汹汹猖狂进攻的国民党，苏联人也有自己的打算。他们不愿与美国和国民党彻底闹僵，对共产党只实行“有限”帮助。11 月 19 日，驻东北的苏军通知中共中央东北局，说苏军按照条约要把中长路及沿线城市全部移交给国民党政府，要求东北人民自治军撤出铁路若干里以外，以便国民党军队能顺利接收，苏军也能及时回国。并且提出苏军驻扎区域严禁东北人民自治军和国民党军队作战，必要时不惜武力驱散。

11 月 20 日，中共中央东北局将这一新情况及时向党中央做了汇报。

当日，刘少奇即为中共中央起草了复东北局电：

“彼方既如此决定，我们只有服从，长春路沿线及大城市让给蒋军，我们应做秘密工作布置。”“大城市让出后，应力求控制次要城市，站稳脚跟，准备和蒋军斗争。”①

刘少奇还指示东北局，退出大城市后，要努力做好群众的工作，争得东北广大人民的支持；应迅速在东满、北满、西满建立巩固的基础，并加强热河、冀东的工作，在洮南、赤峰建立后方，作长久的打算。在已建立秩序的地方，要发动群众控制汉奸及开展减租运动。

高岗一行就是在这种形势下，于 11 月 22 日来到沈阳的。

高岗、张闻天等人风尘仆仆来到沈阳后，立即到东北局向彭真报到。当晚，东北局就召开会议，研究东北发展的战略方针。

虽然高岗等人刚刚来到沈阳，但在从延安到沈阳的一个月长途跋涉中，高岗、张闻天、李富春等人也在不断地研究和思索。所以，在这次会议上，他们发表了自己的意见，不同的观点在会上发生了激烈的碰撞。

据与高岗一同由延安来到沈阳的刘英回忆：

到沈阳以后，闻天、富春、高岗、凯丰四人去了东北局，在那里吃了晚饭。回来后高岗大谈当晚就战略方针问题发生的争论。高岗的意见是：苏联要履行它同国民党政府签订的中苏条约和协定，把沈阳等大城市交给国民党。

---

① 中共中央文献研究室编：《刘少奇年谱》上卷，中央文献出版社 1996 年 9 月第 1 版，第 529 页。

> 现在国民党军队已占了山海关。力量对比是敌强我弱，我们又缺乏群众基础。所以我们的方针应当避开大城市，到农村去发动群众，建立根据地。闻天完全支持这个意见。而另一种意见认为不能放弃大城市，认为苏联红军理应支持我党我军。会上争得面红耳赤。高岗说，咱们到哈尔滨找陈云同志去。①

实际上，并非是高岗赌气要到哈尔滨去找陈云，而是在高岗尚未到沈阳的11月2日，中共中央已经作出了决定：

> 组织中共北满分局，陈云任书记，任务为控制北满各地，组织军队，建立政权，发动民众，镇压反动派，巩固东北之后方。②

中共中央还任命高岗、张闻天为北满分局委员，高岗兼任北满军区司令员，陈云兼北满军区政治委员。

1934年就担任了中共中央政治局委员的陈云，资历虽老，实际上与高岗同岁，都是1905年出生。接党中央的电令后，陈云于11月16日由沈阳飞抵哈尔滨，到达哈尔滨的当天，陈云即召集时任中共松江省工作委员会书记的张秀山等人，宣布成立中共北满分局。

11月24日，高岗、张闻天、刘英、李富春等二三十人，组成了去北满的干部团，乘火车离开沈阳去哈尔滨。

由于情况比较复杂，高岗一行都化装成商人，坐在苏联红军运煤车的一节破车厢里。由于车里没有任何取暖设备，也没有座位，大家只好一个挨一个地席地而坐。

这节百孔千疮的破车厢简直就是一个移动着的冰窖。车窗的玻璃全都碎了，怒吼的北风追随着疾驰的列车，卷起飘扬的雪花从空荡荡的车窗挤进来，狞笑着在人们周围旋转，无情地扑向大家的脸上、身上。

车开到长春站，被苏军拦住，要求这一行人下车。懂俄语的同志几经交涉，这个负责管理车站的苏军大尉就是不放行。疲劳、寒冷、饥饿交织在一起，让大家感到十分的恼火和无奈。后来，不知是谁发现这个苏军大尉的眼

---

① 魏燕茹：《张闻天在合江》，中共党史资料出版社1990年6月第1版，第139页。

② 中共中央文献研究室编：《陈云年谱》上卷，中央文献出版社2000年6月第1版，第430页。

睛始终盯着一位同志随身带的一个三节长手电筒，于是，担任翻译的同志试探着要把手电筒送给他，果然，他真的收了。

收了手电筒，事情也就好办了。这位苏军大尉不仅不再赶这些人下车，而且不知从哪儿弄来一个专用火车头，拉起这节车厢直驶哈尔滨。

11 月 26 日，高岗一行冒着漫天大雪，来到了北满分局撤走后留在哈尔滨南岗区的一幢小楼，这里也是北满分局撤离后的秘密联络机关。但到达这里时并没有马上见到陈云，因为在他们到哈尔滨之前的 11 月 22 日，以陈云为首的北满分局已经按照苏军的要求，与松江省委和松江军区机关一道撤往哈尔滨以东的宾县。

听说高岗一行到了哈尔滨，陈云立刻于 11 月 28 日由宾县赶到哈尔滨，与高岗、张闻天等会面。

老战友相见，自然是分外高兴。但形势紧急，容不得耽搁时间。当时的形势是我军据守的山海关、锦州已相继失守，国民党大军步步紧逼，我党政军机关已经撤离了沈阳、长春、哈尔滨这三大城市。但我们的十万大军向何处去？我们如何在东北站住脚跟、创建东北根据地？这已经成了党中央和组建不久的东北局亟待解决的全局性问题。因此，陈云与高岗、张闻天会合后，当天就在这幢小楼里召开会议，研究当前党在东北的战略方针。

抗日战争胜利后，虽然为了与国民党争夺大东北，党中央向东北派出了 20 名中央委员和候补委员，但来到东北的中共中央政治局委员只有彭真、陈云、高岗和张闻天。陈云、高岗、张闻天虽然都被派往了北满，但作为具有丰富革命斗争经验的党的领导人，并没有局限于北满而研究北满，他们更关注的是如何在这样复杂的局势下正确地制定党在整个东北的战略方针。所以，陈云、高岗和张闻天集聚在这幢小楼里的一间比较僻静的小屋里，整整讨论了一天一夜。他们时而激烈争论，各抒已见；时而掩卷静思，认真思索。认识一致后，由张闻天执笔写出初稿，然后三人又反复修改，终于在 11 月 29 日，以陈、高、洛的名义，给东北局并党中央发出了《对满洲工作的几点意见》（简称《意见》）的电报。

在这份今日已经成为经典性文件的电报中，他们首先分析了苏联对满洲的政策，认为我们对这一新形势必须要有清醒的认识。然后明确指出：

“其中根据以上情况，我们必须承认，首先独占三大城市及长春铁路干线以独占满洲，这种可能性现在是没有的。因此，当前在满洲工作的基本方针，应该不是把我们的全部注意力集中于这三大城市，而是集中必要的武装力量，在锦州、沈阳前线给国民党部队以可能的打击，争取时间。同时，将其他武装力量及干部，有计划地主动和迅速地分散到北满、东满、西满，包括广大乡村、中小城市，及铁路支线的战略地区，以扫荡反动武装和土匪，肃清汉奸力量，放手发动群众，扩大部队，改造政权，以建立三大城市外围及长春铁路干线两旁的广大的巩固根据地。”

“我们今天必须大胆主动地撤退，同时迅速地把我撤除以后三大城市的工作放在应有的地位。在那里，我们必须与苏军取得密切的合作，继续争取资财，克服我们在城市的过‘左’措施，不使苏联在应付国民党方面发生额外的困难，并使他们增加对我们的援助。应该预先布置在苏军退出、国民党进入城市后的工作。例如，开展群众运动，创办报纸，吸收人才、资财，打进国民党及其他各种合法组织，把公开工作与秘密工作正确地结合起来。城市工作的目的，是为加紧创立广大根据地服务，而不是今天即在那里取得统治地位。”

“在北满，我们估计，哈尔滨及中东路某些主要城市将迟早由苏军交给国民党，更由于北满是处于南满的后方，因此，我们认为，北满工作的中心，应该放在广大的乡村、中小城市，及铁路支线的几个根据地的建立。我们的兵力、干部、资财，必须主动地向那些地区转移，以造成我们前进和后退的阵地。”

《意见》还强调指出：

“我们认为，争取我党在满洲的优势是有着许多有利条件的，苏军对我们的援助即为有利的条件之一，但是，我们要达到这一目的，还须经过一个与国民党进行艰苦斗争的过程。必须防止干部中以为不经过严重斗争而可以取得全满洲的想法，竭力避免把一切希望寄托在苏联的援助上，以苏联对我们援助一时增减而发生盲目的乐观和悲观失望的情绪。必须严重注意干部中由于进入城市而生长起来的享受腐化倾向。同时，应该预先防止国民党进入中心城市后向我们压迫时，在干部中可能发生的精神上、思想上和行动上的混乱。”

这份不到2000字的报告是于11月29日和30日两次发给中共中央的。

中共中央在收到第一份电报后即复电说：看了你们未完的电报，中央完全同意。在收到电报全文后中央再次表示同意《对满洲工作的几点意见》。

《意见》总结了我军进入东北后三个月的斗争经验，阐明了东北的实际情况，提出了党在东北工作应采取的战略方针，明确了建立北满根据地的工作部署。这是在重大历史转折关头，在新的复杂形势下，从东北的实际情况出发，成功地运用毛泽东关于农村包围城市最后夺取城市的理论，把党中央夺取东北的指导思想与东北内外复杂多变的实际情况结合起来的一个典范，为中共中央对东北的正确战略决策的制定提供了可靠的依据。

不过，东北局内部当时对于东北战略方针的认识是不一致的。陈、高、洛《对满洲工作的几点意见》发出后，12 月 5 日，彭真、罗荣桓在致中共中央军委并林彪、程子华、高岗、陈云的电报中仍提出：

我们应积极准备争夺沈阳，以造成对于和、战均有利之局面。①

电报还提出：

如蒋顽开到后，苏军即撤走，我即坚决争取消灭顽敌，先占沈阳，再夺长春。②

接到彭真、罗荣桓的电报后，高岗和陈云当日就复电彭真，指出：

“来电所称在歼灭及阻断北宁路之敌同时，以三万兵力攻沈，一万威胁长春。如此分兵，能否全胜。请考虑后果及影响如何。”“你们转来中央关于改变独占满洲与建立根据地的战略指示（指 11 月 28 日刘少奇为中共中央起草的致东北局和林彪、黄克诚、萧华电）与你们来电是不同的。我们意见再

① 《彭真传》编写组编：《彭真年谱》上卷，中央文献出版社 2002 年 10 月第 1 版，第 330 页。

② 中共中央文献研究室编：《陈云年谱》上卷，中央文献出版社 2000 年 6 月第 1 版，第 436—437 页。

分别请示中央。"①

12月6日，高岗又同陈云以北满分局的名义，再次致电中共中央东北局，建议根据中央关于改变独占东北为创建根据地的指示及东北的实际情况，立即作全满部署，争取时间配备骨干部队到各战略地区，并派遣五个老的主力团到北满。

当时中共中央因毛泽东休病假，由刘少奇主持工作。刘少奇虽然远在延安，但他了解了东北局内部双方争论的情况后，于12月7日为中共中央起草了致东北局并林彪、程子华电，指出：

我们企图独占东北特别是独占东北一切大城市，已经是肯定的不可能。因此，我们目前不应以夺取沈阳、长春为目标来布置工作，而应以控制长春路两侧地区，建立根据地，利用冬季整训十五万野战军，建立二十万地方武装，以准备明年春天的大决战为目标来布置一切工作。这是一个工作方针的问题。望你们迅速考虑成熟加以确定，否则，动摇不定，妨碍工作，丧失时机。②

中共中央北满分局收到党中央的这份电报后，立即转发各省工作委员会，并补充了五点意见，指出：

各省各县不忙于扩大部队的数量，应立即设法掌握现有的部队；要有计划地有步骤地扫清反动武装；控制二三等城市及战略要地，准备和国民党进行长期的斗争；要立即找当地干部，仔细研究各阶层动态，找出发动群众的恰当形式，先突破一个县，一个区，一个乡，取得经验，推广各处，在群众运动的基础上，改选各级政府，组成地方人民武装。③

12月21日，高岗与陈云又致电彭真，提出如下建议：

除重点确保热辽外，将主力部队更分散些，例如放到东辽、间岛、牡丹

①②③　中共中央文献研究室编：《陈云年谱》上卷，中央文献出版社2000年6月第1版，第436—437、439页。

江、合江、松花江两岸、北安、绥化与嫩江之间，南辽西地区，抢先剿除土匪，发动人民创造根据地，造成可战可和的局面。①

高岗和陈云的意见得到了主持中央工作的刘少奇的认可。12 月 24 日，刘少奇又给彭真发了一封长电，说：

（一）毛主席因疲劳过度，已休息一个多月，现仍在休养中。

（二）东北情况我不会比你更清楚，但我对你们的部署总有些不放心，觉得是有危险性的。你们主力部署在沈阳、长春、哈尔滨三大城市周围及南满，似乎仍有夺取三大城市的态势，而在东满、北满的许多战略要地（如通化、延吉、密山、佳木斯、嫩江、洮南等），并无坚强部队和有工作能力的党的领导机关去建立可靠的根据地。你们屁股坐在大城市附近，背靠有很多土匪的乡村，如果顽军一旦控制大城市，你们在城市附近不能立足时，主力以至全局就不得不陷于被动。你们今天必须放弃争取东北大城市的任何企图。在东北今天的情况下，没有大城市即没有优势。但你们不要在自己立足未稳之前，去企图建立在东北的优势。你们今天的中心任务，是建立可靠的根据地，站稳脚跟。然后依情况的允许去逐渐争取在东北的优势，这应作为下一阶段的任务。你们只有这样做才是稳当的、没有危险的、不会陷于被动的，否则恐有一时陷入被动之危险。

（三）我提议你们把屁股坐在东满、北满、西满等可靠地区，去建立根据地，而不使全局陷入被动。现到东北的主力部队和干部，必须分散部署，应以大半分到东满、北满、西满各战略要地去建立根据地，只留一小半在三大城市附近发展，并准备随时能撤走。你应了解，主力从四周向城市集中是容易的，士气是高涨的，而主力在紧张情况下从城市撤走是困难的，必将引起混乱。你们应趁顽军尚未到达时，将主力从容移至安全地带，在冬季好好进行发动群众建立根据地的工作，这样明春才有办法应付，黄克诚及梁、罗（指梁兴初、罗华生）等部亦须迅速分散到全西满各地，才能过活，否则严冬一到，分散与剿匪均难进行，冬季工作将不能获得很好结果。②

①② 中共中央文献研究室编：《陈云年谱》上卷，中央文献出版社 2000 年 6 月第 1 版，第 546—547、548 页。

12月28日，刘少奇又致电彭真、林彪，并转高岗、陈云、李富春，说：

毛主席在看了最近一个多月东北与延安往来电报之后，从休养所中写来一个关于东北工作指示即发你们，望注意收听。其中心是进行切实的群众工作，建立根据地。①

由此可见，在休养所中养病的毛泽东也在关注着这场关于东北战略方针的争论，而且要为这场争论画上一个句号。

这个“句号”，就是他为中共中央起草的致东北局的指示，编入《毛泽东选集》第四卷时，题为《建立巩固的东北根据地》。

毛泽东的指示电较长，论述了七个方面的问题。这份指示电及时确定了党在东北工作的正确战略方针，统一了东北局领导层的认识，为夺取东北的胜利指明了方向。

毛泽东在指示电中明确提出：

我党现时在东北的任务，是建立根据地，是在东满、北满、西满建立巩固的军事、政治的根据地。建立这种根据地，不是轻而易举的事，必须是经过艰苦奋斗。建立这种根据地的时间，需要三四年。但是在1946年一年内，必须完成初步的可靠的工作。否则，我们就有可能站不住脚。

建立这样的根据地的地区，现在应当确定不是在国民党已占或将占的大城市和交通干线，这是在现时条件下所做不到的。也不是在国民党占领的大城市和交通干线的附近地区内。这是因为国民党既然得了大城市和交通干线，就不会容许我们在其靠得很近的地区内建立巩固的根据地。这种地区，我党应当做充分的工作，在军事上建立第一道防线，决不可轻易放弃。但是，这种地区将是两党的游击区，而不是我们的巩固根据地。因此，建立根据地的地区，是距离国民党占领中心较远的城市和广大农村。目前，应当确定这种地区，以便部署力量，引导全党向此目标前进。

① 中共中央文献研究室编：《刘少奇年谱》上卷，中央文献出版社1996年9月第1版，第548页。

毛泽东还指出：

“我党在东北的工作重心是群众工作。”“因此，我党必须人人下决心，从事最艰苦的工作，迅速发动群众，建立根据地。”“干部中一切不经过自己艰苦奋斗，流血流汗，而依靠意外便利，侥幸取胜的心理，必须扫除干净。”

历史已经证明，党中央、毛泽东关于《建立巩固的东北根据地》的指示是符合东北实际情况的。

通过上述分析我们也可以看出，毛泽东的这份指示电是吸取了陈云、高岗、张闻天等北满分局领导人关于东北战略方针的正确意见的。

至此，解放战争初期这场关于东北战略方针的争论，在毛泽东的明确指示下，终于画上了句号。

然而，后来的事实证明，虽然这场争论在当时画上了句号，但争论双方的思想认识并没有真正统一，东北局内部后来出现的一些分歧，与这场争论并非没有关联。

3 | 向“政治土匪”开战

宾县位于哈尔滨东南100多华里，北满分局和军区撤离哈尔滨后就来到了这里，住在宾县城内北上坎的一个教堂里。

北满分局的首脑机关之所以驻在这里，是因为这个教堂离松江军区所驻的院落较近，比较好警戒，在当时那险恶的环境下安全有相对的保证。但这所教堂是由一个姓郭的神父主事，他以圣堂不可侵犯为由百般拒绝北满分局住在这里。后在工作人员反复解释和劝说下，才勉强表示同意。

北满分局书记陈云和军区司令员高岗以及北满分局秘书长共住牧师的一座小平房，陈云和秘书长住牧师的书房，高岗住牧师的卧室。这里的条件十分简陋，临时搭起的床上几乎没有什么行李，屋内只有一张破旧的办公桌和一盏瓦数很低的台灯。北满分局和军区的供给由松江军区负责，但由于群众工作尚没有开展起来，物资极其匮乏，刚刚到宾县的时候，高岗、陈云连棉衣都没有。

不但物资匮乏，北满分局和军区司令部人手也极缺。北满分局没有专职秘书，军区司令部也没有专职参谋，除陈云、高岗各有一名警卫员之外，只有三四名电台机务员和两名机要员。陈云、高岗也都和大家一样大事小事一起忙，没有职位大小，没有职务高低。陈云曾经和工作人员风趣地说，现在是“大家一个级”。

宾县北满分局旧址

在那种特殊的环境下，领导同志的身份也处于保密的状态，一律用代号称呼。

高岗的代号为“张秘书”。

物资匮乏可以克服，人手不够大家一齐努力，但当时最严重的威胁还是土匪的作乱。

北满地区地处东北北部，包括松江、合江、黑龙江、嫩江、牡丹江（时称绥宁）五个省和哈尔滨特别市，面积400余万平方公里，人口近1000万。这里背靠苏联，地域辽阔，物产丰富，是决胜东北的必夺之地。然而，这个地区土匪肆虐由来已久。日本投降后，国民党为独占东北，在兵力不及的情况下，在北满进行大规模的特务和党务活动，广泛实施收编、加委、武装土匪的政策。他们勾结、网罗日伪残余分子、反动地主恶霸分子、封建会道门分子、惯匪、流氓，还利用一些群众的“正统”观念，收编、组建土匪武装，对土匪头子封官赐爵，号称国民党“中央军”。如委任松江的姜鹏飞为“国民党陆军新编第二十七军军长”、合江的李化堂为“东北挺进军第一集团军上将总司令”等等。

北满所有的股匪都是政治土匪，数量之多、分布之广，达到了历史之最。这些土匪不仅到处争夺城市，占据交通要道，伏击我小部队，还派遣特务或收买内奸在我党组织的地方武装中策动叛乱，杀害我党的干部。即使是分局、军区所选择的落脚点宾县也不平静。在分局和军区未去之前，这里已有共产党的干部接收了县城，成立了县委并组织了一支县保安队。但就在分局和军区到达的前几天，松江军区李寿轩副司令曾带一个新兵营去宾县打前站，当晚，混进县保安队窃取大队长职务的土匪于会堂叛变，阴谋里应外合，捉李抢枪。军区接到消息后火速增援了一个排的机动兵力，才粉碎了土匪的进攻。11月22日，分局和军区机关二三十人坐着大车向宾县撤退时，走到金家窝棚处突然有人向队伍中间开枪，当我们组织十几个人追上去时，对方又立即跑散了。

因此，在分局、军区到达宾县后，给每个人发了一支枪和几个手榴弹，准备必要时实行自卫。当时和国民党有联系的土匪知道我们没有老部队，常常在夜里袭击城门，大家基本上是枕戈而眠，随时准备战斗。

1945年末，北满地区65座县城中有三分之二以上被土匪占据，牡佳铁路、哈佳铁路及主要的公路要道都被土匪切断，地方武装被策反人数多达3.3万人，造成了大片地区被占领、地方武装不能巩固、干部无法下乡、群众工作不能展开的被动局面。

这些土匪虽然接受了国民党的收编加委，但却改变不了烧杀掠抢的本性，到处打家劫舍，巧取豪夺，严重地威胁着人们的生命安全，影响着社会的稳定和安宁。而东北的广大群众对国民党政权仍存在着正统观念，抱有很大的幻想；由于时间短暂，我党的威信尚未树立起来，群众对我们的政策不甚了解，对我们的军队也处于观望的态度。因此，迅速彻底地消灭北满的土匪武装，稳定社会秩序，在现有的条件下，让群众得到实惠和利益，这是发动群众，创建北满根据地的前提，也是建立稳固的东北根据地的先决条件。

1945年12月1日，北满分局、北满军区召开扩大会议，陈云和高岗就当前形势和创造根据地的问题做了报告。

北满分局书记陈云指出：东北形势已经发生了根本性的变化，国民党要进军东北。我们的基本方针是发展武装，剿清土匪，创建包括中、小城市与铁路支线在内的广大农村根据地。他要求广大党员干部要有长期斗争、艰苦斗争的思想准备。

北满军区司令员高岗在报告中阐述了当前面临的形势和任务，并向指战员发出了“扫荡反动土匪武装，肃清日奸力量，放手发动群众，扩大部队”的号召。

大会在热烈的气氛中统一了思想，增强了信心，通过了两位领导人的报告。会后，清剿土匪、发动群众、创建北满根据地的工作迅速展开。

12月12日，松江军区成立野战军司令部，发布剿匪命令。野战兵团首先向盘踞在双城八家子和周家店的土匪发起猛攻，将3000余名匪军击溃，揭开了北满剿匪的序幕。

然而，当时党在北满的军事力量是有限的，有许多县城虽然已经接收，但仅仅十几个二十几个干部在那里撑着门面，新组织的地方部队大多是刚刚获得解放的劳工和一些农民，没有经过任何训练，战斗力不强，还有一些是国民党和伪满的残余势力采取“先当八路，后当中央”的手段打入共产党军队的，他们还在寻机叛乱。

面对猖獗肆虐的土匪和力不从心的军事力量，高岗这个司令员心急如焚。他在积极指挥各军区巩固部队、慎重扩军、集中优势兵力阻止土匪蔓延的同时，连续电告东北局要求迅速调配主力部队北上剿匪。

12月中旬，东北局和东北人民自治军总司令部决定对部分主力部队进行整编，并决定：

派刘转连率领三五九旅由抚顺向北满出动，路经舒南、五常，准备协同该地田松支队肃清土匪后，立即开赴宾县，归陈云、高岗指挥。第七师杨国夫部自黑山出动，拟经抚顺、海龙开赴北满，亦归陈云、高岗指挥。

接到上级调派主力部队来北满剿匪的消息后，高岗几乎是昼夜守在机要室，焦急地等待着三五九旅和第七师的消息，关注着北满各军区的动向及主力部队的行踪。

12月22日，高岗、陈云致电彭真、罗荣桓：

请转告三五九旅刘转连、晏福生，火速赶到舒兰和榆树，协同当地部队消灭国民党土匪，然后立即向宾县开进。①

12月30日，高岗、陈云又致电东北局：

请命令吉林区党委不要留住三五九旅，以免丧失时机，命令三五九旅电

① 中共中央文献研究室编：《陈云年谱》上卷，中央文献出版社2000年6月第1版，第439页。

台直接与北满分局联系。①

1946年1月1日，高岗同陈云致电周保中、张启龙，请他们向刘转连、晏福生转达命令：

立即率所部经五常向宾县赶进，不得以任何借口推迟，贻误大事。②

1月8日，高岗同陈云致电中共中央东北局转杨国夫，决定将杨师放在北满，并以其为基础，吸收三肇、嫩江、黑龙江地区两万余人的新部队，编为一个纵队；要求该师自法库出发，迅速兼程北进，直达郑家屯，争取车运白城子、大愤，指出早到一天，对巩固新部队、创造根据地均有极大作用。

同时又致电刘转连、晏福生，令其部队兼程北进，后续部队勿再停留，每日电告行程，指出：

你们早到一天，对北满形势及部队本身发展关系极大。

高岗和陈云心急如焚地等待着主力部队到来的同时，主力部队也在日夜兼程奔赴北满。1946年的一二月份，主力部队终于克服了重重困难相继到达北满，并立即投入剿匪的战斗。

1946年1月末，北满分局和军区直接指挥三五九旅和松江军区部队联合攻打通河。

通河县是宾县的邻县，位于松花江畔，轮船和公路均通向哈尔滨，又位于主要林区之中，木材丰富。城内有一座300千瓦的火力发电厂，还有一些小的以木材为原料的工厂，周围“开拓地”、“满拓地”很多，粮食充足，经济上比宾县要富裕，当时仍被土匪所控制，威胁着宾县的安宁和整个北满根据地的稳固。

攻打通河，北满军区和北满分局是在刚刚撤往宾县时就考虑的问题，并

①② 中共中央文献研究室编：《陈云年谱》上卷，中央文献出版社2000年6月第1版，第441、442页。

且为此做了充分的准备。在武器极其短缺的情况下，当时听说在哈尔滨新香坊区原日军军火仓库中存放有大量的黄色炸药，高岗和陈云就及时组织100多辆大车，派一支精干的小分队，在苏军的大力帮助下，运回了300多吨。高岗为此兴奋了一个晚上。陈云也说，这可能是我们红军建军以来第一次拥有这么多的黄色炸药。

这些炸药果真在攻打通河时发挥了不可替代的作用。

2月7日，三五九旅和松江部队在通河会师。

随后，北满分局和北满军区司令部也迁往通河，直接指挥剿匪战斗。

从1945年11月到1946年5月，在北满分局的领导下，在主力部队的紧密配合下，各地的剿匪战斗取得了重大的胜利。仅松江军区剿匪部队就击溃土匪1.2万余人，毙、伤、俘匪徒6000余人。合江、嫩江、牡丹江、泰安等地的剿匪战斗也取得了决定性的胜利。

几个月的努力，总算初步稳定了局面。高岗浑身上下紧绷着的弦才稍稍松弛了一下。

高岗是一个典型的陕北大汉，性格粗犷好动，坐不住。他非常爱玩，晚上有时高兴了就自己抱着凳子跳舞。只要稍有空闲便拉住机要室的同志下棋。虽然高岗平易近人，没什么架子，但是，争强好胜的他下起棋来不赢就不让对方走。即使是工作人员送来电报，如果不是急事，他也是一目十行地扫上几眼，然后把电报揣进裤子口袋里，重新回到棋盘上酣战。

有一次，机要员发现少了一份电报稿，便向高岗要，高岗东翻西找也没有找到。于是，他摊开两手说：

我这没有，不信你搜，你还不相信我这个中央委员！

虽然机要员没敢搜这位中共中央政治局委员的身，但后来秘书还是在他的被子里找到了这份电报。

据曾经担任过北满分局秘书的孙仪之回忆：

高岗有时从街上买回卤猪头肉、醋蒜头，吃饭时就往我们的火锅里放，把菜搞得很不是味儿。陈云同志说，麻子，你这样乱放，还让我们吃吗？高却笑笑说，好吃，好吃。他还经常在衣兜里装上花生，随手剥着吃。①

在北满分局共事期间，高岗和陈云的合作非常默契。高岗对陈云十分尊重，非常看重陈云的意见，也由衷地佩服陈云的能力。高岗经常对别人说，陈云很了不起。在稳重随和的陈云面前，高岗也比较放得开，有时甚至像个小孩子。一次，高岗实在想吃鸭子，秘书说我们没有钱了，高岗笑了笑，又嘟嘟囔囔地说，一个中央委员连个鸭子都吃不上。后来，警卫员就跟陈云讲了，陈云把自己身上仅有的一点钱给警卫员，买了只鸭子给他吃。

恶劣的环境、紧张的战斗并没有压垮新生的北满分局和北满军区，他们上上下下团结一致，精诚合作，在很短的时间里迅速地稳定了局面，站稳了脚跟，为中国共产党东北根据地的建立和巩固奠定了良好的基础。

4 | 进军哈尔滨

高岗和陈云在领导部队与土匪激战的同时，也在积极地组织筹备进军哈尔滨的战斗。

哈尔滨位于中长、中东铁路的交汇处，松花江从城北穿过，自然风景十分秀丽。近代以来，由于帝国主义对中国殖民统治不断深入，哈尔滨始终处于俄国人和日本人的轮流控制下，是一个典型的殖民地半殖民地化的城市。它那一座座欧式风格的建筑、一帮帮洋装奇服的人群，使人一踏上这块土地就立刻感受到了异国情调。所以哈尔滨素有“东方小巴黎”之称。

东北局领导成员在哈尔滨举行军事会议，右三为高岗

① 中共哈尔滨市委党史研究室、中共宾县县委党史研究室编：《中共中央北满分局》，黑龙江人民出版社 1998 年 6 月第 1 版，第 195 页。

哈尔滨不仅繁华美丽而且复杂混乱。日本投降时，哈尔滨有居民76万人，其中有26个不同国籍的侨民10万多人，日本人和俄国人占大多数。日本投降后，又有大批的日伪残余和地主恶霸潜逃到这里，再加上原有的军政警宪官兵，人员构成十分复杂。同时，这里还有50多座外国教堂、250多处反动会道门活动场所、120多处大烟馆、十多个高级西式舞厅、2000多妓女。三教九流混同其中，使哈尔滨成为投机走私、特务土匪聚散的巢穴。

哈尔滨又是通往苏联和连接北满的重要门户，具有重要的战略价值，是战后国共两党争夺的要地。它虽然不是解放战争期间我军最先解放的城市，但却是我军从1946年占领后就一直控制的唯一一座大城市。抗战胜利后，国民党虽然派大员接收了哈尔滨市，但一直到1946年4月27日苏联红军全部撤走，实际上只接收了政府机关的一套虚设机构和一座省政府办公大楼，周边各县的各级政权他们一个也没能接收。

因此，在苏军撤离后尽快夺取哈尔滨，将以哈尔滨为中心的北满根据地建立成我军决战东北的战略后方，就成为北满军区的重要任务。

为夺取哈尔滨，北满军区于1946年4月1日成立了哈尔滨前线野战司令部，高岗亲任司令，开始组织攻打哈尔滨。

当时国民党在哈尔滨的武装力量并不强，但战败后的日本在哈尔滨仍有一定的势力。为了防止国民党利用日本人的力量与我军争夺哈尔滨，高岗同陈云于1946年4月11日致电哈尔滨市委书记王友，指出：

国民党必然会利用日本人与我争夺哈尔滨，这一力量不容忽视，要设法通过各方面关系，争取他们保持中立。可向日本资本家说明，只有保持中立，将来才可能在满洲保存其财产和生命，并通过他们影响日本军人和特务。

电文中还告诉王友：

据黑龙江省来电，孙吴东北方三十五公里的山中有许多山洞，隐藏有日寇，数目不详，带有枪炮，储有可供三年用的食物。苏军从黑龙江撤退时曾进剿过一次，望转告苏军，请他们在此次撤退前再进剿一次。①

同日，高岗还电告王鹤寿、范式人、叶长庚，命令他们从北安抽调有战斗力的成建制的1200人，于当月25日运至呼兰集结待命，准备参加争夺哈尔滨的战斗。

驻哈苏军是从4月20日起陆续撤退的。三五九旅和松江各部队1万多人伴随着苏军的撤退也悄悄地陆续进驻哈尔滨市10个区中的7个。仅有南岗、道里、道外因苏军尚未撤完，我军暂时没能进驻。

眼见苏军一天天地撤退，共产党的军队也一天天兵临城下，城里国民党的接收大员胆战心惊，惶惶不可终日。那些曾经猖狂活动的“地下军”也树倒猢狲散，各自亡命。国民党松江省和哈尔滨市政府共同向驻哈苏军交涉，获准利用当地的飞机场，自4月19日起，由东北行营派出飞机，分三批运出重要公务文件及公务人员30多名，其余要员于25日搭乘苏军撤离的火车绕道海参崴再乘船经上海回南京。

4月25日，在驻哈市区内苏军开始撤离的同时，攻城指挥部实地考察了哈市内外的地形，选定哈南为主要进军方向。

4月27日，北满军区决定：攻城指挥部由哈东迁移至哈南的平房附近；独二旅第七一七团、炮兵营、骑兵大队位于哈南之王岗、一七四高地、双榆树及平房以北地带，突击南岗；第七一九团位于哈东之土乡屯、靠河寨之间，突击道外；特务团位于哈市西南之陈家岗、王岗车站附近，突击道里；第七一八团位于平房附近做预备队。松江军区部队和从北安调来的千余武装人员，也进入指定出击位置。

同日，高岗与陈云在哈尔滨郊区召开各部队干部会议，部署进军哈尔滨。高岗在会上要求准备50辆卡车，由三五九旅抽出1000人的精干部队，准备追击逃离哈尔滨的敌人。同时还命令卫戍司令部负责统一解除旧警察武装，把物资仓库接收保管好，各部队不要擅自行动。

28日凌晨，随着最后一列苏军火车撤离哈尔滨，北满军区哈尔滨前线部队紧跟进入市内，直插预定占领目标。沿途几乎没有战斗，仅在南岗和道外

① 中共中央文献研究室编：《陈云年谱》上卷，中央文献出版社2000年6月第1版，第457页。

个别地方遇到小股顽敌，稍加回击即立刻溃逃。前线部队在哈尔滨市70万市民的热烈欢迎下，浩浩荡荡地进驻哈尔滨。

傍晚，高岗和陈云随同北满分局和北满军区机关迁入市内。

不久，中共中央东北局也进驻哈尔滨。从此，哈尔滨成为东北解放区的政治、军事、经济和文化中心。

收复哈尔滨，使广大指战员都沉浸在胜利的喜悦之中，高岗、陈云更是喜上加喜——他们的夫人和孩子也在此时几经辗转从延安来到了哈尔滨。

李力群是在高岗离开延安一个月后，与陈云、彭真、张秀山、黄火青等人的夫人一起出发来东北的。当时没有火车，更不能乘飞机，最好的交通工具是“骡轿车”——两匹骡子中间架一个“架窝子”，孩子和大人坐在里面。李力群一人带着三个孩子：四岁的宝娃、两岁的延延和仅仅几个月的安安，就是坐着这样的“架窝子”，由延安奔赴东北的。

为躲避敌人的袭击，他们不能走大道，只好钻山路，辛苦异常。在经过敌人封锁线时，怕孩子的哭声暴露目标，就只好人和牲口分开走，由警卫员背着孩子，用被子捂住孩子的嘴使劲往前冲。

这样一支妈妈娃娃部队要从西北转移到东北，面临的困难是可想而知的。12月初，这一行人到达张家口。但此时的张家口已经失守，无法再向前走，一行人只好暂时住在晋察冀中央局。

不久，由于孩子有病，乌兰夫又把李力群和三个孩子接到了设在晋察冀中央局的内蒙办事处。

等到了1946年的3月份，形势稍微好转，晋察冀中央局又派部队护送这只妈妈娃娃部队继续前进。

事情已经过去55年了，李力群至今回忆起来仍旧感慨不已：

当时是一个什么样的情况啊，你们都不可能想象得到。一路上冷枪不断，时常又要遇到土匪的袭击，那枪打得十分厉害，小孩子吓得浑身颤抖，缩成一团。有几次车子无法行走，前方警卫部队迎战，这些妈妈们迅速带着孩子们下车，全部躲在车底下。后来，白天实在走不了了，只好晚上赶路。由于这样东藏西躲，见不到人家，无法搞到粮食，吃喝都成了问题，大人好说，孩子不懂事，弄得我们不知如何是好，真是心急火燎。最后，好不容易坚持到赤峰才弄点吃喝。①

晋察冀中央局把这一行人护送到了洮南，又由当时负责辽北地区工作的陶铸派人把这一行人送到了齐齐哈尔，然后从齐齐哈尔乘上火车到达了哈尔滨。

李力群和儿子

到达哈尔滨市时，苏军尚未全部撤走，高岗、陈云两家暂时住在市内的马家沟。由于市面上十分混乱，孩子大人都不敢轻易出门。

收复哈尔滨后，中共中央东北局也迁到了哈尔滨，东北局的领导们就集中搬到了哈尔滨的北京街居住。高岗与彭真对面相望而居，林彪与陈云则隔壁而居。

妻子儿女的到来为这些日夜奋战在疆场上的将帅们带来了家庭的欢悦，但革命尚未成功，更艰巨更繁重的任务仍在等待着他们。

① 笔者2000年1月28日访问李立群同志谈话记录。

十 东北局副书记

从黄土地来到黑土地，高岗由中共北满分局委员到东北局副书记，时间并不长。

这首先因为中国共产党领导全中国人民仅仅用四年的时间就打败了军事实力远远超过自己的国民党军，解放战争时间之短，大大出乎人们的预料。

另一个原因，是毛泽东当年派高岗到东北，并不是让他这个中共中央政治局委员、守土一方的西北局书记仅仅负责东北的一个地区的工作，而是要让他在国共两党争夺大东北的战略决战中发挥更大的作用。

高岗后来经常自豪地对别人说，当年毛主席派他来东北时曾经对他说：“彭真已经先去了，你创建根据地有经验，你去帮帮他。”

不管高岗说的是真是假，反正高岗的北满分局委员只当了半年多，就被中共中央任命为东北局副书记。

1 | 哈尔滨会议

从1945年10月国共决战东北的炮声打响后，中共中央东北局的办公地就一直迁徙不定：

1945年末，东北局撤离沈阳后，彭真、罗荣桓、林枫等带领东北局机关到本溪；

1946年2月底，东北局从本溪迁到抚顺；

3月20日，又由抚顺迁至梅河口；

4月18日，东北民主联军在驻长春的苏军撤离后解放长春，东北局随即又迁至长春；

5月21日，在东北民主联军放弃长春的前一天，东北局又由长春迁往哈尔滨。

东北局到哈尔滨后，客观上已同北满分局合为一处。因此，东北局于5月25日在哈尔滨召开会议，研究东北民主联军主力部队撤至松花江以北后的形势以及北满分局与东北局合并的有关问题。

5月26日，党中央根据东北局的建议，批准北满分局与东北局合并。

6月16日，党中央作出了关于东北局干部分工问题的重要指示，对东北局领导班子进行了重大调整。

中央指示说：

> 目前东北形势严重，为了统一领导，决定以林彪为东北局书记、东北民主联军总司令兼政委，以彭真、罗荣桓、高岗、陈云四同志为东北局副书记兼副政委。并以林、彭、罗、高、陈五人组织东北局常委（高岗兼秘书长）。中央认为，这种分工在目前情况下不但有必要而且有可能，中央相信，诸同志必能和衷共济，在重新分工下团结一致，为克服困难、争取胜利而奋斗。①

中央决定下达时，林彪正带着前敌指挥部在五常。接中央指示后，东北局委托高岗和谭政到五常，迎接林彪到哈尔滨主持东北局的工作。

高岗与林彪等从前线回到东北局驻地哈尔滨时，正值国共双方达成的东北停战15天的协议正式生效，不过，虽然有了一个短暂的休整期，但局势依然十分严峻。

尽管当时我军除了全面控制着中东线及南满地区外，还控制了以齐齐哈尔为中心的西满和以延吉为中心的东满的大片土地，但国民党正在集结兵力准备进攻；土匪的大部分部队被击溃，而一些头目逃进了深山老林，网罗散兵游勇，伺机卷土重来；反奸清算运动刚刚开始，群众还没有更广泛地发动起来，但我们许多干部和战士对东北斗争的复杂性、严重性认识不足，缺乏

① 《彭真传》编写组编：《彭真年谱》上卷，中央文献出版社2002年10月第1版，第433页。

长期斗争和做艰苦的群众工作的思想准备。

新组成的东北局领导班子面临着更艰巨、更繁重的任务。

面对着仍然十分严峻的形势，调整后的东北局为更好地落实中央《关于建立巩固的东北根据地》的指示，解决干部中的思想问题，统一东北党内的认识与行动，确定今后的方针和任务，1946年7月3日至11日在哈尔滨召开了扩大会议。会议由东北局书记林彪主持，在东北工作的中央委员和候补中央委员19人及部分党政军高级干部出席了会议。

会前，东北局常委会委托陈云起草提交会议讨论的决议草案。由于当时在一些重要问题上存在着争论，为能实事求是地反映东北形势与现状，陈云分别向各战区负责人了解了情况，征询具体意见，数易其稿，形成了决议草案并提交会议讨论。高岗在决议草案的形成过程中也提出了一些重要的意见。会议根据中共中央对东北工作的指示精神，认真总结了近一年来创造根据地及抗击国民党军队进攻的经验教训，统一了思想，在建立巩固的东北根据地的问题上达成共识。

7月7日，大会通过了《关于东北形势及任务的决议》，即著名的《七七决议》。

《七七决议》首先正确地分析了国内和东北的形势，特别是东北敌强我弱及我方工作中存在的薄弱之处，指出：

“目前双方虽尚在停战状态，但国民党仍在积极准备再进攻，东北广大地区的群众工作和土地问题的解决尚在开始阶段，我农村根据地尚不巩固。我干部中许多人不认识深入农村从事长期艰苦斗争，以建立根据地的必要和重要性。”

“必须承认自己的弱点，克服这些弱点，方能达到目的。”

《七七决议》在对形势进行科学分析的基础上，提出了党在东北的当前任务是：

“克服和战问题上的混乱思想，准备以长期艰苦斗争取得和平”，“无论目前或今后一个时期内，创造根据地是我们工作的第一位”。

“为了迅速有效地创造地区广大的根据地，肃清政治土匪，调集干部组织地方工作团，首先集中工作于根据地的要点，逐渐推广，联系成面，力求在半年之内把群众发动起来。”

针对一些干部的思想状况，《七七决议》指出：

许多到达东北的干部，对于长期战争和艰苦工作没有认识，没有精神准备，不少人迷恋城市生活，缺乏下乡的决心，缺乏群众观点，干部中享乐腐化厌战的情绪在增长着，这是党内最危险的现象。干部中这些不良倾向的来源，一方面由于为人民服务的精神不足，另一方面主要的由于不认识东北斗争的形势。目前应在干部中反复说明东北斗争形势，使干部认识东北斗争的尖锐性和长期性，认识能否发动农民是东北斗争成败的关键，农民不起来，我们在东北有失败的可能。

《七七决议》还指出了建立东北根据地的有利条件及其前途：

“我们在东北已占先机之利，党领导了强大的军队，有几万外来和本地的干部，广大劳动人民尤迫切需要在政治上、经济上翻身。”

“只要我们全东北的干部认清东北的形势，团结一致，紧紧地与群众在一起，兢兢业业，一步一步地向着奋斗目标前进，一定可以改变敌强我弱的形势，一定可以建立起巩固不拔的阵地，粉碎反动派的进攻，使东北和全国一起走上和平民主的新阶段。”

《七七决议》号召共产党员要承担起为人民服务的责任，“走出城市，丢掉汽车，脱掉皮鞋，换上农民的衣服，不分文武，不分男女，不分资格，一切可能下乡的干部要统统到农村中去”。

这次东北局扩大会议正确分析了所面临的战争形势，实事求是地总结出东北工作的经验和教训，在和平与战争、城市与乡村、发动群众、作战原则与指导方针等诸多问题上统一了思想认识，把党中央制定的建立巩固的东北根据地的方针与东北实际情况紧密结合起来，这就使《七七决议》成为指导东北全党全军行动的纲领性文件。

7 月 11 日，中共中央批准了这个文件。同一天，《东北日报》根据东北

局7月会议的决定，以《到农村去，到群众中去》为题发表社论，号召东北全党全军进行深入动员，在各系统、各机关、各学校抽调大批干部，动员各干部学校一切能够下乡的学生，到农村去，到农民群众中去，做发动群众的工作。社论提出，只有广大农民发动起来，我们才能战胜国民党反动派的进攻。

为了配合《七七决议》的贯彻执行，更好地发动群众，东北局还于7月13日创办了第一份党内刊物——《群众》。东北局书记林彪亲自为《群众》撰写了《发刊词》。

《发刊词》说：

“出版党内刊物的目的，就是要解决东北建党建军建设根据地的各种问题，而在这些问题中最中心的一个问题，就是发动群众，所以把我们的刊物就叫做《群众》。”

“放在我们东北全党全军面前的任务就是建立根据地，建立根据地的中心工作就是发动群众。我们能否解决这个问题，就是我们党在东北成功与失败的问题。今天我们在东北还没有根据地，还没有家。如果我们不赶快建立自己的根据地，建立自己的家，我们就会站不住脚，就会有失败的危险。建立根据地就好比是为自己造房子，如果我们没有家，没有房子，就好比是流浪者，漂来漂去的二流子，遇到狂风暴雨，就会无家可归，无房子可住，就要被狂风吹掉，被暴雨淋死，遇到严寒冬天，就会冻死饿死。如果我们不赶快建立自己的根据地，建立自己的家，那么不仅我们会无处可走，死无葬身之地，而且东北人民也就不能翻身，不能有他的地位。”

“全党全军应该警惕我们目前所处的情况，认识目前我们所处的环境，拿出一切毅力来，一心一意，埋头苦干，痛下决心，到群众中去，务必在最短的期间内，建立我们自己的家，造成我们自己的房子，建立自己的根据地，到那时，我们就不怕任何狂风暴雨，我们就有力量粉碎国民党反动派的进攻，我们就一定能够胜利。”

在《群众》的创刊号上，东北局还发出了《动员干部下乡发动群众》的指示，提出了四点要求：

第一，“一切可能下乡的同志，均应自觉响应党的号召，跑出城市，跑出洋房，脱下西装，脱下皮鞋，穿起农民服装，背上包袱，暂时不分职位高低，不论历史长短，不论资格大小、个人得失，提倡大官做‘小事’，全心全意为人民服务”，“学习农民语言，了解他们的情况，领导他们的斗争，解决他们的切身要求，把他们组织起来武装起来，紧紧团结在党的周围”。

第二，“集中使用干部，组织工作团，选择战略区域和战略基点，首先突破，由点扩大联系成面”，“首先从一个屯、一个村做起，实行‘蝗虫’策略”。

第三，开展农村斗争。让农民拿起武器，建立人民武装，“到处捉拿特务、伪警，收缴地主枪支，肃清小股散匪，对那些组织叛变、杀害我干部及罪大恶极的反革命，坚决镇压，没收其财产”。只有解决土地问题，锻炼出具有高度觉悟的人民武装，才能奠定建军基础，使政权真正掌握在农民手中。通过建立各种群众组织，建立党在农村的支部，才能创建巩固的根据地。

第四，主力兵团和地方兵团要在地方党委的领导下，与工作团配合，发动群众，形成人民的剿匪运动。“在全军指战员中进行深入的政治动员，提高部队英勇果敢的战斗精神，在战术上采取出奇的远距离的奔袭、合击、穷追、反复扫荡等办法，以达到军事上彻底消灭顽匪”。

走出城市，丢掉汽车，脱掉皮鞋，不分男女，不论资格，一切可能下乡的干部要统统到农村中去，而且要实行“蝗虫”策略，确实是一个坚定的战略决策。扩大会议后，为落实会议精神，东北局与各省市的领导又分头包干，亲自前往各地传达《七七决议》，召开县区书记会议，统一思想，立即行动。

随着《七七决议》精神的传达和贯彻，东北局各级党、政、军机关中一切可能下乡的干部，都走出城市，深入农村，发动群众，实行土改，建立人民武装，清剿土匪，掀起了广泛的土地改革和剿匪运动，形成了根据地建设的高潮。

按照东北局的分工，东北局副书记高岗于会后来到佳木斯传达贯彻会议精神。7 月 27 日，高岗在中共合江省委干部会议上传达了《七七决议》的主要精神。会议围绕着《七七决议》和高岗的报告进行了深入的讨论，统一了思想。会后，合江省抽调了 1500 多名干部，组成了 12 个工作团，深入基层，发动群众，从反奸清算入手，打击汉奸恶霸和大地主，改革封建土地制度。

一场前所未有的土地大革命，在东北大地上如急风暴雨般迅猛地展开了。

2 | 黑土地上的暴风骤雨

东北的社会经济基础和土地占有情况，与关内有很大的差异。东北土地80%都被称为“满拓地”和“开拓地”。

所谓“开拓地”，是日本在侵略东北时，先后通过“东亚劝业会社”和“满洲拓殖株式会社”（日本官方拓务省办的农业经济组织，名义上与伪满政府合办，实为进行侵略和掠夺的工具），以低价收购和无偿没收等手段兼并和掠夺的东北大量土地。日本政府从日本本土大量移民，组成“开拓团”来东北经营。当时，来东北的日本农民达数十万人之多。

“满拓地”则是日本侵略者从张作霖家族和中国地主的手里夺取的土地，因为没有日本移民来耕种，又返租给中国地主经营。这些地主仍然是原来土地的主人，继续从事租佃剥削。

东北地多人少，大部分农民都是从外地移民而来的，当时“闯关东”曾是关内许多农民的重要出路。然而，这些农民来到东北后才发现，虽然黑土地肥得流油，但他们的生活状况却并非想象的那般美好，生活照样难以为继。他们受着日本侵略者和中国地主的双重剥削，无钱、无地、无工具、无粮食，没有独立开荒的能力，只有靠给地主扛活和从事各种手工劳动勉强维持活命。而日本侵略者的所谓“出荷”（强制征收农民的劳动成果），更使这些穷苦农民的生活雪上加霜。东北大米、大豆年产量的80%都要“出荷”，到了伪满洲国的后期，甚至线麻、土豆、白菜、猪肉也都进了“出荷”之列。再加上名目繁多的杂税、摊派的徭役，农民的生活已经被逼上了绝路。

因此，解决农民的土地问题便成为创建巩固的东北根据地的重要内容。

早在1945年12月28日，毛泽东在《建立巩固的东北根据地》的指示中就提出：

“我党在东北的工作中心是群众工作。必须使一切干部明白，国民党在东北一个时期内将强过我们，如果我们不从发动群众斗争、替群众解决问题、一切依靠群众这一点出发，并动员一切力量从事细心的群众工作，在一年之内，特别是在最近几个月的紧急时机内，打下初步可靠的基础，那么，我们在东北就将陷入孤立，不能建立巩固根据地，不能战胜国民党的进攻，而有遭遇极大困难甚至失败的可能。反之，如果我们紧紧依靠群众，我们就将战胜一切困难，一步一步地达到自己的目的。群众工作的内容，是发动群众进行清算汉奸的斗争，是减租和增加工资运动，是生产运动。”

“我们党必须给东北人民以看得见的物质利益，群众才会拥护我们，反对国民党的进攻。否则，群众分不清国民党和共产党的优劣，可能一时接受国民党的欺骗宣传，甚至反对我党，造成我们在东北非常不利的形势。”

1946年3月20日，新成立不久的中共中央东北局就发布了《关于处理日伪土地的指示》，规定：

“所有东北境内一切日伪地产、开拓地、满拓地以及日本人和大汉奸所有地产，应立即无代价地分配给无地和少地的农民、贫民所有。以利春耕，以增民食，并免致荒芜。”“处理上述土地问题应与贯彻二五减租、分半减息运动及发动春耕同时进行，应经过群众路线，动员当地人民采取民主方式，讨论通过处理之。”

1946年5月，北满分局最早派出工作队下乡，打开局面，发动群众，进行反奸清算斗争，开始根据地的建设，实际上已经拉开了东北土改运动的序幕。

《七七决议》发表之后，反奸清算、分配敌伪地产的土地改革运动在东北解放区全面展开。

8月29日，东北局给各分局及省委发出了《关于深入进行群众土地斗争的指示》并报中央。这个指示首先分析了土地改革中的形势，肯定了成绩，指出：

最近两个月来东北各地先后共有一万二千干部下乡。大部分县区都组织了工作团，都突破了一个或几个村屯，少数县已经做到了大部分或普遍分配了，展开了剧烈的斗争，涌现出一批当地的积极分子，干部取得了新的经验。

同时也指出了存在“只限于一般的口号”和“侵犯中农利益”等偏向和问题。

《关于深入进行群众土地斗争的指示》明确规定：

我们的政策是使得雇农、贫农和中农结成巩固的联盟，照顾富农，分化地主阶级，集中力量打击汉奸、恶霸、豪绅、大地主、土匪头子。树敌不要过多，但保持和巩固反内战、反独裁的统一战线。

《指示》还提出要争取在旧历年前完成土改任务。

中共中央在接到东北局的电报后，于9月5日回电，发出《关于放手发动群众解决土地问题》的指示给东北局，提出了东北土改的方针。指出：

你们关于加强土地斗争的指示，对各项问题解决得很好，望贯彻执行。目前解决东北土地问题的方针是：根据《五四指示》放手发动群众，除没收敌伪大汉奸土地外，应普遍动员群众进行反奸清算运动，使农民从地主手中得到土地。

东北局和中央的指示使各地土地改革工作团明确了方针和任务，推动了各地发动群众工作的深入。

在党中央的指导下和东北局的领导下，土地改革运动犹如潮水般迅速席卷了东北大地。

据1946年11月18日《东北日报》报道：

截至10月底，据不完全统计，东北解放区土地改革运动中已将二千零六万亩土地分给了五百万无地少地的农民。计：松江省四百八十万亩，黑龙江省六百万亩，嫩江省四百万亩，合江省二百万亩，辽吉省四百万亩，牡丹江专区三十万亩，吉林省一百二十万亩，辽宁省七十四万亩，安东省三百万亩，初步实现了“耕者有其田”。农村生活水平明显上升，呈欣欣向荣景象。

然而，仅四个月的时间就把延续了几千年的封建土地所有制消灭了，必然要出现一定的问题。

11月初，陈云在按照东北局的决定去南满工作的途中，发现一些地区工作上追求数量不求质量，一些工作队干部住在地主家，对群众运动采取包办代替、强迫命令，存在地主的威风没有彻底扫掉，农民仍旧心有余悸，土地也没有真正地分给农民等一系列“夹生饭”现象。为此，陈云两次就土地改革中的“夹生饭”现象写信向当时主持东北局工作的高岗做了汇报（东北局11月2日决定，在林彪随部队行动期间，由高岗主持东北局工作）。

11月7日，陈云在路过桦林时致信高岗，信中说：

所谓“半生不熟”，是指积极分子的成分不好或不很好，群众未真正地发动起来，结果地主虽然被打击了，但仍有潜势力，在心理上仍旧统治着群众。造成这种状态的原因是由于一味求快，在群众中酝酿不成熟。估计“半生不熟”的地区在全东北一定很多，改进这种地区的状况已成为群众运动中重要的工作之一。①

陈云的信引起了高岗的高度重视。根据陈云反映的情况、意见以及对松江、黑龙江、嫩江部分地区的典型调查，在高岗的主持下，东北局于11月24日发出《关于解决土改运动中“半生不熟”的问题的指示》。

这个指示把各地情况分为比较好的、“半生不熟”的、弄乱了的和未开辟工作的四类地区。其中最多的是“半生不熟”地区。特点是：地主的威风没有打掉；在分地斗争中没有真正发动群众；没有真正的积极分子；群众还没有感觉到自己的武装就是保卫胜利果实的命根子。因此，群众在斗争后的态度是懒洋洋的，对农会工作漠不关心。从形式上看样样都有了，地也分了，地主也斗了，武装、农会都有。但切实查起来，毛病很大，内容甚少。产生“半生不熟”的原因，最主要的是没有经过群众酝酿成熟，使群众自上而下地起来斗争。当时轰轰烈烈，过后冷冷清清。

指示同时还指出：

深入和巩固群众工作的中心任务，就是要解决“半生不熟”的问题，把“夹生饭”煮成“熟饭”。要求各地党委和工作团切实检查土改情况，发现“夹生饭”地区，就集中力量加以解决。

---

① 中共中央文献研究室编：《陈云年谱》上卷，中央文献出版社2000年6月第1版，第472页。

在高岗的直接领导下，东北的土地改革又进入了“煮‘夹生饭’”（即把“半生不熟”的“夹生饭”煮成“熟饭”）时期。各省第二次派工作队深入农村调查和发动群众，确实发现了许多新的问题。

12月中旬，黑龙江省委负责人赵德尊就土改中的有关问题致信高岗，说：

“我们省委几个人，经过反复的考虑，对于目前‘进一步深入与巩固群众工作的中心任务’是什么？一致的有这样的一个意见，就是，‘进一步深入发动群众查地运动’。”“根据黑龙江九县的群众工作检查与反映来看（主要是庆城、海伦、拜泉、克山等县），所谓‘夹生饭’、‘半生不熟’的主要具体内容有四：一、斗争果实（包括土地、粮食、牲口、房子）农民很多没有到手（实际上，东北局对城群工检查也证明了这一点）。二、农民大多数表现决心不够（包括政治上的勇气信心不够和经济上生活生产困难不能解决）。三、恶霸地主反攻活动很普遍（花样很多，但主要是搞垮我们农村的积极分子——新起的斗争骨干）。四、骨干差并与广大群众结合不够（主要是积极分子问题和积极分子脱离群众问题）。因此，解决‘半生不熟’，也就是群众工作的中心任务。”①

赵德尊在信中还提出：“要在过去土地斗争的基础上再来一次深入查地的斗争。”

高岗于12月20日回信给赵德尊说：

“你提出的四个条件，作为‘半生不熟’的具体内容，比较符合一般‘半生不熟’地区的实际情况，从这种估计和认识出发布置工作，也是正确的。过去东北局关于深入巩固工作的指示，主要是根据宾县的经验，现在看来，宾县的工作和各地比较起来，一般的该是已经前进了一步，因此有些要求的提出，可能是过时了，但其经验值得各地重视。”“深入巩固工作的中心是什么，即怎样把‘半生不熟’的饭变成‘熟饭’。松江提出的口号和办法是‘查地挖坏根’，即在深入土地斗争的基础上，把群众的经济斗争和政治斗争结合起来。龙江把深入查地斗争作为中心，来解决‘半生不熟’问题，

① 赵德尊致高岗的信现存于黑龙江省档案馆。

基本上是正确的。”“深入查地斗争是经济斗争也是政治斗争，二者不可能机械地分开。当然在不同的地区、不同的斗争对象，二者的比重自然是也有不同。查地斗争的内容是多种多样的，如有些地方是地未到手，粮未到口，有的地方是地主瞒地，不给地照，以及用各种各样的办法保存土地，则需查黑地、要地照等斗争，是更加复杂了的斗争，因此在领导掌握上更应审慎。”“另外，在办法上应注意：一、查处中农和贫农隐瞒的黑地不没收。二、佃富农、佃中农和贫雇农之间关于今年分青分粮的纠纷，应在使贫雇农今年能得到实惠的原则下，采取调解仲裁的方式合理地解决。三、有些小地主的土地未分配者不再重分。四、基本群众互相之间，分配果实当中，你多我少，你好我坏，以及有些积极分子略微多点果实等现象，在今天已换了地照、变成事实的情况下，一般的不再变更。五、查地斗争也不是二次斗争，不是要把所有过去被斗争的重斗一遍（拉林的几个屯子曾出现此偏向），采取以上办法的目的，在于避免混乱斗争目标。一方面防止自己斗争自己，造成群众之间不团结及互相埋怨的现象，另一方面也防止形成过‘左’的查田政策，使基本群众孤立的偏向。”①

高岗的回信基本上概括了当时东北土地改革中存在的普遍现象及东北局关于土改运动中煮“夹生饭”的中心工作和有关政策问题。

根据各地工作团下乡煮“夹生饭”的情况，东北局在高岗的主持下，于1947年2月初召开了群众工作会议，着重研究解决土改中“半生不熟”的问题。

1947年2月20日，东北局发布了《关于解决“半生不熟”与准备春耕的指示》，指出：

解决“半生不熟”的标志，主要是彻底解决土地问题。土地、房屋、牲畜、农具、粮食等，要能确保落到基本群众的手里。同时，要在斗争中培养一批真正为群众所爱戴拥护的积极分子，农会要作风正派，办事公平，要在斗争中建立起巩固的武装，发展一批党员，建立起可靠的支部堡垒。

还指出：

① 高岗回复赵德尊的信现存于黑龙江省档案馆。

土地改革的中心任务是解放生产力，发展农业生产，巩固根据地。要把握这个大方向，在解决“半生不熟”的同时，积极准备今年的春耕生产。

群众工作会议结束后，高岗等人给刘少奇写了一个报告，汇报前一段土改运动的情况和下一步的工作安排。报告讲完前一段的工作后说：

我们目前仍是以全力消灭“夹生饭”，其办法是在继续深入土地斗争中，彻底打垮农村中的封建堡垒，肃清国特、地下军等反革命组织。使基本群众真正获得斗争果实，使地到手、粮到口、马到槽、枪换肩，和准备今春生产密切联系起来。

1947 年高岗在东北

然而，东北的土地改革也并非一帆风顺，仅 1947 年的春耕形势就不容乐观。组织生产中还面临很多困难，如：旧秩序已破坏，新秩序尚未建立起来，土地分散，农具、牲畜缺乏，农民对使用土地还有所犹豫顾虑，等等。一些地主，虽然地被分了，但暗藏的财宝还在，家里还有许多老底子，经济上并没有彻底垮台。一些地区的地主仍然十分的嚣张，放风出来说：“把犁杖挂在屋檐上，也还能吃上几年。”

面对这种情况，许多地区为了解决春耕问题，在彻底清查土地煮“夹生饭”的同时，对藏匿财物的地主采取了“砍大树”、“挖财宝”的行动，既解决了春耕的资金、农具、牲畜等问题，也解决了不少农民的生活困难，调动了农民的土改和生产的积极性。

这种做法迅速得到了东北局的肯定。1947 年 6 月 20 日，在松江省委召开的县委书记联席会议上，东北局副书记高岗在讲话中说道：

所谓熟了的地区，就是做到放手发动群众，把封建地主阶级从经济、政治、武装上彻底摧毁。不仅要分掉恶霸地主的土地、牛马、浮财，而且要挖出他们的家底。这样才能最后摧毁恶霸地主的经济基础。

会上，松江省委提出了“大胆放手”、“放手就是政策”的口号。

6月25日，东北局发出《继续完成土地改革深入群众运动的指示》。这个指示分析了土地改革运动以来取得的成绩和存在的不足，提出深入土改运动，解决“夹生”，由分配土地进行到“斗财宝，挖干货，追浮财”的斗争。并提出不同地区采取不同方针，煮过“夹生饭”的地区的工作中心主要是生产和教育，进一步巩固群众的优势；未煮“夹生饭”的地区，工作中心是集中力量解决“夹生饭”问题。

此后，“斗财宝，挖干货，追浮财”实际上成了东北土改煮“夹生饭”的主要内容。

7月17日至9月13日，中共中央工作委员会在河北平山县西柏坡村召开全国土地工作会议。会议制定了《中国土地法大纲》，并于同年10月10日由中共中央批准公布。这个大纲是彻底反封建的土地革命纲领，对土改运动起了重要的指导作用。但大纲规定将一切土地加以平均分配的办法容易导致侵犯中农利益，会议对解放区土改不彻底的情况估计得也过于严重，这也是当时许多地区土改一度发生“左”的严重偏差的主要原因。

在全国土地工作会议召开之前，中共中央东北局内部有一个重要的人事变动，就是副书记彭真被中共中央调离东北，参加全国土地工作会议的组织工作，并被任命为中共中央组织部部长。

彭真这位1923年就加入中国共产党的老资格共产党人，在土地革命战争和抗日战争时期，长期在中共中央北方局工作，曾任中共天津市委书记、中共中央北方局组织部部长、中共中央晋察冀分局书记，在1945年中共七大召开之前，任中共中央组织部部长。国共征战大东北的帷幕拉开后，他率先来到东北，担任中共中央东北局书记、东北民主联军政治委员。

彭真离开东北局后，东北局的主要领导更加繁忙，无法抽身去河北平山县参加这次全国土地工作会议。因此，东北局决定派黑龙江省委的赵德尊作为代表团团长，率领东北代表团出席会议。代表团成员还有合江省的王伯瑾、辽吉省的岳胜、辽东省的卫之、辽南省的陈一凡等同志。

临行前，高岗代表东北局与赵德尊谈话，让其到西柏坡后，除了在会议上汇报东北土地改革的基本情况外，还要专门向刘少奇详细汇报东北解放战争初期关于东北战略方针问题的争论情况。

赵德尊奉命率领东北代表团来到西柏坡后，于 7 月 21 日在大会上做了长篇发言，并在会议期间，向刘少奇汇报了东北解放战争初期关于东北战略方针问题的争论情况。

刘少奇听完赵德尊关于东北解放战争初期东北战略方针问题的争论情况的汇报后，虽然肯定了陈云、高岗、张闻天在当时的主张是正确的，但也明确地说，当时的那场争论时间很短，东北局的领导同志要顾全大局，不要再纠缠此事了。

赵德尊参加完全国土地工作会议回来后，将会议的情况向东北局做了汇报，也将刘少奇关于应当正确对待东北解放战争初期关于东北战略方针问题争论的意见向高岗及其他领导同志做了传达。高岗听完后虽然没有在公开场合表示对刘少奇的不满，但在与一些同志的私下交谈中，认为刘少奇在这个问题上片面听取彭真的叙述，有偏袒与之长期在北方局工作的彭真的倾向，开始对刘少奇产生了一些不满。

高岗后来在《我的反省》中说：

> 对刘少奇产生隔阂，大概始于 1947 年。当时赵德尊去平山开土地会议，我们让他向刘少奇汇报东北的情况，其中包括对东北工作方针的争论、彭真等人的错误，以及根据中央决定对东北局进行调整等情况，希望少奇支持我们的工作。但是少奇听了汇报后，不说东北争论的是与非，只说“要注意团结，不要落井下石。过去满洲党和朝鲜党就是因为不团结，结果被敌人搞垮了”。赵德尊回来传达少奇的谈话后，我们很不理解：明明是纠正错误，怎么说是“落井下石”、“不团结”？因此认为少奇对彭真等人的错误有些袒护，不支持我们的工作。从此对少奇产生了隔阂，但这只是工作上的问题。

11 月 3 日至 21 日，东北局在哈尔滨召开了北满省委书记联席会议。会议传达了全国土地工作会议精神，讨论了《中国土地法大纲》，研究制定了执行《中国土地法大纲》的具体措施。

12 月 1 日，东北局发布《告农民书》，号召农民行动起来，彻底打垮地主，消灭封建剥削，彻底平分土地，打下发展生产的基础，努力支援前线。同时发布了《关于在农村中划分阶级的一些问题（草案）》，对划分阶级的标准等问题做了规定。

同日，东北行政委员会制定了《东北解放区实行〈中国土地法大纲〉的补充办法》，对东北地区的土地分配问题作出具体规定，明令与《中国土地法大纲》一并实行，并要求各级政府必须贯彻执行土地改革的法令，严厉制裁任何抵抗与破坏行为。

由此，东北的土地改革由“斗财宝，挖干货，追浮财”，迅速地进入了平分土地的高潮。

据当年的松江省委书记张秀山后来回忆：

这场轰轰烈烈的土改运动，成绩是伟大的，但是由于我们对中央有些指示和政策界限吃透不够，也发生了一些偏差。如在“砍挖运动”中出现过一些“左”的苗头，当时虽然制止了，但到平分土地的时候，由于受“群众运动自发论”的影响，错误又有所发展。主要表现在侵犯中农利益，打击面宽；一些地方出现了打杀过重的现象；个别地区农民进城清算了地主经营的工商业。在全国土地会议之前，我省土改本来已经差不多了，但当时土地会议只反右而不防“左”，并且提出反“差不多”思想，我们对“左”的东西顶不住，“左”的偏向就发展了。①

张闻天的夫人刘英也回忆说：

在全国土地会议之后，1947 年冬到 1948 年春，东北一些地方出现了一种“左”的倾向，刮起了一股“扫堂子”风，即让地主、富农净身出户，把他们的财物都挖出来分掉。这些地方在充分满足贫雇农要求的口号下，为了更多地挖出浮财，开始在村内“扫堂子”，后来发展成以区甚至以县为单位

---

① 中共中央党史资料征集委员会、中国人民解放军辽沈战役纪念馆建馆委员会、《辽沈决战》编审小组编：《辽沈决战》下卷，人民出版社 1988 年 10 月第 1 版，第 79 页。

的联合“扫堂子”。这样做，大大地扩大了打击面，使一些中农特别是富裕中农也被当做地主、富农斗了，财产被分了。①

几十年过去了，笔者在图书馆一摞摞已经尘封多年的报纸中，仍然体会到了当年的喧闹。

1947 年 12 月 27 日的《东北日报》报道：

龙江大哈拉坑村仅三天的时间清理了全村三十多户中、小和化形的伪装的地主与富农，打下了彻底平分土地的基础。本月八、九两天是这村里最热闹的日子，白天一群一伙的贫雇农提着鞭子，扛着木棒，来往大街小巷，押送着被逮捕的地主和狗腿子，簇拥满载衣柜、粮食、农具的车辆。……十三日，全村掀起搬家换房运动，地主们都被赶到厢房，上房住上了贫雇农。按照贫雇农小组的划分，一个贫雇农团要监视三户地主和富农，从大屯搬到东屯地主大院的三家贫雇农团员，一夜曾检查地主家三次。

1948 年 1 月 28 日的《东北日报》报道：

天刚黎明，日头没冒红，白茫茫的银色大雪原上，呼啸着老北风，落着“树挂”。各屯子已冒起炊烟，闹哄哄的人声夹着牲畜的嘶叫声，健壮的贫雇农大声吆喝着，妇女儿童上爬犁。整个屯子骚动着，半小时后，扫荡队出发了，每一条大道上奔驰着络绎不绝的爬犁。……在大扫荡中，爬犁已成为整个阶级发动、队伍广大与否的标志之一。不同乡的熟识贫雇农见了面，总是要问：你们乡今天出动了多少爬犁？以此来衡量对方战斗力的强弱。在大扫荡中，每乡每天均有三十到五十张爬犁出动……第四乡的贫雇农队伍，举行了来回六十里的远征，三天两夜未归本乡。

“扫堂子”的规模越搞越大，农民纷纷成群结队进城串乡，想搞哪里就搞哪里，想斗谁就斗谁，有的赶到几十里外去扫荡，几天几夜不回家。

东北土改中的“左”的错误越来越严重，一些地区放弃了生产，扩大了

① 刘统：《东北解放战争纪实》，东方出版社 1997 年 8 月第 1 版，第 423 页。

打击面，造成了极大的混乱。更为严重的是一些城里的工商业也遭到了破坏。

1948 年 1 月 12 日，合江省委书记张闻天针对这些错误做法，起草了《在平分土地运动中保护工商业的指示》，上报东北局并转中共中央。

这一指示提出，在一个月来普遍平分土地大运动中，已有数县发生了违反城市工商业政策的现象。其表现有几种：1. 地主兼工商业者，挖后门，挖家底，并挖家底之外，采取罚款。结果是全部一扫而光，或者关了门，贴上出兑的广告。2. 原有的地主，在日本没收其土地后转为工商业者，仍定为地主，又被挖家底者。3. 抗战胜利后，已全部脱离土地的封建剥削，转为工商业者，又全部被没收或被挖家底者。4. 曾在敌伪做了点事，转为工商业者，或与敌伪稍有关系者都认为是敌伪残余，又被没收、被挖者。甚至有派人往城里几十天，借故清算工商业者。

指示中批评这种做法是错误的，与我党现阶段的工商业政策是相违背的。对农民这种行为不加领导，是一种尾巴主义，若继续下去，不加纠正，将使我合江各城市工商业在短时间内有全部搞垮之危险。

指示对保护工商业作出了若干规定。其中第一条明确规定：

“对地主兼工商业者，除没收其封建剥削部分外，即除没收其乡村的土地及其出租的牲畜以及房屋，并废除其高利贷外，其他一律不动。”“农民不得直接查封工厂商店，或直接没收工商业者的财产，或私自捕人罚款。”“未经县市政府或县市公安局而私自进行的查封、没收或捕人、罚款，为非法行为。”

指示还强调要坚决保护工商业，防止农民进城非法没收地主、富农兼营的工商业，等等。

张闻天起草的这个文件得到了中共中央的肯定，1948 年 1 月 31 日，中共中央指示东北局：

“合江省委关于保护城市工商业的意见是正确的，他们在这个问题上采取了马克思主义的政策。”“合江省的这一指示，经修改后，可适用于整个东北各地。”

东北地区土改的错误做法在其他的解放区也大量地存在，从而引起了中共中央的高度重视。

1948年1月18日，毛泽东为中共中央起草了《关于目前党的政策中的几个重要问题》的指示，指导全党纠正已经出现的某些“左”的错误倾向，特别是土改政策。

毛泽东指出：

“‘雇农打江山坐江山’的口号是错误的。在乡村，是贫农、雇农、中农和其他劳动人民联合一道，在共产党的领导之下打江山，而不是贫雇农单独打江山坐江山。在全国，是工人、农民（包括新富农）、独立工商业者、被反动势力所压迫和损害的中小资本家、学生、教员、教授、一般知识分子、自由职业者、开明绅士、一般公务人员、被压迫的少数民族和海外华侨，联合一道，在工人阶级（经过共产党）的领导下，打江山坐江山，而不是少数人打江山坐江山。”“土地改革的中心是平分封建阶级的土地及其粮食、牲畜、农具等财产（富农只拿出其多余部分），不应过分地强调斗地财……”①

2月7日，刘少奇在了解了东北的具体情况后，针对东北土地改革中打击面太宽的问题向中共中央做了汇报：

东北土改斗争中打击面占人口的百分之二十五，实在太多，其中定有很多佃耕地主土地但又雇人耕种的农家。这种人一方面受人剥削，另一方面又剥削别人，其中一部分剥削与被剥削相抵，所余不多，应定为中农。另一部分，则有相当大的资本，剥削占其收入的主要部分，但这种剥削基本上应认为是资本主义性质的。为了缩小打击面，除区别地主的大、中、小及富农的恶霸与非恶霸外，在东北是否应将富农的圈子划小一点，并将富农亦分为大、中、小分别对待。即将剥削与被剥削相抵，剥削部分不超过总收入的百分之二十五或三十者划为中农，除平分土地外，这种中农的财产不动，对这以上的中、小富农征收其牲畜、农具、房屋时，给一部分代价（价款由地主封建财产中支出，或由政府发一次公债），其粮食及其他财产不动。②

---

① 《毛泽东选集》第四卷，人民出版社1991年6月第1版，第1268、1271页。

② 中共中央文献研究室编：《刘少奇年谱》下卷，中央文献出版社1996年9月第1版，第126—127页。

2月9日，中共中央将此电批转中共中央东北局，指出：

东北土改打击面过大，这是非常危险的，必须立刻着手改变政策。中央在去年双十节公布土地法的决议中即指出，中国地主、富农虽然各地有多有少，但按一般情况来说只占农村人口百分之八至百分之十，东北的地主较别地为多，也决不会多到占人口或户口四分之一这样多，因此你们应将打击面大大缩小，弄错了的，必须纠正，究竟应当缩小到何种程度及采取何种步骤解决此项问题，使土改走入正轨，既不对土改高潮泼冷水，又不使运动跑出正当的范围，请你们拟具办法电告。① 并强调，必须立即改变政策，弄错了的必须纠正。

接到中央的有关报告和指示后，东北局于11日复电中共中央和中央工委，表示完全同意刘少奇和中央的指示，并提出了解决问题的办法，表示将"以各种方法缩小打击面及分化打击面"。

随后，东北局立即召开省委书记联席会议，传达贯彻中共中央的政策。会后发出了《关于平分土地运动中的几个问题的指示》，其中对贫雇农路线做了新的解释，就是要把党的政策和民主权利交给全体农民（必须包括中农在内）。党的领导要向群众解释政策、分析问题、说明利害、提高群众觉悟，而不是放任自流，更不是强迫群众行动。彻底否定了"贫雇农打江山坐江山"的口号。

这个指示还强调了几个政策问题：一是不能造成基本群众内部的对立；二是中农政策，要按新规定重新划定成分；三是缩小打击面，对地主富农采取分化政策，给地主富农以生活出路。最后强调了要严禁打人、杀人，规定了死刑的审批程序。

按照东北局的指示，各地立即组织进行纠偏，使土改运动又逐渐步入正轨。

3 | 冀东行

在东北解放区开展平分土地运动期间，高岗并没有在哈尔滨。

---

① 中共中央文献研究室编：《刘少奇年谱》下卷，中央文献出版社1996年9月第1版，第126—127页。

1947年9月22日，东北局决定派高岗代表东北局到热河指导工作，在高岗离开东北局期间，由罗荣桓代理东北局秘书长处理日常工作。

冀察热辽地区，是华北和东北的通道和联系纽带，自古就是兵家必争之地。抗战胜利后，中共中央为贯彻关于“向北发展，向南防御”的战略方针，鉴于冀热辽地区对于进军东北的特殊战略位置，于1945年10月成立了冀热辽中央分局和军区，隶属晋察冀中央局和军区领导。程子华任书记兼政委，黄火青任副书记兼副政委、组织部长，萧克任司令员，李运昌、陈奇涵任副司令员，赵毅敏任宣传部长，高自立主管财经。1946年10月，又在此基础上成立了冀察热辽分局和军区，下辖热河省委、冀东区党委、冀热察区党委和三个军区。

1947年3月29日，东北局向中共中央建议，将冀察热辽分局划归东北局领导。3月30日，中共中央决定冀察热辽分局改受东北局领导，东北局、东北民主联军总部、东北行政委员会可与冀察热辽分局、军区、政府发生指导关系（冀东包括在内）。

在冀察热辽地区中，热河省占的面积最大，它和辽西走廊都是日本帝国主义统治了十几年的殖民地。同时，它又是清王朝皇族的重要领地，土地高度集中，人民遭受的剥削比较深重，土地改革的愿望也比较迫切。冀察热辽分局成立后，根据中共中央的指示精神，结合当地的实际情况，进行了一系列发动群众的工作，创建了广泛的根据地。从1945年冀察热辽分局与热河省委一起发出《关于热河发动群众的指示》发动群众进行复仇清算运动、减租减息、“将高度集中的土地走向分散”开始，直至1946年5月中共中央的《五四指示》（即《关于清算减租及土地问题的指示》）发布为止，这个地区的农民已经从大汉奸、恶霸手中获得了48万多亩的土地。

《五四指示》发布后，冀察热辽地区全面进入了土改新阶段。

1947年5月，冀察热辽分局在林西召开了第一次党代会，总结和肯定了分局一年多来在军事、党建方面和土地改革工作中所取得的成绩，提出了新形势下的任务。

大会重申冀察热辽地区土地改革的策略和总方针是：以贫雇农为骨干，紧紧团结中农，力争富农靠拢和中立，在经济上消灭地主阶级的方针下分化地主阶级，争取开明绅士与我们合作，使一般中小地主在我们正确政策下不致反动，招引愿意回头的大地主来解放区，但约束其不得反对农会、政府，狠狠打击与我们对立的豪绅大地主恶霸。

会议还强调，在基本地区、游击区、敌占区各种不同的村县，要本着总方针精神灵活运用。对于一般地主经过群众讨论可分给土地，对豪绅恶霸地主本人应镇压，对其家族区别对待留给生活出路，对中小地主应经群众自愿留给土地，对抗日关系人、民主进步分子留给比一般中农多半倍的土地，对鳏寡孤独属于地主成分者留给能维持生活的土地，对富农留给如富裕中农或中农的土地。中农是贫雇农的同盟军，其土地不得侵犯，已侵犯的应补偿，且应吸收为农会会员。贫雇农按应分户的人口分土地，远近、好坏、水旱折合平均分配土地，且保证他们在农会和政权中的领导权。对工商业除恶霸产业外，应予保护。

会议还特别地强调了群众路线问题。

程子华后来回忆说：

我认为冀察热辽的土地改革工作，自《五四指示》到第一次党代表会议前这一段时间，基本是正常的。1947 年秋天后，“左”的东西逐渐抬头，一些地区出现了侵犯中农的错误缺点。①

高岗是 1947 年 10 月 9 日夜晚和秘书刘家栋一起到达赤峰的。当时赤峰正闹鼠疫，城里几乎所有的机关都搬走了。他们找到了分局，那里已是一座空楼。听说报社还在城里，刘家栋就来找当时的报社社长李锐，并带李锐来见高岗。

据李锐回忆，当时高岗来冀察热辽分局的目的是：

解放战争几年来，冀热辽分局的工作一直存在不少问题，如领导班子弱、作风不深入、仗打得被动、土改也不彻底等。那时从延安经热河去东北的干部很多，其中有不少知名人士，他们在热河逗留期间，都感到热河工作做得不够好，并把这些意见带到了东北局。告状的人多了，高岗就来到分局，准备彻底了解一下这里的情况。②

① 《程子华回忆录》，解放军出版社 1987 年 12 月第 1 版，第 294 页。

② 宋晓梦：《李锐其人》，河南人民出版社 1999 年 6 月第 1 版，第 228 页。

高岗来后的第二天，就去各乡找土改工作团了解情况，尔后又分头找六位地委书记谈话，发现这里的土改也严重地存在着“夹生饭”的问题，不少地区的土地没有真正地分下去，不少农会并非贫农在掌权。高岗认为必须要转变这里的工作作风，彻底摈弃强迫命令、包办代替的官僚主义，坚定地依靠贫雇农，走群众路线，把土改斗争更进一步深入地开展下去。

11月10日，高岗主持召开冀东土地工作会议。这次大会共有全区县以上干部300多人出席，历时32天。会议上，冀察热辽分局的同志根据本区的情况说明了土地改革不彻底的原因，是党内作风不纯，并提出，今后要坚定地执行《中国土地法大纲》，整顿队伍，彻底转变作风，认真走群众路线。会议大部分的时间是分小组讨论研究全国土地工作会议文件，检查反省前一阶段土地改革中的不足，区党委的负责同志及各县的负责同志都进行了自我批评，查找了自己工作中的不足，打通思想，统一认识。

高岗在大会上发表了重要讲话。他指出：

“要丢弃小我深入群众，搞好工作，去掉毛病。”

“共产党人没有一个不犯错误的，有错误就改就是好同志。如果心怀不满，垂头丧气，或者表示很好，等以后再说，或者是嘻嘻哈哈不负责任，都是不对的，更是错误的。如果阳奉阴违采取两面态度，就必然遭到人民与党的遗弃。”

“我们要想不犯原则错误，首先必须立场站稳，去掉官僚主义，一切要从农民的经济、政治、军事利益出发。不要从我字出发，有了我字，就不会客观。”

“要深入群众，了解情况，才能去掉官僚主义。”

高岗最后指出：

我们这次会议总的目的是把工作搞好，毛病去掉。其中主要是今后如何进行，要采取积极的态度联系实际，研究文件，研究出搞土改的办法。

12月26日，冀察热辽分局又召开热中地委、县委书记及分局工作团负责干部联席会议。高岗在会上做了《如何转变作风完成土改》的报告。

高岗在报告中论述了五个方面的问题：

一、土地改革是革命高潮中争取胜利的关键。“我们当前正处在新的革命高潮当中，这个革命高潮，主要表现在我军的全面反攻，表现在我军的不断胜利，士气高涨，越战越强，越打越大。”“这个高潮是从哪里来的？是解放军打出来的。解放军从哪里来的？是土地改革这个母亲生出来的。我们的军队主要是贫雇农的军队，他们为保卫土地、民主、独立和正义而战。中国革命的基本特点是，农民拿起枪打封建势力，打美帝国主义走狗，打卖国贼。现在人民解放军的大反攻是建立在空前广大的土地改革基础上的，没有土地改革就没有大反攻，就不可能胜利，在土地改革上才能开出胜利之花。”

二、彻底改变我们的作风。“新的形势和广大人民要求的一个普遍的、猛烈的群运新高潮迅速展开，现在是非常时期，不是通常时期，不能停止于通常状态、通常观念，因之，一切不适应于今天形势的思想组织和作风都要改变，一定要建立完全适应今天新形势的思想组织和作风。一切官僚主义作风必须寿终正寝，一切两面派阳奉阴违的活动必须根绝，一切过时的、老一套的、慢吞吞的支应差事的摆摊子、维持门面的陈旧保守作风，都必须立即休息。”

三、怎样整顿队伍。“为适应新形势，贯彻新作风，必须先整顿队伍。”“县以上干部可以先站一下队，开五天八天的大会，不要一个个地整，整最突出最典型的，有重点地整。主要整掉对土改的障碍，整掉地主富农思想，整掉立场不稳，整掉严重的官僚主义，整掉欺骗上级，整掉假报告，整掉独吞果实，把新形势的作风讲解清楚。”“区村一级怎么整？区村干部蜕化变质的很多，假农会假干部很多，地主户的积极分子也很多，流氓伪警的武委会主任也不少，这些人怎么办？这些人都是今天土改的绊脚石，妨碍贫雇农翻身。唯一的方法就是抛弃他们，把他们甩在一边。”

四、大进军。“组织工作团，工作团的组织可以县为单位，打乱党政军民学的架子，统一各种力量，不要摆摊子，不要像耶稣钉死在十字架，要大胆废除旧的一套组织形式，按当前工作需要建立部门。”“这不是一个平常的队伍，而是一个千军万马冲锋陷阵的队伍，一个立场坚定、纪律严明、令出如山、方针明确、势如破竹的队伍。工作团这么多干部下去，是不是叫大进军？还不是的，这不叫大进军，土改的主要力量是贫雇农，只有把他们动员起来，这才是大进军。”“把土地法大纲交给贫雇农自己掌握，让贫雇农自己动手动脚。”

五、群众路线。“到底农村中的群众路线、党的领导路线、组织路线，是什么？我认为主要就是贫雇农路线（中农要联合过来）。”“因为在我们的区域贫雇农占百分之五十以上的人口，他们是反封建的主力、斗争的主力、当兵的主力，掌政建党都要依靠他们，所以说，农村中的群众路线就讲贫雇农路线好了。”①

此后，冀察热辽的土地改革也掀起了依靠贫雇农、彻底平分土地的高潮。

各个解放区平分土地中出现的“左”倾错误，在冀察热辽未能幸免，前来指导工作的高岗也很难超越。

程子华在回忆中谈及这段历史时说：

这年冬天，高岗到热河检查土改工作，他不仅不纠正“左”的错误缺点，反而说热河的土改工作右了，他提出了热河的富农都是封建的，并推广了他领导的在热中地区工作团搞的“老牛赶山”典型经验，在冀察热辽分区土地打乱平分，贫农分为下贫农、中贫农、上贫农。分地时由下贫农先挑最好的地，然后中贫农、上贫农挑。中农也分下中农、中中农和上中农，下中农先挑。到富农时只剩下坏田，地主只能分山上的地，实质上是重复了中央苏区五次反“围剿”时，富农分坏田、地主不分田的错误。高岗在热河一个冬天，在土改中推行极左政策，是犯了错误的。②

1948 年 3 月 2 日，高岗结束了半年左右的冀东行，返回了东北局。

此时东北土改的纠偏工作也已经进入了尾声。

3 月 10 日至 31 日，东北局召开九省二市（黑龙江、嫩江、松江、合江、兴安、吉林、辽东、辽西、热河和哈尔滨市、沈阳市）书记联席会议，总结研究东北区土地改革问题。28 日，高岗在大会上做了《关于平分土地运动的基本总结》的报告。

高岗在报告中主要论述了四个方面的内容：

① 《东北日报》，1948 年 1 月 12 日。
② 《程子华回忆录》，解放军出版社 1987 年 12 月第 1 版，第 294 页。

一、成绩是主要的。

经过这次运动之后，东北解放区基本上解决了土改的根本问题。这就是说，在过去的基础上，运动更前进了一步。在经济和政治上彻底削减了封建制度。大多数地区的贫雇农掌握了政权。封建制度被彻底消灭，贫雇农团结中农做了农村的主人，农村里面真正的民主势力成为统治的力量。这是历史上空前未有的大事，也是自卫战争胜利的主要源泉。

二、几种"左"的偏向。

（一）许多地方或多或少地侵犯了中农利益。（二）有些入城部队和机关工作人员没有遵守党的保护工商业的政策，甚至破坏了它。（三）这次运动中打人的现象比较严重。个别地方有人被逼死或打死。（四）没有执行党的区别对待地主富农的政策，把地主富农财产全部一扫光。

三、偏向的根源。

（一）对于当时东北实际情况没有作周密的具体的分析，对于过去的群众工作没有很好地讨论总结。当时在北满已有三分之一至半数以上的地区，经过了清算运动、"煮夹生饭"和砍挖运动，地主阶级已被打倒了，土地已被分配了，土匪已被彻底肃清了。我们的任务应该是巩固成果，进行局部的调整。同时，我们对于干部中一些"中农不是基本群众"的错误思想没有及时地纠正。而且我们对于以往较长时期土改工作的成绩估计过低，认为过去土改工作中一切地区都不彻底。要求不加区别地从头做起，"全面轰动"，对后来的偏向起了推动作用。（二）只强调了满足贫雇农要求的一面，而没有足够地强调另一面，即团结中农，不侵犯中农利益和不侵犯城市工商业的一方面。贫雇农没有和中农联合起来共同行动，而是脱离中农，单独行动。在部分村界、区界和县界的"联合扫荡"和"反复扫荡"中，成百成千上万的农民进入人地生疏的地区，必然造成不择对象、乱斗乱挖以致造成农村的混乱和区与区间、村与村间的矛盾和摩擦，在人民自己的解放区内造成不必要的混乱，破坏民主秩序。（三）在划分阶级上有忽视与错误。由于对东北农村阶级的具体情况了解不够，也没有进行深入的研究，片面地把雇一个活甚至雇半个活的中农都划为富农，并在砍挖过程中严重地侵犯了他们的利益。片面强调运动而不顾政策，片面强调贫雇农说了算，贫雇农的意见就是政策，贫雇农要求可以修改政策。这种用"群众自发论"代替党的领导的做法是非常危险的，是反马克思主义的观点。

四、坚决纠正偏向。

（一）要打通干部思想，进行具体政策教育。（二）要依靠贫雇农，通过群众自己的认识和觉悟来纠正。（三）要与目前生产运动密切结合起来。（四）要有步骤，有轻重缓急，不能再犯急性病。

高岗在报告的最后强调，要坚决执行党的土改政策，纠正偏向，落实好中农政策，对地主富农给以出路，损害工商业的要进行补偿，要把土改运动与发展生产密切地结合起来，支援正在进行的解放战争。①

根据中央的土改政策和东北局的具体指示，各地党政领导认真地进行纠偏和重新划定成分的工作。大批被错定为地主、富农的家庭被纠正过来，恢复了原有的权益。在划定成分的同时，进行了平分土地的工作。经过两次分地的锻炼，群众也开始成熟，由盲从学会了掌握党的政策当家做主，学会了驾驭自己的命运。各村普遍采取了“个人提、互相比、大家评”的民主方法，全村的地分为几等，好坏搭配，中农保证“只进不出”，地主家有劳动能力的也同样分一份，让他们生产。

由于政策对头，工作十分顺利，不到一个月的时间，东北平分土地的工作就基本结束了。

4月2日，高岗同陈云、林彪、罗荣桓、李富春致电中共中央，对一个时期以来没有按照中央要求向毛主席和党中央作各方面工作及政策情况的汇报，进行检讨并说明情况。

东北地区的土地改革虽然历经波折，最终还是走上了健康的轨道，并迅速取得了显著的成效。

正像陈云后来所说：

由于进行了土改，贫苦农民翻了身，我们党才能在东北站住脚，扎下根，我们部队才可能有那么充实的兵源，那么充足的粮草，来和美式装备的国民党军队较量。②

---

① 《东北日报》，1948年5月17日。

② 中共中央党史资料征集委员会、中国人民解放军辽沈战役纪念馆建馆委员会、《辽沈战役》编审组编：《辽沈决战》上卷，人民出版社1988年10月第1版，第4页。

4 | 坐镇东北局

高岗于1946年6月担任中共中央东北局副书记并兼任秘书长后，东北局很快就形成了林彪在前线指挥作战、高岗在后方主持工作的局面。

虽然东北局副书记还有彭真、罗荣桓和陈云，而且彭真、罗荣桓还排在高岗之前，但身患肾癌的罗荣桓在《七七决议》通过后就去苏联治病，1947年6月回国后也基本上是随同林彪在前线指挥作战；彭真则于1947年4月调离东北，参加在河北省平山县西柏坡召开的全国土地会议并留在中央工作；陈云更是早在彭真离开之前的1946年10月就奔赴南满，担任南满分局（也称辽东分局）书记和辽东军区政治委员。所以，东北局的五大书记当中，只有高岗坐镇哈尔滨，主持东北局的工作。

东北解放战争经过1946年秋冬至1947年春季的艰苦作战，敌我力量对比已经发生有利于我的变化，战争局面大为改观，我军实施战略反攻的条件基本具备。

为了制定新形势下的工作方针和任务，中共中央东北局于1947年5月初召开会议，并于5月5日通过了《关于东北目前形势与任务的决议》（即《五五决议》）。

《五五决议》首先分析了国内局势的变化与东北战场的形势，指出：

“东北敌我力量发生了有利于我的很大变化。引起这种变化的基本原因，则是东北全党的努力，把自己的方针放在发动群众建立根据地上，由此就找到了力量的源泉，生长与壮大了革命力量。”“东北已经进入敌人从进攻转入防御、而我军则从防御逐渐转入进攻的新时期。”

《五五决议》接着提出党在东北的任务是：

积极组织力量，全力准备大反攻，大量歼灭敌人，大量收复失地，巩固和扩大解放区。

为了完成东北决战的任务，《五五决议》对东北全党和全军提出了三项具体任务：

第一，“前、后方一齐努力，加油加劲，一切为着前线，大量歼灭敌人。”

第二，“必须继续深入群众运动，发展生产，完成土地改革，肃清封建势力。”

第三，“必须大量培养干部，加强党内阶级教育。”

《五五决议》在东北战争形势发生重大转折的关键时刻，不失时机地给东北党、政、军、民提出了实行战略进攻的任务，为紧接着就连续发动的夏、秋、冬三大攻势奠定了正确的战略指导思想。

东北局五月会议后，又于5月下旬对东北党政军领导机构做了调整。东北局委员除原有的中央委员、候补中央委员20人外，增加6人，由26人组成东北局委员会。东北局领导核心明确分工：林彪任书记，罗荣桓、高岗、陈云任副书记，高岗兼任秘书长。成立中共中央军委东北军分会，主席林彪，副主席罗荣桓，委员有高岗、谭政、刘亚楼、萧劲光、程子华；成立东北行政委员会党委会，书记陈云。

对于东北局的工作，党中央和毛泽东主席是满意的。1947年5月20日，毛泽东致电林彪、高岗并告朱德、刘少奇，说：

出师顺利，甚慰。东北在你们领导之下，改革了土地，发动了群众，建设了一支强有力的军队。在全国各区中，就经济论你们占第一位，就军力论你们占第二位（山东为第一位）。目前你们以八个师南进，希望能于夏秋两季解决南满问题。争取冬春两季向热河、冀东行动一时期，歼灭十三军、九十二军等部，发动群众，扩大军队。该两区共有人口一千五百万，为将来夺取长春、北宁两路，长沈平津四市必不可少之条件。夺取两路四市必须准备的条件有三：你们已在北满建立了强大根据地，解决了第一个条件；现在正向南满作战，估计不要很久即可解决第二个条件，建立强大的南满根据地；第三步还要解决冀热辽地区的根据地问题。关内方面，我苏鲁军负担最大。在他们面前，集中了三十二个整编师八十五个旅（包括被歼灭者在内），直至此次歼灭七十四师，才使敌人进攻发生了困难，今后再歼二三个师（军），即可转入全面反攻。我刘邓军现攻安阳，六月间可以十万人渡黄河向中原进攻。我彭习军（只有六个不充实的旅）对付胡宗南三十一个旅的进攻，两个月作战业将胡军锐气顿挫，再有几个月必能大量歼敌，开展局面。陈赓部四个旅拟使用于西北。聂萧罗军上月正太作战歼敌三万余，缴枪一万五千以上，现需休息半月，约下月中旬拟打津沧线，配合你们作战。纵观全局，目前大部分地区已转入反攻作战。只待山东再打一两个胜仗，即可转入全面反攻。①

5 月 30 日，毛泽东又为中共中央起草致林彪、高岗电，庆祝他们歼灭国民党第七十一军主力及其他各战线的胜利。

随着战略反攻的顺利进行，根据地经济建设的任务越来越重。特别是如何在革命胜利后搞好城市经济建设，这对于主要在农村活动的共产党人而言是更为艰巨的任务。

为了摸索城市经济建设的经验，高岗于 1948 年 5 月亲自担任团长，组成了“东北局巡视团”，开始对以城市经济为重点的东北解放区进行调查。巡视团阵容强大，除高岗挂帅外，由刚刚调任东北局常委兼组织部长的张闻天任副团长，陆续参加的成员有马洪、李华生、李正亭、邓力群、于杰、于建亭等。

5 月 31 日，中共中央东北局召开常委会议，决定成立东北财经委员会，并由陈云负责财经工作。

此时的东北解放战争已经进入决战的前夜，根据地建设也已经步入最繁忙的时期。农村的土地改革要继续深入，城市的经济建设要恢复发展，战略决战的后勤保障必须到位，党的建设也要进一步加强……工作确实是千头万绪。仅在 1948 年的 6 月和 7 月，中共中央东北局就召开了十多次常委会议，研究讨论各项工作。

1948 年 5 月，中共中央发出了“解放区和蒋管区的职工联合起来，建立全国工人阶级的统一组织”的号召，并委托中共中央东北局筹备召开第六次全国解放区职工代表大会。

经过紧张的筹备，第六次全国劳动大会（即全国解放区职工代表大会）

① 中共中央文献研究室编：《毛泽东年谱》下卷，人民出版社、中央文献出版社 1993 年 12 月第 1 版，第 191—192 页。

于1948年8月4日在哈尔滨召开，高岗在大会上作政治报告。

据8月5日的《东北日报》报道：

> 高岗同志在每一部分的报告中，均以现实的具体实例，生动有力地说明了今天革命的新形势，大大提高了与会代表继续努力争取全国胜利的信心和决心，不时引起全场大鼓掌。在巨大的欢呼与口号声中，高岗同志结束了四小时的报告。

1948年9月12日，震惊中外的辽沈战役正式打响。

伴随着辽沈战役的隆隆炮声，高岗于9月27日和29日、10月1日和4日连续主持召开了中共中央东北局常委会议，为即将召开的东北局高干会议做准备。

10月6日，中共中央东北局召开高干会议。东北局、东北军区、东北行政委员会和各省干部80人出席会议。这次会议讨论了东北1949年度的工农生产计划，研究了紧缩后方机关、充实前线主力的措施，总结了各地整党、建党、建政的经验，为迎接即将到来的东北解放做了全面的部署。

10月15日，我军攻克锦州，取得了辽沈战役的关键性胜利。当天，中共中央就电告东北局，准备接管沈阳，并任命陈云为沈阳市特别军事管制委员会主任。

10月16日，中共中央东北局、东北政委会、东北军区各直属机关千余干部，在哈尔滨市文化俱乐部集会庆祝锦州大捷。高岗在会上代表中共中央东北局做了《东北目前形势与任务》的报告。

10月21日，被我军围困已达五个多月的长春守敌被迫投降，东北第二大城市长春宣告解放。

长春解放后，沈阳的解放也是指日可待。10月26日晚间，高岗在他哈尔滨的住处召开紧急会议，研究接收沈阳的方针、办法与注意事项。参加会议的有陈云、林枫、王首道、叶季壮、李立三、吕正操、汪金祥、张平化和李锐。鉴于解放军进驻长春时有些混乱，这次会议集中讨论了接收沈阳的具体方针和办法，明确了需要注意的事项。会议宣布了陈云为沈阳市特别军事管制委员会主任，并决定伍修权为军事管制委员会副主任兼沈阳卫戍区司令员，陶铸为沈阳市委书记兼军事管制委员会副主任，朱其文为沈阳市市长，焦若愚为副市长。

11月2日，东北第一大城市沈阳被我军攻克。当日，沈阳市特别军事管制委员会的主要人员便开进了沈阳。

同一天，中共中央致电林彪、罗荣桓、高岗、陈云及东北人民解放军和东北全体同胞，祝贺沈阳和东北全境解放。

辽沈战役的胜利从根本上动摇了国民党的反动统治，全国解放战争的局势急转直下。11月18日，毛泽东为中共中央起草致林彪、罗荣桓、刘亚楼电，指示东北野战军提前结束休整，迅速入关，为解放全中国而战。

从1945年11月高岗等人到达沈阳，到1948年11月东北大军挥师入关，林彪、罗荣桓、高岗、陈云等东北局的核心领导，在这片黑土地上同甘共苦整整奋战了三年。这次东北野战军入关作战，林彪和罗荣桓将率军前往，高岗和陈云则要坐镇东北，双方分离自是难免。11月23日，中共中央东北局在沈阳召开了扩大会议。会议总结了东北三年解放战争获得胜利的基本经验，分析了东北全境解放后的形势，提出了全力建设新东北和支援全国解放战争的任务，通过了《关于东北解放后的形势与任务的决议》。在这次东北局的主要领导即将分手的会议上，林彪、罗荣桓、高岗、陈云等主要领导也在分别之前，相互鼓励，交换了意见。

不过，《决议》中关于东北解放战争初期争论的一段论述，后来也引起了争议。

《决议》中写道：

> 当我们开始进入东北，国民党反动派在美帝帮助下，曾经利用和平烟幕，进兵东北，接着又依靠其当时军事上的优势，配合东北反动势力，向我大举进攻，企图消灭我们于立足未稳之时。当时情况，极为困难。尤其是当时东北党内少数领导干部所存在的错误思想，更增加了当时的困难。这些同志对于敌人的和平阴谋抱着很大的幻想，对敌我力量的对比，以盲目的乐观，代替了冷静的科学的分析，对旧政权旧军队敌伪残余分子的阶级本质，缺乏阶级的认识，过分强调少数一时不能取得的中心城市的作用而忽视了广大的乡村，因而使他们背离了毛主席1945年12月的指示。

林彪和罗荣桓率领东北野战军入关后，高岗担任了东北军区司令员兼政治委员，成为中共中央东北局的主要负责人。

1948 年 12 月 18 日，毛泽东为中共中央起草致高岗并告林彪、罗荣桓电，提出为了讨论明年各军作战的整个战略方针问题、准备召集二中全会问题及其他问题，拟约刘伯承、陈毅、饶漱石、罗荣桓、薄一波来中央开会，请高岗考虑可否来中央参加此会。

12 月 21 日，高岗主持召开了中共中央东北局会议。会议安排布置了当前的各项工作，决定在高岗去中央开会期间，由陈云主持东北局的工作。

东北野战军和华北野战军负责人在平津前线指挥部合影（后排右一为高岗）

会后，高岗即动身赴党中央所在地西柏坡，途中还到平津战役指挥部与林彪、罗荣桓、聂荣臻等合影留念。

参加完毛泽东召集的这次会议后，高岗接着又参加了1949年1月6日至8日在西柏坡举行的中共中央政治局会议。这次会议讨论通过了《目前形势和党在1949年的任务》的决议。决议指出1949年和1950年是中国革命在全国范围内胜利的两年，提出召开没有反动派参加的政治协商会议，以宣告中华人民共和国成立。

高岗是1949年1月底回到沈阳的。1月31日，高岗主持召开了中共中央东北局会议，并在会议上做了关于中共中央政治局会议精神的传达报告。

随着东北全境解放和东北野战军入关，高岗在东北的领导地位越来越重要，肩负的责任也越来越大。为了迎接新的挑战，中共中央东北局于1949年2月14日至20日在沈阳召开了常委会议。这次会议讨论总结了东北党内的历史问题，研究确定了面临的新形势和新任务，明确了东北局从现在起就应当把经济工作作为工作的重心。

高岗在这次会议上代表中共中央东北局做了会议总结。

应当说，这次会议在东北地区发展的新时期及时地总结了历史经验教训，指明了今后工作的前进方向，意义是重大的。但是，胸怀不够宽广的高岗在这次会议讨论东北解放战争初期关于战略方针的争论时，仍然有突出自己正确、贬低别人错误的倾向。东北局常委林枫在会上讨论时承认自己当时“心中无数”，高岗就在后来时常抓住林枫这句话抨击其“心中无数”、“水平太低”，在一定程度上影响了东北局内部的团结一致。

十一 主政东北

高岗是在黄土地的西北起家的，但他事业的巅峰，还是在黑土地的东北。

辽沈战役结束后，林彪、罗荣桓率第四野战军入关，陈云也将调到中央工作。因此，中共中央于 1949 年 3 月 11 日对东北局领导班子进行了调整，任命高岗、李富春、张闻天、林枫、张秀山、李卓然、凯丰、周桓、汪金祥、刘锡五等组成中共中央东北局。其中高岗任书记，李富春任副书记，张闻天、林枫、张秀山、李卓然为常委，凯丰、周桓、汪金祥、刘锡五等为委员。

不久，高岗又在东北人民政府委员会第一次会议上当选为东北人民政府主席。

这样，高岗就集东北军区司令员兼政委、东北局书记、东北人民政府主席于一身，成为名副其实的“东北王”。

1 | 出访苏联

东北全境解放后，压倒一切的中心任务是经济建设。必须迅速稳定社会秩序，建立各级政权，恢复经济建设，担负起全国解放战争战略后方的重任。

1949 年 4 月 21 日，东北行政委员会发布了重新划分东北行政区划的命令，决定重划东北行政区为六省四直辖市。计：辽东省、辽西省、吉林省、黑龙江省、松江省、热河省及沈阳市、抚顺市、鞍山市、本溪市。

5 月 1 日，沈阳市民隆重集会，纪念解放后的第一个五一劳动节。在纪念大会上，高岗发表了热情洋溢的讲话。他说：

“今天是全东北解放后的第一个五一节，我们举行这样盛大的会议来纪念并庆祝南京的解放，是很大有意义的。”“现在中国人民和中国人民解放军的任务就是奋勇前进，迅速地把国民党残余势力打扫干净，把革命进行到底，解放全国人民，建设一个独立的自由的民主的经济繁荣的新中国。”“今后我们后方全体人民的任务，就是全力进行经济建设，发展我们的工业和农业。特别是恢复我们的工业。我们一切工作的中心，所有党政军民各方面工作都应该服从与服务于这一中心任务。”①

东北工业基础雄厚，产业工人力量强大。虽然遭受了严重的战争破坏，但在东北局的正确领导下，广大工人阶级以极大的热情投入建设新东北的伟大事业之中，大多数工厂很快复工，经济建设迅速恢复。

在医治战争创伤、恢复经济建设的繁忙工作中，高岗于1949年6月又接受了党中央的一项重要使命：作为中国共产党代表团成员之一，出访苏联。

早在解放战争酣战的1947年，中国共产党领袖毛泽东就想亲自访问苏联，但由于种种原因，一直未能成行。

为了弥补毛泽东未能去苏联的缺憾，1949年1月30日至2月8日，联共中央派政治局委员米高扬来到中国的西柏坡，听取中共中央的意见。

此时，中国人民解放军已经占领了国民党政府的首都南京，建立中央人民政府的任务已迫在眉睫，就建国事宜与联共中央直接交换意见，取得苏联对新中国政治、经济、外交等方面工作的支持，是筹备建国的重要方面。因此，中共中央决定组成以刘少奇为团长，高岗、王稼祥为成员的代表团，去苏联秘密访问。

高岗在1947年时曾经去过苏联。当时是经中央批准，林彪介绍，到苏联的伯力去割盲肠，同时向苏方要点枪支弹药。高岗这次能够成为中共首次访苏代表团的成员之一，主要在于东北对于解放战争的彻底胜利和恢复全国经济建设中的重要地位。

辽沈战役结束后，东北已经成为解放全中国的大后方，迅速恢复东北的经济建设，特别是首先恢复东北的铁路网以及东北至华北的铁路交通，对于

① 《东北日报》，1949年5月2日。

解放战争的彻底胜利及经济建设的迅速恢复，都有重要意义。因此，早在辽沈战役进行当中，经中共中央同意，高岗就代表东北局向苏联政府提出了派专家来帮助东北搞经济建设的请求。

应中国共产党的请求，1948 年底，苏联政府派出了曾担任过苏联交通部长的柯瓦廖夫为首的专家组，到东北帮助恢复铁路交通及开展经济建设。

柯瓦廖夫等苏联专家的工作是卓有成效的。1949 年 1 月 8 日，毛泽东致电斯大林，一方面对柯瓦廖夫等苏联专家的工作表示感谢，另一方面就恢复华北铁路的急需物资请求苏联给予紧急援助。

毛泽东在电报中说：

在柯瓦廖夫和其他苏联同志的帮助下，东北的铁路交通线已经基本恢复。现在，柯瓦廖夫同志已经与中国同志一起制定了到 1949 年恢复华北，即长江以北三千多公里铁路的计划。如果这个计划在本年入冬前完成，那时我们将拥有一万八千公里的铁路线（包括东北地区的铁路）运营通车。为了完成这一计划，急需一系列物资，以及机车、汽车、工具、油及其他用于恢复华北铁路的物资。我们可自己解决一些。此外，我们需要贵国的紧急援助，即希望贵国提供这些物资的大部分。届时，我们才能开始恢复铁路的工作。

毛泽东致电斯大林时米高扬还没有来华。米高扬到达西柏坡后，与中共领导人商谈了苏联援助中国的问题，中共领导人在会谈中也特别提出了首先恢复东北经济建设的重要意义。

正是在这样的背景下，高岗作为中共代表团的主要成员，在新中国成立前夕，陪同刘少奇出访苏联。

6 月 21 日，刘少奇、王稼祥（当时任中共中央候补委员、中共中央东北局宣传部代部长兼统一战线工作部部长）以及陪同前往的柯瓦廖夫，工作人员邓力群、戈宝权和翻译师哲，乘车从北平出发，先到沈阳。然后同等候在沈阳的高岗和翻译徐介藩会合，一起到大连。又在大连换乘飞机，经伯力、赤塔、新西伯利亚等地，于 26 日下午两点抵达莫斯科。

围绕着高岗的这次苏联之行，后来产生了不少的“故事”：

有人说高岗挟洋自重，讨好苏联，斯大林也特别欣赏高岗，把他特殊化；

还有人说高岗向斯大林建议宣布东北为苏联的第十七个加盟共和国，把

1949年6月，王稼祥（左）、刘少奇（中）、高岗（右）密访苏联时的合影

国土拱手让给外人；

也有人说高岗在苏联公开顶撞刘少奇，刘少奇向毛主席做了汇报，毛主席才将高岗提前召回国；

……

2001年1月，我国新华出版社翻译出版了《斯大林与中国》一书。该书的作者是俄罗斯历史学家、退休外交官、现为俄罗斯科学院远东研究所高级研究员的A·M·列多夫斯基。他在这本书中公布了中共代表团访问苏联期间的下列六份文件：

1949年6月27日中共代表团会见斯大林的会谈纪要；

1949年7月4日中共代表团就中共面临的内部和外部政治的主要问题给斯大林的报告；

1949年7月6日刘少奇就需要讨论的问题所作的具体说明和代表团工作计划及写给斯大林的信；

1949年7月25日毛泽东给刘少奇发来的转交给斯大林的电报；

1949年7月30日呈送斯大林的关于维辛斯基和刘少奇的会谈纪要；

1949年8月2日刘少奇写给斯大林的信。

结合苏方公布的材料和我国的有关文献，解答上述种种“故事”实际上并不困难。

6月27日23时至24时，高岗与刘少奇、王稼祥以及翻译师哲与斯大林、莫洛托夫、马林科夫、米高扬以及柯瓦廖夫，在莫斯科郊外斯大林孔策沃别墅进行了首次会谈。在这次会谈中，首先由刘少奇转交了毛泽东致斯大林的信。毛泽东在信中对苏联给予中国的巨大帮助表示感谢，并请斯大林接待中共代表团。

斯大林与代表团成员握手问候后，要他们转达对毛泽东的问候，然后就详细回答了中共代表团提出的关于向中方贷款、派遣专家、军事援助等一系列问题。

在谈到关于签订贷款协定问题时，斯大林说：

有两个方案。第一，联共中央和中共中央代表签订协议；第二，授权苏联政府和现已建立的中国东北政府签订协议。等到今后建立了全中国的民主联合政府，再通过苏中两国政府间的谈判来签订协议。

在谈到军事援助问题时，斯大林说：

我们还准备帮助你们清除海上的水雷。既可以派专家，也可以提供扫雷艇。我们可以这样来做。比如，卖给东北政府几艘扫雷艇，然后在大连、旅顺或者符拉迪沃斯托克教会中国海员如何清除水雷。斯大林接着笑着说，东北政府可以把它们再“卖给”中央政府。

出于外交方面的考虑，斯大林最后说：

我们准备在国家机构、工业和你们想要学习的所有方面，全面帮助你们。但为此目的，应当称你们是来自东北的贸易代表团，以便你们能够公开进行访问。如果你们认为这样做是适宜的，我们将在报纸上发表一条消息，报道以高岗同志为首的贸易代表团抵达莫斯科。这样你们就有可能性广泛地进行参观，包括参观各种游艺娱乐企业。①

会谈结束后，刘少奇、高岗、王稼祥联名致电毛泽东，汇报了会谈情况，

① 〔俄〕A·M·列多夫斯基：《斯大林与中国》，新华出版社2001年1月第1版，第101页。

并就贷款形式、代表团活动方式、派往中国的第一批苏联专家、解放新疆的时间等问题，请示毛泽东。

7月2日，双方进行了第二次会谈。3日和4日，毛泽东就代表团请示的问题，复电同意“苏中两方组织共同委员会来把借款和定货等问题具体化”，并建议：

由于我们全国经济机关方开始成立，地区不断扩大，专家缺乏，材料缺乏，故目前实无法提出全部货单，可否请联共中央同意将共同委员会设在中国，由柯兄先带主要专家来华与我们共同商定全部或主要部分货单。

毛泽东还同意代表团以书面报告方式提出问题。

遵照毛泽东的指示，7月4日，刘少奇代表中共代表团向联共中央和斯大林递交了一份一万多字的书面报告。这份报告分中国革命目前的形势、新的政治协商会议与中央政府、关于外交问题和关于苏中关系问题四个方面，向苏方做了全面通报。

斯大林看后表示完全赞同报告中提出的观点，并在报告上批了15个“对”字。

报告在讲到关于苏中关系问题时说了这样一段话：

在民主党派及学生和工人中，有人提出苏联在旅顺驻兵，蒙古独立及苏联运走东北机器的问题。我们曾向这些人解释：当我们自己还不能防守自己的海岸时，如果不赞成苏联在旅顺驻兵，那就是对帝国主义的帮助。关于蒙古人民共和国的问题，我们说：蒙古人民要求独立，根据民族自决的原则，我们应该承认蒙古独立，但蒙古人民共和国如果愿意与中国联合，我们自然欢迎。这只有蒙古人民才有权力决定这个问题。关于苏联从东北运走机器设备的问题，我们说：这些机器是日本人的，苏联把这些东西当作胜利品运走，去建设社会主义，免得落在反动派手中以此反对中国人民是完全正确的。

7月6日，刘少奇又致信斯大林，就学习苏联经验和要求苏联援助的有关方面提出了八个问题。

7月11日，高岗参加了中苏双方在克里姆林宫举行的正式会谈。会谈中，斯大林就中国民族资产阶级问题、人民民主专政问题、外交问题以及中苏关系等问题发表了重要讲话。双方还就在莫斯科办一所中国大学、在中国大连办一所海军学校、从蒙古的乌兰巴托到中国的张家口修一条铁路等问题交换了意见。

7月15日至26日，中共中央代表团和苏联国家计划委员会、财政部、商业部、国家银行等的负责人分别进行了交谈，并参观了一些工厂和集体农庄。

7月18日，刘少奇和高岗、王稼祥向中共中央、毛泽东报告参加11日联共中央政治局会议及与斯大林谈话情况。

7月22日，中共中央致电刘少奇、高岗、王稼祥：任弼时血压仍有190以上，稍劳累即增高，罗荣桓病加重，两人均不宜远征治病。要求根据商定的专家名单，向苏联提议先派两位名医来给任、罗治病。

7月25日，毛泽东复电刘少奇、高岗、王稼祥，回答了五个方面的问题：

（一）借款协定，你们表示原则上同意，具体文字待译好后再谈的态度是对的。我们亦正在研究协定的文字，明天或后天即有电报给你们。

（二）同意在莫斯科建立一个中国大学。我们正需要学习苏联在各项工作中的和资产阶级不同的一套学说和制度，设立这样一个大学是很必要的，但经费应讲明由中国担负为适宜。

（三）同意在目前就开始派遣各种参观团到苏联去参观和学习各项经验，待代表团回来即可作出具体计划，分期派出。

（四）同意派邓力群任中共中央联络员，于1949年8月14日（由苏联莫斯科到达新疆伊犁）到新疆建立电台联络。

（五）同意苏共组织摄影队随人民解放军行动去拍摄电影，如有必要可组织三个至四个摄影队，四个野战军各派去一个队。

7月27日，斯大林在孔策沃别墅宴请了中共代表团。席间，斯大林对中国革命给予高度评价，并说把马克思主义的一般原则应用到实际中去，中国有许多经验值得苏联学习。

这次中苏会谈是卓有成效的。以斯大林为首的联共中央热情接待了中共代表团，“历次会见都是在热情洋溢、友好诚挚的气氛中进行的”①。

7 月 30 日，刘少奇和马林科夫在莫斯科分别代表中国政府和苏联政府签订了苏联共产党向中国共产党提供 3 亿美元贷款的协定。当天下午，刘少奇还同苏联外交部长维辛斯基座谈了 3 个小时。

高岗没有参加 7 月 30 日中苏贷款协定的签字仪式，而是于当日返回国内。因为按照斯大林的提议并经中国共产党同意，由于中华人民共和国尚未成立，所以这次中共代表团出访苏联，冠以“东北商务代表团”的名义。既然双方已经达成了贷款协议，高岗出访苏联的主要任务已经完成，而即将召开的东北人民代表会议尚有一系列重要事宜需要高岗回来协商，所以，党中央决定高岗先期回国，刘少奇继续留在苏联商谈两党之间的其他问题。

这样，按照事先的商定，在高岗回国的第二天，苏联《真理报》发表了“东北商务代表团”出访莫斯科的报道。

报道说：

不久前，高岗先生率领东北民主政权代表团从东北来到莫斯科，商谈商务问题。谈判进行得很顺利，达成了东北与苏联换货协定，为期一年。东北将向苏联提供大豆、植物油、玉米、大米等。苏联方面将向东北提供工业设备、汽车、石油产品、纺织品、药品等。7 月 30 日，代表团离莫斯科回国。

同一天，《人民日报》以《东北人民政府商业代表团赴苏谈判达成通商协定》为题，做了如下报道：

中国东北人民民主政府以高岗为首的商业代表团，日前已从东北到达莫斯科，举行了有关通商问题的谈判。由于顺利商谈的结果，获得了东北与苏联之间相互交换商品的协定。协定以一年为期。东北将以大豆、植物油、玉米、大米等商品，向苏联出售，苏联将向东北出售工业设备、汽车、煤油、布匹、纸张、医药器材等商品。代表团已于 7 月 30 日由莫斯科动身返国。

8 月 9 日，《东北日报》还以《对中国人民的真正友谊》为题，发表了

① 师哲：《在历史巨人身边》，中央文献出版社 1991 年 12 月版，第 418 页。

社论，庆祝东北与苏联签订一年贸易协定。

也许个人确实跳不出历史的摆弄，高岗的这次出访只是代表团的成员之一，负责人是刘少奇，可最后在媒体上露面的却是高岗。

不过，此时的这种安排并不是因为高岗有多么特殊，也不是像一些书中所说的那样，“他深受斯大林的赏识”，“在访苏期间，刘少奇一行在参观、游览时，苏方全部以高岗的名义发布消息，甚至斯大林还向刘少奇建议苏联援华的三亿美元贷款由高岗代表东北人民政府签订协议”。①

当时以高岗的名义发布消息完全是因为中苏两国外交政策的需要，也是中苏两党协商一致的结果。

2 | 就任东北人民政府主席

高岗回国后，在8月14日于沈阳召开的东北中苏友好协会代表大会上发表了讲话。

高岗在讲话中说：

“中国人民三十二年的切身经验，充分证明了伟大的社会主义国家苏联是我们最忠诚、最可靠的朋友。中国解放战争，今天已经取得了基本的胜利，全国的解放已在眼前，中国人民所以能获得这种伟大胜利的一个主要原因，就是以苏联为首的国际力量的援助。”

“中国人民解放战争的伟大胜利，已在我们伟大祖国的土地上打倒了中外反动派的统治，扫清了中苏人民友好的障碍，现在没有任何力量能阻止我们公开的携手合作。”

“在中国即将进入有系统的进行各种新民主主义建设时期，中国人民更需要世界各国人民的支持，首先和主要的是苏联在各方面的支援，中苏人民的友谊将要进入一个新的历史阶段。”

“我们应该好好地向苏联学习。要学习苏联的经验，必须反对狭隘的民族主义，发挥国际主义。”②

---

① 张文和、李义凡：《走近刘少奇》，中央文献出版社1998年9月第1版，第294—295页。

② 《东北日报》，1949年8月15日。

刘少奇是在高岗发表上述讲话的当天，同柯瓦廖夫带着200名苏联专家乘火车回国的，他们于8月25日才抵达沈阳。

刘少奇在沈阳停留了四天，高岗陪同刘少奇主持了中国干部同苏联专家的联席会议和对苏联专家的招待宴会，还召开了东北局工作会议，请刘少奇做了重要讲话。

由于当时中国南方还在打仗，所以苏联专家大部分留在东北工作。

此时，成立东北人民政府的工作正在紧张的进行当中。8月20日，高岗出席了东北人民代表会议预备会议。会议通过了筹委会提出的由27人组成的主席团名单，高岗、李富春、林枫、张闻天、张学思、高崇民、栗又文7人为主席团常委。

东北人民政府主席高岗在大会上讲话

21日至26日，东北人民代表会议在沈阳召开。这次会议原定345名代表，因部分代表交通受阻尚在途中，出席会议的代表为303人。开幕前，东北职工代表400余人在乐队齐奏和欢庆声中，向大会献旗30余面。在会场门前举行的献旗仪式上，高岗代表大会即席向东北工人致谢。他说：

代表会议所要讨论的施政纲领一定采纳你们的宝贵指示，因为工人阶级是国家的主人，是政府的支柱。东北有较多的工业和数十万工人，相信在中共中央和东北人民政府的领导下，一定能够迅速胜利地建设先进的工业的新东北。①

在8月22日的大会上，高岗代表中共中央东北局作《中共中央东北局关于东北人民政府施政方针向东北人民代表会议的建议》的报告。他在报告中指出：

东北解放区是全国最早获得解放的地区，在东北解放区内部消灭国民党反动派，剥夺封建地主以及敌伪与官僚资产阶级推翻反动统治的任务，也已基本完成，现在已经开始了在新的条件与新的基础上进行经济建设的新时期。我们在这个时候，召开东北人民代表会议，正式成立东北人民政府，是东北人民的一件大事。②

高岗在东北人民政府会议上演讲

报告分全力恢复、改造与发展东北经济，提高与发展人民的文化教育卫生事业，加强国防建设建立正规军队，加强公安司法工作保护人民利益，贯彻各民族平等的原则，政权建设进一步民主化六个方面，向代表会议提出了施政方针建议。高岗指出：

我们在进行各种建设中，不是没有困难的。但是，客观条件是完全有利于我们的，所有的困难，我们都可以战胜。只要我们紧跟着毛主席和共产党走，只要我们能善于同帝国主义及其走狗的阴谋破坏进行严肃的斗争，同时注意克服我们内部的盲目保守与自满情绪，紧紧依靠东北人民并根据确定的方针和计划，进行细密的组织工作和政治动员，我们又有全东北人民的坚强

①② 《东北日报》，1949年8月27日。

团结，再加上国内各解放区人民的帮助，以及国际上以苏联为首的人民革命力量的援助，我们就一定能够战胜困难前进，在建设新东北支援全国这一伟大事业上，完成我们所担负的光荣任务。

8月24日，毛泽东为中共中央起草复东北局电，同意对东北人民政府组成人员名单的调整及分工，并指出：

据华北经验，政府机构中设人民监察委员会置于人民政府委员会之下，对检查工作反对官僚主义有很大好处。①

26日上午，东北人民政府正式宣告成立。东北人民政府的41名正式委员和11名候补委员经与会代表以不记名方式选举产生。

出席会议并参加选举的代表共有314名，高岗获得313张选票。

27日，东北人民政府委员会举行第一次全体会议，选举政府主席和各部门主要人选。会议一致推选高岗为东北人民政府主席，李富春、林枫、高崇民为副主席，并通过了各会、部、院、行、局主要负责人，名单如下：

办公厅主任林枫（兼）、副主任栗又文（兼）

秘书长栗又文、副秘书长王光伟

财政经济委员会主任高岗，副主任李富春、林枫、叶季壮，委员王鹤寿、顾卓新、杜者蘅、朱理治、王兴让、余光生、张维桢、吕东、魏震五、易秀湘、刘居英、张化东、倪伟、唐韵超、安志文、王企之

监察委员会主任林枫（兼），委员张秀山、周桓、汪金祥、李逸民

民政部部长王一夫

财政部部长顾卓新、副部长倪伟

重工业部部长王鹤寿，副部长吕东、安志文

轻工业部部长（暂未定）

农林部部长杜者蘅、副部长魏震五

商业部部长王兴让、副部长易秀湘

① 中共中央文献研究室编：《毛泽东年谱》下卷，人民出版社、中央文献出版社1993年12月第1版，第555页。

对外贸易部部长叶季壮（兼）、副部长张化东

文化教育部部长车向忱，副部长董纯才、郝鲁风

公安部部长汪金祥、副部长陈龙

司法部部长兼东北人民法院院长高崇民（兼）

卫生部部长王斌，副部长戴正华、白希清

东北银行总经理朱理治，副经理王企之、申玉洁

邮电管理总局局长陈先舟

劳动总局局长唐韵超

外事局局长陆曦

东北人民政府是在全国较早成立的大区政权机构。其阵容之庞大、人员之精干，在后来陆续成立的六大区中也位居前列。

此时的高岗集东北党、政、军权力于一身，确实成了坐镇黑土地的“东北王”。这是党和人民对高岗的信任，同时，也赋予了高岗更大的责任。如何面对荣誉，承担好责任？9 月 8 日，高岗在东北干部会议上做了《荣誉属于谁？》的讲演。他在这篇在全国产生了很大影响（1949 年 11 月 25 日的《人民日报》在头版全文转载了此文）的文章中说：

“我们每个人都应该弄清楚，我们的荣誉以及与之相联系的地位与物质待遇应该属于谁的。”

“我们革命和建设的荣誉，首先是人民大众的，地位与物质待遇的提高，也首先是人民大众的。只有人民大众有了地位，提高了地位，我们共产党人也才有地位可说。”

“我们共产党人所追逐的唯一目标，应该是在任何工作岗位上把工作做好，把全部智慧、能力贡献给人民事业，而不计较个人的得失。从我们革命者本身来说，我们必须懂得最大多数人民的最高的利益也是我们共产党人的最高利益。这是我们最高利益的最高准绳，除此之外，别无其他。至于‘荣誉’，那是人民根据你对于整个事业的贡献而给予你的鼓励，‘地位’则是人民给你的责任，‘物质待遇’则是人民根据你对具体事业的贡献而给你的适当的酬劳。这种酬劳不是平均的‘供给’的，也不是靠吹嘘与蒙骗，而是看你对人民的实在的贡献大小而定的。你对国家与人民的贡献越大人民给你的荣誉地位物质待遇也就越高，这是成正比的。"①

高岗的这番讲演还是很精彩的。但后来的事实证明，他恰好在如何对待荣誉问题上迷失了正确方向。

1952 年，高岗与夫人及子女在沈阳合影

① 《东北日报》，1949 年 11 月 10 日。

不过，我们不能因为高岗后来的错误而否定这篇讲演的价值。

据参与了这次讲演稿起草工作的张明远回忆：

这篇讲演稿是经过东北局常委研究、审阅和修改的，后来发表时李富春又把标题改为《荣誉是属于谁的?》。可以说，它代表了当时东北局的意见。今天看来，其基本思想观点仍然是正确的和健康的。在当时，高岗的这个演讲，受到广大党员和干部的热烈欢迎，推动了整风运动，为后来的“三反”“五反”运动作了思想准备，对纯洁党的队伍，提高党员干部的素质，增强党的战斗力，都起到了很好的作用。但是，在高岗受到批判以后，它被当作高岗“剽窃他人文稿”“沽名钓誉”的例证。再后来，又被当作否定阶级斗争，反对政治挂帅的“大毒草”。①

3 | 出席开国大典

高岗就任东北人民政府主席之时，正是中国共产党为新中国的诞生而紧张筹备之日。

9月21日，中国人民政治协商会议第一届全体会议在中南海怀仁堂隆重开幕。

这次新政协会议不但与三年前在国民党统治区召开的旧政协会议不同，而且与后来召开的历次政协会议都有着完全不同的性质：它要执行全国人民代表大会的职权。

正如毛泽东在这次会议的开幕词中所言：

中国人民政治协商会议在自己的议程中将要制定中国人民政治协商会议的组织法，制定中华人民共和国中央人民政府的组织法，制定中国人民政治协商会议的共同纲领，选举中国人民政治协商会议的全国委员会，选举中华人民共和国中央人民政府委员会，制定中华人民共和国的国旗和国徽，决定中华人民共和国国都的所在地以及采取和世界大多数国家一样的年号。

① 张明远：《我的回忆》，中共党史出版社2004年4月第1版，第314页。

因此，毛泽东在开幕词中自豪地说：

我们的工作将写在人类的历史上，它将表明：占人类总数四分之一的中国人从此站立起来了。

出席政协会议的662名代表，是分党派代表、区域代表、军队代表、团体代表、特别邀请人士这5个部分分别选出的。

党派代表共有14个单位，正式代表142人，候补代表23人。其中中国共产党、中国国民党革命委员会和中国民主同盟都是正式代表16人，候补代表2人；民主建国会正式代表12人，候补代表2人；中国农工民主党、中国人民救国会、三民主义同志联合会、中国新民主主义青年团以及无党派民主人士都是正式代表10人，候补代表2人；中国民主促进会、中国国民党民主促进会都是正式代表8人，候补代表1人；中国致公党正式代表6人，候补代表1人；九三学社和台湾民主自治同盟正式代表5人，候补代表1人。

区域代表共有9个单位，正式代表102人，候补代表14人。其中西北解放区、华北解放区、华东解放区、东北解放区、华中解放区都是正式代表15人，候补代表2人；华南解放区正式代表8人，候补代表1人；内蒙古自治区和北平、天津两直属市正式代表6人，候补代表1人；待解放区民主人士正式代表7人，候补代表1人。

军队代表共有6个单位，正式代表60人，候补代表11人。其中中国人民解放军总部正式代表12人，候补代表2人；第一野战军、第二野战军、第三野战军、第四野战军都是正式代表10人，候补代表2人；华南解放军正式代表8人，候补代表1人。

团体代表共有16个单位，正式代表206人，候补代表29人。其中中华全国总工会和各解放区农民团体都是正式代表16人，候补代表2人；中华全国民主妇女联合会、全国工商界、中华全国文学艺术界联合会、中华全国第一次自然科学工作者代表大会筹备委员会、中华全国教育工作者代表会议筹备委员会、中华全国社会科学工作者代表会议筹备会以及国外华侨民主人士都是正式代表15人，候补代表2人；中华全国民主青年联合会、中华全国新闻工作者协会筹备会都是正式代表12人，候补代表2人；自由职业界民主人士、国内少数民族都是正式代表 10 人，候补代表 2 人；中华全国学生联合会、上海各界人民团体是正式代表 9 人，候补代表 1 人；宗教界民主人士正式代表 7 人，候补代表 1 人；特别邀请人士 75 人。

高岗是作为东北解放区的正式代表参加政协会议的。但高岗并非是区域代表中的普通一员，在 21 日的开幕式上，他作为全中国解放区的代表，在大会上发表了讲话。

1949 年 9 月 12 日，在中南海怀仁堂，解放区代表高岗在新政协会议上讲话

这是高岗唯一一次参加全国最高权力机关的代表大会，也是他第一次面对全国人民的代表发表讲演。

为给我们的传主留此存照，现将高岗演讲的全文照录如下：

我代表人民解放区讲几句话。

现在中国人民解放战争已经获得基本的胜利，全中国将要完全解放，我们回顾二十二年来中国人民解放战争和人民解放区的发展，经过了三个时期：

第一是 1927—1937 年的土地革命。那时，以蒋介石为首的国民党反动派叛变革命，投靠帝国主义，屠杀中国人民。中国人民不能不拿起武器，来反对武装的反革命。经过十年的土地革命战争，建立了人民解放区和人民解放军。由于日本侵略中国的急进，中国人民解放军又经历千辛万苦和有名的二万五千里长征，终于达到抗日战争的最前线。

第二是八年抗日战争。在抗战中，不管以蒋介石为首的国民党反动派怎样同日本帝国主义及汉奸汪精卫等勾结，用断绝接济、武装封锁、军事进攻等无耻行为，企图消灭中国人民解放军和解放区。但我们终于粉碎了日本帝国主义和中国反动派的一切进攻，使人民解放军从几万人的队伍发展成百万大军，使不到二百万人口的解放区（陕甘根据地）发展到日本投降时拥有人口近一万万的十九个解放区，并使许多解放区连成一片。

第三是这次伟大的人民解放战争。这一次战争是由国民党反动派在美帝国主义的指使和支援下发动的。国民党反动派撕毁了1946年1月的停战协定和政治协商会议的决议，发动了这一次空前大规模的反对人民的国内战争。可是在很短的时间内，即被英勇的人民解放军打败了。剩下的国民党反动派的残余力量不久将被肃清。这是中国人民的空前胜利，也是全世界人民的胜利。什么原因使我们得到这样伟大的胜利呢?

大家都知道：如果没有中国共产党的领导，如果没有人民解放军，如果没有人民民主统一战线，我们的胜利是不可能的。现在我特别要讲的，就是关于农民，关于土地改革。这是和中国共产党的领导（也即无产阶级的领导）所不可分开的问题，同时也是和人民统一战线所不可分开的问题。就是说，领导农民翻身，是我们人民革命胜利的基本关键。

中国农民占有全人口的百分之八十。他们受了几千年的压迫，特别近代一百多年来受帝国主义和国内反动政府的压迫，如果不领导他们站起来，中国事情就办不好，中国革命就没有希望。工人阶级的政党——中国共产党看到了这一点，坚持了土地改革的政策，因此，农民才会自觉起来，觉得革命是他们自己的事情，他们踊跃地参军，英勇地作战，不吝惜地拿出粮食，担负必须的作战工作。没有农民在政治上并逐步地在经济上的解放，就不可能争得农民来积极参加解放战争，这是很显然的。

解放战争需要依靠解放农民，建立民主制度也需要依靠解放农民。如果没有占人口百分之八十的有政治觉悟的农民群众参加管理国家，那么，我们要建设民主制度也是不可能的。如果国民党党棍、土豪恶霸继续在农民头上作威作福，那么，所谓“民主”就必然是完全假东西。

经济也要依靠农民的土地改革。显然，如果没有提高占百分之八十到九十以上的人口的生产积极性，那么，我们要真正发展工业和农业，也是不可能的。土地改革正是提高广大人民生产积极性的必要办法。

我们进行了二十几年的解放战争，和敌人的反复相持，这种过程是很残酷的。但我们终于能克服一切困难，不断地战胜了强大的敌人，使解放区从小变大，从许多小块的解放区发展为连成一片的全国性的大地区，这并没有什么神奇秘诀，而是由于我们紧紧地和广大人民在一起，特别是有步骤地进行了土地改革，并在这个基础上建设民主制度和发展生产，获得广大农民的忠诚拥护。

至于工人阶级则不但在这种伟大革命中起了领导的作用，并且在前线上，在生产战线上，对于解放战争和克服困难，都尽了极伟大的贡献。当然，毫无疑问地，在国民党统治区工人阶级的英勇斗争，各民主阶级、各民主党派、国外华侨的爱国民主运动，都是有力地配合了人民解放战争的胜利。

应当指出：解放区，特别是华北、华东、西北等老解放区以及东北解放区，关于积蓄革命力量、支援前线，关于训练和培养干部，关于教育和团结全国人民，以战胜帝国主义及其走狗国民党反动派，给了伟大的贡献，将来应在中国历史上大书特书的。

现在国民党反动派已被打败，全国完全解放就要到来，过去被敌人分割的局面早已结束，全国即将出现一个历史上空前统一的局面。当然，军方和国民党反动派是不会甘心的，他们将加紧进行封锁、破坏捣乱等活动，但我们只要继续依靠工人，依靠农民，依靠全国各民主阶级和各民族的大团结，继续有步骤地消灭残余敌人，完成全国的土地改革，恢复和发展生产事业和文化教育事业，那么，我们就不仅能够打破帝国主义及国民党反动派的封锁，粉碎敌人的各种捣乱行为，而且一定能把新中国建设得很好。建设不是没有困难，但过去和现在的事实都证明：中国人民是善于克服困难的，我们相信一定能够克服困难。

谨此，代表全国解放区人民，庆祝中国人民政治协商会议的成功！庆祝中华人民共和国和中央人民政府的诞生！

新政协会议经过一个多星期的认真讨论，通过了《中国人民政治协商会议组织法》、《中华人民共和国中央人民政府组织法》和《中国人民政治协商会议共同纲领》以及首都、纪年、国歌、国旗等决议案。30日，会议根据《中华人民共和国中央人民政府组织法》，选举毛泽东为中央人民政府主席，朱德、刘少奇、宋庆龄、李济深、张澜、高岗为副主席，周恩来、陈毅等56人为中央人民政府委员。

高岗能够当选为中华人民共和国中央人民政府副主席，确实出乎很多人的意料，至今还使一些人难以理解。再看看其他副主席人选，人们更觉其中必有玄妙。

毛泽东当选为国家主席，是全国人民的共同心愿，是历史发展的必然。在6名副主席中，共产党3人，民主人士3人，比例对称，无可挑剔。但是，为什么共产党仅有的三个副主席名额中，高岗就能当选？朱德总司令是中国人民解放军的三军统帅，德高望重，众望所归，无人能比。刘少奇是延安整风后党内升起的新星，是中国共产党内仅次于毛泽东的二号人物，他出任副主席也是顺理成章，毫无疑义。但高岗仅仅是区域代表，为何也能担任国家副主席？

于是，有人做了大胆推测，说：

> 环顾政协领导人，民主人士有个发现：怎么都是南方人？于是，北方人高岗被选作副主席。①

中国共产党领导全国人民，为了新中国的诞生，英勇奋斗了28年，可以说是用烈士的鲜血铺就了共和国的诞生之路。付出了如此的艰辛才迎来的丰收硕果，是不会因为某位人士的偶然发现才临时改变的。由谁来出任国家副主席，是不可能不经过深思熟虑而临时动议的。

高岗担任国家副主席，并非是单一因素的结果，而是多种因素合力作用的必然。

第一，高岗踩到了中国革命的“两点”上。

中国革命从南到北，经历了曲折、漫长、艰险的二万五千里长征，几乎在残酷的征程中全军覆没。这并不是因为南方不好，人民不拥护，在那里闹不起革命，而是由于“左”倾错误路线在党内占据了统治地位，使革命力量遭受了重大损失，在南方已经无法继续进行革命。长征是一场战略转移，但它的起点确是无奈之举。在南方丢掉了家，才需要到北方去重新安家。而之

① 郝在今：《协商建国》，人民文学出版社2000年1月第1版，第354页。

所以能够在陕北安下家，高岗还是功不可没的。

因此，不但毛泽东没有忘记陕甘宁边区是红军长征的落脚点，是解放全国的出发点，全党和全国人民也是不会忘记这“两点”的。

第二，高岗的责任是重大的，他领导的东北解放区不但是解放全国的战略后方，还是全国恢复经济建设的装备基地。

中国革命最后的进程是从北向南，又打回了南方。高岗更为幸运的是在踩到“两点”之后，又坐到了“全国的战略后方”这把特殊的交椅上。他从抗日战争结束后就来到了东北，参加和领导了整个东北根据地的创建、发展过程。东北全境解放后，源源不断的战略物资从东北运往了南方。在即将开始的全国经济建设热潮中，东北又将完成装备基地的重要使命。

作为这样一个特殊地区的负责人得到特殊安排，也就不足为奇了。

第三，高岗的代表性是广泛的，他不但是解放区的代表、北方人的代表，还在一定程度上代表了工农干部的形象。

中国革命的进程是由南到北，再由北到南，这是不以人的意志为转移的客观规律，是任何人也改变不了的。由此决定了党的高层领导人中南方人居多，也是必然的。但在安排国家副主席时是否要注意到南方人与北方人的比例，中共中央和毛泽东也肯定会有所考虑。不过，高岗的代表性还不仅仅是这一个方面。高岗不仅是解放区的代表、北方人的代表，在一定程度上还是广大工农干部的代表。在文化落后的中国，绝大多数的干部都是工农出身。他们出身贫寒，没有多少文化，与知识分子出身的领导干部有一定的素质差异。但在中国这样一个以工农联盟为基础的无产阶级专政的国家里，是否需要一个工农出身的领导人物来担任国家副主席的职务？这恐怕也是党中央和毛泽东让高岗出任国家副主席的一个因素。

第四，中共中央和毛泽东“照顾山头”政策的需要。

高岗虽然具备了这样一些担任国家副主席的客观因素，但如果没有中共中央和毛泽东“照顾山头”政策的需要，他也不可能当选为国家副主席。然而，以毛泽东为首的中共中央是认识“山头”、承认“山头”、照顾“山头”的。不但召开中共七大时是这样，成立新中国时也同样是这样。从参加新政协的人员分配，到各个部、委、办乃至国家副主席的人选，中国共产党深思熟虑，精心安排，非常恰当地照顾到了方方面面。

让高岗出任国家副主席，正是这种照顾“山头”政策的具体体现。

不管人们对高岗担任国家副主席作何理解，在10月1日下午3时召开的中华人民共和国中央人民政府成立典礼上，高岗作为中央人民政府副主席，与其他几位副主席一道，站在了天安门城楼上，亲耳聆听了毛泽东代表中央人民政府宣读的《中华人民共和国中央人民政府公告》。毛泽东向全世界宣告了中华人民共和国中央人民政府的成立，并郑重宣布：

本政府为代表中华人民共和国全国人民的惟一合法政府。凡愿遵守平等、互利及互相尊重领土主权等项原则的任何外国政府，本政府均愿与之建立外交关系。

中华民族近百年来不屈不挠、英勇奋斗而换来的新中国终于诞生了，中国历史将从此进入一个新时代。作为为此而奋斗的一员，高岗作出了一定的贡献，也得到了巨大的荣誉。但他也必须承担起更大的责任，作出新的努力。

正像他在《荣誉是属于谁的?》那篇讲演中所说的那样：

我们每个人都应该弄清楚，我们的荣誉以及与之相联系的地位与物质待遇应该属于谁的。

4 ｜领导恢复东北经济建设

新中国成立后，迅速医治战争创伤，恢复经济建设，是摆在全国人民面前的中心任务。

高岗参加完开国大典后，回到沈阳，也把主要精力投到了恢复东北经济建设的任务之中。

国民经济恢复工作就全国而言，是从新中国成立后的1950年开始的。但东北的经济重建工作则从1948年冬东北全境解放后就开始进行了。到1949年底，开工的工厂已经由4月份的191个，增加到307个，工业系统的生产总值已经达到796万吨高粱（军工生产除外），超过原计划4.2%。

东北的工业基础本来就占据全国的半壁江山。以1944年为例，东北煤的产量占全国的49%，生铁占全国的87%，钢材占全国的93%，电力占全国的

78%，铁路线占全国的42%。就全国而言，如毛泽东在党的七届二中全会上所说，近代工业在中国国民经济中只占10%的比例。但仅就东北地区而言，以1943年为例，工业生产占东北整个国民经济生产的56%左右，工业规模还是相当庞大的。（以上数字引自高岗1950年3月13日在中国共产党东北区第一次代表大会上的报告）虽然遭受战争的影响，东北主要工业产品较之最高点有了大幅度的缩减，但在全国仍占举足轻重的地位。因此，高岗1950年3月13日在中国共产党东北区第一次代表大会上的报告中说：

“我们在东北工作的同志工作好坏如何，不但直接影响东北的人民，而且还将影响到全国。”“也正是由于这样的情形，毛泽东和我们的党中央经常指示我们，要我们好好地努力把东北建设为全国工业化的出发点或重大基地。全国人民的希望以及毛泽东同志和党中央的指示，对于我们东北人民来说，对于我们东北全体党员来说，都是极其光荣的。”①

光荣确实是光荣，但要在百孔千疮的战争废墟上，“把东北建设为全国工业化的出发点或重大基地”，谈何容易！

不过，以高岗为首的中共中央东北局并没有在困难面前退缩，他们在中共中央的正确领导下，知难而上，率领东北人民以对新中国的极大热情和创造性精神，打响了恢复东北经济建设的“辽沈战役”。

早在辽沈战役结束不久，中共中央东北局就于1948年11月23日在《关于东北解放后的形势与任务的决议》中指出：“东北全党今后必须把经济建设的任务放在压倒一切的地位。”

新中国成立后，东北地区经济建设工作在各个行业迅速展开。

恢复东北经济建设的中心工作是尽快地恢复和发展工业生产，为解放全中国和即将到来的大规模经济建设打下良好的基础。但农业生产的恢复和发展，则是工业生产恢复和发展的基础，是各级党政组织必须首先做好的重要工作。1948年11月，东北农林部就在东北局的领导下制定了《东北解放区1949年农业生产建设计划》，决定东北的农业生产要在1948年的基础上，根据现有的劳动力、畜力和技术条件，以平常年景产量为基础，增产粮食176

① 《东北日报》，1950年6月5日。

万吨，为完成1800万吨粮食的任务而奋斗。

1949年12月5日至7日，东北局、东北人民政府召集辽东、吉林、松江、黑龙江、辽西、热河、内蒙古等地比较大的县的县长、县委书记以及各省的办公室主任，座谈农村工作问题。高岗与林枫等东北党政主要领导都亲自参加和主持了会议。座谈中，大家对新中国成立后农村情况的新变化、生产变工互助组和县区村人民代表会议等问题分别反映了具体情况，交换了意见。

高岗在会议的最后做了总结发言。他在总结发言中，首先总结了东北农村土改后出现的新变化，指出：

东北农村是经过土改的农村，除新区的极少部分外，都已废除了封建与半封建的经济制度与政治制度，建立了新的人民经济与人民民主专政的政权。这些地区在土改后，有的经历了两年到三年的生产运动，有的经历了一年的生产运动，虽然在敌伪十四年的残酷压榨与三年战争的巨大破坏以及与各种自然灾害作斗争的情况之下，但经济的恢复是相当快的。两三年来，广大群众积极生产，各级干部领导生产是有成绩的。目前农业总的产量，虽然未达到“八一五”前的最高水平，但由于农民负担的减轻与地租的废除，农民收入普遍增加，大多数农民的经济状况开始上升。

然后，高岗对来年的农村工作提出了基本要求：

明年全东北计划产粮一千八百万吨，其办法是按常年产量要求每亩地多产十四斤到二十斤粮，提高农业技术与开荒，增修水田，以及增加副业生产的收入，此外棉花与特种作物也必须按计划完成，这是最基本的要求，各地必须克服一切困难想尽一切方法来完成，在这个基础上把农民群众的物质与文化生活提高一步，把农民的觉悟提高一步，把人民民主专政的政权提高一步。明年我们农村主要做好三件事情：搞好生产，搞好供销，搞好农村的人民民主专政。①

① 《东北日报》，1950年1月4日。

最后，高岗提出，为了实现上述要求，需要解决好以下四个问题：

一是关于农村发展方向问题。就是“使绝大多数农民上升为丰衣足食的农民。而要做到这点则又必须使绝大多数农民‘由个体逐步地向集体方向发展’”。

二是关于生产与供销合作社问题。生产变工互助组的性质是“在农民个体经济基础上的集体的互助的劳动组织”。“合作社工作的关键在于党加强对合作社的领导”。

三是提高农业生产力改进农业技术问题。

四是要普遍召开县区村人民代表会议或人民代表大会，巩固农村人民民主专政。

在东北局的正确领导下以及全国解放战争胜利的鼓舞下，广大东北农民的生产积极性极为高涨。1949年的农业生产虽然遭受了较为严重的涝灾和虫灾，仍然取得了较好的收成，粮食产量比1948年平均增长20%左右，农民生活有了较大改善。

高岗（左三）视察鞍山钢铁公司

农民生活的改善又提高了农民购买力，扩大了工业品市场，也扩大了农业再生产，从而进一步为工业生产提供了重要原料。

恢复工业生产的首要任务是恢复鞍山钢铁公司（简称鞍钢）的生产。

鞍钢是一个具有多年历史的老企业，前身是1916年成立的中日合办的鞍山振兴铁矿公司及1918年成立的鞍山制铁所，以后演变为1933年成立的昭和制钢所。昭和制钢所于1945年8月抗战胜利后被国民党政府接收，成立了资源委员会鞍山钢铁有限公司。东北全境解放后，东北行政委员会于1948年12月批准成立了鞍钢。

鞍钢的成立标志着新中国第一个大型钢铁联合企业的诞生，但饱经战乱的鞍钢实际上已是一片废墟。高炉炉膛凝结了炉料和铁水，平炉毁坏严重，焦炉炉顶长了荒草，残存的生产设备破旧不堪。然而，面对一派凋零的景象，鞍钢人没有退缩，他们昼夜奋战，仅用了不到半年的时间，就重新炼出了火红的钢水。在出钢前夕，高岗亲自率领由东北局、东北行政委员会和沈阳市各界代表组成的代表团从沈阳来到鞍山，与工人们一道庆贺。

东北经济建设工作是在中共中央的领导下进行的，中共中央和毛泽东对于东北的经济建设工作给予了极大的关注。

1950年3月1日，毛泽东主席和周恩来总理结束了于1949年12月16日至1950年2月17日对苏联的访问后，在回国途中到达沈阳，停留了四天。高岗陪同毛主席、周总理视察了沈阳橡胶一厂、沈阳医学院（现中国医科大学），参观了北陵公园和沈阳农机展览。毛泽东、周恩来还同高岗、林枫等就中苏两国政府签订的有关协定需要在东北地区贯彻实施的问题交换了意见。在3月3日召开的东北局干部会议上，周恩来肯定了东北在支援全国解放战争和恢复经济建设工作中的成绩，指出：

> 这次苏联给我国贷款的绝大部分，中央都给了东北，这是“因为东北经济建设的发展，对于全国影响是很大的，有局部然后才能有全国”。①

以高岗为首的东北局和东北人民政府恢复经济建设的工作是卓有成效的。1950年3月20日至22日，高岗在东北人民政府委员会第二次会议上做了《关于东北国民经济恢复与重建问题》的报告。报告对1949年国民经济恢复的工作做了基本总结，指出工业系统全年生产总值超过原计划4.2%，农业生产因南涝北旱只达计划的90%强，公营工业和农业生产提高的速度是极值得注意的，而工业生产量恢复的速度超出了工业设备的恢复速度，尤其说明公营工业的优越性，并说明了我们生产力可能恢复发展的伟大前途。此外，

① 中共中央文献研究室编：《周恩来年谱》上卷，中央文献出版社1997年5月第1版，第27页。

高岗还对上年政府的其他工作，如建立各级人民代表会议、文教卫生、公安司法等项工作做了扼要的总结，指出这些工作围绕经济建设的中心都是有成绩的。

在恢复东北经济建设时期，高岗确实十分繁忙。他除频繁地出席各种会议、发表讲话外，还经常到农村、工厂调查了解情况。

据1950年4月24日《东北日报》报道，4月23日，高岗赴沈阳机器第一厂检查工作。“高主席首先亲至各个车间与工作现场对生产情况进行了具体的了解，随即召集该厂的厂长、总支书记、工会主席、工程师等负责干部进行了座谈。高主席对该厂各种情况，垂问甚详。”

1950年7月1日，中国人民迎来了新中国诞生后党的第一个生日。高岗在东北局庆祝中国共产党诞生29周年的干部大会上发表了《密切党与人民群众的联系》的整风报告。报告指出了各主要工作部门目前尚存在的严重问题，号召各级党的领导机关和全体同志，不要满足于已有的成绩，而要坚决执行毛主席、党中央的指示，认真地开展批评与自我批评，检查与总结各个部门的工作，切实改正工作中和思想作风上的错误与缺点，进一步发挥全党同志的积极性与创造性，把全党同志的政策水平提高一步，搞好东北的经济建设及其他建设事业。

7月21日，高岗出席东北总工会执委会扩大会议，并就今后东北工会工作发表讲话。9月6日，高岗出席青年团东北第一次代表大会，并在第二天会议上做了报告。在这一系列的报告和讲话中，高岗都要求各级党组织和广大的干部群众，积极投身到火热的经济建设当中，“把东北的经济建设提高一步，把东北人民的生活改善一步，为完成我们的建设计划而奋勇前进”。

曾任中国科学院东北分院院长的严济慈在回顾东北恢复经济建设的历史时评价说：

金鸡报捷，始自东北，三年国民经济恢复，新中国的工业与科研，也可以说是在东北首唱建设之歌。①

① 转引自房维中、金冲及主编的《李富春传》，中央文献出版社2001年11月第1版，第367页。

《东北画报》报道高岗亲临试验先进农机具现场

5 | 率先开展“三反”运动

党在新中国成立初期领导的“三反”“五反”运动，是从东北率先开始的。迄今为止，人们仍多认为“三反”运动源于增产节约运动。但文献材料可以证实，东北地区的“三反”运动虽然是在增产节约运动中发现了少数领导干部有贪污腐败行为后迅速开展起来的，但是，在增产节约运动开展之前，以高岗为首的东北局就已经发出了反对官僚主义的号召。

1951 年 3 月 1 日，东北人民政府委员会第三次扩大会议在沈阳召开。身为东北人民政府主席的高岗在会议的总结讲话中，专门讲述了政府机关工作人员的作风问题。他把政府机关工作人员分为四类，第一类是“在工作中认真研究情况，钻研问题，能抓住工作关键，注意学习，注意总结经验，注意对干部的思想领导和业务领导”，第二类是“工作还可应付，也有若干成绩，任务‘照例完成’，但是质量不高”，第三类是“在局部的、一时的、一地的工作中表现不错，有成绩。但是，他把成绩夸大了”，第四类是“损人利己，脱离群众，是官僚分子和贪污腐化的蜕化分子”。

对于第四类官僚分子，高岗进一步解释说：

> 这里所说的官僚分子，不是指一般的文牍主义、事务主义者，而是指那些成天发号施令、摆架子、抖威风、不办什么好事情的人。我们有些人从旧社会刚转到新社会，新的习惯不熟悉，往往以旧习惯办事，沾染了旧社会的坏作风，甚至被其所腐蚀、溶化。这是很危险的。对于这些人，要告诉他们去掉这些肮脏东西，要号召干部坚决和这种现象作斗争，肃清这些坏现象。这就要依靠教育，依靠法令，依靠群众，依靠检查工作。检查不是泛泛地进行，而要深入地认真地进行，从重要的部门、从具体的工作业务中去检查，要发扬民主，发现我们工作上制度上所存在的问题和毛病，切实加以解决。①

高岗在讲话中提出要开展反对官僚主义的斗争后，东北各级党组织和人民政府结合贯彻这次会议精神，开始进行反对官僚主义的斗争。

1951 年 5 月 18 日至 6 月 2 日，中共中央东北局在沈阳召开了城市工作会议。东北人民政府及各省市领导工业生产的行政、党务、工会、青年团的主要领导干部以及一些重要工矿企业的经理、厂长、党委书记与工会主席等共 382 人出席了会议。这次会议提出了“为增产节约五百万吨粮食的财富而奋斗”的任务，号召开展增产节约运动。

---

① 《东北日报》，1951 年 3 月 2 日。

为贯彻东北局的这一决定，东北局所属的各省市相继召开干部大会和职工大会，动员广大职工投入到增产节约运动中去，在运动中作出自己的贡献。广大职工也积极响应东北局的号召，积极行动起来，开展了轰轰烈烈的增产节约运动。很快，从大中城市到工厂矿山，迅速形成了增产节约运动竞赛高潮，并且取得了显著的成效。

但是，在这场群众积极性很高的增产节约运动中，也发现少数共产党员、领导干部和公职人员有贪污腐败行为。如果不消除这种行为，不但难以取得增产节约运动的彻底胜利，而且将严重危及党和国家的健康肌体，影响国民经济恢复工作的顺利完成。

因此，中共中央东北局决定将已经开展的反对官僚主义的斗争与反对贪污腐化的斗争结合起来，在开展增产节约运动的同时，开展一场反对贪污浪费、反对官僚主义的斗争。

1951 年 8 月 31 日，高岗在东北局直属机关干部会议上，做了《反对贪污腐化、反对官僚主义》的报告，号召“在所有机关中，无一例外地展开一个群众性的反对贪污蜕化、反对官僚主义”的运动。

他在报告中首先论述了反对贪污腐化、反对官僚主义斗争的意义，说：

在全国革命胜利与东北转入以经济建设工作为中心之后，大批旧机关、企事业中的工作人员转到人民的机关与企业中工作。他们之中，有大部分经过教育改造开始建立为人民服务的思想，但还有一些人改造得很差，甚至根本没有什么改造，继续着国民党反动派的贪污作风。同时各种奸商与反动阶级的残余分子，也都在采取各种引诱、欺骗的手段，企图软化我们队伍中那些意志不坚定的分子，而我们也确有一些党员，甚至个别老干部，经不起这种诱惑而坠入泥坑，产生了严重的贪污蜕化倾向，腐蚀着革命的队伍，妨碍着党和人民群众的联系，这是一个极为严重的问题，如不及时解决，就会贻害人民、贻害革命。

这些蜕化分子是把地主、官僚、买办和其他非工人阶级的意识形态、生活方式、工作作风带到我们的党内来了。这些东西是同马列主义根本冲突的，是同共产党员的称号相冲突的，是同工人阶级的意识形态、生活作风相冲突的。①

① 《东北日报》，1951 年 12 月 1 日。

然后，高岗一一列举了蜕化分子和官僚主义的表现，并提出了肃清贪污蜕化倾向、反对官僚主义的具体措施：

第一，在所有机关中，无一例外地开展一场群众性的民主运动，来揭发本机关内部以及有关部门和一切人员中的贪污蜕化思想行为与官僚主义的作风。

第二，对运动中揭发与检举出的证据确凿的贪污蜕化分子，必须以极端严肃的态度加以处理，任何迁就原谅的态度都是错误的，都是对革命的罪恶。

第三，在处理贪污蜕化分子时，还应同时表扬和奖励那些具有高度事业心和创造性，廉洁奉公，无论在工业农业以及其他方面，坚决保卫人民利益，积极为国家、人民创造财富的战斗英雄、先进工人、模范农民、模范技术人员、模范青年、模范妇女、模范革命工作人员、模范党与非党的干部。

第四，在这个运动中，应该无一例外地对于各机关的工作与领导作风来一次严肃的检查，必须向各式各样的官僚主义开火，因为它是贪污腐化这种毒素之所以能够滋长的温床。

9 月 6 日，中共中央东北局正式作出了《关于反对贪污蜕化倾向、反对官僚主义作风的决定》。

《决定》指出：

在占相当数量的一部分党员中，产生并发展着严重的追逐个人享受、贪污蜕化的堕落行为，其中一部分甚至同私商勾结，盗窃国家资财，或同私商合伙经营工厂、商店，或者成为违法乱纪的投机商人，花天酒地，生活糜烂，完全丧失了共产党员的品质。

《决定》要求：

由各级党委、各机关、各部门的负责同志亲自领导，对一切贪污、腐化、堕落行为开展一次群众性的坦白、检举、批判运动，并须以最坚决的态度将这一运动进行到底，不许中断。

这个决定发布后，东北各省市结合增产节约运动，迅速掀起了一场反对贪污腐化、反对官僚主义的斗争。

10 月 26 日，高岗在东北局干部大会上做了《全面开展增产节约运动，进一步深入反贪污、反浪费、反官僚主义的斗争》的报告，第一次把反贪污、反浪费、反官僚主义作为一个整体，公开向全体党员和群众提了出来。

“三反”运动在东北地区全面展开后，高岗于 1951 年 11 月 1 日向中共中央做了《关于开展增产节约运动，进一步深入反贪污、反浪费、反官僚主义斗争的报告》。

报告中说：

沈阳市在部分单位中揭发出三千六百二十九人有贪污行为。东北贸易部仅检举和坦白的金额就达五亿人民币（旧币，下同）。浪费现象和官僚主义也很严重，仅东北铁路系统就积压了价值上千亿元的材料而不作处理。

高岗在报告中还总结了东北地区开展“三反”运动的六条经验：

第一，必须开展一个群众性的民主运动，才能收到最大的效果。第二，首长负责、亲自领导，对于本单位所存在的主要缺点进行诚恳的深刻的自我批评。第三，反贪污腐化斗争，是一个复杂尖锐的斗争。有贪污行为的人，开始常常用多种多样的方法抵抗和逃避反贪污斗争的锋芒。因此，领导上必须为群众撑腰，加强思想领导，提高群众的积极性，针对群众的各种顾虑给予解释。第四，及时处理已经弄清的问题。这样可以安定坦白者，推动有顾虑而不敢坦白的人坦白，也便于争取群众，使坏分子孤立。第五，随着运动的深入与发展，群众觉悟的逐渐提高，不断地研究新的问题与实践，以推动整个运动的前进。第六，以一批强的干部组成检查小组作为领导的助手，深入检查，及时反映情况，并协助领导机关总结经验，指导运动。①

11 月 20 日，毛泽东亲自在中共中央转发这份报告上批示：

① 《建国以来毛泽东文稿》第二册，中央文献出版社 1988 年 11 月第 1 版，第 514 页。

各中央局，并转发分局、各省市区党委、各同级政府党组和各同级军区，并转告中央和各部门首长、中央政府各部门党组：兹将高岗同志于本年11月1日所作关于开展增产节约运动，进一步深入反贪污、反浪费、反官僚主义斗争的报告一件发给你们，中央认为这个报告是正确的。请你们重视这个报告中所述的各项经验，在此次全国规模的增产节约运动中进行坚决的反贪污、反浪费、反官僚主义的斗争。在展开这个运动和这些斗争之后，每一个部门都要派出必要的检查组检查所属的情况，总结经验，向上级和中央作报告。①

毛泽东的批示把东北开展“三反”运动的经验推向了全国，吹响了在全国开展“三反”运动的号角。

11月23日，《人民日报》发表了题为《向贪污行为作坚决斗争》的社论，并系统介绍了东北地区开展这一斗争的经验。12月1日，中共中央作出《关于实行精兵简政、增产节约、反对贪污、反对浪费和反对官僚主义的决定》，12月8日，中共中央又发出《关于“三反”斗争必须大张旗鼓进行》的电报。一场大规模的“三反”运动迅速在全国开展起来。

很显然，毛泽东对高岗在东北率先开展的“三反”运动是十分满意的。12月13日，毛泽东就转发习仲勋关于西北地区反贪污斗争的报告致电各大区领导人，再次肯定了高岗率先开展“三反”运动的功绩。电文中说：

发现贪污问题的严重性和大规模地惩治贪污分子，从东北开始，是由高岗同志亲自动手的。②

第二天，毛泽东在中央转发高岗关于工矿企业开展增产节约运动报告上又做了如下批示：

各中央局，并转省市区党委、政府工业部门党组和工会党组：高岗同志1951年12月3日关于在工矿中深入车间、开展增产节约运动的报告很好，特发给各地参考。根据这个报告，东北单是国营公营部门，在1951年，截至

①② 《建国以来毛泽东文稿》第二册，中央文献出版社1988年11月第1版，第513、568页。

10月底止，除完成原有生产计划之外，就为国家创造了价值一千多万吨粮食的财富，这是因为我们的工作深入了车间得来的，因而也就改善了工人的生活。这种经验应在全国一切工矿企业中传播，并按自己的条件适当地仿照执行。高岗同志的报告，应在党内刊物上发表。①

高岗不但在东北率先搞起了“三反”运动，而且创造性地采取了一些做法，并且得到了毛泽东的赞赏。1952年1月31日，毛泽东致电中央和军委各部门、各中央局，亲自推广东北局关于寻找贪污线索的经验。毛泽东说：

根据高岗同志电称，东北方面的打虎经验，在人物线索方面，要注意以下各点：

（1）本人曾做商人或工厂老板，而现在混入我国机关和企业任事者（尤其要注意那些现在仍兼营私人工商企业的分子）；

（2）家庭为工商业家，而本人在我国家机关和企业部门工作者，其中有一部分是老干部（尤其要注意在其到国家机关或企业工作后，其家庭所经营的企业发展极快者）；

（3）本人与私人工商业者关系密切，生活腐化，为群众议论纷纷者；

（4）掌管小家务，生活腐化，挥霍无度者；

（5）采购人员经常向某商行或几个商行采购者（可从查账、查发票中发现）；

（6）从采购或推销单中发现同时期同样物资而价格差异过大者（可用不同部门购买或推销同样器材的发票作比较）；

（7）从内部检举及外部工商业者坦白检举的材料中发现线索；

（8）研究现已整出的五十六个大贪污犯，从中吸取捉老虎的经验教训等语。

此种意见甚好，请加注意，以利打虎。②

同一天，毛泽东还致电高岗，说：

---

①② 《建国以来毛泽东文稿》第二册，中央文献出版社1988年11月第1版，第574、115页。

高岗同志，并告各同志：

（一）1 月 26 日的报告收到。你们清除了大小贪污分子十六万多人，收到了很大成绩，甚为高兴，你们的方针和做法是基本正确的。

（二）根据中央一级十二万人中就有四百只大老虎的情况，东北全境各级党政军机关及企业的工作人员中可能不止五百只大老虎，可能一倍或几倍于此数，但你们暂定五百只为目标是适当的，待运动深入可以按照情况逐步追加任务。

（三）处理百分之八十以上的不给刑事处分的小贪污分子，按中央已通知的方针，除个别情节甚轻只要坦白悔过，酌情退款，保证不重犯，可以不给行政处分外，一般都应分别给以行政处分，例如撤职、降级、调职、记过等项，以示严肃。处理时应仿照镇反中清理积案的方法，由领导机关对一批人加以分析比较，定出处理方案，交给群众会议（本人参加）讨论，增减修正，然后由领导机关核定公布。北京有些机关这样做了，影响很好。

（四）对付资本家须有准备，准备不好，不要动手。各地市准备条件不一致时，不要同时动手。尤其要有步骤，先组织若干强干的检查小组，向最顽强而有确据的若干家实行检查。不查则已，查必破案（有些需坚持数天之久才能破案，不破案不许撤回）。第二批再检查若干家，又均破案。这样便取得了经验，训练了干部，教育了大批中小资本家及一部分大资本家，促使他们坦白，同时动员工人店员实行检举。然后再组织第三批第四批第五批和更多的检查破案。在这个过程中就可争取百分之九十以上的大中小资本家站到我们方面，或者保守中立，使百分之几（北京百分之六）的反动资本家陷于孤立。社会舆论也就完全变得于我们有利了。这时我们对于大约占百分之一至百分之二的最反动的资本家（即行贿盗窃罪大恶极的资本家）在经过检查取得确实罪证之后，就可以给予惩处。例如，逮捕、枪决（只是少数）、没收、徒刑、罚款等。北京有五万户工商业，百分之一是五百户，北京市党组织经过一个月的紧张斗争，经过几个检查步骤，还只逮捕近百名资本家。准备在 2 月份再经过几个检查步骤，陆续逮捕三百名左右（不到百分之一），再看形势，这是一个逐渐了解、逐渐深入、逐渐分化、逐渐团结多数孤立少数的斗争过程。没有城市党组织的紧张艰苦工作是不能完成这个任务的，资产阶级大中小之间矛盾很大，我们打击百分之一左右的最反动资本家，又是着重打击投机商人而不是着重打击工业资本家（有一部分极坏的工厂主须给予打击)，可能争取绝大多数资本家拥护我们，而不会怨恨我们，真正怨恨我们的只是极少数（百分之几)。这样也就可以用内外夹击的方法，把资产阶级安置在我们内部的堡垒即大贪污分子全部地清除出来。

（五）为争取广大市民及近郊农民拥护我们，北京市曾组织二百多个调查访问小组同时出动，代表市长到一切派出所和乡政府管辖区域，召集居民的大小会议和挨家访问（派出所和乡政府工作人员实行回避)，以三四天时间调查政府工作人员及警察的一切贪污违法行为，报告市政府处理，收效甚大。此项办法全国各城市都可仿行，并且每年应举行几次。①

2月9日，毛泽东又对高岗关于东北打虎计划报告批复说：

高岗同志，并告各同志：

2月6日电收到。

（一）沈阳公审计划很好。请将各类处刑免刑犯人姓名、罪行和量刑轻重事先摘要电告中央。得复再行公审。公审应由最高法院东北分院主持，可以一审终结，不许上诉，应由最高检察署东北分署为起诉人，北京2月1日公审由各机关为起诉人，有些人认为不妥。

（二）上述各点请各行政区注意。

（三）东北计划打大老虎四千只，中小老虎二万五千只，为全国六大区第一位。各大区虽然不能都向东北看齐，但要根据自己情况逐步提高预算，批判干部中的右倾思想。

（四）各大行政区一级、省市区一级和专区一级军事机关应归各中央局，省市区党委和地委领导，统一制定和修改打虎预算，统一指挥打虎行动和研究打虎战术，但各级军事机关同时又有自己的指挥系统，二者分工而又统一，利于配合打虎。

（五）个别单位（例如华北第十军的几个师）已出现用迫（逼）供信的方法打虎，结果打出的不是真虎而是假虎，冤枉了好人（已纠正)。各地如

---

① 《建国以来毛泽东文稿》第三册，中央文献出版社 1989 年 11 月第 1 版，第 117—119 页。

出现此种情况请予迅速纠正。①

2月17日，毛泽东还派陈伯达到沈阳了解东北“五反”斗争情况，并且让高岗“给他以指示”。

“五反”运动是“三反”运动发展的必然结果。从“三反”运动揭发出来的问题可以看出，凡是重大的贪污案件都是公职人员与反动私商相勾结。因此，要想取得“三反”运动的彻底胜利，必须反对资产阶级分子的违法行为。1952年1月26日，中共中央发出《关于在城市中限期展开大规模的坚决彻底的“五反”斗争的指示》，要求“在全国一切城市，首先在大城市和中等城市中，依靠工人阶级，团结守法的资产阶级及其他市民，向着违法的资产阶级开展一个大规模的坚决的彻底的反对行贿、反对偷税漏税、反对盗窃国家财产、反对偷工减料和反对盗窃经济情报的斗争，以配合党政军民内部的反对贪污、反对浪费、反对官僚主义的斗争”。

“五反”运动在全国开展起来后，揭露出一些资本家“五毒”情况严重，有的资本家甚至用废棉烂棉制造急救包卖给志愿军，激起了全国人民的愤慨，使“五反”运动迅速进入高潮，有效地打击了不法资本家的“五毒”行为，使我们党在对资产阶级的限制和反限制斗争中取得了重大胜利。

全国范围的“三反”“五反”运动到1952年6月就基本结束了。这场运动清除了一批党和国家干部队伍中的贪污腐化分子，有力地抵制了旧社会的恶习和资产阶级思想的侵蚀，打击了不法资本家的“五毒”行为，在工商业者中普遍地进行了一次守法经营的教育，取得了重大的成就。高岗为首的东北局在全国率先领导开展“三反”运动，功不可没。但是，在“三反”“五反”运动进行中也出现了一些偏差，而这些偏差的出现，也是与东北地区“三反”运动的不足紧密相关的。

东北地区“三反”运动中的不足，主要是在反贪污运动的打“老虎”活动中，规定凡是在贪污一万元（旧币）以上的就是“大老虎”，并且主观地要求各地、各部门都要抓出自己的“大老虎”来，并且规定了抓“大老虎”的数量。结果是扩大了打击面，使一些犯有一般错误的同志遭受了过分的处

① 《建国以来毛泽东文稿》第三册，中央文献出版社1989年11月第1版，第177—178页。

理。如沈阳市银行行长和东北工业部的一名副部长，都在这场打“老虎”运动的过分压力下自杀身亡。

由于全国的“三反”运动是按照东北的经验推广的，所以，东北“三反”运动中的不足也必然对全国的“三反”运动产生了一定的消极影响，导致全国的“三反”运动也出现了一些偏差。我们从本文中引用的毛泽东与高岗的电文中就可以看到，截至1952年1月，东北局确定的抓“大老虎”指标是“五百只”，毛泽东认为这个目标“是适当的”。但是，还不到一个月，高岗就在1952年2月6日致毛泽东的电报中提出：“东北计划打大老虎四千只，中小老虎二万五千只”。而毛泽东则认为：“各大区虽然不能都向东北看齐，但要根据自己情况逐步提高预算，批判干部中的右倾思想。”这样，按照东北的高指标“经验”在全国“打老虎”，出现一些偏差就是不可避免的了。

高岗虽然率先领导了东北地区的“三反”运动，但他却没有能够克服自身存在的腐化堕落习气。

高岗在沈阳时的寓所

高岗由哈尔滨到沈阳后，先是住在风光秀丽的南湖附近的一幢三层小楼（现沈阳市和平区中光街31号），后来搬到了原国民党将领杜聿明在沈阳的住所（现沈阳市北三经街71号）。这处有假山、喷水池、游泳池的豪华院落，始建于1931年，早期为军阀汤玉麟的公馆，日伪时期为“日本关东军独立守备队”的驻地，现在已经成为汤公馆酒店所在地。

应当说，主政东北后，高岗的工作很忙。他在东北率先开展“三反”运动，从一个侧面也说明了他对别人的要求是很严格的。然而，在艰苦的战争环境下就因生活作风问题而屡犯错误的高岗，在和平建设时期又旧病复发了。

战争年代时的高岗还只是军中一武将，如今的高岗是集党、政、军大权于一身的“东北王”，走到哪里都是鲜花、掌声跟随，醇酒、美女陪伴，别墅、宾馆任选。这就使本来道德修养不高的高岗无法自持了。他经常借到大连、哈尔滨等地检查工作之机，以工作为由找女人寻欢作乐。当时在东北育才中学工作的妻子李力群发现高岗有不正当的两性关系后，多次对其苦口相劝。但频繁地在各种场合教育别人的高岗却并不能严格约束自己，他多次与人发生非法两性关系，在党内外产生了不良影响。

十二 抗美援朝的“后勤官”

朝鲜战争是第二次世界大战以来影响最为深远的一场极为复杂的战争。

这场战争发生在狭长的三千里朝鲜半岛，历时三年零一个月，有 18 个国家的军队参战，最终的结局却是停止在战争开始的地方——北纬 38 度线。

抗美援朝战争是中国人民在刚刚成立的中华人民共和国主权尊严遭到严峻挑战的危机情况下，奋起保家卫国、维护世界和平的正义战争。

在这场打出了新中国的国威、军威，打出了中国人民的信心和志气，挫败了美帝国主义称霸世界的嚣张气焰的战争中，作为地处抗美援朝战争最前沿的东北地区党、政、军首脑，高岗发挥了特殊作用。以至于中国人民志愿军司令员彭德怀在接受朝鲜最高人民会议授予他的一级国旗勋章时不安地说：“这枚勋章授给我不合适，第一应该授给高麻子（高岗）。”

1 | 统率东北边防军

1950 年 6 月 25 日，朝鲜内战全面爆发。

朝鲜是亚洲大陆东北部伸向太平洋中的一个半岛。

朝鲜半岛以三八线为界被一分为二，分割成南方和北方两个不同社会制度的国家，是第二次世界大战后美苏军队分别占领朝鲜半岛南北地区的结果。

朝鲜内战的爆发本来是朝鲜民族的内部事务，不容外国势力干预。但朝鲜内战爆发后，美国见南朝鲜军队不堪一击，南朝鲜政府有迅速垮台的危险，便不顾国际法准则，公然武装介入了朝鲜内战，并且武装入侵中国台湾，使朝鲜战争的性质由内战转变为美国侵略、朝鲜人民反侵略的战争。

而美国侵略中国台湾的行径，则使得美国在武装干涉朝鲜内战一开始就将朝鲜问题与中国的主权尊严连到了一起。

本来东北在新中国成立后的整体国防部署中是处于战略大后方的地位。东北解放最早，土地改革已经完成，工业恢复也接近尾声，工作重点已经转移到了经济建设上。就国防而言，东北背倚苏联，毗邻朝鲜，中苏结盟和中朝友好使得东北地区的安全没有忧虑。因此，在当时的六大军区中，东北军区兵员数额最少，只有十万人。但是朝鲜战争爆发后，东北由战略后方一下子变成了国防前哨，使得党中央不得不采取紧急措施，迅速调整国防部署，增强东北地区的国防力量。

1950 年 7 月 7 日，中央军委副主席周恩来主持召开了保卫国防问题第一次会议，传达中共中央关于成立东北边防军的决定。会议决定立即抽调位于中原地区的国防机动部队第十三兵团等北上，在中朝边境地区集结，组成东北边防军，担负保卫东北边防和在必要时援助朝鲜人民的任务。7 月 13 日，中央军委正式作出了《关于保卫东北边防的决定》。

东北边防军组建时，中央军委任命粟裕为司令员兼政委，但粟裕当时正在青岛养病，而边防军在东北地区集结整训，又必然要与东北军区发生关系，因此，7 月 22 日，周恩来与聂荣臻联名向毛泽东提出建议：

建议东北边防军先归东北军区高岗司令员兼政委指挥。①

毛泽东于 23 日批示：

同意。

随后，中央军委赋予了高岗对边防军部队“负主责”的职责。

8 月 5 日，毛泽东以中央军委名义致电东北军区司令员兼政治委员高岗，指出：

① 中共中央文献研究室编：《周恩来年谱》上卷，中央文献出版社 1997 年 5 月第 1 版，第 58 页。

1950 年高岗（右一）在沈阳阅兵仪式上

边防军各部现已集中，8 月内可能没有作战任务，但应准备于 9 月上旬能作战。请高岗同志负主责，于 8 月中旬召集各军师干部开会一次，指示作战的目的意义和大略方向，叫各部于本月内完成一切准备工作，待命出动作战。务使士气旺盛，准备充分，部队中的思想问题必须予以解答。①

根据毛泽东的指示，高岗于 8 月 13 日至 14 日主持召开了边防军高级干部会议，对边防军的任务、出国作战的目的、意义以及军事准备的要求等进行了动员和部署。他在 13 日的报告中指出：

美国帝国主义已经直接发动了对东方各民族的武装侵略。进攻朝鲜，占领台湾，和组织亚洲的一切反动力量来镇压亚洲各国人民的民族民主解放运动。美国侵略朝鲜的战争，是它的整个侵略计划的一部分。美国帝国主义念念不忘侵略中国，霸占亚洲。因此，它企图占领朝鲜作为进攻东北华北、进攻中国的跳板，并正在积极武装日本和（南）朝鲜，利用日本和朝鲜的人力

① 《建国以来毛泽东文稿》第一册，中央文献出版社 1987 年 11 月第 1 版，第 454 页。

物力，为美国帝国主义者的侵略计划而作战。

报告特别说明了边防军为什么要准备到朝鲜去作战，指出：

如果美国侵略者占领了朝鲜，毫无疑问，一定会准备力量，来进攻我们的东北与华北，进攻我们的祖国。那么我们究竟是让它打下朝鲜，让它准备力量，增长气焰，等它打到中国来的时候再去消灭它好呢，还是现在争取主动，配合朝鲜人民军，在国土以外，消灭敌人，保卫自己好呢？显然地，在国土以外消灭敌人，是有利于我们，有利于我们的朋友，有利于世界人民反对帝国主义争取和平民主的事业的。所以为着保卫祖国，巩固胜利，粉碎帝国主义的侵略计划，我们必须主动地、积极地援助朝鲜人民，帮助朝鲜人民解放，使朝鲜成为独立民主统一的国家。也就是说，朝鲜人民的敌人，就是我们的敌人。朝鲜人民的胜利，就是我们的胜利。支援朝鲜和保卫我们祖国与保卫世界和平是一致的。因此，这样的战争是正义的。

报告还提出了与美军作战的指导原则，对与美国军队作战胜利的条件和存在的困难进行了分析。针对部队中有人恐惧原子弹，指出：

有些人怕原子弹，但实际上也不必害怕。1. 原子弹不光美国有，苏联也有。2. 原子弹使用于战场上，不光损伤对方，连自己也要损伤。3. 全世界人民反对原子弹，揭露帝国主义的罪恶，使美国不得不有所顾忌。

报告对边防军的准备提出了具体要求，主要是充分的政治动员、积极的军事准备和具体的物资准备。报告还指出，边防军出动时，“到朝鲜去是以志愿军的名义出现，穿朝鲜服装，用朝鲜番号，打朝鲜人民军的旗帜，主要干部改用朝鲜名字。这样的处置，可以使朝鲜人民喜欢，又很策略。”

报告最后说：

“我们曾经战胜了日本帝国主义，曾经消灭了八百万美蒋军队。现在党和人民要求我们去消灭美帝国主义的侵略军队”，（我们应该）“勇敢地担负起这一光荣的战斗任务”。（要求）“各个部门与各个部分都应迅速地、仔细地进行充分的准备工作，充分的准备是争取胜利的先决条件。”“政治教育一定要深入人心，军事技术和战术要拼命地练，各项准备均应专人负责，严格检查，防止落空，限期完成。”①

15 日，高岗将会议情况向毛泽东做了报告。

18 日，毛泽东致电高岗，指出：

“8 月 15 日送来你在边防军干部会议上的报告收到了。这个报告是正确的。”“边防军完成训练及准备工作的时间可延长至 9 月底，请你加紧督促，务在 9 月 30 日以前完成一切准备工作。”②

从 7 月上旬中央决定组建东北边防军到 10 月初中央决定出兵朝鲜并任命彭德怀为中国人民志愿军司令员兼政治委员，高岗一直忙于边防军的训练及准备工作。他不但亲自作政治动员，而且直接抓部队的军事训练。

8 月 30 日，高岗在呈毛泽东的报告中说：

现在军队中有些干部，以过去打日本、打国民党军队的眼光来看今天的敌人。对敌人的技术、空军、炮兵的特点没有足够的认识。另外又有少数干部，对美帝空军感到棘手。所以须有专人来研究敌人特点，以之教育部队，便于作战时有把握地消灭敌人。

毛泽东在 9 月 3 日致高岗电中同意高岗的分析和建议，指出：

必须以现代战争观点教育部队，切忌不可轻敌。你的意见是正确的。

遵照毛泽东主席的指示，高岗领导边防军在战前准备的军事训练中，适应时间紧迫的特点，强调采取“多用老办法、多想新办法”的训练方式，以

---

① 转引自军事科学院军事历史研究部著《抗美援朝战争史》第一卷，军事科学出版社 2000 年 9 月第 1 版，第 91—92 页。

② 《建国以来毛泽东文稿》第一册，中央文献出版社 1987 年 11 月第 1 版，第 469 页。

“宁可备而不用，不能用而不备”为训练原则，从部队实际出发，既强调熟练掌握传统战法，又要求结合未来作战任务的特点，学习现代战争和诸兵种协同作战的知识，一切训练工作着眼于提高部队战斗力。

补充装备是边防军战前准备的重要工作，东北军区全力以赴保障边防军的需要。所需补充的装备，军区仓库中有的立即下发部队；仓库中无存货的，即由军区所属部队中抽调；依然解决不了的，则及时请求中央军委解决。到10月中旬，边防军的编制、装备补充工作基本结束，边防军的武器配备已经远远超出了我军的其他部队，为未来作战的胜利打下了良好的基础。

2 | “参战为必需和有利”

1950年9月15日，美军实施仁川登陆，朝鲜战局突发逆转。到9月底，朝鲜人民军已经无力阻挡美军和南朝鲜军迅速北进，朝鲜战局处于极其危险的状态。

作为东北军区司令员兼政委，又是边防军的负责人，高岗对朝鲜战局的发展是十分关注的。在朝鲜人民军顺利向南推进时，高岗就考虑到了战局有可能出现逆转。8月30日，他在给毛泽东的报告中，综合朝鲜战场各方面的情况，提出：

> 人民军以现有力量，希望在大邱、釜山地区消灭敌人已不可能。如不主动转移作战地区，分散敌人，在有利条件下消灭敌人，而仍在原地，相持日久，消耗日增，美军增援后势必出击，则可能遭受损失，影响士气。①

边防军的第十三兵团首长、中国驻朝鲜大使馆的负责同志，也几乎在高岗向毛泽东报告的同时，得出了朝鲜战局有可能迅速逆转的结论。

在朝鲜民主主义共和国生死存亡的严峻时刻，朝鲜劳动党和政府决定请求苏联和中国给予直接的军事援助。10月1日，金日成紧急召见中国驻朝鲜大使倪志亮，正式向中国方面提出关于中国紧急出兵援助朝鲜的请求。

① 转引自军事科学院军事历史研究部著《抗美援朝战争史》第一卷，军事科学出版社2000年9月第1版，第118页。

1950年10月1日，是新生的中华人民共和国一周年纪念日。这天晚上，北京天安门广场举行了盛大的焰火晚会，毛泽东等党和国家的领导人与首都群众欢聚一堂，共庆共和国的生日。就是在这举国欢庆的时刻，朝鲜党和政府请求中国出兵援助的电报传到了北京。

此时的中国内地经过一年来的军事斗争和经济建设，人民民主政权已经巩固，各级人民政权已经建立，经济恢复工作顺利进行，在华东、西南、西北等解放较晚的地区开展的剿匪作战也取得了重大成绩。然而，百废待兴的新中国不但台湾、西藏还没有解放，解放战争还没有最后结束，而且国民经济恢复工作还远远没有完成，钢铁、粮食等主要经济指标还没有达到历史最高水平，旧中国遗留下来的千疮百孔的烂摊子还必须花大力气才能根治。

在这样的条件下，面对朝鲜人民的请求和现实的危机，中国政府和人民是出手相救，直接与世界上最强大的美帝国主义开战，还是坚守国门，只在道义上对朝鲜人民的困难给予声援?

这对于中国共产党人确实是一次严峻的考验。

10月4日，毛泽东主持召开中共中央政治局会议，讨论出兵援助朝鲜问题。

应当说，在美国出兵朝鲜之后，中国政府对于朝鲜人民的反侵略斗争帮还是不帮的问题，早已解决了。在8月4日的中央政治局会议上，毛泽东就明确指出：

> 对朝鲜，不能不帮。如果美帝得胜，就会得意，就会威胁我们，甚至挑衅。因此，对朝鲜不能不帮，必须帮助。

还应当指出，高岗对于中央的这一战略指导思想是非常明确和认真贯彻的。他在8月13日和14日召开的边防军高级干部会议上，也已经充分地阐述了党中央关于边防军要准备出国作战的指导思想。但作为身处战争最前沿的东北地区的党政军最高首长，高岗对于战争爆发后东北地区经济建设将要面临的困难和遭受的影响，考虑得还是比较多的。

因此，在这次政治局会议上，高岗和参加会议的政治局委员们一道，坦陈己见，提出了自己的看法。会上也十分正常地出现了主张暂不出兵和积极主张立即出兵两种意见。

据彭德怀后来回忆，毛泽东在4日的政治局会议上说：

你们说的都有理由，但是别人处于国家危机时刻，我们站在旁边看，不论怎么说，心里也难过。①

周恩来后来也说：

当着朝鲜正受到帝国主义摧残的时候，美国侵略军越过了三八线迫近鸭绿江的时候，那时下这个决心，在我们革命的进展历史中是很不容易的。下这个决心，在当时的情况下有很多顾虑，而且从过渡时期来看这些顾虑是合乎实际的。②

虽然困难很多，决心难下，但中国共产党人是识大体、顾大局的。会议经过充分讨论，意见逐渐趋于一致。5日，中共中央政治局会议作出了抗美援朝、保家卫国的战略决策，决定立即组成中国人民志愿军，向朝鲜境内出动，协助朝鲜同志，抗击美国侵略，争取反侵略战争的胜利。

会议决定由彭德怀出任中国人民志愿军司令员兼政治委员，挂帅出征。

8日，中国人民革命军事委员会主席毛泽东签署了组成中国人民志愿军入朝作战的命令。命令在"任命彭德怀同志为中国人民志愿军司令员兼政治委员"的同时，赋予了高岗全权负责志愿军后方供应工作的职责：

中国人民志愿军以东北行政区为总后方基地，所有一切后方工作供应事宜，以及有关援助朝鲜同志的事宜，统由东北军区司令员兼政治委员高岗同志调度指挥并负责保证之。③

毛泽东在签署组建中国人民志愿军命令的同一天，致电中国驻朝鲜大使

① 《彭德怀自述》，人民出版社1981年12月第1版，第257页。

② 中共中央文献研究室、中国人民解放军军事科学院编：《周恩来军事文选》第四卷，人民出版社1997年11月第1版，第137页。

③ 《建国以来毛泽东文稿》第一册，中央文献出版社1987年11月第1版，第543页。

倪志亮转金日成，通报了中共中央政治局出兵朝鲜的决定。电文中说：

（一）根据目前形势我们决定派遣志愿军到朝鲜境内帮助你们反对侵略者；（二）彭德怀同志为中国人民志愿军的司令员兼政治委员；（三）中国人民志愿军的后方勤务工作及其他在满洲境内有关援助朝鲜的工作，由东北军区司令员兼政治委员高岗同志负责；（四）请你即派朴一禹同志到沈阳与彭德怀、高岗二同志会商与中国人民志愿军进入朝鲜境内作战有关的诸项问题。①

高岗是在毛泽东发布抗美援朝命令的当天与彭德怀一道冒雨乘机返回沈阳的。周恩来与林彪则在同一天秘密离京前往苏联。10日，高岗与彭德怀一起研究了具体的出兵方案，并向毛泽东做了报告。11日，毛泽东回电彭德怀、高岗及邓华，对于出兵计划予以批准。

然而，就在志愿军按计划准备出动时，由于苏联方面不能兑现出动空中掩护的许诺，提出苏联空军要在两个月至两个半月之内才能准备好，毛泽东于10月12日20时急电彭德怀、高岗和第十三兵团领导人：出兵命令“暂不执行，十三兵团各部仍就原地进行训练，不要出动”②。同时请高岗和彭德怀立即回北京。

13日，高岗与彭德怀乘专机飞抵北京。下午，即出席了中央政治局讨论出兵朝鲜的紧急会议。与会者经过认真研究，一致认为，即使苏联方面两个月或两个半月不能出动空中掩护，中国人民志愿军也还是出动到朝鲜为有利。

当晚22时，毛泽东将政治局会议讨论结果电告周恩来：

“与高岗、彭德怀二同志及政治局同志商量结果，一致认为我军还是出动到朝鲜为有利。”“总之，我们认为应当参战，必须参战。参战利益极大，不参战损害极大。”

当时彭德怀和高岗均认为，志愿军与南朝鲜军作战，是有把握取得胜利

①② 《建国以来毛泽东文稿》第一册，中央文献出版社1987年11月第1版，第545、552页。

的。即使没有苏联空军掩护，在朝鲜民主主义共和国处于生死存亡的严重时刻，中国人民也应当出兵援助朝鲜，打击美国侵略者。14 日 3 时，毛泽东再次电告周恩来：

彭及高岗同志均认为打伪军有把握，他们和我一样，都认为参战为必需和有利。①

高岗是 14 日返沈阳布置参战准备事宜的，彭德怀则暂时留京等候周恩来的回电。

15 日凌晨 1 时，毛泽东电告高岗：

（一）我人民志愿军决于 10 月 18 日至迟 19 日开始渡江前进，粮食等项则应立即前运勿延为要。（二）彭德怀同志本日或明日返安东。②

当日清晨 5 时，毛泽东又就志愿军先头部队出动时间问题致电高岗、彭德怀并告邓华，并请高岗电告“粮弹是否已开始渡江输送”。

彭德怀当日乘专机返沈阳后，立即与高岗召集东北局和东北军区负责人，传达中央政治局最后决定。当晚，高岗与彭德怀、朴宪永一起乘火车赴丹东，第二天，高岗与彭德怀在丹东召开了志愿军师以上干部动员大会。

17 日下午 5 时，毛泽东急电彭德怀和高岗来京。当晚，二人乘火车离丹东返沈阳，18 日上午乘专机到北京，参加政治局会议。这次会议决定，中国人民志愿军按原计划，于 19 日向朝鲜境内出动。19 日上午，高岗与彭德怀又乘专机返回丹东，主持召开了志愿军第十三兵团党委会，传达了中央关于志愿军向朝鲜战场出动的决定，并对志愿军的渡江计划作最后部署。

当天黄昏，中国人民志愿军雄赳赳，气昂昂，跨过鸭绿江，开始了中国人民伟大的抗美援朝战争。

①② 《建国以来毛泽东文稿》第一册，中央文献出版社 1987 年 11 月第 1 版，第 559、563 页。

3 │ 一切为了前线

中国人民抗美援朝战争爆发后，东北行政区成为抗美援朝战争的总后方基地。

就地理位置而言，东北与朝鲜仅一江之隔，南为鸭绿江，北为图们江，与朝鲜接壤的国境线约1400公里，而且东北还与苏联接壤。这种三国毗邻的地理位置决定了不但中国人民支援抗美援朝战争的人力、物力要从东北运往朝鲜，就是苏联援助中国人民抗美援朝的装备和物资，也要首先进入东北再转往朝鲜。

不但地理位置，东北的政治经济状况也决定了它必然要担负起抗美援朝战争总后方基地的重任。东北是全国最先解放的地区，由于率先完成了剿匪和土地改革，各级人民政权建立得也比较完善，经济恢复工作又在中央政府的大力支持下进展迅速，所以东北又是全国最先转入计划经济建设的地区，与全国其他地区比较，拥有最为雄厚的经济实力。

作为东北党政军的首脑，既然东北成为抗美援朝战争的总后方基地，高岗自然也担负起了抗美援朝“后勤官”的重任。实际上早在抗美援朝战争爆发之前的1950年7月，中央军委组建东北边防军时，高岗就已经承担了这项责任。

党中央、中央政府和中央军委对于东北总后方基地的工作给予了全力支持，并在这种特殊时期赋予了高岗一些特殊的职权。

11月5日，周恩来总理致信高岗和李富春，指出：

对于东北全部支援部队工作，我们已想见其繁重，只要东北提出要求，我们愿全力以赴，帮助你们解决困难。凡为东北已决定者，我们定做你们后盾，支持你们贯彻下去。有些事情职权属于中央，但你们仍可便宜行事，只要通知一声，当由中央追认。凡能统一于东北者，我们无不赞成统一于东北。①

---

① 中共中央文献研究室、中国人民解放军军事科学院编：《周恩来军事文选》第四卷，人民出版社1997年11月第1版，第87页。

政务院和中央军委还从政务院机关和各大军区抽调大批干部调往东北，加强总后方基地的保障工作。东北人民政府也指定副主席李富春等人，会同东北军区后勤部，专门负责志愿军的后方保障工作。

在中央政府和全国人民的支持下，东北人民全力以赴，各行各业齐动员，一切为了前线，做好志愿军的后勤保障。从 1950 年 10 月开始，东北行政区转为战时体制，各省、市民政厅（局）都设立了战勤处，各县民政科设战勤股，各区政府设战勤助理员，各村设战勤委员，形成了从省（市）到县、区、村的抗美援朝战勤网络，专门从事支前工作。

据不完全统计，抗美援朝战争期间，东北地区共有 394 万余人参加战勤工作，其中直接赴朝服务的民工就达 74 万余人；共动员了 39.9 万人参军，其中参加志愿军的约 30 万人。仅辽东、辽西、黑龙江、松江四省即组织担架 16600 万副；辽东、辽西、吉林三省即出动战勤大车 24.8 万辆。

抗美援朝战争爆发后，东北人民还响应中国人民抗美援朝总会的号召，开展了订立《爱国公约》、捐献武器和拥军优属活动。从 1951 年开始，各地开始订立《爱国公约》。《爱国公约》的签订，把各行各业、各阶层人民团结在爱国主义和国际主义旗帜下，努力参加生产建设，有力地支援了抗美援朝战争。在捐献武器的运动中，“东北人民共捐献了人民币六千五百一十七亿三千七百五十五万两千二百二十一元，折合可买战斗机四百三十四架，超过了原计划将近两倍半”①。

抗美援朝战争期间，东北人民政府还安置了大批朝鲜难民，扶养了近万名朝鲜孤儿，培训了十余万朝鲜人民军。

抗美援朝战争是中国人民解放军第一次跨出国门进行的战争，战勤保障也是一项全新的任务。由解放战争时期的“小米加步枪，仓库在前方”的就地取给和取之于敌的方针，改变为由国家集中统一供应，并且还要把大量的军需物资由国内运往国外，确实要解决一系列前所未有的难题。据高岗身边的工作人员回忆，抗美援朝战争爆发后，高岗十分忙碌，既要频繁地同前方的彭德怀密切联系，随时解决前方提出的各种要求，又要及时地向党中央和毛泽东汇报各项工作的进展情况，请示如何处理一些棘手的问题。

① 中国人民抗美援朝总会宣传部编：《伟大的抗美援朝运动》，人民出版社 1954 年 4 月第 1 版，第 1142 页。

我们仅从1950年10月21日到12月29日即抗美援朝战争爆发后的头两个月内，毛泽东就朝鲜战争的有关问题就给高岗发来了46封电报这一统计数字，也可见高岗当时工作忙碌之一斑。

4 | 两次入朝一次赴苏

在抗美援朝战争期间，高岗还曾两次赴朝、一次赴苏，与朝鲜和苏联的最高领导人协商抗美援朝的有关事宜。

志愿军入朝作战后，一直存在着志愿军和朝鲜人民军相互配合和统一指挥的问题。1950年11月8日，周恩来致电柴军武并告彭德怀、高岗：

> 目前正值战役间隙期间，毛主席嘱向金首相建议，可否于本月10日前后到彭德怀同志处与高岗、彭德怀两同志晤面，商谈在朝作战和供应、朝鲜人民军和机关进入东北后的训练安置及其他一切，不知金首相意见如何，请速询告，以便通知高岗同志赶往。

得知这一信息后，金日成同意就以上问题与彭德怀和高岗进行会商。于是，高岗于14日赶到朝鲜大榆洞志愿军司令部。第二天，高岗和彭德怀与朝鲜首相金日成、苏联驻朝鲜大使史蒂可夫进行了会谈，达成了基本一致的意见。

同一天，高岗还与彭德怀商讨了如何解决志愿军当前供应困难问题。当时在朝鲜战场上铁路基本被敌机炸毁，运输主要靠汽车，而汽车也因敌机轰炸和道路崎岖而损失严重，急需补充，但国内汽车也十分有限。为了解决汽车短缺问题，高岗与彭德怀联名致电周恩来，提出了借用苏军汽车应急的建议。电文说：

> 前线汽车被炸毁和翻车者已达六百台以上，现宋兵团已过江，供应甚困难，部队经常断炊。因此，由满洲里运往大连之苏方汽车一千台，无论如何，请设法借用。①

① 王焰主编：《彭德怀年谱》，人民出版社1998年3月第1版，第449页。

当时苏联已到满洲里的一批汽车是准备运往大连苏军基地的，接高岗和彭德怀的电报后，周恩来立即致电斯大林，请求紧急借用苏军汽车500辆，待中国从苏联订购的3000辆汽车到达后从中归还。斯大林表示同意，并迅速将已到满洲里的495辆汽车作为中国订购的汽车，交付中国使用。

16日下午，高岗再次与彭德怀商谈如何保障志愿军粮弹物资供应问题，当晚返回沈阳。

高岗入朝与彭德怀（右）、金日成（中）会谈

高岗第二次入朝，是在第三次战役结束后，作为中共中央代表，参加中朝两军高级干部联席会议。

第二次战役取得重大胜利后，中朝两国军队中都出现了不同程度的轻敌速胜情绪。为了统一作战思想，彭德怀在第三次战役发起之前，就向毛泽东提议召开一次中朝两军干部会议，毛泽东表示完全同意。在征得了朝方同意后，1951年1月25日至29日，中朝两军高级干部会议在朝鲜成川郡西南君子里志愿军司令部所在地召开。参加会议的除志愿军和人民军的领导外，还有金日成等朝鲜劳动党中央主要负责同志，中共中央也特派中共中央东北局书记、东北人民政府主席、东北军区司令员兼政治委员高岗和中国人民解放军第四兵团司令员陈赓参加了会议。

在这次会议上，彭德怀做了题为《三个战役的总结和今后任务》的报告，志愿军副司令员邓华做了《作战的初步经验》的报告，金日成做了《朝鲜劳动党今后工作方针》的报告，高岗做了《国内外形势》的报告。

这次会议总结了经验，统一了思想，明确了任务，鼓舞了士气，成效很大。高岗在 2 月 8 日就这次会议的情况向毛泽东报告说：

此次大会团结一致，军事思想、政策思想均无分歧。主要精神放在总结经验、交流经验、明确政策、准备力量，以消灭敌人，解放全部朝鲜。会议对全体到会干部教育意义很大。全体同志情绪饱满，信心极高。

第五次战役结束后，朝鲜战争进入了边谈边打的时期，战争发展趋势出现了重大变化。

经过五次战役的较量，美国当局被迫调整朝鲜战争政策，放弃了占领全朝鲜的目标，作出了愿意通过谈判沿三八线一带实现朝鲜停战的表示，说明通过谈判解决朝鲜问题已经具备了一定的基础。

1951 年 6 月 3 日，金日成来到北京，与毛泽东共同分析了战争形势，确定了“充分准备持久作战和争取和谈达到结束战争”的指导方针。

6 月 5 日，毛泽东致电斯大林，就派高岗赴苏向斯大林通报中朝双方会谈的情况和中共中央的意见事宜，征求斯大林的意见。正在北京的金日成也希望与高岗一同前往莫斯科，与斯大林共同谈论这些问题。斯大林对此表示同意，于是，高岗和金日成于 6 月 10 日乘坐苏联派来的飞机，秘密前往莫斯科。

高岗到莫斯科后，首先与中国驻苏大使张闻天会晤，然后由张闻天陪同看望了正在苏联养病的林彪，13 日，会见了斯大林。

这是高岗两年内第二次与斯大林见面。高岗和金日成向斯大林通报了中朝双方的意见后，斯大林表示赞同毛泽东与金日成对形势的分析以及中共中央对朝鲜战争指导方针的意见。他在 13 日致毛泽东的电报中说：

关于停战，我们认为，现在停战是件好事。

在苏联期间，高岗多次与张闻天会面，交谈朝鲜停战谈判的问题。张闻天提供了中国驻苏联大使馆获悉的朝鲜战争的最新消息，并请高岗转告马洪设法送一些国内情况的材料。

在完成使命后，17 日，高岗离开莫斯科返回国内。

十三 入京前的三次分歧

1954年2月6日，高岗在七届四中全会上承认自己犯了四个方面的错误，其中第一个方面的错误首要表现就是：

在1950年至1951年间，从我的直接感觉和经过一些同志的传达中，我认为我和刘少奇同志在一些工作问题上是有些不同意见的。

高岗在哪些问题上与刘少奇有不同意见呢？

这还得从高岗进京前，与刘少奇在富农问题、工会问题、互助合作等问题上发生的几次争论谈起。

1 | 富农问题引起争论

如何对待富农，历来是中国革命中的一个特殊问题。

中国的富农不同于资本主义国家的农场主和沙皇俄国的富农，是中国传统农业和近代社会历史条件下的产物，毛泽东称其为“农村的资产阶级”。他们一般自己参加劳动，但“大多有一部分土地出租，又放高利贷，对于雇农的剥削也很残酷，带有半封建性”。中国富农阶层人数并不多，据中南各省土改复查后对新解放区100个乡的典型调查，土改时富农户数占农村总户数的2.85%，富农人口占农村总人口的3.77%。但是，虽然富农人数不多，但在土地革命中对富农采取什么样的政策，却会对农民中的其他阶层（中农

特别是富裕中农、贫农、雇农）以及地主和资产阶级有十分重要的影响。

新中国成立前，党对富农的政策曾经发生过多次变化。

在第二次国内革命战争时期，“左”倾错误路线统治下的中央，规定地主不分田，富农分坏田，实行了“左”倾的富农政策。遵义会议后，以毛泽东为首的党中央于1935年12月6日，作出了改变对富农政策的决定，指出：

在苏区，当土地革命深入时，我们应该集中力量消灭地主阶级。对于富农，我们只取消其封建或剥削的部分，即没收其出租的土地，并取消其高利贷。富农所经营的（包括雇工经营的）土地、商业以及其他财产则不能没收，苏维埃政府并应保障富农扩大生产（如租佃土地、开辟荒地、雇用工人等）与发展工商等的自由。①

抗日战争爆发后，在1937年8月召开的洛川政治局会议上，决定实行减租减息的土地政策。解放战争时期，中共中央于1946年5月4日发出《五四指示》，规定了一般不变动富农土地，但如果农民群众强烈要求，还是可以有所变动的。因此，在事实上，各解放区土改时都动了富农的土地和财产。

在中国革命即将胜利的前夕，党中央和毛泽东开始重新思考新形势下的富农政策问题。1949年1月26日，毛泽东致电由东北入关的第四野战军负责人，并告北平市委、天津市委：

“我军入北平，只宣传约法八章及毛主席一月十四日声明，不要再发出任何口号”。“乡村中的土地改革办法，决不能施行于大城市附近”。②

1949年11月，在政治局会议上讨论新解放区农村政策时，毛泽东正式提出：江南土改时，要慎重对待富农。

1950年初，毛泽东和周恩来在访问苏联时，就新解放区土改中对待富农政策问题向斯大林通报了中共中央的初步设想。2月17日，毛、周又联名致

---

① 中央档案馆编：《中共中央文件选集》第10册，中共中央党校出版社1991年3月第1版，第586页。

② 中共中央文献研究室编：《毛泽东年谱》下卷，人民出版社、中央文献出版社1993年12月第1版，第445、446页。

电在国内主持工作的刘少奇，就送审的政务院《关于新解放区土地改革和征收公粮的指示》草案作复时，转达了斯大林的意见。电报中说：

关于新区土改征粮指示草案电收到。一般甚好，而且亟须适时发出。惟第四部分因涉及分配土地问题本身，可否暂缓发表。因斯大林同志曾在我向其报告土改政策时，提议将分配地主土地与分配富农土地分成两个较长的阶段来做，即使目前农民要求分配富农多余的土地，我们固不禁止，但也不要在法令上预作肯定。我们虽对中国半封建富农作了解释，并说明对资本主义富农并不没收，他仍举十月革命后的苏联为例，要我们把反富农看成是严重斗争。他的中心思想是打倒地主阶级时，中立富农并使生产不受影响。去年11月政治局会议时关于江南土改应慎重对待富农的问题亦曾提到过，因此事不但关系富农而且关系民族资产阶级，江南土改的法令必须和北方土改有些不同，对于1933年文件及1947年土地法等，亦必须有所修改。故我们主张目前政务院只发表新区土改征粮指示的前三部分，而将第四部分留待我们归后讨论。如须修改，则可推迟至4月再行发表另一关于土改本身的文件。如同意，可向党外民主人士解释第四部分为今年秋后方始实行的政策，不妨从长计议，待毛主席归后再行决定及发表。①

从这封电报中可以看出，毛泽东对土改中的富农政策是高度重视的。1950年3月30日，党中央又就土改中的富农政策问题分别向各中央局征求意见。从各中央局的复电来看，虽然对保存富农经济的基本政策一致拥护，但对于不动富农的土地中是否包括富农的出租地，则出现了两种不同意见。

出现不同意见是非常正常的，也只有在不同观点的相互证明中，人们的认识才会不断深入。

经过党的七届三中全会和政协全国委员会第二次会议讨论，最后由中央人民政府公布的《中华人民共和国土地改革法》第六条，对土改中的富农政策做了这样的规定：

---

① 《建国以来毛泽东文稿》第一册，中央文献出版社1987年11月第1版，第264—265页。

保护富农所有自耕和雇人耕种的土地及其他财产，不得侵犯。

富农所有之出租小量土地，予以保留不动；但在某些特殊地区，经省以上人民政府批准，得征收其出租土地的一部或全部。

半地主式的富农出租大量土地，超过其自耕和雇人耕种的土地数量者，应征收其出租的土地。富农租入的土地应与其出租的土地相抵计算。

以上是中国共产党富农政策的简要回顾，它可以为我们了解1950年春关于富农问题的那场争论提供一个背景，但1950年春围绕东北富农问题的争论在内容上又与是否动富农的出租地问题有一定的区别。

新中国刚刚成立时，农村存在着新老解放区两种不同的情况。在大约1亿人口的老解放区，土地改革已经完成，而更广大的新解放区和待解放的地区，土地改革尚未进行。因此，党在新老解放区的土地政策肯定会有较大的不同。

东北是老解放区的典型代表，大部分农村在1948年就完成了土地改革，土改后农民的经济生活状况也大部分得到了改善。农业总的产量虽还未达到1945年抗日战争胜利前的最高水平，但由于农民负担的减轻与地租的废除，农民收入普遍增加，大多数农民的经济状况开始上升，一部分人还购进了少量土地和拥有少量的雇工。

如何认识农村经济的发展方向？怎样处理党员雇工、土地买卖等一些已经出现的新问题？

当时以高岗为首的东北局和中央负责土地改革工作的刘少奇之间有不同的认识。

1949年12月5日至7日，东北局和东北人民政府召集了东北地区比较大的县份的县长、县委书记以及各省的办公室主任，座谈农村工作问题。高岗对这次会议非常重视，每天都亲自参加。座谈中，与会者对农村情况的新变化、生产变工互助组和县区村人民代表会议等问题分别反映了具体情况，交换了意见。

高岗在听取了大家的意见后，于10日做了会议总结发言。他在发言中，首先分析了东北农村出现的新情况，然后提出了来年农村工作的基本要求，最后着重论述了为了实现1950年的工作目标需要解决的一些问题。

在阐述农村经济的发展方向时，高岗说：

今后农村经济发展的方向，在一方面，应该是奖励农民生产发家，勤劳致富，使绝大多数农民上升为丰衣足食的农民；而另一方面，又必须使绝大多数农民“由个体逐步地向集体方向发展”。在向集体方向发展的过程中，不但需要在生产劳动方面发展变工互助，而且需要在供给工具、种子、原料和运销农产品方面，普遍地、有系统地建立供销合作社，以促进农民生产的发展，使农民由少受以至不受商人的剥削。这就是说，我们在领导农业经济的发展时，一方面必须反对各种各样的空想的农业社会主义思想，与好吃懒做、安于贫穷、以贫穷为光荣的糊涂思想作斗争；另一方面，又必须反对对于农业经济的发展放弃无产阶级的领导，主张完全的自由竞争，让其自流发展的资本主义的路线。新民主主义的农业经济的发展道路，应该是逐步地——起初是在供销及生产互助方面，然后是在农产品集体生产方面——引向合作社方向发展的道路。

这就是说，我们农村经济发展的方向是使绝大多数农民上升为丰衣足食的农民。而要做到这点则又必须使绝大多数农民“由个体逐步地向集体方向发展”。组织起来发展生产，乃是我们农村生产领导的基本方向，其目的是为了使绝大多数农民成为丰衣足食的农民。

但这是不是说我们不允许“单干”、不允许雇工呢？

不是的，我们是允许单干、允许雇工的。这在去年的决议中写得很清楚，问题很明白，农民富裕了，是买马拴车，扩大生产好呢？还是把它浪费掉，不积极发展生产，大家都安于贫穷好呢？有的同志说：这样他就会自己拴独犁，自己单干，而不参加变工组织，岂不是违背了“组织起来”的方向吗？

这里的问题：不是允不允许单干的问题，而是如何改进变工组，如何使参加变工组比单干比雇工打的粮食更多的问题，如果变工组织真正搞好了，自然会有绝大多数农民参加的。对他有利，为什么不来？如果对他不利，他是不会来的，硬让他来就是强迫，就违反了自愿两利的原则。即使变工组搞好，真正对农民有利，也还可能有人不愿参加的，这是长期的事实的教育与农民切身体验的问题，因此对于单干，我们绝不能禁止，不能强迫农民“组织起来”。

在新民主主义阶段中，允许资本主义存在，就应在一定条件下（如遵守劳动政策，订立劳动契约，尊重雇工政治权利，尊重雇工的雇佣自由，适当改善其生活等）允许雇工。

但这绝不是说，让大家单干好了，我们不用领导，不用组织，去让它自流吧！绝不是这样。而是要我们组织得更好，真正使参加变工组能更多打粮食改善生活，真正使变工组胜过单干。明年我们可以发动一个互助组和单干的比赛运动，看谁生产的好，打的粮食多，节省人工多，副业生产多。这里不但丝毫没有减轻对组织起来的领导责任，而是更加重了领导的责任。明年将不是检查组织起来多少（百分之几），而是要检查组织起来多打了多少粮食，超过了单干的多少。①

紧接着，高岗又阐述了几个与此相关的具体政策问题。

第一，党员雇工、党员不参加变工组如何办？高岗说：

从原则上讲，共产党是不允许剥削人的。但党员在土改后因劳动生产而上升为新富农者，按中央组织部的规定执行（注：1949 年 7 月，中组部曾就东北局提出的党员成为富农怎么办的问题，复电东北局，规定：“暂保留其党籍”）。

党员要雇工时，应说服他不雇工，多买车马参加互助组，搞好互助组，提高生产，增加自己的收入，并带领其他农民，提高生产，增加收入。

党员不参加变工组是不对的，党在农村中组织起来提高生产的方针，是必须依靠农村党员去带头实现的，如变工组不好，党员更有责任参加进去，把它搞好。

但以上问题，主要采取教育方法解决，非在必要时，不采用组织手段。

第二，借贷问题。高岗说：

应当允许，以活跃农村经济，但一般利率不要过高，以目前情况，一般可参照：借粮春借秋还借一斗还斗半，借钱月利率多少分，还在研究，总之太高了不对，太低了也借不出来。

第三，土地买卖。高岗说：

① 《东北日报》，1950 年 1 月 4 日。

原则上应该允许，但地富及游惰分子不参加劳动而出卖土地者应受限制。土地买卖应该税契，税率应高一些。

第四，土地出租。高岗说：

按新华社信箱所提的原则处理。新华社信箱指出："第一，对于一般分得土地的人应当不允许其出租，但是例如分得土地的人是孤寡病疾，或者是革命军人、革命职员的缺乏劳动力的家属等，那么就应当允许其出租。第二，对于这种出租者的土地应当由当地政府规定适当的租额，使出租者或者承租者双方的利益都得到保障。"除此之外，根据东北当前的情况，应补充以下内容：凡流散在农村的工人回厂，或农民与农村知识分子进城当工人当职员、或因分到的地不够种，从事其他劳动或职业谋生者，应准予出租土地，但地富及游惰分子不事生产而出租土地的，应予禁止。

12月31日，东北局组织部作出《农村支部工作指示》，并报送中央组织部请求答复意见。这个指示提出：

加强党员对农村经济发展方向的教育，以便提高党员个人与领导群众生产的积极性。教育党员懂得我们今后农村经济发展的方向，是奖励农民生产发家，勤劳致富，使绝大多数农民上升为富裕的农民。而达到的办法，则提倡"以个体经济为基础，在自愿两利原则下组织起来，逐渐地由个体经济逐步地向着集体方向发展"。这样才更能促进绝大多数农民富裕起来，不受或少受商人的剥削。因此应当教育党员，积极参加变工组，大量在合作社入股，搞好变工组与合作社，是农村党员的基本任务。批评某些党员只想个人发财，不管多数群众贫困，甚至想剥削别人的思想。

从高岗在座谈会上的总结发言和东北局组织部的《农村支部工作指示》中不难看出，以高岗为首的东北局关于农村经济发展方向的认识与党中央的一贯政策是相一致的，这就是通过组织起来的办法，使个体逐步地向集体方向发展，使农民发家致富。

但是，在实现这一目标的具体政策上，特别是在是否允许党员雇工、是否限制党员变成富农等一些现实问题上，高岗与刘少奇之间是有分歧的。

1950年1月23日，中共中央组织部为了批复东北局组织部《农村支部工作指示》，向刘少奇请示。刘少奇批示：

此件退安（安子文）再讨论一下。

当天晚上，刘少奇与安子文谈了他对东北农村土改后出现新富农等问题的意见。刘少奇认为：

东北土改后农村经济开始向上发展了，有三匹马一副犁一挂大车的农民不是富农，而是中农。在东北，现在这种农户大概不会超过农民的百分之十。其中真正富农所占的比例，必然更少。

现在东北，应该使这种中农得到大量的发展。今天东北的变工互助是建筑在破产、贫苦的个体经济基础上的，这是一个不好的基础。

现在的变工互助能否发展为将来的集体农庄？我认为是不可能的。这是两个不同的阶段，要防止急性病。正因为是两个阶段，所以不能混为一谈，转变得早了，是不对的。

由个体生产到集体农庄，这是一个生产方式上的革命，没有机器工业的集体农庄是巩固不了的。

我们现在的变工互助、供销合作社，具有培育农民的集体观念的作用。将来加上机器工具的条件，才能够领导实行集体农庄。

现在还必须有剥削，还要欢迎剥削，工人在要求资本家剥削，不剥削就不能生活。今年关里大批难民到东北去，关外的富农能剥削他，他就会谢天谢地。

富农雇人多，买了马，不要限制他，现在要让他发展，没有坏处，这不是自流。将来我们对富农有办法，让他发展到一定程度，将来再予以限制，三五年之后再予以限制，用国家颁布劳动法、把雇农组织起来、提高雇农的待遇、征土地税、多累进一些、多加公粮等办法，予以限制。

雇工、单干，应该放任自流，让农民都有三匹马一副犁就很好。对于不让雇工、不让单干的，不能放任，对于去干涉有三匹马的，不能放任。

党员成为富农其党籍怎么办？这个问题提得过早了。有剥削也还是可以做社会主义者的，圣西门是一个资本家，但他也是一个社会主义者，虽然当时是空想的。

即使东北将来有一万个富农党员也不可怕，因为过几年，东北可能会有一百万党员，这一万若都不好，被开除也不要紧。

因此，现在的农民党员，是可以单干的。我们的党规党法上允许党员单干而且也允许雇人，认为党员便不能有剥削，是一种教条主义思想。但能单干与应该单干是两回事，我们允许党员单干，并不是我们鼓励他们去单干。①

根据刘少奇的意见，中共中央组织部复函东北局，提出了批评意见：

党员雇工与否、参加变工与否，应有完全的自由，党不得加以强制，其党籍也不得因此停止或开除。如果在今天过分强调党员不准剥削别人，以及党员必须参加变工组织，并起带头作用等，则势必使部分党员对生产消极。而这种现象在松江省和黑龙江省的某些地方已经发生。而各地的经验均已证明，党员不雇工，群众即不敢雇工；党员对生产消极，群众中的生产热情就绝不可能发动起来。因此，对农民党员进行教育时，固须指出组织起来的好处，但同时更须明确提出“单干”与“雇工”也是党的政策所允许的。同时要告诉我们的各级干部，在今天农村的个体经济基础上，农村资本主义的一定限度的发展，并不是可怕的事情，党员变成富农怎么办的提法，是过早的，因而也是错误的。②

高岗对于刘少奇的意见和中组部的批评，持何态度？

薄一波在《若干重大决策与事件的回顾》中说：

据高岗说，他收到少奇同志谈话记录后，在北京面交毛主席，毛主席批给陈伯达看，对少奇同志谈话的不满，形于颜色。后来，这个谈话记录就成

① 《刘少奇论新中国经济建设》，中央文献出版社 1993 年 10 月第 1 版，第 152—155 页。

② 《建国以来刘少奇文稿》，中央文献出版社 1998 年 11 月第 1 版，第 326—327 页。

为高岗反对刘少奇同志的重要借口。①

如何评价刘少奇与安子文的谈话？

周恩来1954年2月16日在七届四中全会上有过这样的评论：

少奇同志的谈话，可能有个别话走了火，但本质上还是对的。

不管是刘少奇的谈话出现了一些不妥当的话语也好，还是高岗以及东北局的认识有“左”倾成分也罢，都还是工作中的认识问题，出现分歧是很正常的现象，认识上出现一些偏差也是可以理解的。

但是，如果不能站在党和人民的利益高于一切的立场上处理工作中的不同认识问题，将工作中的正常分歧与个人的恩恩怨怨联系在一起，就会将原本简单的问题变得越来越复杂，使本来正常的一个环节变成解不开的死疙瘩。

实际上，在这场关于富农问题的争论爆发之前，刘少奇与高岗领导的东北局之间，围绕着如何对待私人资本主义问题，就已经产生了分歧。

1949年5月19日，刘少奇在北平市干部会议上发表了讲话。刘少奇在讲话中，“着重指出党内实际存在着‘立即消灭资产阶级’的‘左’的倾向，立即消灭资产阶级不是无产阶级的路线，是小资产阶级的平均主义、农业社会主义的倾向，是错误的，反动的。私人资本主义现在不只是可以存在的，而且要发展、扩大。”

第二天，时任中共中央东北局社会部第二部长的邹大鹏，给刘少奇写了一封信（即“东北一党员的信”），全文如下：

少奇同志：

昨天听了你报告中的第一个问题，如何对待民族资产阶级和劳资关系问题以后，完全解决了我三四年来在城市工作中的一个极大的思想上的矛盾。而此种矛盾思想也是我所接触的城市工作干部中普遍存在着，一直未曾得到肯定的明确的解决的。现在我觉得解决了此种矛盾思想，是我们根据中央已

① 薄一波：《若干重大决策与事件的回顾》上卷，中共中央党校出版社1991年5月第1版，第198页。

经发表的有关城市政策，特别是毛主席的“发展生产、繁荣经济、公私兼顾、劳资两利”的方针，我们觉得很明确。但我们在城市实际工作中，所执行的具体政策和办法，又往往不得不或多或少地违犯这个方针。否则便可能被批评为右倾是大家都怕的，不得不故意“左”一点，但“左”一点又觉得不对，矛盾和苦闷即由此产生。在去年夏天的城工会议上，大家普遍提出了这个问题，企图得到解决并曾说明这是当前城市工作中急待解决的问题。大家在思想上有矛盾很苦闷，但我们所得到的答复是洛甫同志在结论中所说的：“你们为什么要去注意私人工业呢？听其自生自灭，垮了就垮，你们不能负责，这种右倾思想要不得。”结果大家垂头丧气而返，绝大多数与会的干部不同意，但没人提出，因为怕右倾，但问题并没有解决。第一，大家觉得“垮了就垮”总不如把这部分生产力好好利用起来为好，因为利用它生产，对国计民生有好处。第二，更现实的问题是垮了之后，工人失业我们怎么办，结果变成劳资两不利，工人也要抱怨我们。以哈尔滨道外一个牙刷工厂为例：去年城工会之后，两个工运干部去和工人讲话，结果被工人用木棍赶出来。工人说：你们再来我们工厂就要垮了，我们要挨饿了。当然这里也可能是资本家利用工人搞我们，但工人确实怕工厂关门、自己失业这个问题。稼祥同志所起草的城市工作大纲中曾企图解决，他比较了解实际情况并倾听了许多实际工作同志的意见，我们许多干部基本上同意他那个意见，但去年城工会议时他因病未出席。会后我曾向稼祥同志说过，会议未曾考虑大家所提出的意见和反映的实际情况，他默然未答。今年 1 月我又问富春同志，他说我现不答复将来再谈。今年 5 月我临离开东北时又问富春同志是否可以答复，他说快了你等着吧。直到听了你报告的第一个问题之后，我得到答复，问题解决了，我只谈到这一点。至于我们在城市要依靠工人阶级，国营企业是主要的，对这些干部当中都认为是对的并无疑问。

接到邹大鹏的信后，刘少奇于 5 月 31 日为中共中央起草了这份给东北局的电报：

东北局：

最近邹大鹏有一封信给少奇同志，说我们党在东北对私人资本主义及民族资产阶级的政策，虽然经过长期争论，至今未能正确解决。我们认为这个问题是关涉党的总路线及十分重要的问题，必须完全正确地迅速地解决。现特将邹大鹏来信电告你们，望东北局召集会议，要洛甫现场参加并发表意见，然后将东北局讨论的结果电告中央。最近少奇同志到天津巡视，发现我们在天津的负责同志完全不理资本家，有些干部则认为和资本家接触就是立场不稳。贸易公司在原料及市场方面统制，不给资本家的生产以应有的照顾，税收机关对私人生产亦未给以应有的照顾。在劳资关系上工人有过高的要求和过左的行动，未用适当的办法去纠正，强令资本家开工，但资本家在开工后的各种实际困难未帮助资本家去克服。在报纸上只说资本家坏，不说资本家还有些好处；在党内思想上只强调私人资本主义的投机性、捣乱性（具有这种性质的是无益于国计民生的私人资本，例如投机商业等，但不是一切私人资本都有投机性、捣乱性），强调限制资本主义而不强调一切有利于国计民生的私人资本主义生产在目前及今后一个长时期内的进步性、建设性与必须性，不强调利用私人资本主义的积极性来发展生产，只强调和资本家斗争而不强调联合愿意和我们合作的资本家，结果就使资本家恐慌消极，陷于半瘫痪状态，完全没有生产积极性，许多资本家就准备停工歇业或逃跑。这是一种实际上立即消灭资产阶级的倾向，实际工作中的“左”倾冒险主义的错误路线和党的方针政策是在根本上相逆反的。据说在东北城市工作中也有这种倾向，望东北局立即加以检讨并纠正。因为我们顾虑到在党内存在的上述偏向，故我们尚未批准印发东北经济构成及经济建设方针提纲这个文件。我们认为在这个文件上必须加上批驳上述偏向的一段文字之后才好印发。

接到中央的指示电后，张闻天于6月9日致电东北局并报党中央，作出了“两点声明”：

中央5月31日发来关于对待私人资本主义中的“左”倾机会主义的电及邹大鹏给少奇同志的信均收到。中央批示及邹之信，我想作以下两点声明：

第一，去年我在城工会议做结论，是因稼祥同志有病临时受东北局的委托去的，结论提纲曾经过东北局讨论通过，并且不久即由我把文写成了关于东北经济构成的提纲草案。当时我对于私人资本主义的观点也已全部写进去了。此文件经东北局讨论通过后，曾发给中央，并曾在去年9月高干会议二次发到到会同志中去讨论过。这会议邹大鹏同志亦曾参加过，但当时并未听到过反对的意见。之后我做了一个时期的组织部工作，最后又在财经委员会做了一个多月对国营企业的研究工作，对私人资本主义并未做过研究，亦未发表什么新意见，至于邹大鹏关于去年城工会议及其关于我的所谓结论的反映，我个人觉得还缺少真实性。

第二，自我到辽东后，我又重新接触到私人资本主义问题，发现东北自纠偏防右后，在正确发展私人资本主义上，还存在有若干带有盲目性的“左”的思想与“左”的做法。这次全省县级以上干部会议上，对此又有若干反映。我拟在做结论时，根据二中全会决议关于发展私人资本主义的重要性与必要性加以适当的强调，以纠正一些“左”的思想与做法。同时我还想在会议后对此问题进一步加以研究，待把问题弄得更清楚后，再向东北局与中央报告请示。

如东北局开会需要我参加，那我就可以在会议上发表我的意见。

曾经长期担任党的总书记的张闻天，是党的七大选出的中共中央政治局委员。他于1945年与高岗一道来东北后，长期在相当于现在的市、县的基层工作。他先任中共合江省委书记，后任东北局常委兼组织部部长，1949年5月到安东任中共辽东省委书记。然而，虽然到东北后职务不高，但有很高马列主义修养又长期深入实际的张闻天，对东北的经济结构与经济状况却有着非常深刻的认识。1948年9月15日，张闻天为东北局撰写了《关于东北经济构成及经济建设基本方针的提纲》。这份提纲经东北局讨论通过后于9月30日上报到中共中央，受到中共中央和毛泽东的重视，其主要思想为党的七届二中全会所吸收。

应当如何评价张闻天的“两点声明”？

当代中国出版社2000年8月出版的《张闻天传》讲到了这场争论，该书的第631页和第632页对此评价说：

“张闻天所说情况是真实的。1948年8月31日张闻天为东北城工会议作总结发言的当时，在东北城市工作中纠‘左’的工作，根据党中央和东北局的指示，已经进行了相当一个时期，‘左’的偏向已经和正在得到纠正，而在这次城工会议上一些同志的发言中也暴露出某些右的偏向。所以，张闻天在总结发言中谈城市工作开展两条战线斗争时批评了右的偏向。”“在张闻天的总结发言中，并不存在对待私人资本主义的‘左’的偏差。”

这就是在刘少奇与高岗围绕富农问题争论之前，在如何对待私人资本主义问题上所发生的争论。从这场争论的回顾中我们可以看到，当时争论的另一个主角是张闻天。

2 互助合作再起争议

在 1950 年春天这场关于富农问题的争论中，虽然高岗对刘少奇以及中央组织部的批评不满，但他当时并没有公开提出意见。1951 年 4 月至 9 月间，党内围绕山西省委关于发展农业生产合作社的报告又发生了一场争论，为高岗重提当年的分歧创造了时机。

1951 年 4 月 17 日，中共山西省委向中共中央华北局写了一份题为《把老区的互助组织提高一步》的报告。报告认为：

“随着农村经济的恢复与发展，农民自发力量是发展了的，它不是向我们所要求的现代化和集体化的方向发展，而是向着富农的方向发展。这就是互助组发生涣散现象的最根本的原因。当然这也不是说，目前已经发展了多少富农，而是说富农方向已经是农民自发的一个趋势”。因此，“必须在互助组织内部，扶植与增强新的因素，以逐步战胜农民自发的趋势，积极地稳健地提高农业生产互助组织，引导它走向更高级一些的形式”。而“把‘公共积累’和‘按劳分配’这两个进步的因素，在互助组织逐步地增强，它将使老区互助组织大大地前进一步。”“对于私有基础，不应该是巩固的方针，而应当是逐步地动摇它、削弱它，直至否定它。”①

然而，作为山西省委上级的华北局并不同意山西省委的意见。5 月 4 日，华北局批复山西省委的报告并报中央，明确提出：

① 《刘少奇论新中国经济建设》，中央文献出版社 1993 年 10 月第 1 版，第 195—196 页。

你们提出用积累公积金和按劳分配办法来逐渐动摇、削弱私有基础直至否定私有基础是和党的新民主主义时期的政策及共同纲领的精神不相符合的，因而是错误的。①

接到华北局批转山西省委的报告后，刘少奇又听取了华北局负责人薄一波、刘澜涛等有关同志的情况汇报，于7月3日对山西省委《把老区的互助组织提高一步》的报告做了如下批语：

在土地改革以后的农村中，在经济发展中，农民的自发势力和阶级分化已开始表现出来了。党内已经有一些同志对这种自发势力和阶级分化表示害怕，并且企图去加以阻止或避免。他们幻想用劳动互助组和供销合作社的办法去达到阻止或避免此种趋势的目的。已有人提出了这样的意见：应该逐步地动摇、削弱直至否定私有基础，把农业生产互助组织提高到农业生产合作社，以此作为新的因素，去"战胜农民的自发因素"。这是一种错误的、危险的、空想的农业社会主义思想。山西省委的这个文件，就是表现这种思想的一个例子，特印发给各负责同志一阅。②

7月5日，刘少奇在春藕斋讲话时又对山西省委报告中的观点进行了批评。

但是，毛泽东并不同意刘少奇的意见。7月25日，华北局向中央呈送经刘少奇修改过的《关于华北局农村互助合作会议的报告》。40年后，薄一波在《若干重大决策与事件的回顾》中记述了当时的情况：

"随后，毛主席找刘少奇同志、刘澜涛同志和我谈话，明确表示他不能支持我们，而支持山西省委的意见"。"他讲的道理把我们说服了"，"少奇同志还通过范若愚同志向马列学院一班学员收回7月5日下午在春藕斋发给他们的材料。这场争论就这样结束了"。③

---

①② 《刘少奇论新中国经济建设》，中央文献出版社1993年10月第1版，第193、192页。

③ 薄一波：《若干重大决策与事件的回顾》上卷，中共中央党校出版社1991年5月第1版，第191页。

然而，这场争论实际上并没有结束。

10月14日，高岗写了一份关于东北农村生产互助合作运动的报告给毛泽东。高岗在报告中列举了东北农村在开展生产互助合作运动中的做法和成就，概括了互助合作组织在农村经济发展中的作用，表示要“继续坚持贯彻毛主席屡次指示的方针，即根据群众的自愿与需要，加以积极扶助与发展，并逐步由低级引向较高级的形式”。

高岗的报告受到了毛泽东的高度重视。10月17日，毛泽东在为中央转发高岗的报告起草的批语中说：

中央认为高岗同志在这个报告中所提出的方针是正确的。一切已经完成了土地改革任务的地区和党委都应研究这个问题，领导农民群众逐步地组成和发展各种以私有财产为基础的农业生产互助合作组织，同时不要轻视和排斥不愿参加这个运动的个体农民。①

至此，这场发端于东北富农问题的争论，由山西省委关于互助组织的报告再次挑起，最后以毛泽东对高岗等人的明确支持而宣告结束。

但是，纵观这场看起来比较复杂、涉及的人物也十分重要的争论，实质上还只是一场工作中不同意见的分歧。逐步引导个体农民组织起来，走社会主义集体化道路，这是中国共产党早已确定的奋斗目标，在这个根本问题上，毛泽东与刘少奇之间、刘少奇与高岗之间以及华北局与山西省委之间，并无原则上的分歧。区别只是在于是现在还是将来把老区互助组织提高到半社会主义性质的农业生产合作社。刘少奇认为现在不应当动摇互助组织的私有基础，要等农村生产力发展到一定程度以后再采取社会主义的步骤。而毛泽东、高岗等则认为，现在就可以把老区的互助组织提高一步，建立半社会主义性质的农业生产合作社。

不管后来的人们如何评价这场争论，在毛泽东表明态度后，刘少奇很快就放弃了自己的意见。1954年2月10日，他在七届四中全会上说：

① 《建国以来毛泽东文稿》第二册，中央文献出版社1988年11月第1版，第477页。

“在土地改革完成以后，要对我国农业实行社会主义改造，要实行农业集体化，对于这个基本方向，我是没有怀疑过的。因此，我主张向农民宣传社会主义，要经常地向农民说明，仅仅实行土地改革还不能最后地解放农民，只有实行社会主义才能使农民最后地获得解放，免于贫困并富裕起来。在目前要广泛地发展劳动互助组和供销合作社，要限制富农经济，对于这些，我的观点都是明确的。但是，我有过一种想法，就是我以为还要等一个时候才能在我国农村中大量地、普遍地组织农业生产合作社和集体农场，而没有想到立即就可以大量地组织半社会主义的农业生产合作社，并由此发展到完全社会主义的农业生产合作社即集体农场。同时，在目前的劳动互助组与将来的集体农场之间没有抓住以土地入股的半社会主义的农业生产合作社这个组织形式，作为由互助组过渡到集体农场的十分重要的中间过渡形式，因而，就以为互助组不能过渡到集体农场，而把二者看成在组织上是没有多少联系的两回事。”

“在1951年秋，中央讨论农业生产互助合作问题后，由于毛泽东同志的指示得到了纠正，我也就抛弃了这种想法。”

但同样是在这次会议上，高岗在2月6日的检讨中，却并没有提起这场争论。高岗在承认“我对少奇同志的看法上是有严重的错误的”时，仅仅承认这种错误的表现“就是把少奇同志个别的、一般的和不重要的一些工作上的缺点看成是系统的”。

3 | 工会问题又发分歧

几乎在围绕山西省委关于发展农业生产合作社的报告发生争论的同时，党内围绕工会工作方针问题也发生了一场争论。

不过，虽然这场争论的主角仍然是高岗和刘少奇，但起因却是中共中央中南局第三书记邓子恢的一篇报告。

1896年生于福建省龙岩县的邓子恢是1926年就加入中国共产党的老革命。土地革命战争时期在党创建闽西革命根据地的斗争中，他曾担任中共闽西特委书记，在毛泽东的领导下工作。1934年中央红军被迫长征时，他奉命留在苏区，与项英、陈毅一起领导敌后游击战争。抗日战争爆发后，他担任了新四军政治部副主任、主任。解放战争时期，任中共华中分局书记、华中军区政委、中原局第三书记。新中国成立后，邓子恢于1950年2月担任了中南军政委员会副主席和中共中央中南局第三书记。

1950年7月11日至19日，中南局总工会召开筹委扩大会议。在这次会议上，邓子恢针对中南地区工会工作中存在的一些问题，做了一个长篇报告，讲了三个问题：一是关于工会工作的立场问题；二是关于代表工人利益问题；三是关于工作方法与工作作风问题。在论述工会工作的立场时邓子恢提出：

工会工作“应该明确地站在工人阶级利益的立场。工会工作者说话、办事、看问题、提问题、处理问题，都应该从这个立场出发”，“在公营企业中，工会工作同志的立场和态度，也不应与企业行政管理人员混同起来”。二者“虽然基本立场是一致的，但在具体问题上必须个人站稳自己的立场。企业管理者代表厂方利益，而工会工作者应该完全代表工人的利益”。

邓子恢还提出：

不仅在企业中工会与厂方可以如此分工，就是工会与政府关系上，也应该各有不同的立场和态度。

邓子恢的报告不仅在党内而且在全国都产生了较大的反响。

7月29日，中南局把邓子恢报告的主要内容向党中央做了汇报。

7月30日，《长江日报》全文发表了邓子恢的报告。

8月4日，刘少奇为中央草拟了转发这个报告的批语。批语中说：

这个报告很好，愿照邓子恢同志的做法，在最近三个月内认真地检查一次工会工作并向中央作一次报告。

同一天，中华全国总工会机关报《工人日报》转载了邓文并加了编者按。编者按说，邓子恢同志提出的三个问题非常重要，不仅是中南工会要解决的问题，而且是全国工会干部要加以解决的问题。全国总工会还为此发出通知，要求全国工会干部学习邓文。

9月4日，《人民日报》以《关于中南区的工会工作》为题全文转载了邓文，并且也加了编者按。按语中说：

这是邓子恢同志在7月11日至19日举行的中南总工会筹委扩大会议上作的关于工会工作的报告。在这个报告中，他着重指示了工会工作的立场、工作方法与工作作风等几个问题，对于工会干部的整风有重要的指导意义。

在新中国成立不久的国民经济恢复时期，如何做好工会工作意义重大，党中央和毛泽东对如何搞好工会工作都十分关心。12月22日，毛泽东在中共西北中央局关于职工运动的报告上批示说：

七届四中全会一定要讨论工会工作，并且以管好工会工作为中心。过去工会工作是有成绩的，成绩很大，问题甚多。有的工厂企业中，党、工会与群众关系不正常。如群众正在谈话，党员一去便不谈了，群众害怕党员，怕党员汇报，甚至有个别地方把党员看成"特务"，这是一种脱离群众的现象。工会也是如此，脱离群众的现象很多。因此，全党都要注意这个问题，各中央局、分局、省市区党委要专门讨论工会工作，不是小规模地讨论，要大规模地讨论。

12月30日，毛泽东又在中央转发西北局关于工会工作报告上批示说：

各中央局、分局、省市区党委，"在1951年春季党的四中全会开会以前，请你们负责认真地检查一次工会工作，准备向四中全会作报告。各地工会工作存在着严重的缺点，而各级党委一般地来说注意得很不够，或者完全没有注意，这是不对的，必须改变这种情况。现将西北局12月26日关于工会工作的报告发给你们，望你们加以研究，定出自己的方针，并报告中央为盼。"①

① 《建国以来毛泽东文稿》第一册，中央文献出版社1987年11月第1版，第753页。

很显然，毛泽东对各地工会工作中存在的严重问题是非常不满的，并要求各级党委要研究工会工作。但从毛泽东的上述批示中也不难看出，毛泽东更关心的是企业中的党群关系是否正常。

毛泽东发出了要研究工会工作的指示，高岗是能够跟得上的。作为率先开展经济建设地区的主要领导，高岗对工会工作也是一直比较关注的。早在1950年7月21日，也就是邓子恢在中南作报告后的几天，高岗在出席东北总工会执委会扩大会议时，也在报告中专门论述了工会与行政和党的关系问题。但这两篇仅隔几天的报告却在认识上有较大的差距。邓子恢强调在工会工作的同志必须站稳自己的立场，不应与企业行政管理人员混同起来。而高岗在报告中则提出：

党政工在国营企业中都是为了一个目的，就是搞好生产。所以他们相互之间的关系应该是亲密团结，互相支援配合。①

1951年4月，高岗针对邓子恢的报告，主持写出了《论公营工厂中行政与工会立场的一致性》一文。该文不同意邓子恢报告中提出的“工会同工厂管理机关‘基本立场’一致、‘具体立场’不一致”的观点，认为这种说法模糊了我国政权的人民民主专政的性质，模糊了工人阶级的领导思想及其在国家政权中的地位，模糊了公营企业与私营企业在本质上的区别，这样就不能不造成公营企业中工会工作的思想紊乱。文章认为，公营企业中行政的利益与工人群众的利益是完全一致的，新民主主义政权下的工会的立场与新民主主义的人民政府的立场是一致的。

4月2日，高岗在东北局召开的城市工作会议上作总结时又强调要统一认识，明确“党、行政、工会、青年团立场一致、利益一致、总的任务一致的统一认识”。

4月22日，高岗把《论公营工厂中行政与工会立场的一致性》一文送给毛泽东审阅，并请示能否在报上发表。当时担任毛泽东秘书的胡乔木在看了高岗送来的文章和给毛泽东的信后，写信给毛泽东和刘少奇，认为邓文关于工会与行政“具体立场不同”的说法，“确有不完满的地方”，但高文“用正

① 《东北日报》，1950年8月3日。

面批驳的方法”，也不适宜。

5月10日，刘少奇在胡乔木的信上批示：

> 我意高岗同志文章暂不发表，待四中全会讨论此问题时，当面说清楚。高文可送邓子恢同志一阅。

5月16日，刘少奇又就此事写信给高岗，说：

> 关于工厂与工会立场问题你写的文章，我已看过，已送交主席，可能主席尚未来得及看。我的意见以为四中全会即将召开并要讨论这个问题，子恢同志亦来，可以在那时加以讨论。因此，你的文章以暂时不发表为好。

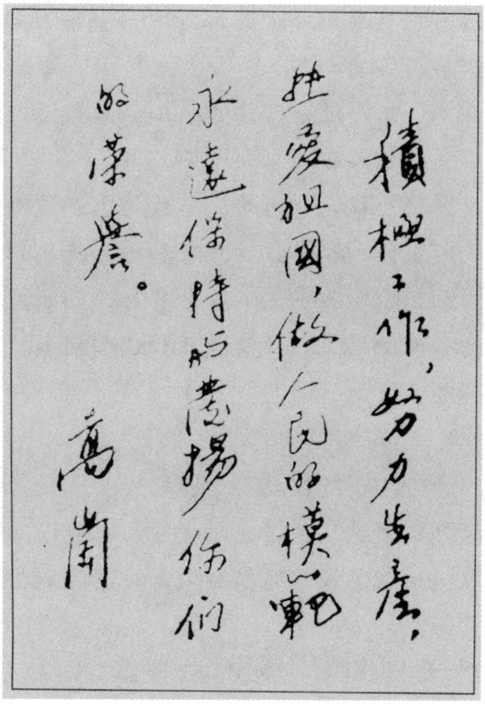

高岗题字

刘少奇不同意公开发表高岗的文章，是因为他不但赞同邓子恢的观点，而且对此有更深刻的认识。

1951年五六月间，刘少奇认真研究了双方文章的论点，撰写了8000多字的长篇读书笔记，准备在召开四中全会时与高文、邓文一并讨论。

作为全国总工会名誉主席和党中央负责工会工作的刘少奇，在这篇读书笔记中没有局限于高文和邓文在工会有无具体立场问题上的争论，而是从研究国营工厂内部的公私矛盾入手，认为：

> 在国营工厂内部虽然没有阶级矛盾了，但仍然存在着“国营工厂管理机关与工人群众之间的矛盾，就是国营工厂内部的公私矛盾。这种矛盾与资本家工厂中的阶级对抗完全不同，它是一种在根本上非敌对的、可以和解也应该调和的矛盾。但它是一种不容否认的、客观存在的、真正的矛盾，是在长

时期内要我们来认真地加以调整和处理的矛盾。”这种矛盾的存在，决定了工会工作的必要。“因此，在目前的国营工厂中以及在将来社会主义的长时期内，工会还是必要的。工会工作者与国营工厂管理人员，在保护工人阶级和全体人民整个利益的问题上，他们的出发点，他们所站立的地位与立场，是或者应该是相同的、一致的。在这些关涉工人阶级基本利益的问题上，他们有共同的、一致的立场和出发点，但是，在处理有关双方的各种个别的日常的问题时，他们又各自有自己的出发点，各自站在自己的同对方相矛盾的地位与立场上来协议和调处这些问题，以致各自代表自己的一方面来签订合同等。”①

刘少奇的这篇文章还只是个人的读书笔记，当时并未发表，后来由于毛泽东的表态，这篇文章也没有拿到四中全会上去讨论，所以当时并未就这篇文章引起争议。但与刘少奇有着相同见解的李立三的报告，却成了被批判的靶子。

10月2日，全国总工会常务副主席、党组书记李立三写了《关于在工会工作中发生争论的问题的意见向毛主席的报告》。李立三在报告中说：

我觉得公私关系问题，不仅在目前公营企业中，而且在将来社会主义时期各种对内政策问题上也还是一个主要问题，否认“公私兼顾”的原则可以运用到公营企业中的意见，可能是不妥当的。

虽然李立三的意见与刘少奇的意见基本一致，也就是说二人都赞成邓子恢的观点，但毛泽东对此并不同意。看到李立三的报告后，毛泽东尖锐地批评李立三和全总党组在工会工作中有严重错误，严厉地否定了李立三的意见。

毛泽东表态后，中共中央即在1951年11月成立了由刘少奇、李富春、彭真、赖若愚、李立三、刘宁一组成的中华全国总工会党组干事会，负责指导全总党组工作。

12月13日，成立不久的党组干事会领导召开了全总党组扩大会议，开始对李立三进行批判。

① 《刘少奇论新中国经济建设》，中央文献出版社1993年10月第1版，第193页。

12月20日，主持会议的李富春在《在工会工作问题上的分歧》的结论报告中，认为李立三在工会工作上“有三个最主要的错误”：

一是“把工会变成完全狭隘的经济主义的组织”；二是“否定了党对工会的领导”；三是“领导方法是主观的，形式的，事务主义的，甚至于家长制度的”。

12月22日，会议通过了《中华全国总工会党组扩大会关于全国总工会工作的决议》。决议中提出：

李立三同志在工会工作上所犯的错误，是严重的原则错误。他的狭隘的经济主义、否认党的领导、脱离实际和脱离群众，乃是表现了社会民主党的倾向。这种社会民主党的倾向是完全反马克思列宁主义的，是对于职工运动和我们党的事业极其有害的。

这场关于工会工作方针的争论，最终以李立三被解除全国总工会常务副主席、党组书记职务而宣告结束。这不但在客观上意味着高岗在这场争论中的“胜利”，同时也使高岗看到了毛泽东与刘少奇在工作中对某些问题的分歧。

纵观高岗在入京前围绕着富农问题、工会问题以及互助合作等问题与刘少奇发生的分歧，不难看出，刘、高之间的分歧不管谁对谁错，在当时还都属于工作中的不同认识问题。但是，由于毛泽东在争论的过程中基本上是赞成高岗的意见，所以，高岗在东北局内部也说了一些贬低刘少奇威信、抬高自己的言论。

下篇 进北京

BEING BEIJING

由黄土地到黑土地，虽然道路曲折，征程漫漫，但高岗是成功的。

这固然有历史提供的机遇，但不可否认，高岗作出了应有的努力，也具有相应的能力。

然而，黄土地、黑土地上的成功所造就的道道光环使高岗有些眩晕了。如何应对全新的工作环境和复杂的政治局势高岗自认为也不在话下，但事实证明，高岗的所思所想过于简单。

十四 国家计划委员会主席

高岗的人生历程尽管不长，但他所拥有过的头衔却真是不少：

高政委、高司令、高书记、高议长、高主席……

也许这些头衔与有的人比较起来并不算多，但高岗曾经同时拥有三个极其显赫的“高主席”头衔，这恐怕是任何人都无法比拟的。

他同时担任的三个“主席”是：中华人民共和国中央人民政府副主席、东北人民政府主席、国家计划委员会主席。

1 奉调进京

随着朝鲜战局的稳定和国民经济恢复任务的初步完成，中共中央决定从1953年起开始大规模的经济建设。

为适应这一转变，中共中央和中央人民政府机关必须加强。

高岗就是在这个大背景下，奉命调到了北京。

1952年6月20日，刘少奇根据毛泽东关于加强党和政府中央办事机构的指示，致电中国驻苏联大使张闻天，要他了解苏共中央机构的组成情况，并告知张闻天中共中央准备加强党和政府的中央机构工作，拟将各中央局书记及其他一些干部调到中央工作，并将参考苏共中央的经验来建立党中央的机构。

然后，刘少奇又让中央办公厅主任杨尚昆和中央组织部副部长安子文主持起草具体意见。

这期间，中央就这个问题向来京的东北局书记高岗、中南局代理书记邓子恢、西北局第二书记习仲勋等征求了意见。

高岗是6月份来京后得知中央这一举措的。回东北后，高岗立刻组织人马，于7月9日，以中共中央东北局的名义，致电毛泽东并中共中央，提出了《关于加强中央机构、改变大区行政机构与任务的初步方案》。

东北局提出的方案主要内容有：

（一）缩小与改变东北大行政区一级的机构与任务。第一步，缩小职权，紧缩机构，使东北局与东北人民政府成为中央在东北地区的督促检查机关。俟中央接管就绪，各省市与中央联系走上常规后，撤销东北大行政区一级机构。

（二）缩小东北人民政府的机构与工作。东北人民政府改为东北行政委员会，任务为代表中央人民政府和政务院检查督导东北各省、市政府的工作。东北人民政府现有直属部门二十五个，编制人员总数为七千六百四十二人。改为东北行政委员会后，拟减少至八个单位，编制总人数减少五千。其所掌管的工作，一部分移交中央各部门直接管理，一部分移交地方或其他部门。全部精简工作至明年一二月完毕。

（三）东北机构缩小后，多余的干部一部分送中央，一部分调至各省市各企业及基本建设部门。①

东北局提交的方案得到了毛泽东和党中央的认可。7月18日，刘少奇代表党中央拟了一份转发东北局关于加强中央机构改变大行政区机构与任务的初步方案的通知，提出：

“中央认为东北局关于加强中央机构、改变大区行政机构与任务的初步方案在根本上是正确的。”“由于经济建设即将成为我们国家的中心任务，党和政府的中央机构必须加强，为此，中央拟于明年初调各中央局书记及其他若干同志来中央工作，并拟逐步缩小各中央局和各大区政府的机构与职

① 见中共中央文献研究室主办的《党的文献》2003年第6期，第37页。

权。”①

同一天，刘少奇还致信毛泽东、周恩来、朱德、陈云、彭德怀，呈报由杨尚昆和安子文主持起草的《关于加强党中央办事机构的意见》。刘少奇在信中说：

“关于加强党中央办事机构问题，自主席提出后，我找尚昆、子文及组织部其他同志谈过几次，并和高岗、邓子恢、习仲勋同志谈过。”“整个方案自须待9月以后的中央会议才能决定，但目前是否可以根据这个方案的原则进行一些准备，抽调一些办事人员来中央，特别是加强中央办公厅的机构，帮助中央处理大量的文电和材料。”②

8月4日，毛泽东批示：

此件我认为可行……即照少奇同志建议开始进行准备，从各地抽调一些人来，建立一些机构。③

新中国成立初期，中央和地方的机构设置以及中央与地方的关系如何调整，变动是较大的。这次上调各大区负责同志到中央工作，是党中央为适应新形势下的新任务而采取的重大举措，也是逐步理顺中央与地方关系的重要尝试。对此，党中央是十分审慎的。

9月23日，毛泽东亲自致电高岗：

高岗同志：请你早日来中央着手建立由你担负的工作。何时可来，盼告。④

对于党中央的决定，高岗是早已知道的，他对走后的东北局领导层也通

①②③ 中共中央文献研究室编：《刘少奇年谱》下卷，中央文献出版社1996年9月第1版，第300页。

④ 《建国以来毛泽东文稿》第三册，中央文献出版社1989年11月第1版，第561页。

过中央进行了安排。1949 年 3 月中共中央东北局成立时，书记是高岗，副书记是李富春，常务委员有林枫、张秀山、李卓然、张闻天、张明远等。1952 年 8 月，中共中央调李富春去中央工作，同时任命林枫、张秀山为中共中央东北局第一、第二副书记。11 月，中共中央又任命张明远为第三副书记，书记仍由高岗兼任。

在高岗离开东北后主持中共中央东北局工作的林枫，祖籍山东，生于东北，1906 年 9 月 30 日出生于黑龙江省望奎县。1924 年，18 岁的林枫考入天津南开中学读书，1927 年 3 月经在南开中学任教的范文澜介绍加入中国共产党。1929 年夏，林枫又考入北平大学工学院学习，1933 年担任中共北平市委书记兼组织部长，1936 年任过刘少奇秘书。抗日战争爆发后，林枫历任中共山西省工作委员会副书记、山西省委书记、晋西南区委书记、晋西区委书记、中共中央晋绥分局副书记，并在党的七大上当选为中央委员。抗日战争胜利后，林枫作为中共中央委员，与彭真等奔赴东北，历任东满分局书记和吉辽军区政治委员、东北局组织部长、东北行政委员会主席、东北局常委、东北人民政府副主席、东北局副书记等重要职务。

但是，林枫虽然在东北局内是仅次于高岗的二号人物，可东北局的一号人物高岗却对其缺乏信任。

走农村包围城市道路的中国革命的一个重要特点，就是首先在一个一个的地区建立革命根据地，客观上形成了一个一个的“山头”。毛泽东在党的七大时就说：

中国革命有许多山头，有许多部分，内战时期，有苏区、有白区，在苏区之内又有这个部分那个部分，这就是中国革命的实际。离开了这个实际，中国革命就看不见了。内战之后是八年抗战，抗战时期也有山头，就是说有许多抗日根据地，白区也有很多块，北方有，南方也有。这种状况好不好？我说很好，这就是中国革命的实际，没有这些就没有中国革命。所以这是好事情，不是坏事情。坏的是山头主义、宗派主义，而不是山头。①

① 中共中央文献研究室编：《毛泽东在七大的报告和讲话集》，中央文献出版社 1995 年 4 月第 1 版，第 167 页。

然而，虽然有“山头”是中国革命的实际情况，但如果热衷于“山头”，也必然不利于党内的团结。起家于黄土高坡的高岗基本上是在西北和东北这两块根据地上活动，“圈圈”、“摊摊”的概念在高岗的头脑里比较深厚。在东北解放战争的四年间，尽管林枫位居高岗之下，而高岗却一直认为林枫不但工作能力不行，而且由于林枫与刘少奇、彭真长期在北方局工作，所以林枫实际上仍然是刘少奇、彭真那个北方局“圈圈”的人，必须加以提防。所以，高岗在东北期间，对林枫不够信任。

当时，在东北局内部私下里也有“组织上林、秀、远，工作上远、秀、林”之说（林、秀、远即林枫、张秀山、张明远。高岗认为张明远的工作能力要超过张秀山，所以又有远、秀、林的排列）。

不过，虽然高岗在负责东北局工作期间，在处理同事之间的关系上有一些毛病，存在一些不足，但总的来看，还是以大局为重、以事业为重的。

正如张明远所说：

“在干部工作中，东北局继承和发扬了老解放区的优良传统，坚持德才兼备，尊重知识，尊重人才，讲五湖四海，不讲‘山头’，不论资排辈。因此，东北的干部虽然有的来自全国各地，有的土生土长；有老干部，也有新生力量。但大家都能团结一致，各尽其才地为建设新东北做贡献。这也是东北能够在短期内取得巨大成就的重要原因之一。”

“高岗作为东北局的带班人，基本上也遵循了这些原则。”①

这次奉调进京，对于47岁的高岗而言确实是人生的重大转折。

高岗的人生经历并不复杂，从黄土地到黑土地，从西北到东北，偶尔路经华北，高岗在中国版图上的活动轨迹几乎就没有离开过“三北”。虽然高岗在新中国成立时担任了国家副主席的高级职务，但高岗在六位国家副主席中是唯一一位没有驻京而在大区工作的特殊副主席。

在某种程度上，高岗的国家副主席职务还只是一种象征，他的实际职责还是主政东北。

但中共中央调高岗进京，并非是仅仅让其坐在国家副主席的高位上，也

① 张明远：《我的回忆》，中共党史出版社2004年4月第1版，第318、329页。

不是什么“调虎离山”，而是让他负责组建和领导极其重要的国家计划委员会。

国家计划委员会是在1952年11月15日中央人民政府委员会第十九次会议通过决议正式成立的，职责是在中央人民政府的领导下，负责编制全国长期和年度的国民经济计划，其重要性不言而喻。我们仅从国家计划委员会成立时的“豪华”阵容中也可见其重要性之一斑：

国家计划委员会主席、主任：高岗

国家计划委员会副主席、副主任：邓子恢、李富春、贾拓夫

国家计划委员会委员：陈云、彭德怀、林彪、邓小平、饶漱石、薄一波、彭真、李富春、习仲勋、黄克诚、刘澜涛、张玺、安志文、马洪、薛暮桥（这十五位委员中张玺、安志文、马洪、薛暮桥四人是专职委员，其余是兼职委员）

1952年10月8日，高岗离沈进京。

随同高岗来京的工作人员有东北局副秘书长马洪（到京后任计委专职委员兼秘书长），东北工业部副部长安志文（中央组织部副部长安子文的弟弟，到京后任计委专职委员），东北人民政府副秘书长、办公室主任王光伟（到京后任计委副书记）。此外，高岗的政治秘书赵家梁、生活机要秘书董文彬、卫士长白俊杰、副卫士长韦宝玉以及几名警卫员也一同来京。但高岗妻子李力群和几个孩子此时并没有随同来京。

高岗进京后当务之急是尽快组建计委。制定机构设置、人员配备方案，购置房产、设备等所需硬件，筹建工作任务繁重。好在高岗工作起来雷厉风行，手下的人员也个个能干。

行政事务由王光伟负责。先在位于六部口的翠花湾东北人民政府驻京办事处安营扎寨，高岗和秘书就住在此处。然后选中南河沿原北大三院作为办公地，又在羊尾巴胡同和奶子府各买一处楼房做宿舍。虽然条件比较简陋，但安顿迅速，工作也很快就开展起来。

机构设置和干部调配工作由安志文和马洪负责。他们与中组部、中财委研究确定计委的机构设置和干部调配，把中财委计划局（宋劭文为局长）、统计局（薛暮桥为局长）和物资局（朱理治为局长）成建制地划归计委，专

家局的全部专家和大部分翻译也划归计委。此外，中组部还从全国各地调配了一批德才兼备的领导干部到计委工作，仅东北工业部就调来上百人。

筹备工作有了眉目后，高岗于10月下旬返回沈阳处理东北的工作。

此时高岗虽然奉调进京工作，但仍然兼任中共中央东北局书记和东北人民政府主席，还要负责东北的党政军工作。10月26日，他在东北一级党员干部会议上做了《全面开展增产节约运动，进一步深入反贪污、反浪费、反官僚主义的斗争》的报告。11月10日，他在中共中央东北局召开的东北农村工作会议上发表了讲话。11月28日，他又出席了东北人民政府委员会扩大会议并作报告。这次会议主要讨论如何执行中央人民政府委员会第十九次会议通过的决议和决定。高岗在报告中系统地总结了东北人民政府三年来的各项工作，说明了东北人民政府胜利地完成了第一次政府委员会讨论、通过的并经中央人民政府批准的施政方针和任务，使东北地区的国民经济有了巨大的发展。他指出，东北人民政府的工作获得重大成就是毛主席、党中央和中央人民政府的正确领导，中国人民志愿军英勇作战，全东北人民的辛勤努力，苏联专家的热心和积极帮助，全体工作人员积极工作的结果。他在报告中还阐述了中央人民政府决定改变大行政区组织机构的意义，提出了关于东北区1953年工作任务的建议。

12月初，高岗结束了在东北的工作，来到北京就任国家计划委员会主席。

此次随同高岗来京的有东北人民政府办公厅主任韩增胜、东北人民政府行政处处长张实在以及秘书赵雪、司机黄嘉鹏等工作人员。

到1953年1月，国家计划委员会的筹建工作已经基本完成。

此时的计委已经是一个编制1225人、内设16个厅局和一个直属处的庞大机构，确实是兵强马壮，高岗自己也非常满意。

他曾经得意地说：

计委的人要文有文，要武有武，哪一个局长都能当部长。

新中国成立后，中共中央在即将开展大规模经济建设之际，把国家计划委员会这样一个重要的部门交与高岗负责，可见对其是非常重视与信任的。高岗对于计划委员会的筹建、工作的开展以及国家第一个五年计划的编制等项工作的顺利进行也作出了积极的努力。但是，权力也是一把双刃剑，刚刚踏上北京这片土地的高岗，能够经受住权力的考验吗？

2 | 东交民巷 8 号

从 1952 年 8 月到 1953 年初，西南局第一书记邓小平、东北局书记高岗、华东局第一书记饶漱石、中南局代理书记邓子恢、西北局第二书记习仲勋，先后奉调进京担任党和国家的领导职务。其中邓小平任政务院副总理，高岗任国家计划委员会主席，饶漱石任中央组织部部长，邓子恢任中央农村工作部部长，习仲勋任中央宣传部部长。

应当说，党中央对上调中央的各大区负责人都是重用的，他们都担任了党和政府重要部门的领导职务。但当时的国家计划委员会直属中央人民政府领导，与政务院平行。因此，高岗的地位更为特殊。

所以，也有“五马进京，一马当先”之说。

高岗居住的东交民巷 8 号，一时间成了京城人们关注的要地。

高岗在京工作期间的住所——北京市东交民巷 8 号

高岗是 1953 年 1 月在国家计划委员会的筹建工作基本完成后，由翠花湾搬到东交民巷 8 号的。

东交民巷 8 号原是法国驻华使馆，是一个有上百亩地的独立院落。两层高的主楼坐落在大院的北边，约有 400 平方米，共有五大间，是高岗的办公场所。配楼二层三大间，是高岗及其家人的住所。1953 年 6 月后，高岗的几个孩子也来到了北京，使得配楼略显拥挤，高岗与家人便搬到了主楼居住，并一直居住到 1954 年 8 月。在主楼西边有一片凹字形平房，是勤杂人员的住处。东北侧的一片宽阔场地，既可以打篮球，也可以作停车场。

在以四合院闻名全世界的北京城，东交民巷8号这样的院落倒也没有多少特别之处，但自高岗进驻后，以东交民巷8号为舞台的悲喜剧就拉开了帷幕。

国家计划委员会成立后，虽然负责国家经济建设计划的编制工作，但第一个五年计划的编制工作并不是从国家计划委员会成立后才开始的。早在1951年2月召开的中共中央政治局扩大会议就决定，从1953年起实施发展国民经济的第一个五年计划，并立即进行编制五年计划的各项准备工作。这次会议决定成立由周恩来、陈云、薄一波、李富春、聂荣臻、宋劭文组成的五年计划编制工作领导小组，负责领导第一个五年计划的编制工作。但领导小组成立后，由于资料不全，缺乏经验，抗美援朝战争还在进行当中，所以一直到1952年7月，才编制出了《1952年至1957年计划轮廓（草案）》。这个草案经中央政治局讨论后，作为向苏联提出要求援助的基本依据。

1952年8月，以周恩来为首席代表，陈云、李富春、张闻天、粟裕为代表的中国政府代表团出访苏联。代表团成员还有中财委秘书长兼计划局局长宋劭文、燃料工业部部长陈郁、重工业部部长王鹤寿、华东工业部部长汪道涵、军委通讯部部长兼邮电部副部长王诤、空军司令员刘亚楼、海军副司令员罗舜初、炮兵副司令员邱创成、军委作战局局长雷英夫、外交部政治秘书师哲以及一批工作人员。代表团的主要任务是就五年计划的轮廓草案同苏联方面交换意见，争取苏联的援助。

以周恩来为首的中国政府代表团在苏联期间，与斯大林等苏联领导人进行了广泛的会谈，听取了苏联政府领导人关于第一个五年计划的修改意见。9月20日，周恩来和陈云等先期回国，李富春则率领中国代表团继续同苏联政府有关部门进行广泛接触，商谈苏联政府援助中国的具体项目。

高岗是在李富春率领中国代表团在苏联谈判期间负责国家计划委员会工作的，因此，他虽然对第一个五年计划的前期编制工作了解不多，但就任国家计划委员会主席后，仍然把主要精力放到了“一五”计划的编制上。

1953年2月初，李富春为首的中国代表团在与苏联国家计划委员会主席萨布洛夫等专家反复交换意见后，认为苏方提出的中国的第一个五年计划应当适当降低增长速度等意见是正确的，遂将这些意见电告中央，并派代表团成员宋劭文和白杨回国，汇报有关情况。

宋劭文和白杨是在春节的前两天回到国内的。他们先来到东交民巷8号向国家计划委员会主席高岗做了汇报，然后又向周恩来总理汇报了有关情况。

1953年2月15日，也就是农历初二，高岗在其住所东交民巷8号主持召开了国家计划委员会委员会议。

由于当时的计委办公楼还没有一个像样的会议室，而高岗居住的东交民巷8号有一个能容纳上百人的大厅，是原法国大使举办宴会、舞会用的。因此，会议便在这里举行。

这是计委成立后的第一次全体会议，虽然恰逢春节假期，但大家都很重视。除彭德怀在朝鲜，李富春在苏联未归，林彪因病请假外，其他的委员都到了。计委的局长和副局长列席了会议。

会议主要内容就是听取宋劭文和白杨汇报中国代表团在苏联谈判的情况并讨论。会议从上午9点半一直开到下午4点，中午仅临时从北京饭店搞了一些小烧饼充饥。

以后人的常规眼光观察，在春节期间、在高岗家里、众多要人参加，此会确实非同一般。

但就当时而言，此次会议实属正常。而且后来高岗几乎每周都要在这里召开办公会议。

2月17日和23日，就中国代表团与苏联政府谈判中的有关情况，在更大的范围内又进行了两次讨论。

2月底，周恩来、高岗、邓小平、陈云、薄一波、邓子恢联名致电李富春，说：

我们研究了2月9、10日的电报和白带回来的材料，2月15日听取了白杨的汇报，2月17日、23日与朱总司令、仲勋、伯达、曾山、拓夫、有关部部长、计委委员、计委各局局长讨论了两次，意见如下：一、我们认为苏联国家计委对我们计划的意见是正确的，苏联国家计委介绍的工作方面的宝贵经验，对我国制定五年计划有巨大的帮助。二、长期计划中的工业生产的增长速度拟定为百分之十三至十五，年度计划中根据实际可能情况适当提高，以保证长期计划的提前完成，这样办是有好处的。三、苏方对各工业计划所提出的具体意见，我们基本同意，有关部部长还提出一些意见（主要是要求苏方协助解决有关钢铁、电力、石油资源等方面的一些具体问题），兹一并送上供你参考。

高岗干起工作来大刀阔斧，雷厉风行，有时也夜以继日。但他来京后，也确实用了很多时间去看望当年的战友和朋友，如林彪、罗荣桓、陈云、彭德怀等。加之国家计划委员会刚刚成立，既有工作上的千头万绪，又有同事、朋友、部下等登门拜访，还有东北各级政府的有关人士前来请示、汇报，高岗的居所一时间成为京城的一处热点。而且在沈阳期间就以喜爱跳舞而闻名的高岗进京后，这一爱好有增无减。他经常周末在自己的住所举办舞会。

因此，高岗居住的东交民巷 8 号确实是车水马龙，熙熙攘攘，热闹非凡。

3 | 新税制风波

高岗进京走马上任后，毛泽东对其负责的国家计划委员会的工作是满意的。1953 年 1 月 15 日，毛泽东就国家计委关于 1953 年第一季度工作要点问题致信高岗、邓子恢：

1953 年 1 月 14 日收到的你们关于国家计划委员会去年 12 月的工作情况与今年第一季度的初步工作要点的报告，我已看过，认为很好，可即照此进行工作。此件并已送各政治局同志阅看。此复。①

看来，高岗进京后的开篇之作还是顺利的，毛泽东的肯定对于高岗而言也是非常重要的。

一场由新税制引起的风波，使高岗的权限进一步加大。

新中国的税制，是按照"暂时沿用旧税法"、"部分废除，逐步整理"的方针于 1950 年初制定的。当时政务院通过并颁布了《全国税收实施要则》，对国营工商业和私营企业的纳税办法作出了一系列具体规定。随着经济的发展，原有税制滞后于经济发展的弊端日渐显露。因此，在 1952 年召开的全国财经会议上，决定修正税制。在召开了各大区财政部长会议和第四次全国税务会议征求意见后，财政部提出了修正税制的具体方案。12 月 26 日，政务

① 《建国以来毛泽东文稿》第四册，中央文献出版社 1990 年 9 月第 1 版，第 25 页。

院召开了第164次政务会议批准了整个方案。

1952年12月31日，政务院财经委员会颁布了《关于税制若干修正及实行日期的通告》和《商品流通税试行办法》，《人民日报》为此在同一天发表了《努力推行修正了的税制》的社论，并配发了《全国工商联筹委会拥护修正税制》的报道。

据当时任中财委副主任兼财政部部长的薄一波后来回忆说：

当时发表的《人民日报》社论，为了说明修正税制的必要性和目的，原稿上有这样一句话："国营企业和私营企业都要按照修改的税制纳税。"我在修改时，把这句话简化为"公私一律平等纳税"。①

新税制颁布后，商业部调整了部分商品的价格。但在新税制公布的同时，商品流通税的各项施行细则并未及时公布，商人们对各种税率如何调整及纳税手续不甚了解，商业部调整牌价的通知又未及时下达，致使一些私商纷纷提款购物存货，导致市场发生混乱，尤其是华东和中南地区，出现了涨价、抢购、停业的混乱局面。

1953年1月9日，中共山东分局代理书记向明等三同志联名写信给中央，反映执行新税制引起了物价波动、抢购商品、私商观望、思想混乱等情况。1月11日，北京市委也写信给中央反映了类似情况。之后，各大区、各省市财委也纷纷写信、打电报给中财委，反映在执行过程中遇到的困难和问题。

一项税制改革竟然引发了全社会的混乱，当然引起了毛泽东的极大关注。1953年1月15日，毛泽东在给政务院总理周恩来、副总理邓小平、副总理兼财经委员会主任陈云、财经委员会副主任兼财政部部长薄一波的信中，对新税制提出了严厉批评：

新税制事，中央既未讨论，对各中央局、分局、省市委亦未下达通知，匆率发表，毫无准备。此事似已在全国引起波动，不但上海、北京两处而已，

① 薄一波：《若干重大决策与事件的回顾》上卷，中共中央党校出版社1991年5月第1版，第237页。

究应如何处理，请你们研究告我。此事我看报始知，我看了亦不大懂，无怪向明等人不大懂。究竟新税制与旧税制比较利害如何？何以因税制而引起物价如此波动？请令主管机关条举告我。①

毛泽东在信中词锋之严厉、用语之严重，足以令负责此事的政务院领导寝食不安。

据当事人薄一波回忆说：

周总理收信后，连夜给毛主席写回信，谈了处理办法。可见他把毛主席这封信的分量是看得很重的，而且周总理一向办事勤敏精细，这是他的过人之处。我看信后，也立即召集中财委有关人员开会，汇报各地执行新税制的情况。我当时的心情半是沉重，半是茫然。信是批评出台刚半个月的新税制，而且词锋甚严，显然事出有因。我很注意信中两句话："此事我看报始知，我看了亦不大懂"，已预感到事情有些严重了。②

问题既然如此严重，必须迅速采取措施加以纠正。接毛主席的信后，财政部和税务总局立即按照周总理的部署，派出若干个小组分赴各大中城市检查，并每天与各主要城市通话联系，解决发生的问题。

2 月 10 日，财政部副部长吴波、商业部副部长姚依林、粮食部副部长陈希云联名写信给毛主席和党中央，就修正税制的目的、新税制对物价的影响和在执行过程中发生的问题等做了说明。接着，财政部又向毛泽东、政治局做了一次汇报，由吴波把税制修正了哪些地方、实行中出现了哪些问题、采取了哪些解决办法，一一做了说明。

毛泽东听后则更为尖锐地批评说：

"公私一律平等纳税"的口号违背了七届二中全会的决议；修正税制事先没有报告中央，可是找资本家商量了，把资本家看得比党中央还重；这个新税制得到资本家叫好，是"右倾机会主义"的错误。

---

① 《建国以来毛泽东文稿》第四册，中央文献出版社 1990 年 9 月第 1 版，第 27 页。

② 薄一波：《若干重大决策与事件的回顾》上卷，中共中央党校出版社 1991 年 5 月第 1 版，第 234—235 页。

如何看待这次税制修正？为什么毛泽东要将其定性为“右倾机会主义”的错误？

虽然在事情过去近半个世纪后的今天人们的认识仍不一致，但我们看看当事人之一的陈云在当时对此事的评述，确有重要的参考价值。

1953年9月14日，政务院副总理兼财经委员会主任陈云在中央人民政府委员会第二十五次会议上的讲话中，专门论述了这场新税制风波。陈云在讲话中首先肯定了修正税制的必要性，认为：

我们解放以后，到去年为止，加工订货、代购代销的比重逐渐增加。这样一来，就相对地减少了买卖关系，税收也随之减少，需要想办法来补救。在这种情况下提出修正税制是有理由的。

然后，他提出了这次修正税制的错误主要有两个方面：一个是“公私一律”，另一个是变更了纳税环节。

陈云说：

“公私可以不可以一律？不可以，公私一律的提法是错误的。因为国营商业与私营商业是不同性质的。首先，国营商业的全部利润要上缴，私营商业只向国家缴所得税，另外，私营商业和国营商业对国家担负的责任不同。私营商业就是做买卖、赚钱，当然它也供应市场的需要。国营商业不仅是为了做买卖、赚钱，更重要的是为了维持生产，稳定市场。国营商业为了维持工厂的生产，不管是旺季或是淡季，都要加工订货。农产品下来了，也要收购，不管是过半年后才能推销，或是过一年才能从外换回东西来，不然，农产品就会滞销，为了稳定市场，就必须有相当数量的积存物资。如果没有这个积存，私商打不下去。有积存，商业部门就要担负很重的银行利息。不但如此，有时还要做赔本买卖。比如，用轮船、军舰把粮食从四川运到武汉、上海市场上出卖，就要赔很多钱，因为运费很高。可不可以在武汉、上海市场上标上几个字：‘此米来自四川，运费很高，要加多少运费，所以价钱贵’？（笑声）不能加价出卖，只能赔本出卖。这从国家角度来看，是完全必要的。如果人民政府不采取这样的办法，那就要犯很大的错误。私商会不会采取这样的办法呢？决不会。所以说，私商和国营商业的性质是不相同的。合作社和国营商业并不多，它们担负着同样的任务。对国营商业、合作社商业和私营商业提出公私一律，看起来好像是很公平合理，实际上是不公平的，因此，公私一律的提法是错误的。

"变更纳税环节的毛病在什么地方？毛病在于批发营业税移到工厂缴纳，给批发商免了税，这样他就可以打击国营商业。为什么？因为他的进价和国营商业的进价一样，但是在卖价上他可以低于国营商业，现在他不怕营业额多，营业额越多，资金周转得越快，赚钱就越多。这样私营商业就会得到很大的发展，对国营商业打击很大。同时，也打击内地工业，如重庆、西安这些地区的工业，本来是纳两道税，即货物税和出厂营业税，很多商品是直接到工厂去买，并不需要纳批发营业税，现在加了一道批发营业税，这就给内地工业造成很大困难，并会刺激上海、天津这些沿海城市工业的盲目发展。上半年发生的'大鱼吃小鱼'的现象，就是这样来的，这是不合乎国家政策的。"

陈云最后作结论说：

我们是以工人阶级、国营经济为领导的国家。在我们这样的国家，上面所说的修正税制的错误是带原则性的错误。①

如何看待这场新税制风波，当事人有自己的认识，学者们尚在探讨，读者也会有自己的看法。但不管今天的人们如何评价，当时的毛泽东对新税制的不满是溢于言表的。他不但对新税制的实行进行了严厉的批评，而且把批评的矛头指向了周恩来负责的政务院，认为政务院犯了"分散主义"的错误，并且在组织上对中央政府进行了重大改组。

1953 年 3 月 10 日，根据毛泽东的提议，中共中央作出了《关于加强中央人民政府系统各部门向中央请示报告制度及加强中央对于政府工作领导的决定（草案）》。

这项决定的开篇就说：

---

① 《陈云文稿选编》，人民出版社 1982 年 6 月第 1 版，第 184—185 页。

为了使政府工作避免脱离党中央领导的危险，今后政府工作中一切主要和重要的方针、政策、计划和重大事项，必须经过党中央的讨论和决定或批准。为此，特作如下决定，以加强中央人民政府系统各部门向党中央的请示报告制度和党中央对政府工作的直接领导。

这项决定的内容主要有四个方面：

一、今后政府工作中一切主要的和重要的方针、政策、计划和重大事项，均须事先请示中央，并经过中央讨论和决定或批准以后，始得执行。政府各部门对于决议和指示的执行情况及工作中的问题，均须定期地和及时地向中央报告和请示，以便能取得中央经常的、直接的领导。

二、为了加强中央对于政府工作的领导，以及便于政府各部门中的党的领导人员能够有组织地、统一地领导其所在部门的党员，贯彻中央的各项政策、决议和指示的执行，今后政府各部门的党组工作必须加强，并应直接接受中央的领导。因此，现在的中央人民政府党组干事会已无存在的必要，应即撤销。但根据中央人民政府现在的组织情况，并使同一系统的各个部门便于联系起见，政务院各委的党组组织，暂时仍应存在，直接受中央领导。

三、今后政务院各委和不属于各委的其他政府部门一切主要的和重要的工作均应分别向中央直接请示报告，如属于两个部门以上而又不同隶属于一委的事项，则经由政务院负责同志向中央请示报告。如希主席直接办的事项，应直接向主席请示报告。

四、今后应将政府各部门工作有计划地提请中央讨论，以便加强中央对于政府工作的领导。如应向中央请示报告的事项而竟未向中央提出，则最后经手的政府负责同志应负主要的责任。

这一决定还对中央政府的领导工作重新做了如下分工：

国家计划工作，由高岗负责；

政法工作（包括公安、检察和法院工作），由董必武、彭真、罗瑞卿负责；

财经工作，由陈云、薄一波、邓子恢、李富春、曾山、贾拓夫、叶季壮负责；

文教工作，由习仲勋负责；

对外工作（包括对外贸易、对外经济、文化联络和侨务工作），由周恩来负责；

其他不属于前述五个范围的工作（包括监察、民族、人事工作等），由邓小平负责。

根据中共中央的决定，政务院又在5月15日发出了《关于中央人民政府所属各财政经济部门的工作领导的通知》，对中央人民政府所属的财政经济部门的工作领导重新做了分工，其中一项重要内容就是把政务院20个部中的八个部，即重工业部、一机部、二机部、燃料工业部、建筑工程部、地质部、轻工业部和纺织工业部，划归国家计委主席高岗领导。

新中国成立以来，政府工作一直是由政务院总理兼中央人民政府党组干事会书记周恩来负责的。显然，中央的决定和政府工作的重新分工是对周恩来工作的批评和对他工作范围的削弱，而高岗却进一步受到信任和重用，权力得到了极大的加强。

因此，当时由高岗负责的国家计委，有“经济内阁”之称。

称高岗负责的国家计委为“经济内阁”，虽然只是一种比喻，但如果我们回到当时的背景之中，确实会感到毛泽东赋予高岗的权限是极大的。

1953年，是新中国大规模经济建设的开局之年，也是对个体农业、手工业和资本主义工商业实行全面社会主义改造正式向社会主义过渡的第一年。当时经济建设的总任务，就是要使中国由落后的农业国逐步变为强大的工业国，标志就是实现工业化。《人民日报》在这年发表的元旦社论中提出：

工业化——这是我国人民百年来梦寐以求的理想，这是我国人民不再受帝国主义侵侮不再过穷困生活的基本保证，因此这是全国人民的最高利益。全国人民必须同心同德，为这个最高利益而奋斗。

工业化既然是全国人民的最高利益，当然是在党中央的统一领导下来进行。但具体由哪个部门组织实施？由谁来分工负责？在高岗没有进京之前，也就是说在高岗没有担任国家计划委员会主席之前，更具体点说是在没有出现新税制风波之前，自然是由政务院来组织实施，当然是由政务院总理周恩来分工负责。但是，当政务院属下的重工业部、一机部、二机部、燃料工业部、建筑工程部、地质部、轻工业部和纺织工业部，几乎是所有分工领导工业化的部委都划归高岗领导时，原有的组织结构和领导权限已经发生了重大改变。虽然周恩来作为政务院总理仍要对政府全面工作负总责，但他只能具体管涉外的几个部门，其他各部均直接对中央负责，而政务院所属的八个工业部的财经大权，则划归高岗了。

是谁能作出如此重大的决定？当然只有毛泽东了。但毛泽东为什么要在如此关键时期作如此重大的调整？难道仅仅是对实行新税制不满吗？

如果就新税制来谈新税制，则很难理解毛泽东为何将其定性为“右倾机会主义”错误，更无法认识毛泽东在新税制风波后对政务院机构和周恩来、高岗领导权限的调整。但是，如果我们回到开始向社会主义过渡的1953年，联想到高岗在进京之前与刘少奇发生的几次争论和毛泽东对争论双方的态度，就会发现，无论是关于东北富农问题的争论，还是围绕山西省委关于发展农业生产合作社的分歧以及对工会工作方针的不同意见，还有这次对新税制的批评，毛泽东的一个基本观点不变，那就是在新中国成立后，应当触动私有财产，逐步由新民主主义向社会主义过渡。所以，他对刘少奇关于党员雇工与否的谈话“不满，形于颜色”，他明确表示不能支持刘少奇等人在互助合作问题上的意见，他撤销了得到刘少奇认可的李立三的全国总工会主席和党组书记的职务，他认为周恩来领导下施行的新税制“得到资本家叫好”，是“右倾机会主义”的错误。

1953年6月15日，毛泽东在中共中央政治局扩大会议上，虽然也批评了急躁冒进情绪，但他着重批评了脱离党在过渡时期总路线的右倾错误。他说：

有人在民主革命成功以后，仍然停留在原来的地方。他们没有懂得革命性质的转变，还在继续搞他们的“新民主主义”，不去搞社会主义改造。这就要犯右倾的错误。

毛泽东还在这次会议上列举了右倾表现的三句话，并逐一进行了批驳。

1953年，高岗（右一）及党和国家领导人在五一劳动节庆典上

他说：

“确立新民主主义社会秩序”这种提法是有害的。过渡时期每天都在变动，每天都在发生社会主义因素。所谓“新民主主义社会秩序”，怎样“确立”？

“由新民主主义走向社会主义”这种提法不明确。走向而已，年年走向，一直到十五年还叫走向？走向就是没有达到。

“确保私有财产”。因为中农怕“冒尖”，怕“共产”，就有人提出这一口号去安定他们。其实，这是不对的。

作为党和国家的最高统帅，毛泽东在推行党在过渡时期总路线的进程中，是认事不认人的。至少在发生新税制风波的1953年初，毛泽东对刘少奇以及周恩来的某些言行是不满意的，而对基本上能够跟得上自己思路的高岗则是比较欣赏的。

然而，不久后发生的一系列事情很快就让毛泽东失望了。这些事情证明，高岗并非同毛泽东一样，认事不认人，恰恰相反，高岗是认人不认事的。换句话说，毛泽东是以线划人，推行党在过渡时期总路线是目标，谁能跟上思路并为此尽力，就要依靠重用，否则就要敲打批评甚至是严厉地批判；但高岗则是以人划线，最看重的是毛泽东这个最高统帅。只要是毛泽东的意思就是圣旨，不但要坚定不移地贯彻执行，而且还要创造性地工作来得到毛泽东的更大信任。

但关键的是，高岗认为的毛泽东的意思，有的确实是毛泽东的意思，有的则是他理解的毛泽东的意思。更为要命的是，高岗自认为有了毛泽东这个最高统帅的欣赏，别人统统不在话下了。而这并不是毛泽东的意思。

高岗只看到了毛泽东对刘少奇和周恩来不满的现象，但却并不明白这种不满并非是对此二人的否定，而只是不满意他们在何时、如何向社会主义过渡问题上没有跟上自己的思路。高岗也只看到了毛泽东在一些问题上对自己的表扬和工作中的重用，但却并不明白这种表扬和重用并非是让你拥有更大的权力，而是让你在推进过渡时期总路线这个大方向上起到一种带头和激励的作用。实际上，实现新民主主义社会向社会主义社会过渡，毛泽东既看重高岗的突击队作用，更不能舍弃刘少奇、周恩来这两支主力军。在某种意义上，对高岗的提拔重用，既是对刘少奇、周恩来的批评，更是对他们二人的激励。

然而，刚刚踏上北京这片土地的高岗未能准确理解毛泽东的深邃思路。虽然毛泽东在延安时曾经谦虚地说，自己到陕北五六年了，但对陕北的了解与高岗比起来还是差得多。但进北京城还只有半年的高岗并不认为自己尚不十分了解这片土地，甚至他还自以为是地认为自己最了解毛泽东。

一场悲剧，不可避免地将要发生了。

十五 1953 年财经会议

1953 年财经会议本来只是一次普通的经济工作会议。但这次普通的经济工作会议在高岗的一生中，却有着极不寻常的意义。

它既是高岗展现自己的最后一个高峰，也是高岗由高峰跌落谷底的开始。

所谓的“高饶事件”，一般而言就应当从这次会议讲起。

1 | 周恩来负责会议的筹备

1953 年是新中国大规模经济建设的开局之年，也是第一个五年计划的头一年。虽然第一个五年计划尚在编制的过程中，但由于采取了“边计划、边执行、边修正”的做法，国家建设仍取得了重大的成就。到 1953 年上半年结束时，工业总产值和税收都已完成或超额完成了上半年的预定目标，苏联援助建设的 156 项工程也相继上马，进展顺利。

但是，由于缺乏经验等原因，1953 年上半年的财政经济工作也出现了一些问题，主要是摊子铺得过大，财政收入却不能有相应的增加，而且制定年度预算时在收入上有虚假现象，把上一年的财政结余 40 多万亿元（系旧币，相当于新币 40 多亿元）打了进去，事实上这笔钱已存入银行变成信贷资金，被银行贷出去了。这样，上半年国家预算执行的结果，出现了 21.5 万亿元的赤字。

鉴于这种情况，中共中央决定召开一次财政会议研究解决这些问题。

这次会议原定于 5 月 20 日召开，筹备工作由中财委主任陈云和副主任薄一波、李富春负责。

1953年5月6日，毛泽东亲自致信负责此次会议筹备工作的陈云、薄一波和李富春，说：

5月20日开始的财政会议，应讨论些什么问题，请你们考虑一下，并在发开会通知中写进去，使各地有所准备。似乎预算问题，增薪问题，县区乡财政统一问题，地方财政和大城市财政问题，税收问题，五年计划问题，今年下半年经济安排问题，军费问题，均应有所讨论。除由你们对每项问题准备方案外，各大区财委最好能在本月中旬召开一次财政会议，收集意见带来。①

然而，此时中财委主任陈云正因病在上海、杭州一带疗养，这次会议需要讨论的问题又很多，所以延至5月22日，才由薄一波起草了《会议通知》，并改由政务院总理周恩来亲自负责会议的筹备。

6月9日，周恩来约请高岗、邓小平、饶漱石、彭真、薄一波、习仲勋、李维汉、曾山、贾拓夫、齐燕铭等开会，研究召开全国财经会议的有关事宜。会议议定了财经会议的宗旨、议程和组织领导等问题，确定会议的主要议程是讨论关于五年计划、财政、民族资产阶级三个方面的问题以及财经工作方面的其他具体问题。并决定：

（一）由周恩来、高岗、邓小平、饶漱石、薄一波、邓子恢、彭真、习仲勋、李维汉、曾山、贾拓夫和各中央局、分局书记组成会议领导小组；

（二）由周恩来、高岗、邓小平做会议的总的经常主持人。

会后，向毛泽东并中共中央提出了《关于全国财经会议如何进行的请示报告》。当晚，中共中央书记处扩大会议批准了这个报告。

6月12日，周恩来主持召开了由中央各部门负责同志，各大区、省市委和财委的负责同志参加的预备会议和第一次领导小组会议，由周恩来对会议

---

① 《建国以来毛泽东文稿》第四册，中央文献出版社1990年9月第1版，第216页。

的方针做了说明。周恩来指出：

这次会议的中心议题是财政问题，准备解决中央提出的以及各地有意见并且能够解决的一些问题。解决的方针是开展批评与自我批评，充分听取各地意见，然后加以集中写成决议。

周恩来强调说：

我们新民主主义的制度是一个过渡的制度，这个社会是一个过渡的社会，这个过渡时期的每时每刻都在增长社会主义成分，走完了这个过渡阶段就到达了社会主义社会。现在，能不能胜利的问题已经解决了，我们已经取得了全国的胜利，而且已经把帝国主义加来的压力打退了。能不能恢复经济的问题亦急需解决了，三年的经验证明，我们能恢复。目前摆在我们面前要解决的问题是能不能在政治上巩固我们已得的胜利，能不能建设新中国，并逐步过渡到社会主义。①

这次会议原定半个月左右结束，但在预备会议上，大家提出这次会议应当解决一些问题，建议会议开得时间长一点，最好过了党的生日后再结束。会议领导小组接受了大家的意见，周恩来在预备会上说：

我们接受大家的意见，准备把会开得长一点。但是必须说清楚，在这个会上，经过讨论，把成熟的问题肯定下来，不成熟的问题继续加以研究，我们不能希望经过一次会议把所有的问题都解决了。

不过，会议的进展却同周恩来的设想不一样。

会议不是“开得长一点”，过了7月1日就结束，而是由6月13日一直开到8月13日，足足开了两个月。

---

① 中共中央文献研究室编：《周恩来年谱》上卷，中央文献出版社1997年5月出版，第307页。

2 | 高岗在会议上“指桑骂槐”

这次财经会议大致分为两个阶段：从 6 月 13 日正式开会到 7 月 13 日召开扩大的第十五次领导小组会议为第一阶段，之后为第二阶段。

6 月 13 日会议开始后到 6 月 27 日，先是按东北、华北、华中、中南、西南、西北六个大区分组，后又按专题分为税制修正、商业、粮食、农业税四个组，讨论财政工作中的问题。6 月 29 日至 7 月 4 日，由高岗作《关于编制五年计划几个问题的意见》的报告，李富春作《在苏联商谈我们五年计划问题的几点体会》的报告，并分组进行讨论。7 月 6 日至 12 日，主要是召开各种专题座谈会。

在会议的第一阶段，大家对新税制的意见较多，批评新税制逐渐成为讨论的中心话题，批评意见也自然集中到了负责新税制实施的中财委和财政部部长薄一波身上。

毛泽东对财经会议的进展情况是极为关注的。据当时任中共中央办公厅主任的杨尚昆回忆：

> 毛主席很重视这次会议，十分关心会议的进展情况。他要我从始至终出席会议，作记录。他每天起床后的第一件事就是要我去详细汇报头天会议的情况。我的记录记得很详细，谁讲了些什么话都记下了。我汇报完后，再由总理办公室副主任李琦等同志补充。①

7 月 11 日，毛泽东在听完周恩来的汇报后，指示召开领导小组扩大会议，让薄一波在会上作公开检讨，以便大家把意见拿到桌面上来说。

12 日晚，周恩来写信给薄一波说：

> 昨夜向主席汇报开会情形，他指示领导小组会议应该扩大举行，使各方面有关同志都能听到你的发言，同时要展开桌面上的斗争，解决问题，不要采取庸俗态度，当面不说背后说，不直说而绕弯子说，不指名说而暗示说，

---

① 杨尚昆：《追忆领袖战友同志》，中央文献出版社 2001 年 9 月第 1 版，第 291 页。

都是不对的。各方面的批评既然集中在财委的领导和你，你应该更深一层进行检讨自己，从思想、政策、组织和作风上说明问题，并把问题提出来，以便公开讨论。此点望你在发言中加以注意。①

在7月13日下午召开的第十五次领导小组扩大会议上，薄一波按照周恩来信中的要求做了第一次检讨，会议气氛立刻变得紧张起来，薄一波也成了“桌面上斗争”的集中目标。从7月14日到7月25日，连续召开了八次领导小组扩大会议，对薄一波进行批评。8月1日，薄一波又做了第二次检讨，但仍然过不了关，批评的调子居高不下，而且攻击的矛头逐渐指向了刘少奇。

高岗作为这次会议的主持人之一，在会议的第一阶段，主要是在大会上做了《关于编制五年计划几个问题的意见》的报告。但在会议的第二阶段，高岗看到大家对中财委和薄一波的意见较大，毛主席又把薄一波放到了“桌面上斗争”，感到时机已经成熟。于是，在经过精心准备后，高岗在领导小组扩大会议上做了“指桑骂槐”的长篇发言。

高岗在发言中指责薄一波在农村政策上抵制党中央和毛主席历来主张的“由个体逐步地向着集体方向发展”的方针，认为薄一波的主张是“把农村经济的发展实际上指望于富农经济的发展”。接着，高岗借批评薄一波之名，把攻击的矛头指向了刘少奇。

高岗说，薄一波在1950年到1951年说，党在农村的主要任务是发展农业生产，现在农村阻碍农民积极性的主要问题是对“冒尖”思想有顾虑，要使农民不怕“冒尖”，不怕发展成富农，这样农民才有奔头。如果农民对当富农有顾虑，共产党员就可以雇工。有十万八万党员当了富农有什么可怕？将来到社会主义，他们愿意跟着走，那自然好；不愿跟着走，可以开除出去。

高岗还拿出薄一波在1951年纪念建党30周年时发表的《关于加强农村政治思想工作》的文章，指责薄一波提出的没有拖拉机不能搞合作化的观点，并质问说：那么，农民在推翻地主之后，实行集体化以前，究竟走什么道路呢？农民把地主斗倒了，取得了土地以后，是有冒进思想的，几千年的个体经济是农民走的老路。我们能不能引导农民经过合作的道路而达到集体

① 薄一波：《若干重大决策与事件的回顾》上卷，中共中央党校出版社1991年5月第1版，第240页。

化呢？是不是一定要富农雇工？农民就是知道“谷物满仓，牛羊满圈，黄金万两”。他们总是想由贫农变成中农，由中农变成富农。他们不知道有新的方向，而我们则应该引导他们向这个新道路上走。

高岗还认为薄一波的错误是“在个人与党的关系上摆错了位置、对党不老实的态度、不民主的作风和行会主义的情绪”。

在会下，高岗也鼓动一些同志“放炮”，“要重重地整一下薄一波”。

高岗为何要利用这次会议“重重地整一下薄一波”？

据高岗的秘书回忆说：

高岗在财经会上的发言稿，是我们几个人参加起草的。高岗说，我的讲话要站得高些，要从思想上、理论上批判薄一波。财经会的第二天，毛主席在报告中讲了过渡时期总路线，讲了要批判资产阶级右倾思想。我们在起草高岗的讲话时，注意到了与毛主席讲话的一致性，有的话确实不是单纯批薄，而是批刘少奇右倾。这个稿子拿出来后，毛主席、周总理看后都是同意的，毛主席还在“右倾”之前添了“资产阶级”四个字。①

高岗在后来写的《我的反省》中也承认说：我在财经会议上的发言“除批评薄一波同志外，还有指桑骂槐说少奇同志的意思”。

3 | 毛泽东坚持既定目标

在财经会议上把薄一波放到“桌面上斗争”，是毛泽东点头同意的。但批薄的调子居高不下，会议的走向脱离了贯彻总路线的既定方针，则是毛泽东不愿看到的。毛泽东之所以要把薄一波放到“桌面上斗争”，虽然起因是新税制风波，但深层次原因，仍然是要解决党内对党在过渡时期总路线的不同认识问题。

1953 年 11 月 4 日，毛泽东在同中共中央农村工作部副部长陈伯达、廖鲁言的谈话中明确说：

① 笔者 1999 年 2 月 2 日访问赵家梁同志谈话记录。

总路线的问题，没有七八月间的财经会议，许多同志是没有解决的。七八月的财经会议，主要就是解决这个问题。①

因此，在贯彻总路线这个大的方向问题上，毛泽东既不允许薄一波等向右偏，也不允许高岗等向左偏。所以，当看到主持会议的周恩来处于既不好公开为薄一波解围，又难以驾驭会议局面而两难时，毛泽东便指示中共中央办公厅主任杨尚昆：

打电话到北戴河“搬兵”，请正在那里休息的陈云、邓小平火速回来参加会议。②

陈云是6月27日离开杭州，29日到达北戴河休养的。接到“搬兵”的指令后，陈云于7月23日提前结束了在北戴河的休养，返回北京。第二天，即24日，陈云就出席了财经会议领导小组会议。25日上午，陈云又去毛泽东的住所谈话。28日晚，陈云和周恩来一道与薄一波谈话。29日和30日，陈云又先后两次参加周恩来、朱德同高岗、李富春等人的谈话。③

在充分掌握了解了各方情况的基础之上，陈云于8月6日在财经会议领导小组会上做了重要发言。他说：

新税制的结果是明显的，不利于社会主义经济，有利于资本主义经济。这个错误的原因在于当初对税收减少缺乏分析。当初之所以没有过问新税制的制定，薄一波也没有来问我，是因为去年年底，高岗尚未到中央就任计委主任，要帮助他搞出五年计划草案，以便提交中央全会，为此向中央声明过，中财委的工作交薄一波负责。但这不等于说我对新税制的错误没有责任。我的责任在于没有指出1950年调整税制的教训，去提醒薄一波。在几种经济成分同时并存的国家，税制改革影响到各个阶级、各个地区、各个部门相互间的关系，也关系到国家与人民的关系，必须十分慎重。薄一波在中财委做了

① 《毛泽东文集》第六卷，人民出版社1999年6月第1版，第304页。

② 杨尚昆：《追忆领袖战友同志》，中央文献出版社2001年9月第1版，第290页。

③ 中共中央文献研究室编：《陈云年谱》中卷，中央文献出版社2000年6月第1版，第170—171页。

很多工作，尽管有许多是事务性的，但如果没有人做这些工作，中财委的工作就不可能做好。工作中个别不同意见是有的，但不能说中财委内部有两条路线的问题。①

陈云的发言既批评了薄一波在新税制问题上的错误，又做了自我批评，还否定了中财委内部有两条路线的提法，对于调节会议的气氛和走向起到了很好的作用。

薄一波后来就认为：

在高、饶问题尚未揭露，会议批评的调子降不下来的形势下，陈云同志的这些话，无疑起到了降温和替我解围的作用。②

毛泽东指示搬来的另一员“大将”是邓小平。邓小平于 8 月 3 日回京后，也在会议上发言说：

大家批评薄一波同志的错误，我赞成。每个人都会犯错误，我自己就有不少错误，在座的其他同志也不能说没有错误。薄一波同志的错误是很多的，可能不是一斤两斤，而是一吨两吨。但是，他犯的错误再多，也不能说成是路线错误。把他这几年工作中的这样那样过错说成是路线错误是不对的，我不赞成。③

本来毛泽东搬来的“兵”起到了预定的效果，会议气氛起了变化，高岗也应当有所收敛。但在 8 月 9 日召开的中共中央政治局会议上，高岗仍然对薄一波进行指责。

这次政治局会议的议题是讨论周恩来的会议结论稿。会上，毛泽东问大家有什么意见，薄一波表示他有错误，但有些具体事情还说不清楚。此时高岗站起来批评薄一波态度不好，毛泽东则打断高岗的话说：你的态度也不好。

---

① 中共中央文献研究室编：《陈云年谱》中卷，中央文献出版社 2000 年 6 月第 1 版，第 171 页。

②③ 薄一波：《若干重大决策与事件的回顾》上卷，中共中央党校出版社 1991 年 5 月第 1 版，第 244 页。

毛泽东批评说：

你为什么不准上书的人写信给中央？东北的工作为什么就不能检查？东北各省出了错误，你东北局还不是要进行批评、检查？①

毛泽东对高岗的批评事出有因。

“三反”运动期间，原鞍山市市委书记和原东北局党校教育处长以“东北一党员”的名义向党中央写信，反映高岗及东北个别干部贪污腐化、铺张浪费的问题。此信于1952年1月27日，由当时任中央增产节约运动委员会主任的薄一波转呈给毛泽东，薄一波同时给毛泽东写了这样几句话：

这封检举信是叙述东北三个阶段的贪污浪费情况，写信的人是响应主席的号召，衷心拥护党的；而对贪污腐化则表示愤慨。②

接信后，毛泽东把这封信批在很小的范围内进行传阅。

不久，鞍钢无缝钢管厂发生了八号高炉铜管瓦斯部分爆炸事故，死11人，伤15人。1952年8月，由中监委和中财委联合组织了一个检查组去调查事故的原因。调查组认为这是因为鞍钢没有按基本建设程序办事，不仅造成了事故，还推迟了建设进度。

这两件事虽然过去了一年，但高岗认为，这都是薄一波在故意挑东北的毛病，给自己抹黑。

8月11日，周恩来作会议结论。

周恩来的结论，是经毛泽东多次修改后定下来的。毛泽东修改过的或是他加写的内容主要有两个方面：

第一，对党在过渡时期的总路线做了比较完整的表述。提出：

“从中华人民共和国成立，到社会主义改造基本完成，这是一个过渡时

① 中共中央文献研究室编：《陈云年谱》中卷，中央文献出版社2000年6月第1版，第173页。

② 薄一波：《若干重大决策与事件的回顾》上卷，中共中央党校出版社1991年5月第1版，第244页。

期。党在这个过渡时期的总路线和总任务，是要在一个相当长的时期内，基本上实现国家工业化和对农业、手工业、资本主义工商业的社会主义改造。这条总路线，应是照耀我们各项工作的灯塔，各项工作离开它，就要犯‘左’倾或右倾错误。”“这条总路线的许多方针政策，在 1949 年 3 月的党的二中全会的决议里，就已经提出，并已作了原则性的解决。可是许多同志，却不愿意遵照二中全会规定的东西，甚至公然违反二中全会的原则。”“以薄一波同志为代表的若干财经工作干部对私人资本主义所犯的错误，是直接违反上述规定的。”但是，“所有这些错误，还未构成一个系统，所以还不应该说成是路线错误”。

第二，强调要加强党的统一领导。提出：

党中央和毛泽东同志历来总是强调党的统一领导，反对各个党的组织和党员个人向党闹独立性，反对无政府无组织无纪律的错误倾向，反对分散主义，这绝不是偶然的。这次税收、商业、财政、金融工作中所犯的许多错误，是与向党闹独立性、与无政府无组织无纪律的错误倾向、与分散主义离不开的。修正税制及其他许多违反党的原则的措施，不向党中央请示，不与地方党委商量，亦不考虑有关部门的不同意见，就独断专行地加以实施，而修正税制竟反与资产阶级代表人物事先取得协议，离开了党的立场，这都是分散主义发展起来的必然恶果。

周恩来在结论中首先说：

这次会议在党中央和毛泽东同志的号召下，在大家的督促下，彻底地揭发和批判了税收、商业、财政、银行工作中在最近一个时期的某些严重错误，并集中地批评了对这些严重错误负有主要责任的薄一波同志，同时，在财政、税收、商业、银行等项工作的方针政策上提出了许多建设性的意见。这样，就将使我们在这些方面的工作有可能大大地前进一步。

然后，周恩来阐述了党在过渡时期的总路线和总任务，党的总路线的胜利，国内外情况及我们经济建设中的几个问题，半年多来税收、商业、财政、银行工作中的某些错误，财政、税收、商业、粮食、银行等项工作今后的方针任务等几个方面的问题。

8 月 12 日，毛泽东到会作重要讲话。

毛泽东在讲话中提出：

“在‘三反’‘五反’运动之后，党内有两种性质的错误，一种是一般性的错误，如‘五多’，大家都可能犯，什么时候都可能犯。‘五多’的错误也可以变成‘五少’的错误。另一种是原则性的错误，如资本主义倾向。这是资产阶级思想在党内的反映，是违背马克思列宁主义的立场问题。”

“对于财经工作中的错误，从去年十二月薄一波同志提出‘公私一律平等’的新税制开始，到这次会议，都给了严肃的批评。新税制发展下去，势必离开马克思列宁主义，离开党在过渡时期的总路线，向资本主义发展。”

“薄一波的错误，是资产阶级思想的反映。它有利于资本主义，不利于社会主义和半社会主义，违背了七届二中全会的决议。”

毛泽东在讲话中强调：

“为了保证社会主义事业的成功，必须实行集体领导，反对分散主义，反对主观主义。我们现在要反对主观主义，既反对盲目冒进的主观主义，也反对保守的主观主义。”“所有这些问题的解决，关键是巩固集体领导，反对分散主义。”

毛泽东在讲话中还说：

在这次会议上，刘少奇说有那么一点错误，小平同志也说有那么一点错误。无论任何人，犯了错误都要检讨，都要受党的监督，受各级党委的领导，这是完成党的任务的主要条件。全国有很多人，是靠无政府状态吃饭。薄一波就是这样的人。他在政治上思想上有些腐化，批评他是完全必要的。在批判薄一波的错误中间，恩来、陈云都说要负责任，我说我也要负责任，各有各的账。

然后，毛泽东还检讨了自己在六个方面的错误。

毛泽东发表讲话后，历时两个月的财经会议终于结束了。

不过，高岗并没有参加完这次十分重要的会议。原因是1953年3月斯大林去世后，苏联党内于1953年6月发生了贝利亚事件。在财经会议进行期间，苏共中央电告中共中央派一位负责人到苏联去听取苏共中央关于贝利亚事件的紧急通报。中共中央决定派高岗作为中国共产党代表赴苏听取苏共中央关于贝利亚事件的情况通报，同时与苏联政府签署有关协议。高岗领取了任务后，告知他的秘书赵家梁做好随他赴苏的准备。但第二天，高岗又接到中共中央办公厅的通知，由毛主席的秘书叶子龙和翻译师哲陪同他去苏联，他的秘书赵家梁就不要去了。

为什么不让高岗的秘书去，而是改派毛泽东的秘书去呢？

高岗的秘书赵家梁认为：

> 党中央、毛主席做出这样的安排是很有意思的。对苏共方面来说，派去了毛主席身边工作的两个同志，令人感到高岗是代表中共中央、毛主席前去的，是够隆重够规格的。可是另一方面来说，可以更好地了解高岗在苏的活动和苏共的意图，这至少是一种谨慎而警惕的措施。①

高岗一行是8月初去的莫斯科，听完苏共中央的情况通报后，8月11日，高岗又代表中国政府与苏联政府签订了《苏联在1953年至1955年给予中华人民共和国在恢复与改建鞍山钢铁公司方面以技术援助的决定》，然后便乘飞机回国。

也许纯属工作需要，高岗没有听到周恩来的会议结论和毛泽东的重要讲话。但回国后，看到周恩来的会议结论和毛泽东的讲话，相信高岗会很高兴。因为在他们二人的讲话中，对薄一波的批评都是很严厉的。然而，高岗不会想到，虽然他对薄一波的批评看起来与毛泽东的调子一致，但他在会内会外流露出的“批薄射刘”的目的，是逃不过毛泽东的眼睛的。

毛泽东1955年3月31日在中国共产党全国代表会议上讲到“高饶联盟”

① 赵家梁：《对〈毛泽东谈高岗事件〉一文的几点意见》，《百年潮》2002年第3期。

时说：中央是“在财经会议期间，发现了他们的不正常活动”。

高岗也不会明白，毛泽东和周恩来在讲话中强调的“要加强党的统一领导，反对各个党的组织和党员个人向党闹独立性，反对无政府无组织无纪律的错误倾向，反对分散主义”，既是对薄一波等人的批评，也是对他高岗的警告。

十六 第二次全国组织工作会议

论及“高饶事件”，自然要从1953年财经会议讲起，但也必然要谈到同年9月召开的第二次全国组织工作会议（简称“组织会议”）。

然而，虽然财经会议与组织会议在“高饶事件”中紧密相连，但在这两次会议上活跃的主角却并非同一人，组织会议更多的是与饶漱石的名字联在一起。

1 | 饶漱石“震动”中组部

“高饶事件”的另一主角是时任中共中央组织部部长的饶漱石。

饶漱石在新中国成立后的地位虽然没有高岗那样显赫，但他的资历并不亚于高岗。

饶漱石不同于农民家庭出身的高岗，他1903年出生于江西省临川县的一个小知识分子家庭，青年时代不但读过中学，还上过大学，有相当不错的英语水平。1923年加入中国社会主义青年团，在党的领导下开展学生运动和工人运动。1925年加入中国共产党，在赣东北及浙江等地从事党的地下工作。1929年任共青团北满省委书记、中共满洲省委代理书记、中华全国总工会党团书记、秘书长。1935年赴苏联，任中华全国总工会驻赤色国际代表。抗日战争爆发后，饶漱石回到国内，任中共中央东南局副书记。

1941年1月皖南事变后，新四军重建，陈毅任代理军长，刘少奇任政治委员，邓子恢任政治部主任。但当时邓子恢在安徽工作脱离不开，党中央通知由饶漱石代理政治部主任。同时决定，撤销以项英为书记的中共中央东南局，以刘少奇为书记的中原局改为华中局，并成立中央军委新四军分会，由刘少奇兼任书记，饶漱石任华中局副书记兼宣传部部长、华中军分会常委。1942 年 3 月刘少奇回延安，由饶漱石代理华中局书记和新四军政治委员，由陈毅代理新四军军分会书记。

在 1945 年的中共七大上，饶漱石当选为中共中央委员。

解放战争时期，饶漱石任中共中央华东局书记兼华东军区政治委员、中国人民解放军第三野战军政治委员。新中国成立后，任中央人民政府委员、人民革命军事委员会委员、华东军政委员会主席。

饶漱石 1953 年 2 月奉调进京，任中共中央组织部部长。

饶漱石

本来，就历史渊源而言，饶漱石从 1929 年起就数次在刘少奇手下工作，进京后又在刘少奇分管的中央组织部工作，理应与刘少奇紧密配合、步调一致地开展工作。但是，饶漱石来京时期正是高岗因毛泽东的重用而红得发紫的时期，他见毛泽东经常在中央会议上说“高岗同志的意见可以考虑”，又看到毛泽东对刘少奇的某些不满，再加之与中组部副部长安子文发生了矛盾，所以，饶漱石来京后不是与刘少奇更加紧密，反倒与高岗逐步靠拢。

据饶漱石后来自己交待，他是在财经会议进行期间，“受到某些同志对安子文同志的错误认识（说安子文同志敌我不分、用人不当等）的影响，开始对安子文同志存在一种浓厚的宗派主义情绪，并从个人主义和宗派主义的情绪出发，产生了一种政治性的投机心理”。

饶漱石受到了哪些人的影响、产生了什么样的投机心理呢？

也是在这份交待材料中，饶漱石说：

> 在财经会议期间，高岗同志在会议休息时间内，不止一次地同我谈到安子文同志“用人不当，敌我不分”。7月中旬，财经会议转入对薄一波同志展开批评后，陈正人同志发现安子文同志有几天未到会，也向我谈起安子文同志有用人不当的错误，并说：“我和计划委员会都怀疑如果组织部的工作不加改进，能否从党的组织上保证国家计划的执行。”本来，我自去年3月后，对安子文同志提出的某种名单已有错觉，听了高、陈等人这些话后，更增加了我对安子文同志的错误认识。因而，我就在7月22日组织部的部务会议上，对安子文同志表示极为不满，并且不问情由和不择手段地加以严厉指责。其目的一方面是促使安子文同志到财经会议表明他对薄一波同志的态度，一方面也是借此在高、陈等同志面前表明，我与安子文同志并不一致，以求得他们对我的谅解。

为了促使安子文参加到财经会议批评薄一波的浪潮中，也是为了取得高岗对自己的好感，在7月22日召开的中共中央组织部部务会议上，饶漱石确实对副部长安子文进行了“严厉指责”。他指责安子文起草的组织部关于反对官僚主义斗争的报告不真实，说组织部是一潭死水，问题严重，必须“震动”一下。

不过，饶漱石虽然想在组织部拿安子文开刀，但他确实低估了组织部副部长安子文。

安子文虽然比饶漱石小6岁，但他却是老资格的中共中央组织部副部长。

安子文1909年9月25日出生于陕西省绥德县双湖峪镇一个士绅之家，父亲是前清秀才，曾任陕西省议员。1925年6月，在北京求学的安子文加入了中国共产主义青年团，开始在党的领导下从事革命活动。在艰苦危险的白区地下工作过程中，安子文曾经三次被捕，但他革命意志坚定，经受住了敌人严刑拷打的考验。特别是1931年2月被捕入狱后，他与薄一波、刘澜涛等共产党人被关押在“北平军人反省分院”。在长达六年的监狱生活中，他们坚贞不屈，保持了共产党人的本色，终于在1936年春在刘少奇领导的中共中央北方局的积极营救下得以出狱。出狱后，安子文先后任中共北平市委组织部部长、中共太岳工委书记、中共太岳地委书记，与彭真、薄一波等一道，为太岳根据地的创建作出了重要的贡献。

1943年5月，组织上调安子文到延安中共中央党校学习，后留校工作，任中共中央党校二部副主任。抗日战争胜利后，安子文于1945年10月被任命为中央组织部副部长。由于中央组织部部长彭真已去东北，副部长习仲勋又在高岗去东北后主持中共西北中央局的工作，所以，中央组织部的工作实际上由安子文主持。从此后，一直到饶漱石来京就任中央组织部部长之前，安子文一直以副部长的名义实际上主持中央组织部的工作。

饶漱石在7月22日"震动"组织部、指责安子文后，安子文当晚就来到党中央主管组织工作的刘少奇处，详细汇报了饶漱石的言行，并且分析说，我估计饶漱石如果不是精神失常，就是把你、我和彭真、薄一波四个人划成了一个圈圈，存心要把我从组织部赶走。

第二天早上，安子文又把他的这个估计向高岗做了汇报。

高岗虽然与安子文是陕北同乡，安子文的弟弟安志文又从西北到东北再到北京一直在高岗身边工作，但高岗显然认为安子文与刘少奇、彭真、薄一波这些当年北方局的战友更为亲近。所以，在7月23日晚间召开的财经会议领导小组会议上，高岗又把安子文早上对他说的话告诉了饶漱石。

饶漱石听后异常生气，立即就在这次领导小组会议上公开讲述了此事，这不但使会议的原定议题受到了冲击，也使主持会议的周恩来总理感到十分为难。

在7月23日的领导小组会议上发了一通火后，饶漱石猜测安子文之所以会想到自己把他们四个人划成一个圈圈，并且不但把自己的推测向刘少奇做了汇报，还告诉了高岗，可能与"三月名单"之事有关。所以，在7月24日晚间召开的财经会议领导小组会议上，饶漱石突然质问高岗，"三月名单"究竟是怎样一回事?

饶漱石就"三月名单"之事质问高岗，不仅仅是因为高岗与"三月名单"之事有关，更主要的原因在于这个"三月名单"，是饶漱石攻击安子文的"撒手锏"。

2 ｜安子文与"三月名单"事件

关于神秘的"三月名单"事件的由来，有着不同的传说版本。

高岗的秘书赵家梁在《半截墓碑下的往事——高岗在北京》一书中写道：

“高岗在反省时谈到，大约在1953年4月上旬的一天中午，毛泽东的机要秘书送来一份文件，要他亲自签收，并立等阅后收回。在一般的情况下，中央传阅文件，即使是很机密、很重要的文件，都是由中央机要局派专人传递，由秘书签收。唯有这一次例外，是由毛泽东的机要秘书直接送给高岗本人，而且阅后马上收回。可见毛泽东对此文件之重视，也说明此文件之特别机密和重要。后来得知，这就是安子文拟的‘八大’政治局委员和各部委分工名单。高岗惊奇地发现，在政治局委员名单中有薄一波而没有林彪。这个名单，他以前从未见过。”

“这个名单如何到了毛泽东的手里？传说不一，最可能是安子文呈送给毛泽东的。”

虽然关于这份名单的出笼有不同的说法，但可以肯定名单是安子文拟定的，因为安子文后来为此受到了党内警告处分。

然而，是安子文擅自做主还是谁指使安子文拟定的名单，目前仍是谜团。

但高岗显然认为是刘少奇授意安子文拟定的名单。他在《我的反省》中说：

我主观地以为，安子文怎敢擅自拟定中央政治局委员的名单？安子文身后还有人，那就是少奇。是少奇同志授意，要安排政治局、书记处、各部委的人事。

而且他也承认对林彪说过：

我记得那单子上没有你。

然而，不管名单是如何产生的，高岗确实是看到了这份名单，而且还在一定范围内进行了传播。

但在7月24日晚间召开的财经会议领导小组会议上，饶漱石提出“三月名单”之事时，刘少奇、周恩来都表示事前并不知道有这样一份名单。

因此，当饶漱石在领导小组会议上提出安子文“三月名单”的问题后，刘少奇、周恩来等都感到震惊，当即向安子文查问此事。

安子文此时也感到了问题的严重，在会上承认了确有此事，在会后向中央做了书面检讨，并请求中央给予撤销中央组织部副部长职务的处分。

中央在审查了安子文的检讨后，认为安子文私拟名单确实违背了党的纪律，于7月末给予其党内当面警告处分。毛泽东也宣布：

此事到此为止，不许扩散。

本来事情到此可以终止了，但高岗竟然不顾毛泽东“不许扩散”的禁令，在财经会议和后来的南下休假期间，利用与一些地方和军队领导干部接触的机会，传播了这份名单。

高岗这种行为不仅在一定程度上造成了党内的混乱，也引起了毛泽东的极大不满和高度警觉。

7月24日晚间的财经会议领导小组会议后，刘少奇找饶漱石谈话，劝他要冷静从事，不要再向安子文追问，也不要再为此事在组织部内进行争吵。

但是，饶漱石不仅不听刘少奇的劝告，反而对刘少奇说：

安子文说我有宗派我可以不管，但他说我把你们四个人划成一个圈圈，我一定要在组织部内弄清楚。

接着，饶漱石就在7月26日召开的组织部部务会议上大发雷霆。他将安子文向刘少奇反映情况说成是“有意挑拨是非，制造分裂”，“胆大妄为”。并以中组部检查官僚主义不彻底为由，要求开会专门检讨中组部的工作，让安子文作检讨。

财经会议结束后，饶漱石又于8月17日和18日连续两天主持召开部务会议，继续在组织部内搞“震动”。虽然饶漱石在会上说会议的重点是讨论周恩来在财经会议上的结论，但他却在会议开始后首先“约法三章”：

第一，不联系思想；第二，不联系薄一波；第三，不联系组织部。

召开这样一个“三不联系”的会议，究竟要解决什么问题呢？

原来饶漱石并非真的什么都不“联系”，他还是要“联系”组织部副部长安子文。

饶漱石在这次部务会议上，首先借中央组织部党员管理处处长王甫和办公室主任赵汉去山东调研受阻一事斥责安子文说：

王甫、赵汉是新兵，他们听到枪声，不免有些紧张，你安子文是老兵，你不该听到一点枪声就……

饶漱石的这一番话听者莫名其妙，实则弦外有音。

原来在此之前，中组部派王甫、赵汉带领一个小组到山东考察了解开展“新三反”运动和农村整党的情况时遇到了一些麻烦，并且没有得到当地党组织的支持。于是，王甫、赵汉找到中共山东分局书记向明谈了情况，但也没有得到解决。回京后，王甫、赵汉向安子文反映了情况，安子文又把情况向刘少奇做了汇报。饶漱石认为安子文直接向刘少奇汇报是故意怠慢他这个新来的组织部部长，便想借此事整整安子文，给他一个下马威。

所以，饶漱石借王甫之事责备了一番后，又斥责安子文说：

财经会议这样重要的会议，你为什么竟然好几天不参加？

参加会议的一些同志见饶漱石抓住一些无足轻重的事情攻击安子文，有些气不过，当场就有人问饶漱石：

安子文不参加会议，你为什么不找他谈谈？

饶漱石这才亮出了底牌，抛出了“三月名单”这个重磅炸弹，郑重其事地说，问题还不在于安子文不参加财经会议，而是因为他私自拟定“三月名单”，犯了错误。

然后，饶漱石让大家追问“三月名单”问题，并逐渐把攻击的矛头指向了负责组织工作的刘少奇，造成了组织部内部的混乱。

3 | 张秀山与郭峰在组织工作会议上发言

早在财经会议召开的1953年7月，中共中央就发出了《关于召开第二次全国组织工作会议的通知》，决定于8月20日以后召开第二次全国组织工作会议。

这次会议的主要议程有四项：

（一）关于抽调干部到新建、改建和扩建的重要厂、矿工作的问题。

（二）关于加强对干部的管理问题。

（三）关于审查干部的问题。

（四）关于整顿党的基层组织和发展新党员的问题。此外，还要研究一下关于干部的培养训练问题。

中共中央决定会议领导小组由刘少奇负责，领导小组成员有朱德、李富春、胡乔木、习仲勋、钱瑛、杨尚昆以及中组部的饶漱石、安子文和六个中央局的组织部部长。各中央局、各局组织部长、干部处长以及各省、市委组织部部长参加会议。

这次会议先是于9月10日起，召开了几天的预备会。在9月12日的预备会上，安子文提出，毛主席有指示，要检查一下中央组织部的工作，请各地做一些准备。会后，安子文又找到来参加会议的东北局组织部部长郭峰，让其给东北局第二副书记张秀山和旅大市委书记陈伯村打电话征求意见。

刘少奇在9月13日上午召开的会议上，在讲到本次会议的内容时，也谈到了要检查中组部工作的问题。

对于中组部关于检查工作的意见，郭峰向东北地区参加会议的代表做了传达，并打电话向张秀山做了汇报，然后又到高岗处向其请示对中组部提出的检查工作问题有何指示。

高岗听郭峰介绍完意见后说：

我们东北不要讲了，有些问题讲了也解决不了，我们不要提意见了，让别的大区提吧。

9月23日，饶漱石在领导小组会议上说，毛主席一再指示，对中组部工作有任何问题都应坦率提出，摆在桌子上，要开展批评与自我批评。安子文也在饶漱石说完后强调说，各大区要认真酝酿，准备对中组部工作的检查意见。

听说毛主席指示要检查中组部的工作，郭峰又来到高岗处询问东北局在这次会议上是否提意见。这时高岗已经知道了毛主席确实要利用这次会议检查中组部的工作，所以，高岗的态度有了一百八十度的转变。他对郭峰说，中央确实有精神，要认真检查中组部的工作，所以，你要好好准备，提意见不要顾忌，不要有私心，要以党的利益为重，要敢于提意见。但提意见要有根据，不要被人家抓住小辫子。高岗还分析六个大区中，华东、西北、东北等都可能对中组部的工作提出意见。

9 月底，郭峰接到了张秀山及陈伯村对中组部的书面意见，张秀山并要郭峰在将意见转给安子文之前给高岗看看。

10 月 2 日，郭峰到高岗处汇报张秀山和陈伯村提出的意见，并说了安子文要张秀山来京参加组织会议的情况。恰好此时东北局委员王鹤寿因工业计划问题也来到高岗处，高岗即将张秀山的书面意见转给王鹤寿看，并说，张秀山只提些大问题。王鹤寿看过后说，有关纪律问题、薄一波有圈子等问题不应该谈。于是，高岗让郭峰转告张秀山，要把这些材料深刻加工，有把握的说，没把握的不说。

高岗还对王鹤寿说，你到鞍山路过沈阳时与张秀山谈谈。

从高岗处回来后，郭峰即给张秀山打电话，告知了高岗的意见。张秀山在电话中说他正好要到北京开粮食工作会议，书面意见就暂时不要转给安子文了。

10 月 4 日，中央电告东北局并转张秀山，说："望张秀山同志于 10 月 8 日以前来北京参加组织工作会议。"①

张秀山是 10 月 9 日到北京的，但他首先参加了中央召开的粮食工作会议。

10 月 10 日，安子文在组织工作大会上做了关于中组部工作检讨的发言。

张秀山虽然没有听到安子文的发言，但他来京后，曾找到饶漱石、安子文谈了他对中组部工作的意见，并表示不准备在大会上发言了。可是，在 10 月 13 日召开的讨论大会发言问题的领导小组会议上，当饶漱石说到张秀山已经说了他对中组部工作的意见，不准备在大会上发言了时，刘少奇说，我听安子文讲，张秀山的意见基本上是正确的，最好在大会上讲一讲，如果他时间紧，急着回去贯彻粮食工作会议的精神，讲一个小时也可以。于是，这次领导小组会议决定由饶漱石通知张秀山在大会上发言。

当天晚间，张秀山应邀到毛主席处谈粮食问题和农村互助合作问题，同

① 《建国以来刘少奇文稿》第五册，第 279 页。中央文献出版社 2008 年 11 月第 1 版。

时也谈了他对中组部工作的意见。毛主席听后，表示张秀山所提的意见可以到大会上讲，但有些问题要先找刘少奇谈一谈。

张秀山从主席处回来已是午夜12时，第二天上午，即14日上午，他并没有主动找刘少奇交谈，便在14日下午的大会上做了发言。

张秀山在发言中，首先说明了他之所以在这次会议上发言的经过：

我这次是来参加中央召开的粮食工作会议的。在来以前，接到安子文同志的电话，要我和陈伯村同志给中央组织部的工作提批评意见，后来又接到中央电报，要我参加组织工作会议。前几天因开粮食会议，未来参加，对这次会议上所谈论的问题不了解，因此不能针对会议的情况来讲，只能简单地提点意见。

几年来，中央组织部做了很多工作，进行了整党建党、调配干部，取得了很多成绩。尤其是安子文同志积极努力地工作，成绩是很大的。当然，由于我们的国家是一个大国，我们的党是一个大党，各地的工作发展得不平衡，情况很复杂，工作中的缺点也是难免的。因为安子文同志要我提批评意见，所以对工作成绩不多讲，只提出五点意见——这些意见，已和安子文同志面谈过，本来想不讲了，后来主席和少奇同志还要我讲一下，因此提出来，请大家研究。也许这些意见是不对的，请大家批评。

然后，张秀山就逐一阐述了他的五点意见，主要有：

一、1950年前后，曾经有一个时期，中央组织部对于党员可否剥削这样一个重大的原则问题曾发生过动摇。把在目前阶段上社会上一般允许剥削与党员不允许剥削混同起来。

二、关于党的无产阶级的性质问题，这样根本性的问题，中央组织部也曾发生过动摇。

以上两项，经毛主席的批评指示，均已正确解决，现在只作为经验教训提出。

三、中央组织部对检查执行二中全会的决议抓得不紧。二中全会决定领导重心由农村转入城市，搞生产建设。这是全党的政治任务，也是组织任务。在这方面我觉得中央组织部抓得不紧，甚至没有以二中全会决议党的总路线检查各部门、各级党委的工作。

四、对保障党的组织的严肃性、纯洁性重视不够。对于一些曾经在革命严重关头脱党、退党、叛党而在革命高潮时又回到党内来的分子，以及对中央一级机关和各地的某些高级机关任用这些人时，处理得不严肃。

五、安子文的思想方法是有缺点的。他接受新事物迟钝，马列主义与非马列主义的界限不清，存在着右倾思想，表现在对内是非不分、对外敌我不分或者叫做敌我界限模糊。

张秀山

张秀山在大会的主席台上发言时，刘少奇坐在他的右边，安子文坐在他的左边。张秀山讲完后，会间休息。在小会议室里，刘少奇对张秀山说，你会上讲的这些问题，有的不是安子文同志的问题，而是我的错误。在以后适当的会议上，我要作自我批评。

张秀山发言后的第二天，即10月15日，东北局组织部部长郭峰也在大会上发了言。

郭峰的发言主要是综合了东北地区小组在讨论安子文发言时提出的意见，论述了三个方面的问题：

第一，关于中央组织部如何保证与贯彻党的政治路线与党在经济恢复时期各项任务的实现问题。

首先，中组部在干部调动问题上虽然做了很多工作，三次抽调大批干部到新解放城市搞接管工作和到新区进行土改，还集中大批力量到中央机关工作。但是，若从贯彻二中全会决议、把党的工作重心由农村转入城市的规定方面来检查，做得还是很差的。1951年，中组部曾向中央提出建议调3000个县以上老干部到工业中去学习，但执行得并不好。听说要给东北2000干部去搞工业，但结果只去了72人。其次，如何从组织上来加强党对经济工作的领导，以便更好地保证各项任务的完成这一点认识不够，研究得很少，影响了党对经济工作领导的加强。再次，中组部对中央有关组织工作方面决议执行情况的检查、贯彻是很差的，特别是对于在目前历史时期内党内思想情况的了解与掌握，并在思想上、政治上、组织上随时与违反党的总路线、党的各种具体政策的各种思想倾向作斗争方面是很差的。

第二，关于在国民经济恢复时期如何加强党的建设问题。

首先，从党的思想建设方面检查，中组部对于国内阶级关系的变化所引起的新情况认识不够，对于二中全会决议精神领会与贯彻不够。在全国第一次组织工作会议的整顿党的基层组织的决议上，有“中国革命是中国工人阶级半工人阶级领导”的错误提法。在是否允许党员有剥削行为这样原则性问题上，子文同志在思想上是模糊不明确的，是有错误的。其次，从党的组织建设上来看，也还表现出对于始终不懈地坚持党的组织的纯洁性与组织原则的严肃性，认真地、有效地贯彻党的二中全会、三中全会决议不够，对于认真执行中央历次在产业工人中发展党员与提拔工人干部的指示，对工农老干部的培养提高与关心做得很差。

第三，中央组织部在组织工作的业务指导上，或多或少地存在有脱离当前中心任务而孤立静止地进行工作的现象、对苏联共产党的组织工作经验学习不够的严重缺点。

郭峰在发言中最后说：

综括以上意见，我们认为中央组织部几年来做了很多工作，成绩是很大的。但是，要是从党在恢复时期的组织工作任务的执行上去检查，我们认为是有着严重的缺点和某些错误的。中央组织部最根本的问题是由于在组织工作的政策思想指导上，对党的总路线，对恢复时期党的组织工作任务存在着不明确和模糊的地方，甚至有某些右的观点，因而对党的政治路线的保证贯彻就很不够。

张秀山与郭峰的发言引起了与会代表的很大反响，山东分局组织部部长赖可可等人在大会发言中也对中组部的工作进行了批评，但华北等组的代表对张秀山的发言提出了质问。特别是张秀山对安子文“敌我不分”的指责引起了很多人的不满。

鉴于会议上分歧较大，中央提议会议暂停，先举行领导小组会议，解决中组部内部的团结问题。

10月22日，刘少奇在领导小组会议上做了重要讲话。他在讲话中一方面对饶漱石提出批评，说：

中组部过去三个月的争论，“使得许多工作不能正常地进行，使得中组部很多同志惶惶不安，在外部也发生了一些影响，这当然是工作上的损失”。

另一方面，刘少奇又对中组部出现的分歧主动承担了责任，说：

对于这个争论，我也是有责任的。我没有在事先对双方做充分的工作，没有对双方充分交代清楚，使双方有充分的相互了解，我对双方的帮助都不够，这是我应该检讨的。

最后，他诚恳地提出：

希望各地区党的组织部的同志们，到处去提倡全党一致的精神，为巩固全党的团结而努力，反对任何只看到和只关心本地区本部门而看不到和关心全党的倾向。

在10月27日的闭幕会上，刘少奇再次发表了重要讲话。他在讲话中总结了中央组织部过去几年的工作，认为中组部的工作“是有成绩的”，“是执行了党中央的正确路线的”，同时也客观地指出了中组部的领导在工作中存在的缺点和错误，并对会议中比较集中提到的农业生产互助合作问题、“半工人阶级”的提法问题、党员发展成富农应当如何处理等问题做了情况说明和自我批评。

在党中央的正确领导下，第二次组织工作会议虽然受到了一些干扰，出现了一些波折，但会议的成就是主要的，大家的认识也逐步趋于一致。

10月27日，饶漱石在会议总结报告中说：

中央组织部在过去多年中，是在中央的直接领导下执行了中央路线的，是做了很多工作并有很大成绩的。虽然正如各地同志们所指出，在过去工作中并不是没有缺点和个别错误。这些成绩的获得主要应当归功于党中央和毛主席的英明领导及各地区同志们的共同努力，但同时也是和安子文同志及中央组织部的全体同志的积极努力分不开的。

至此，历时一个半月的第二次全国组织工作会议宣告结束。

十七 南方之行

高岗于1953年10月3日至11月2日的南方之行，可谓其人生旅途的最后风光。这次南方之行虽然是一次正常的休假，但他却借休假之机，在与华东和中南的领导交谈中，散布了一些不利党的团结、违背组织原则的言论，造成了不好的影响。

1 | 游览风光

一波三折的全国第二次组织工作会议高岗并没有参加。虽然他领导下的东北局副书记和组织部部长在会上做了重点发言，但当张秀山在大会上指责安子文"敌我不分"时，高岗已经来到了黄浦江畔，南下度假。

高岗的这次南方之行，是按照中共中央《关于干部休假制度的规定》所进行的一次正常休假。

1950年10月27日，年仅46岁的中共中央政治局委员、书记处书记任弼时因病逝世。

任弼时英年病重，敲响了党的领导干部因长期紧张工作导致身体健康状况下降、疾病日增的警钟，因此，党中央开始安排领导人轮流外出休假。

1951年10月13日，中共中央作出了《关于干部休假制度的规定》，提出：

中共中央委员和中央候补委员，中共中央各部的正、副部长，中央政府各部的正、副部长，各群众团体的中央正、副主任，各中央局委员及各部部长，各大行政区正、副主席，各中央分局正、副书记，各省委、大市委、区党委的书记，各省府、行署、大市的主席与市长，各兵团的司令员和政委，以及相当于以上职务、工作特别繁重的高级干部，每年应轮流离职休养一个月。

在此规定颁布之前，周恩来已于1951年5月下旬至7月上旬去大连等地休息；在此规定颁布之后，刘少奇于1951年11月底至1952年1月末去天津、南京、上海、杭州、南昌、长沙、武汉等地度假，领导人轮流休假制度已经实行。因此，高岗在财经会议结束以后，于1953年10月3日至11月2日，开始了他的南方之行。

高岗与家人合影

随同高岗南下度假的有秘书赵家梁、董文彬，计委办公厅副主任梅行以及卫士长，还有高岗的小女儿滨滨和保姆。

高岗的夫人李力群在此之前已随同教育部的人去了南方，高岗一行到达杭州后才与李力群汇合。

10月3日上午，高岗一行在北京前门火车站登车前，罗瑞卿匆匆赶来，并把高岗叫到一边悄悄说话。高岗上车后对秘书赵家梁说，罗瑞卿告诉我毛主席病了，我听后不想去休假了，但罗瑞卿说你还是去吧，如需要时再回来，毛主席的情况如果不好，你到济南时我再打电话。所以，高岗到济南车站后首先问有无北京的电话，回说无电话后，才继续前行。到南京后，高岗又给罗瑞卿打电话，询问毛主席的身体情况。

4 日，高岗与江苏、南京的领导进行了会谈，然后游览了玄武湖等名胜古迹，参观了中山陵和蒋介石的总统府。

5 日到 7 日，高岗一行在上海参观。在上海期间，高岗虽然与陈毅、谭震林等地方领导会面，但未召开会议进行正式会谈，主要是在黄浦江、城隍庙等地参观游览。参观工厂，出席酒宴，看看电影，也是必不可少的。

杭州是高岗此次休假的主要休息地，他从 7 日晚到杭州后，一直住到 25 日才去了广州。

基本上在西北、东北、华北“三北”活动的高岗，极少到南方巡游。秀美的江南风光，高岗几乎就没有领略过。在号称“人间天堂”的杭州，高岗游览了众多名胜古迹，品尝了各种苏杭美食，还欣赏了与西北、东北风格不同的江南戏剧。此等细节应属休假期间的高岗个人隐私，没有必要细细叙述。但他在杭州期间的下列两事，却与我们传主的后来轨迹密切相关。

2 | 林高密谈

林彪是 1950 年 10 月 10 日，陪同周恩来到达莫斯科，与斯大林等商谈抗美援朝问题的。周恩来于 10 月 18 日返抵北京后，有严重神经衰弱症的林彪留在苏联养病几月，回国后于 1951 年 10 月以中央军委副主席的身份主持中央军委工作。但仅仅三个月后，林彪再次病倒，在杭州疗养。

高岗来杭州时，林彪正住在西子湖畔一处环境幽雅的二层小洋楼中。

高岗到杭州后，被安排到了西子湖畔最著名的园林建筑——刘庄。高岗在刘庄住了半个多月，在这期间，不但欣赏了西湖美景，品尝了杭州美食，还与林彪进行了多次交谈。

林彪是高岗的老领导，在东北解放战争时期二人就配合默契，关系亲密。在东北解放战争初期发生的关于东北战略方针的争论中，二人观点一致地与彭真等人进行了争论。在东北解放战争的战略反攻阶段，基本上是林彪在前线指挥，高岗在后方主持东北局的工作。新中国成立后，高岗坐镇东北，林彪镇守中南，一直保持比较密切的关系。这次在杭州相聚，高林二人更是无话不谈。

虽然高岗与林彪当时的谈话内容别人不得而知，但据后来召开的高岗问题座谈会所揭发，高岗在一个月的休假期间，“向那里的党政军高级领导干部捏造散布所谓‘军党论’，说中国共产党里有‘根据地和军队的党’以及‘白区的党’两个部分，并以‘根据地和军队的党’的代表自居；还说现在党中央和国家机关掌握在‘白区的党’的人手里，应彻底改组，由他担任党中央副主席或总书记，并担任部长会议副主席。”①

至于林彪在与高岗会谈时的态度，可从毛泽东对林彪的严厉批评中得到证明。

据《陈云年谱》记载：

1953年12月19日，毛泽东、周恩来决定派陈云沿着高岗外出的路线，代表党中央向高岗游说过的干部打招呼。毛泽东要陈云转告在杭州养病的林彪：不要上高岗的当，如果林彪不改变意见，就与他分离，等改了再与他联合。陈云向林彪原原本本转达了毛泽东的话，并向他介绍了高岗利用“四野”旗帜，在全国财经会议上煽动各大区负责人攻击中财委的种种问题。林彪表示同意不再支持高岗。②

由此可见，林高杭州密谈时，林彪是支持高岗的意见的。

3 ｜所谓的“八人会议”

高岗此次南方之行因属休假，所以除秘书外，并没有带工作班子成员。但高岗到杭州后，正在上海休假的国家计委秘书长马洪和东北局秘书长赵德尊也来到了杭州。10月24日上午，赵德尊和马洪来到高岗所在的刘庄看望高岗，向高岗汇报了在上海搞调查的情况，赵德尊还按照东北局副书记张秀山的指示，向高岗汇报了毛泽东同意张秀山在第二次全国组织工作会议上发言的意见。③ 恰好此时建筑工程部部长陈正人从北京来杭州，也来到高岗处。他见到高岗后就说，高主席，北京热闹了，组织会议把盖子揭开了。高岗听

①② 中共中央文献研究室编：《陈云年谱》中卷，中央文献出版社2000年6月第1版，第192页。

③ 见《赵德尊回忆录》，中央文献出版社1998年9月第1版，第116页。

后虽然喜形于色，但没有表态。中午，高岗在住处设宴招待在杭州的陈正人、马洪、赵德尊、赵家梁、杨英杰、梅行、张有萱等人，大家在一起进行了热烈交谈。

在揭发批判“高饶反党联盟”时，这次有八人参加的聚会被说成是研究如何反党的“八人会议”。

当事人赵德尊后来说：

中央组织工作会议召开后，张秀山与毛主席有谈话，毛主席让张秀山在组织工作会议上讲话。张秀山让我到杭州休假时向高岗汇报这个情况。我先到上海，正碰到马洪也休假到上海，我俩在上海参观了几个工厂后一同到了杭州，又一起去看望高岗。到住处后就吃饭，华东局的谭震林等几个人在场，可能是八个人吧。但我们就是吃饭，啥屁事也没干，后来就被说成是“八人会议”研究如何反党，纯粹是瞎编乱造。①

10 月 24 日晚间，高岗离开杭州奔赴广州。

在广州期间，高岗与陶铸、谭政、叶剑英等当地党政领导进行了多次交谈，散布了一些不利于党内团结的言论。

在广州小住几日后，10 月 29 日，高岗一行乘火车经长沙、武汉、郑州等地，于 11 月 2 日返回北京。

① 笔者 2000 年 3 月 29 日访问赵德尊谈话记录。

十八 七届四中全会

在高岗看来，一个月的南方之行是收获颇丰的。他在沿途与各地党政领导人的交谈中，听到的也多是奉迎之词。

然而，高岗并不知道，早在其南方之行之前的财经会议上，毛泽东就已经发现了他的不正常活动。

毛泽东后来在1955年3月31日召开的党的全国代表会议上曾说：

中央也是1953年才发现他们的反党阴谋。经过财经会议、组织会议，以及财经会议以前的种种问题，看到他们不正常。

1 ｜毛泽东决心解决高饶问题

早在高岗南下之前的9月初，陈云就把他听到的高岗等人对刘少奇的意见向刘少奇做汇报。高岗南下回京后，刘少奇约陈云一起找高岗交流意见。在谈话中，刘少奇就某些问题向高岗做了解释，并进行了自我批评。陈云也表示同意刘少奇同志所谈的意见，并说自己也有过很多错误。但高岗在刘少奇和陈云谈完后，并未表示意见。

12月4日，毛泽东主持召开政治局会议，议题之一是讨论彭德怀在高干会上的报告稿。此前毛泽东曾在一次会上讲过彭德怀的这个报告稿没有思想性，彭德怀也曾建议，请高岗主持修改，想趁机把军委日常工作推给高岗，集中精力去搞经济建设。但毛泽东不同意，并在这次会议上两次说到，报告稿的修改还是以彭为主吧。

12 月 15 日下午，中共中央书记处召开会议，高岗、彭德怀、邓小平、陈云、杨尚昆、胡乔木列席。会议上，毛泽东提议在他外出休假期间由刘少奇临时主持中央工作，刘少奇则谦虚地表示由书记处的同志轮流主持为好。书记处的其他同志都同意由刘少奇主持，不赞成轮流。但高岗说："轮流吧，搞轮流好。"

高岗的言行使毛泽东认识到解决高岗的问题已经不能再拖延。12 月 17 日下午 5 点，毛泽东召陈云、邓小平来他住所谈话，8 点后周恩来也一起来毛泽东处交谈。

第二天晚间，毛泽东又召陈云、周恩来、彭德怀、邓小平前往他住所谈话。

12 月 19 日晚上，毛泽东再次召陈云、邓小平前往他的住所谈话，并在谈话后委托陈云即刻去上海、杭州、广州、武汉等地，沿着高岗南下的路线，代表党中央向高岗游说过的干部打招呼。

1954 年 1 月 9 日，陈云返回北京，向毛泽东汇报了在各地打招呼的情况。

据杨尚昆回忆，毛泽东在政治局会议上提出他休假期间是否由刘少奇主持工作，实际上是"有意亲自'测试'一下"高岗的态度。因为毛主席不在北京时由刘少奇主持中央工作，"这已是近几年的惯例。高岗却表示反对，主张由几个书记'轮流坐庄'。这一试，果然使他露了底"①。

但高岗显然并不知道毛泽东是在"有意亲自'测试'一下"自己，此时他仍天真地认为会有很多人和他站在一起。

在此之前，高岗确实得到了一批重要人物的支持。

1980 年 3 月 19 日，邓小平在与中共中央负责同志谈话时说：

> 毛主席提出中央分一线、二线之后，高岗活动得非常积极。他首先得到林彪的支持，也得到了彭德怀同志的支持，才敢于放手这么搞。那时候六个大区，他得到四个大区的支持，东北是他自己，中南是林彪，华东是饶漱石，

① 杨尚昆：《追忆领袖战友同志》，中央文献出版社 2001 年 9 月第 1 版，第 293 页。

西北是彭德怀同志。华北是高所反对的。对西南，他用拉拢的办法，正式和我谈判，说刘少奇不成熟，要争取我和他一起拱倒少奇同志。我明确表示态度，这是历史形成的，从总的方面讲，少奇同志是好的，改变这样一种历史形成的地位不适当。高岗又转过来进行试探，说把恩来同志推上来好不好？我说：恩来同志我很熟悉，但两个人比较，还是少奇同志合适。高岗也找陈云同志谈判，说搞几个副主席，你一个，我一个。这样一来，陈云同志和我才觉得问题严重，立即向毛主席反映，引起毛主席的注意。后来陈云同志去做林彪的工作，林彪说受了高岗的骗；我去做彭德怀同志的工作，他说：我相信你。高岗确实是搞谈判、搞交易。还有苏联人的关系。苏联有个顾问在东北。高岗敢于那样出来活动，老人家也有责任。老人家解放初期就对少奇同志、总理有意见，而对高岗抬得比较高，组织"经济内阁"，也就是计划委员会，几个大区的头头都是委员，权力很大，把政务院管经济的大权都拿出去了。高岗又从毛主席那里探了消息，摸了气候，好像老人家重用他，又有四个大区的支持，因此晕头转向。高岗也确实抓住了少奇同志的一些小辫子、高岗批评少奇同志的东西，不是完全批评错的，有批评对了的。例如土改时搬石头、反五大领袖；天津讲话，还是有缺点错误。最近报刊上好几篇文章都说，天津讲话没错误。高岗夸大事实，但少奇同志确有讲得不妥当的地方，起码语言不准确。高岗想把少奇同志推倒，采取搞交易、搞阴谋诡计的办法，是很不正常的。

12月24日，中共中央召开政治局扩大会议。在这次会议上，毛泽东不点名地向与会者点出了高岗问题的严重性。他不同凡响地说：

北京有两个司令部，一个是以我为首的司令部，就是刮阳风，烧阳火；一个是以别人为司令的司令部，就是刮阴风，烧阴火，一股地下水。究竟是政出一门，还是政出多门？

在毛泽东看来，在中华人民共和国的首都，在中国共产党的内部，竟然会在以"我"为首的司令部之外，出现另一个司令部，问题何其严重？岂能坐视不问？

据杨尚昆回忆，在这次中央政治局会议前后，毛泽东已经就高饶问题向

党内一些高级干部打了招呼：

1953年12月，陈毅由上海到北京参加全国军事系统高干会议期间，毛主席两次约谈。头一次，主席向陈毅询问他所了解的饶漱石情况，陈不明底里，按一般情况下尽量说同级干部优点的习惯，说了几句，毛听后反应冷漠。陈毅感到困惑，出来后向一位中央机关负责人谈起，对方提醒他："主席问你，是要听你说真实情况。"陈马上折回去，把他所接触到的饶漱石言行向毛主席和盘托出。毛主席这才点头，并且把已经掌握了的高、饶不正常活动的情况告诉了陈毅。几天后，第二次约见陈毅，专门谈高、饶问题，其中主要是华东军政委员会主席的任命问题。毛主席告诫陈毅："不要伤风，不要失去灵敏的嗅觉，要警惕非法活动。"又说："你推让是不对的，谦逊并非在任何情况下都是好的。对野心家就不让，让给他会使党受损失。"①

还是在12月24日的政治局会议上，毛泽东提议中央起草一个增强党的团结的决定，得到了与会者的同意，并委托刘少奇主持起草这个决定。这次会议还决定，在毛泽东请假休息期间，由刘少奇代理主持中央工作。

在安排妥当后，毛泽东于12月24日当晚，乘车南下杭州，也住进了高岗不久前住过的刘庄，一边休息，一边主持起草《中华人民共和国宪法（草案)》。

2 | 高岗想当面向毛泽东检讨

中共中央12月24日政治局会议在高岗的政治生涯中是一个重要的转折点。

在此之前，高岗自以为有毛泽东的欣赏，有一批重量级人物的支持，便摩拳擦掌，四处活动，欲把刘少奇拉下来。甚至在毛泽东已经察觉并采取了

① 杨尚昆：《追忆领袖战友同志》，中央文献出版社2001年9月第1版，第298—299页。

一系列行动之后，他仍然自以为是，自我感觉良好，继续搞非组织活动。但是，毛泽东在12月24日会议上抛出的“两个司令部”的论断太严厉、太明确了。虽然毛泽东的论述大大出乎高岗的预料，打得高岗晕头转向，但毛泽东对于自己的极端不满，高岗终于明白了。

12月26日，鞍山钢铁公司举行大型轧钢厂、无缝钢管厂、七号炼铁炉这三大重点工程的开工生产典礼。鞍钢的这三大重点工程是苏联援助我国建设项目中首先竣工投产的项目，中方和苏方都很重视。苏联方面特意委派苏联部长会议副主席兼冶金工业部部长捷沃西安赴鞍山参加落成典礼，中国政府决定派国家计委主席高岗参加，陪同前往的还有外交部副部长伍修权、翻译李越然、国家计划委员会秘书长马洪和高岗的秘书赵家梁等。参加完鞍钢三大工程落成典礼后，高岗又于12月28日来到沈阳，出席由各省市委书记参加的东北局扩大会议。在这次会议上，已经感到形势不妙的高岗，除重点传达了毛主席关于增强党的团结的指示外，还一改往日对刘少奇的态度，强调刘少奇在历史上的功绩和在党内的重要作用。同时，他也要求东北局要团结在林枫的周围开展工作。

会后，高岗在沈阳度过了他的最后一个元旦，于1954年1月初返回了北京。

从12月24日政治局会议结束后，高岗的情绪就开始低落。从沈阳回到北京后，高岗的感觉更加不好。他上班开会时很少发言，下班回家后也吃不下饭、睡不着觉，到处设法打听有关消息。

进入1954年，毛泽东也确实加快了解决高饶问题的步伐。1月3日，毛泽东在杭州接见捷沃西安和苏联驻华大使尤金。毛泽东在与他们会谈中，暗示中国共产党内将要出现大的问题，而且说问题的性质是“有人要打倒我”①。

在毛泽东向苏联人吹风之前，刘少奇已经根据毛泽东在1953年12月24日中央政治局扩大会议上的提议，组织起草了《中共中央关于增强党的团结的决定（草案）》，并且在12月29日召开的中共中央书记处扩大会议上予以通过，随即派人送往杭州，请毛泽东审定。

毛泽东这次去杭州虽然是在休息的同时主持起草《中华人民共和国宪法

① 师哲：《在历史巨人身边》，中央文献出版社1995年4月第1版，第489页。

(草案)》，但他更为关注北京的动态。在收到《中共中央关于增强党的团结的决议（草案)》后，毛泽东做了比较大的修改，并提议召开七届四中全会通过这个决定，以便解决高饶问题。

1月7日，毛泽东致电刘少奇并书记处各同志：

信及决议草案收到。

决议草案已作了修改，使之有根据些和更明确些。参加修改的，有在这里的几位同志，林彪同志亦表示同意。

此决议似宜召开一次中央全会通过，以示慎重。中委大多数在京，不在京的是少数，召集甚易，加上若干负重要工作责任的同志参加会议。此议是否可行，请你们考虑。如召开全会，时间以在1月下旬为宜。议程可有三个：(一) 批准三中全会以来中央政治局的工作；(二) 决定于本年内召开党的全国代表会议讨论第一个五年计划纲要；(三) 通过关于加强党的团结的决议。报告请刘少奇同志做，事先写好，有四五千字就够了。报告可分为三段：第一段，略叙抗美援朝、土地改革、镇反、恢复经济、过渡时期总路线及第一个五年计划第一年的成绩等事；第二段，为了讨论和通过第一个五年计划的纲要，有必要于本年内召开一次党的全国代表会议，并述代表已经选出，只待文件准备好，即可召开；第三段，将关于加强党的团结的决议草案的要点加以叙述，请求全会讨论和批准这个决议。此报告有三五天功夫即可写成，如时间许可，请用有线电发给我一看，如定于1月25日开会，则时间完全来得及。

余请尚昆同志面报。

写完上述内容后，毛泽东感到言犹未尽，又加写了这样几句话：

全会应发一简单公报，将三项议程公布就可以了，其他都可不公布。又及。

关于第三个议程，应尽可能做到只做正面说明，不对任何同志展开批评。

还是1月7日，毛泽东又致信刘少奇说：

如各同志同意开会，于你的报告稿宣读完毕后，似宜接着宣读你已有准备的自我批评稿，两稿各有一小时左右即够。三四千字即可，内容宜适当，不可承认并非错误者为错误。如可能，请一并电告我一阅。①

第二天，毛泽东再次致信刘少奇：

杨尚昆同志于7日上午10时由此返京，9日可到，带有修改了的决议草案及我的一封信。我在信中建议召开一次中央全会通过这个决议以示慎重，目前大多数中委在京，召开全会甚为容易，请待尚昆到后会商酌定。②

由此可见，毛泽东不但对《中共中央关于增强党的团结的决定（草案）》极为重视，亲自修改，并决心召开一次中央全会通过这个决定。对于即将召开的七届四中全会，毛泽东虽然不打算回京参加，但他对于会议议程以及刘少奇在会上报告的内容，都做了详细认真的交代，甚至一些比较细微的环节，都做了精心的布置。

杨尚昆是1月7日上午由杭州乘车回北京的。他于1月9日凌晨到北京后，立即向刘少奇做了汇报，并由刘少奇主持召开了中央书记处会议，初步商定1月25日召开七届四中全会。

1月16日，刘少奇致电毛泽东：

四中全会决定在1月30日开会（后来改在2月6日开会），通知今日发出。向全会的报告正在起草中，大约在1月20日可送交主席，现将我准备在全会的检讨发上，请予审阅和修改。这个检讨已经周、陈、彭、邓（指周恩来、陈云、彭德怀、邓小平）诸同志审阅修改过。其中有几处地方不是检讨，而是辩护，因为有人对这些地方进行过激烈的攻击，稍加辩护，似有必要。但这样也可能引起人家的攻击。如果有人要攻击，就要让人攻一下，似

①② 《建国以来毛泽东文稿》第四册，中央文献出版社1989年11月第1版，第432—433、434页。

乎也没有什么不好，如何？请主席指示。①

1 月 18 日，毛泽东致电刘少奇并书记处各同志：

中央全会既定本月 30 日开会，还有十几天时间，为使在各地的中央委员、候补中央委员及参加会议的同志事先有所准备起见，建议将《关于加强党的团结的决议（草案）》即日用电报发给他们阅看，如有因病因事不能到会的，请他用电报表示意见，以供全会参考。又张闻天同志宜通知他到会。以上请酌定。②

远在杭州的毛泽东彻底解决高饶问题的决心已定，身在北京按照毛泽东的指示筹备召开七届四中全会的刘少奇也已经做好了准备，而四处打探消息的高岗却已经乱了阵脚。思前想后，高岗决定亲自向毛泽东检讨。于是，高岗于 1 月 19 日给毛泽东写了一封信，表达了他想到杭州向毛泽东当面检讨的愿望。高岗还同时给中共中央办公厅主任杨尚昆写了一封信，要杨尚昆派专人将他致毛泽东的信送杭州呈毛泽东。

杨尚昆接到高岗的信后，首先将信交给了刘少奇。刘少奇阅后找来了周恩来、陈云、邓小平、彭真、李富春协商对高岗信的处理办法。

协商中大家提出了四种处理方案：

一是让高岗去杭州与主席面谈，但结果是不好处理；

二是请主席回来，结果是同样不好处理；

三是由主席指定书记处成员与高岗谈话，结果还是不好处理；

四是由主席指定刘少奇与周恩来与高岗谈话，邓小平可以参加，但陈云以不参加为好。这种方法可能较为妥当。

会议最后决定，如果毛主席同意第四方案，就请主席电告刘少奇，高岗

① 中共中央文献研究室编：《刘少奇年谱》下卷，中央文献出版社 1996 年 9 月第 1 版，第 318—319 页。

② 《建国以来毛泽东文稿》第四册，中央文献出版社 1989 年 11 月第 1 版，第 439 页。

不必来杭，由主席委托人与其交谈。①

毛泽东果然采纳了第四种方案。1月22日，他致电刘少奇说：

杨尚昆同志到此，收到所需文件，并收到高岗同志一信。高岗同志在信里说完全拥护和赞成关于增强党的团结的决议草案，拟在四中全会上作自我批评，想于会前来这里和我商量这件事。我认为全会开会在即，高岗同志不宜来此，他所要商量的问题，请你和恩来同志或再加小平同志和他商量就可以了。关于四中全会开会的方针，除文件表示者外，对任何同志的自我批评均表示欢迎，但应尽可能避免对任何同志展开批评，以便等候犯错误同志的觉悟。这后一点我在1月7日致你和书记处各同志的信中已说到了。如你们同意这个方针，就请你们据此和到会同志事先商谈，并和高岗同志商谈他所要商谈的问题。尚昆同志留此几天即回北京。此电请高岗同志一阅，我就不另复信了。②

高岗见到毛泽东不愿面谈的电报后十分沮丧，也更加意识到了问题的严重。但此时的高岗尚未绝望，认为自己如果有个姿态也许能够过关。于是，他分别找刘少奇、周恩来、李富春，就自己的问题做了一定程度的检讨和解释。

1月25日和2月5日，刘少奇按照事先与毛泽东的商定，同周恩来、邓小平一起，两次找高岗谈话，对高岗进行批评帮助。

1月30日，曾经与高岗长期在一起共事的张闻天也来高岗处对其进行帮助。

然而，虽然高岗意识到了问题的严重，但他显然没有意识到后来的结局竟然会是如此的严重。

3 | 刘少奇主持召开七届四中全会

经过紧张筹备，召开七届四中全会的条件已经齐备。1月29日，中共

① 《杨尚昆日记》，中央文献出版社2001年9月第1版，第101页。

② 《建国以来毛泽东文稿》第四册，中央文献出版社1989年11月第1版，第440—441页。

中央书记处举行会议，听取从杭州回到北京的杨尚昆介绍毛泽东对召开中共七届四中全会的意见，介绍对刘少奇在全会上的报告和《关于增强党的团结的决议（草案）》的修改情况。会议决定七届四中全会将于2月6日召开。

2月6日至10日，中国共产党七届四中全会在北京举行。出席这次中央全会的正式中央委员共有35人、候补中央委员26人，正式和候补中央委员因病因事缺席9人。列席全会的有党、政、军和人民团体的主要负责同志共52人。

毛泽东因在休假期间没有出席会议。

在全会上，刘少奇受党中央政治局和毛泽东同志的委托，做了《中共中央政治局向第七届第四次中央全会的报告》，朱德、周恩来、陈云、邓小平等44位同志做了重要的发言。全会经过认真讨论，一致通过了根据毛泽东同志的建议而提出的《关于增强党的团结的决议》，并一致通过了批准三中全会以来中央政治局的工作和在1954年内召开党的全国代表会议的决议。

刘少奇的报告分为三个部分，第一部分比较详细地总结了三中全会以来中央政治局的工作，提请四中全会予以审查和批准；第二部分简单说明了中央政治局决定于1954年内召开党的全国代表会议；第三部分是整个报告的重点，用了近三分之二的篇幅，论述了为增强党的团结而斗争。

刘少奇在报告的第三部分说：

当前我们的党面临着两个基本的事实，一个是帝国主义对我国的军事、政治包围，他们无时无刻不在企图破坏我们的事业，企图在中国制造反革命复辟；另一个就是我们正在进行社会主义改造，正在采取步骤来逐步地消灭剥削制度，而资产阶级为了摆脱被消灭的命运，正在和帝国主义勾结在一起，进行拼死的抵抗。对于这种激烈的阶级斗争，并不是所有的中央委员和高级干部都认识清楚了。因此，中央政治局认为应当严肃地指出，对于党最危险的，乃是敌人在我们党内制造分裂，制造派别活动，利用某种派别作为他们代理人的危险。

刘少奇严厉地指出：

“党内相当多的一部分干部滋长着一种极端危险的骄傲情绪，他们因为工作中的若干成绩就冲昏了头脑，忘记了共产党员所必须具有的谦虚态度和自我批评精神，夸大个人的作用，强调个人的威信，自以为天下第一，只能听人奉承赞扬，不能受人批评监督，对批评者实行压制和报复，甚至把自己所领导的地区和部门看作个人的资本和独立王国。”

“对于那种有意地破坏党的团结，而与党对抗，坚持不改正错误，甚至在党内进行宗派活动、分裂活动和其他危害活动的分子，党就必须向他们进行无情的斗争，给以严格的制裁，甚至在必要时将他们驱逐出党。”

最后，刘少奇用这样一句话结束了自己的长篇报告：

我受中央政治局和毛泽东同志的委托所作的报告，就是这样。

刘少奇的报告确实是经过毛泽东和党中央的其他同志反复讨论和修改后才形成的，代表了当时党中央的认识水平。人们从刘少奇的报告中不难看出，党中央和毛泽东是从当时所面临的国内外形势出发来认识高饶问题的严重性和危害性的，是从防止某些党的高级干部成为阶级敌人在党内的代理人的战略高度来解决高饶问题的。

而高岗和饶漱石在会议上的检讨，则显然没有意识到这一点。

高岗在会议的第一天做了检讨发言，全文如下：

我完全同意刘少奇同志代表中央政治局和毛主席向四中全会所作的报告和党中央根据毛主席的建议所提出的关于增强党的团结的决议。少奇同志的自我检讨是我们很好的范例，使我深受感动。

党的三中全会的路线是完全正确的。从三中全会到四中全会期间，在党中央和毛主席的领导下，胜利地进行了伟大的抗美援朝战争，同时胜利地进行了土地改革、镇压反革命、思想改造、“三反”、“五反”等一系列的社会改革运动，争取了财政经济状况的根本好转，以及其他各方面工作的胜利。这样就使我们的国家胜利完成了恢复经济的任务，进入有计划地大规模地建设的新时期。

现在，提出全党面临的任务，就是根据党中央和毛主席所确定的关于党在过渡时期的总路线，逐步地将我国建设成为一个伟大的社会主义国家。而增强党的团结，则是实现这一伟大任务的基本保证。

正如党中央在增强党的团结的讲话中所指出的那样，鉴于我们党的内部外部的复杂情况，鉴于我国正处在社会主义建设的紧要历史关头，而社会主义改造过程中的斗争又是极为复杂、极为尖锐的，因此，增强党的团结更有特别重要的意义。全党同志，特别是党的高级负责同志，都应有很高的马列主义的自觉性和警惕性，来百分之百地保证这一决议的贯彻。

根据党中央这个决议来检查，我认为自己在党的团结问题上，犯有以下的错误：

第一，在1950年至1951年间，从我的直接感觉和经过一些同志的传达中，我认为我和刘少奇同志在一些工作问题上是有些不同意见的。从那时起到这次主席关于增强党的团结问题的指示以前，我对少奇同志的看法上是有严重的错误的，这就是把少奇同志个别的、一时的和不重要的一些工作上的缺点看成是系统的；同时，我认为少奇同志对某些干部有偏有私，并曾一度认为少奇同志在干部问题上有“摊子”。所有这些，都是我在认识上的严重的错误。基于这种错误的认识，在这次主席休息之前的一次书记处会议上，我对少奇同志代理主席主持中央工作的问题，未表示意见，实际上我当时在思想上是不赞成的。这是很错误的。

第二，我这种对少奇同志的看法，和少奇同志本人谈得少，有些问题没有提，有些问题提得也不正确。尤其错误的，是我曾经把一些我对少奇同志的看法，和一些同志谈论过，甚至和一些非中央委员谈论过。这是一种违反组织原则和不利于党的团结的行为，这是宗派情绪的表现，应该受到党的处分。

第三，我对于一些干部的看法上，好就很好，坏就很坏，缺乏分析。我不善于团结各个方面的干部共同工作，特别是不善于和不同意见的同志共事；我对于自己认为好的干部，也缺乏对他们的批评和帮助；我对于一些犯了错误但表示愿意改过的同志，缺乏像中央决议所指出的那样，采取“从团结出发，经过批评和自我批评，达到团结的目的”的态度。这也是错误的，是达不到党的团结的目的的。

第四，过去的西北和东北工作有一定成绩，这是党中央和毛主席的领导，西北、东北全体干部及人民的努力奋斗的结果，而我只是参加西北和东北工作中的一员，况且在工作过程中错误和缺点还是很多的。事实上，我的党性不好，德、才和所负的工作职位极不相称。而在这方面，我个人缺乏共产党员应有的自觉性，缺乏自我批评的精神，喜欢别人讲成绩，不喜欢别人讲缺点（如去年夏季财经会议上我对于“东北一党员的信”和对鞍山检查组的态度上，就表现了这种情绪）。这也是错误的。

我之所以发生上述错误，是由于自己马列主义的原则性修养很差，对党的团结的重要性认识不足，是由于从1938年六中全会反王明的机会主义路线以后，特别是从1942年西北高干会议以来，一帆风顺，逐渐产生了骄傲情绪，加上由于我在思想上的片面性和工作经历的局限性而产生的狭隘观点和宗派情绪，缺乏共产党人所必须具备的谦逊态度和自我批评精神。这是个人主义、资产阶级思想的表现。如果不经过党和同志的严格批评和我自己坚决克服，任其发展下去，是极危险的。

今后，我一定要努力提高马列主义的自觉性，并从实际行动中坚决改正错误，用一切力量为维护和巩固党的团结而奋斗，兢兢业业地、埋头苦干地把工作做好。我对于自己的错误有认识不深刻的地方，希望同志们提出批评，以便帮助我进一步认识错误和改正错误。

饶漱石在8日大会上也做了检讨发言，主要检讨了1943年在华东敌后时与陈毅的关系和到中组部后与安子文的关系。他在发言中说：

我完全同意刘少奇同志代表中央政治局向四中全会作的报告，衷心拥护中央政治局根据毛泽东同志的建议所起草的《关于增强党的团结的决议（草案）》。

根据刘少奇同志的报告和中央这个决议的精神和原则来检查我的思想行动，我是有很多严重的缺点和错误的。

首先，在党内团结方面，我曾经不止一次地犯过错误。现在回想起来，我和党内不少同志都发生过争吵和彼此关系搞得不好……

在这里，我想着重检讨下面两件事情：

其一，是1943年我与陈毅同志在华东敌后共事时曾一度关系搞得不好……

其二，是去年七八月间我与安子文同志在中央组织部共事时也曾一度关系搞得不好。这次我所犯的错误尤其严重。虽然，这一关系问题在去年10月刘少奇同志所主持的第二次全国组织工作会议的领导小组会议上作了处理……

第三，在计较个人地位方面，尤其严重地暴露了我的个人主义。这种个人主义甚至发展到野心家的程度。例如，在1949年，我对由谁来担任华东军政委员会主席这样一个重大的问题，不是等候中央的决定，而是采取了由华东局建议由我来担任的方式。当我见到毛主席时，毛主席曾告诉我，华东军政委员会主席一职，本拟以陈毅同志担任。可是我在听了毛主席这话之后，除了仅仅以虚伪的态度要求改变由我来担任的意见外，并未作任何诚恳的坚决的表示。因此，最后中央还是决定由我担任了。待各大区军政委员会主席名单同时公布后，党内外发现除华东外其他各大区军政委员会主席之职均由军区司令员兼任，曾引起猜测和造成不良影响。

总起来说，我所犯的错误是极端严重的。这种错误的性质是资产阶级的个人主义，在个别问题上甚至发展到野心家的程度；在另外的个别问题上，对党对同志采取不老实的态度，和对个别同志怀有宗派主义的成见。

以上这些错误，说明了我对于党的团结的重要性是如何的认识不足，对于集体领导的重要性是如何的认识不足，对于巩固和提高中央威信的重要性是如何的认识不足；同时它又说明了，我由于工作中的若干成绩和党中央对我的信任而冲昏了头脑，滋长了极端危险的骄傲情绪，夸大了个人作用，强调了个人威信，忘记了共产党员所必须具有的谦虚态度和自我批评精神，甚至发展到严重地自以为是，不服从领导，不受党的纪律约束，不按党的章程办事，终于堕落到了资产阶级个人主义的泥坑里。

我的这些错误，在过去之所以没有被同志们所发现和所以能够发展到这样严重的程度，其主要原因就是深深隐蔽在我严肃与谨慎的表象里。在我初到解放区的时候，对于战争和根据地工作全无经验，与根据地部队和地方干部也无联系，而一到根据地就担负起了重要的责任。当时自己的确深感责任重大，力不胜任，常常产生自卑心理（当时若干同志曾讥笑我为外国回来的“洋学生”）。因此，我在对待日常工作问题上和处理同志普通关系问题上，特别兢兢业业，一般表现谦虚、谨慎和遵守党的组织原则；对于个人的生活作风，更特别注意克己；这两方面甚至发展到“谨小慎微”的程度……

我经过再三的考虑，认为我最大的、主要的错误，还在于：没有时时刻刻把党的团结看作是党的生命，没把破坏党的团结看作是帮助敌人来危害党的生命；也没有牢牢记住“党的团结的唯一中心是党的中央”，要维护党的团结，就必须首先维护党中央的统一领导，维护党中央的团结和威信，特别是维护毛主席和他的亲密战友——党中央的领导核心的团结和威信。我们都知道，刘少奇同志是党中央的主要负责同志之一，一向为全党同志所爱戴和尊重；而我在处理自己和安子文同志这个关系问题上，却对刘少奇同志表示不尊重，甚至发展到对他表示不满。这种极端错误的行为，必然是损害党的团结的，必然是损害中央威信、妨碍中央统一领导的，因而也必然是危害革命利益和人民利益的。我的这种错误，如果不是由于中央政治局及时敲了警钟，使我有所警觉，而任其发展下去的话，不仅对党极为不利，对我个人也是不堪设想的。

现在我已开始认识到自己所犯错误的严重性及对党的危害性。因此，今天我有决心向全会彻底揭发我的错误，并向全会保证在今后的工作和行动中彻底改正我的错误。我所作的检讨还是不深刻的。我要求大家对我进行严格批评，并要求中央给我以严格的处分。

会议的最后一天，刘少奇做了结论，并就自己工作中的缺点和错误做了自我批评。

参加七届四中全会的同志在发言中，从不同角度对高岗、饶漱石的错误做了揭发和批判。虽然这些发言没有公开点名批评高岗和饶漱石，很多人在发言中也做了自我检讨，但对于从做完检讨后就一直默默坐在会场上静听的高岗而言，每个人的发言都犹如一支支利剑，直插心中。

也许到这时为止，高岗才真的感到大势已去了。

十九 最后的结局

高岗生于1905年10月，故于1954年8月。

他的人生经历还不满49年。

49年的人生经历虽然短暂，但期间的高峰波谷，大起大落，足以让高岗大喜大悲，遍尝了人生的酸甜苦辣，风风雨雨。

曾几何时，这位一身多任的高主席还一言九鼎，众将呼应。然而，从南下回京也就几个月的时光，就成了被管教的对象，孤寂地坐在家里写交待材料，检讨反省。

这对于已经习惯了呼风唤雨的高岗而言是无论如何也难以接受的。

更遗憾的，是高岗没有在反省中如陈云所言，“脱掉自己华丽的外衣，重新做人”，而是选择了最不可取的解脱方法——自杀。

1 开枪自杀

七届四中全会结束后，中共中央书记处决定分别召开高岗问题座谈会和饶漱石问题座谈会，揭发批判高岗、饶漱石的严重问题。并决定高岗问题座谈会由周恩来主持召开，饶漱石问题座谈会由邓小平、陈毅、谭震林主持召开。

参加这两个座谈会的人员有中央委员和候补中央委员37人，了解情况的重要工作人员40人。由于两个座谈会虽然是分别召开，但参加人员有交叉，所以，饶漱石座谈会在上午召开，高岗座谈会在下午召开。

关于高岗问题的座谈会从2月15日下午到25日下午，共开了7次，有43人发言。在座谈会的第一天，高岗继七届四中全会上的检讨后再次做了检讨。16日下午，周恩来受刘少奇委托，在会上转告了刘少奇对高岗15日检讨的意见，并介绍了高岗进行分裂活动的有关事实。

在这天召开的座谈会上，曾经与高岗长期共事的陈云做了重要发言。

陈云在发言中，揭发批判了高岗反对刘少奇、企图当党中央副主席的言行，说：

我把高岗和我讲的话向党说出来，高岗可能觉得我不够朋友。但我讲出来，是党的原则，不讲出来，是哥老会的原则。高岗的个人主义野心是一步一步发展起来的，由小到大。如果完全没有个人主义的根子，不会一下子就爆发出这样的问题。高岗现在应当脱掉自己华丽的外衣，重新做人。①

在15日和16日的座谈会上，高岗对与会者的揭发批判也进行了一些辩解，认为自己虽然对刘少奇同志有意见，但并不能因此就说成是反党。他还承认自己有自由主义、宗派主义，这两个东西发展下去就会分裂党。但高岗强调说这个后果是客观的，不是自己主观故意的，也不是现在就有的。

然而，不管高岗作何辩解，他在座谈会上都是极端孤立的。参加完16日的座谈会后，高岗回到了东交民巷8号。他草草地吃了一点晚饭，便将秘书赵家梁叫到了自己的卧室。

高岗神情严肃地对秘书说：

给你一个政治任务，你要拿党性来保证，绝不能传出去。

然后，由他口授，秘书速记，起草了一封致毛泽东的密信。信中既有高岗的个人检讨，也有对一些问题的辩解，还有他与别人在一起议论刘少奇等的情况汇报。

高岗在赵家梁抄写完致毛泽东的信离开卧室后，先是把致毛泽东的信放

① 中共中央文献研究室编：《陈云年谱》中卷，中央文献出版社2000年6月第1版，第197页。

到了一个信封里，并在信封上写下了刘少奇收。然后，又自己动笔写了一封致周恩来的信。

书写完这两封信后，已经临近午夜，一直郁闷不乐的高岗显得有些兴奋。他又把妻子李力群叫到自己的身边，述说座谈会上许多人都揭发他反对刘少奇、反对周恩来，说自己即使真的反对刘少奇和周恩来，也不会傻到同时伸开两个拳头打人，并表示要给毛主席写信，要找毛主席面谈。

第二天高岗起得很晚，在洗完脸刮胡子时，不慎将脸划破了一个小口子。对于这点小伤口并不在意的高岗用手抹了一下脸上的血迹，顺势就将手上的鲜血在昨晚刚刚写完的信封上擦了一下。上午，他先是叫来了交通员，让其把两封信直接送给刘少奇和周恩来。然后，又喊来了警卫员，让警卫员把自己佩带的手枪交给了他。

警卫员虽然不得不把手枪交给高岗，但感到平时并不带枪的高岗今天突然要枪，有些蹊跷，立即打电话将高岗要枪的反常行为向卫士长和秘书赵家梁、董文彬以及高岗的妻子李力群做了汇报。正在国家计委开会的赵家梁接电话后立即赶回东交民巷 8 号，与董文彬、李力群紧急磋商。

赵家梁回来后，交通员也将高岗授意送走的两封信拿了过来。赵家梁、董文彬和李力群一看信封上有血，感到情况不对，决定把信拆开看看。打开一看，给刘少奇的信正是昨晚写的致毛泽东的信，信的抬头写的是毛主席，落款是高岗，日期是 2 月 17 日。给周恩来的信主要是拜托周恩来在他不在时照顾他的妻子儿女。

看了信后，赵家梁、李力群、董文彬才知道高岗已经有了自杀的念头，便决定先稳住高岗，采取软的办法，争取把枪要下来。

于是，赵家梁来到高岗所在的客厅，一边哭着一边对高岗说：

我犯了错误，打开了你给中央领导的信，请你原谅。但你不能这样想不开。

李力群也上来边痛哭边劝说。

看着痛哭流涕劝说自己的妻子和部下，神情黯然的高岗挥了挥手说：

好吧！不了！不了！把信烧掉吧。

见高岗似乎已经回心转意，李力群和董文彬急忙找来火柴将信点燃。但就在此时，坐在沙发上的高岗突然用右手从裤袋里掏出手枪，举向头部。当时和高岗同坐在沙发上的赵家梁见状，急忙挥起右手向高岗握枪的手击去。就在赵家梁的右手与高岗的右手接触的一刹那，枪声响了，子弹打在了客厅右侧的墙上，手枪也应声掉在了地下。高岗见开枪不中，急忙去抢被击落在地的手枪，赵家梁也死死地抱住高岗，不让他拿到手枪。然而，赵家梁这位上海圣约翰大学毕业的秀才哪里是行伍出身的高岗的对手，身高力壮的高岗很快就把赵家梁压在了身下，并拿到了手枪。好在这时被刚才的枪声吓呆了的李力群、董文彬以及警卫们都冲了过来，夺下了高岗握在手里的枪，才使高岗这次真枪实弹的自杀未遂。

高岗自杀未遂事件发生后，赵家梁等立刻向周恩来总理详细汇报了高岗自杀的经过和两封信的事情。周恩来听后吩咐赵家梁等要严密注意高岗的动向，有情况及时汇报，并要求赵家梁把已经烧毁的信的内容复写出来。

记忆力超群的赵家梁将信的内容复写后交给了周恩来。

高岗开枪自杀的时间是2月17日下午1点半左右。中央书记处得到这一消息后，原定下午召开的高岗问题座谈会临时取消。5点半左右，曾在西北共同战斗过的老部下习仲勋、马文瑞、马明方等闻讯来到东交民巷8号看望高岗。下午6点半和晚9时，刘少奇主持召开了中共中央书记处会议和中央政治局紧急会议。会议听取了周恩来报告高岗自杀未遂的情况和对高岗的紧急处置办法，决定立即对高岗实施管教，让其停职反省。

从2月17日自杀未遂后，高岗再没有参加揭发和批判他的座谈会，也几乎没有离开过曾经是车水马龙的东交民巷8号。

2 | “十大罪行”

高岗于2月17日自杀未遂后，中央书记处召开的关于高岗问题的座谈会只是在当天停开，18日、19日、20日继续举行。21日是星期日，休会一天，22日、23日、25日，又开了三天。在这八个半天的座谈会上，共有43人发言，揭发批判了高岗以及饶漱石的“罪行”。在座谈会的最后一天，周恩来做了总结发言，为高岗的错误定了性。

周恩来在总结发言中首先分析了高岗错误的本质，说：

高岗的极端个人主义错误已经发展到进行分裂党的阴谋活动，以图实现其夺取党和国家领导权力的个人野心。在其野心被揭穿和企图失败后，他就走上自绝于党和人民的绝望的自杀道路。

接着，周恩来就列举了高岗分裂党及夺取党和国家权力的阴谋活动的“十大罪行”：

一、在党内散布所谓“枪杆子上出党”、“党是军队创造的”，以制造“军党论”的荒谬理论，作为分裂党和夺取领导权力的工具。高岗硬说中国党内对党史有二元论，即所谓毛泽东同志代表红区，刘少奇同志代表白区；说中国党的骨干是军队锻炼出来的，白区干部现在要篡夺党；因而：1. 认为编党史要对党内若干历史问题的决议加以修改，重下定论；2. 企图以这种荒谬理论来煽动和影响一部分军队中的高级干部，并准备八大代表团，图谋夺取党的领导地位。

二、进行宗派活动，反对中央领导同志。从1949年起，高岗即将中央领导同志的某些个别的缺点和错误有计划地向不少人传播，后来更将这些个别的一时的而且已经改正的缺点和错误说成是系统的错误，到处传播，有些更抄成档案，作为攻击资料；同时，又加上种种无中生有的造谣诽谤。

三、造谣挑拨，利用各种空隙，制造党内不和。高岗伪造中央领导同志提出政治局或书记处的所谓“名单”有某无某，污蔑中央领导同志不赞成某同志担任中央某部工作，不支持某同志在某省工作中的正确领导等等，以挑起党内的不和。他利用某同志错误地提出的关于中央政治局及中央各部名单的个人意见，制成各种流言，广为挑拨。他利用他已有的权位，寻找矛盾，逢甲说乙，逢丙说丁，或施挑拨，或行拉拢，或两者兼施。

四、实行派别性的干部政策，破坏党内团结，尤其是对干部私自许愿封官，以扩大自己的影响和企图骗取别人的信任。高岗的干部政策是无原则的有派别性的，他常常拉拢一部分人，打击一部分人，企图在党内造成派别，破坏党内团结。尤其是他私自许愿，说要提某某同志为候补中委，提某某同志为政治局委员，说某某同志可为部长等等，实为党章党纪所不许。

五、把自己所领导的地区看作个人资本和独立王国。高岗在任东北局书记时，对工作报喜不报忧。不愿意检讨，受不得批评。他来中央工作认为是调虎离山，后来仍兼东北局书记才放了心。高岗历来不愿中央及中央各部门对东北工作进行检查，一遇检查即利用检查人员的某些弱点大肆攻击，企图使人望而却步。

六、假借中央名义，破坏中央威信。高岗对于中央政治生活作了许多曲解，并散布许多流言蜚语，攻击别人，吹嘘自己，因而也影响了一些同志对他发生错觉，破坏了中央领导同志的威信。

七、剽窃别人文稿，抬高自己，蒙蔽中央。高岗为了便于夺取权力，就处心积虑装潢自己，卖弄自己，其办法不是自己努力学习，却是冒人之功，以为己功。高岗在讨论马林科夫报告时有关商业问题的发言，完全是别人的发言文稿，竟窃为己有，以之蒙蔽中央。高岗在中央会议上许多发言提纲，不但是由别人代笔，而且并非都由其本人授意起稿，亦非都由其本人仔细研究后才提出的，但高岗却企图以此来骗取中央信任。高岗对马列主义懂得极少，而且在实际活动中已经走到马列主义的反面，但却常宣传自己如何努力学习马列主义，以图扩大自己在同志中的影响。

八、在中苏关系上，拨弄是非，不利中苏团结。高岗在东北时，未向中央请示，就与个别的苏联同志乱谈党内问题。在去苏回国后的个人谈话中，他亦有不少拨弄是非的话，并借此吹嘘，抬高自己。且有不少言论和观点，显然是不利于中苏团结的。

九、进行夺取党和国家权力的阴谋活动。从财经会议前后及从中央提出是否采取部长会议的国家制度和党中央是否添设副主席或总书记的问题后，高岗就迫不及待地积极进行夺取党和国家权位的活动。高岗假装举着毛泽东同志的旗帜，伪造毛泽东同志的言谈，积极反对两个中央领导同志，假装推戴另外两个中央领导同志，同时提出自己作为党中央副主席的要求。实际上他并不是真正赞成他所推戴的同志，而只是想拿他们作为自己上台的跳板和护符。正是在这个问题上，高岗的一切阴谋活动的本质便被最尖锐地暴露出来了。

除了上述分裂党和夺取权力的阴谋活动以外，根据同志们最近的揭露，高岗的私生活也是腐化的，完全违背共产主义者的道德标准。应当指出，这种私生活的腐化是资产阶级思想腐蚀我们党的表现的一个方面，我们必须反对并坚决地抵制这种腐蚀。

然后，周恩来又论述了高岗以自杀行为自绝于党和自绝于人民的罪行，说：

尽管四中全会采取了治病救人、等待觉悟的方针，尽管高岗在四中全会上及在四中全会后的座谈会上进行了两次表面的检讨，但在实际上，高岗是拒绝反省的。他仇恨党，仇恨同志们帮助他揭发错误，拒绝向党揭发他自己最丑恶最本质的东西，最后，竟不顾党和同志们的多次警告，终以自杀的可耻行为，自绝于党和自绝于人民。虽然自杀由于同志们的阻止未遂，但这种在实际上是叛变党的行为已昭然若揭，无可抵赖。

周恩来的总结发言是根据高岗问题座谈会期间与会者揭发的材料，并经毛泽东和其他中央领导同志讨论审核后形成的。下面一段分析高岗罪行的思想根源、社会根源和历史根源的话，基本上是毛泽东在审阅周恩来的发言提纲时亲自加写的：

在长期的革命斗争中，高岗虽有其正确的有功于革命的一面，因而博得了党的信任，但他的个人主义思想（突出地表现于当顺利时骄傲自满，狂妄跋扈，而在不如意时则患得患失，消极动摇）和私生活的腐化却长期没有得到纠正和制止，并且在全国胜利后更大大发展了，这就是他的黑暗的一面。高岗的这种黑暗面的发展，使他一步一步地变成资产阶级在我们党内的实际代理人。高岗在最近时期的反党行为，就是他的黑暗面发展的必然结果，同时也就是资产阶级在过渡时期企图分裂、破坏和腐蚀我们党的一种反映。他的严重的罪恶的活动如非中央及时地加以发觉和坚决有力的制止，就可能使党和人民事业遭受重大损失。他的罪恶已经勾销了他对革命斗争所曾作过的局部的贡献，证明他过去参加革命斗争的动机是不纯的。

3 月 1 日，中共中央政治局批准了周恩来在高岗问题座谈会上的总结发言。3 月 3 日，中共中央决定，将周恩来的这个《发言提纲》作为向地委书记和解放军军党委以上作口头传达的材料。

周恩来在《发言提纲》中所列举的高岗分裂党及夺取党和国家权力的阴谋活动，基本上是参加高岗问题座谈会的人在发言中揭发出来的，而高岗本人实际上只参加了两天座谈会。他在 2 月 17 日自杀未遂后，一直在家中反省，并不知道后来几天的会议上都揭发出了他的哪些罪行。看到周恩来的总结发言后，高岗的情绪又引起了很大波动。但在管教人员的帮助下，几天后高岗的情绪又逐渐稳定下来，开始撰写反省材料。

3 月 4 日，周恩来在有 2400 人出席的高级干部会议上作关于中共七届四中全会精神的传达报告。他在报告中介绍了会议的基本情况和关于高岗阴谋活动的主要事实以及应该吸取的经验教训，阐释了学习会议文件的重要意义。

3 | 东北高干会议

高岗十大“罪行”之一，就是“把自己所领导的地区看作个人资本和独立王国”。因此，高岗负责的东北局，自然成为“高饶事件”的重灾区，也必然成为揭发批判高岗“夺取党和国家领导权力的阴谋活动”的重点。

1954 年 3 月 25 日凌晨，周恩来受中共中央委托，与公安部部长罗瑞卿以及曾经长期跟随高岗、现在国家计委工作的马洪和安志文一道，乘火车离京赴沈阳参加东北地区党的高级干部会议。

在来沈阳之前的 3 月中旬，周恩来曾将中共中央东北局第一副书记林枫和第三副书记张明远召到北京，安排布置召开东北地区党的高级干部会议的有关事宜。周恩来在与林枫、张明远谈话时说，这次会议的重点是揭发高岗的阴谋活动，认识其罪恶，鼓舞大家，启发大家，增强团结。高饶问题的性质是分裂党，是党外性质，是资产阶级代理人性质，是党内宗派活动，是路线问题，是反党的阴谋活动。他的思想作风影响了一部分人，一些人在他的影响下做了些错事。会议要着重揭发高岗，同时要联系检讨自己。

林枫和张明远回来后，对召开东北地区党的高级干部会议做了布置。所以，周恩来一行于 3 月 26 日到沈阳后，东北地区党的高级干部会议立即召开。

这次东北高干会议从 3 月 26 日召开到 4 月 24 日结束，历时近一个月。会议的主要内容是传达中共七届四中全会的决议，检查东北地区党的工作。出席会议的有 517 人，列席的 190 人，会议由东北局代理书记林枫主持。

会议的第一天，听取了周恩来关于中共七届四中全会决议和高岗、饶漱石问题以及初步结论的传达报告。周恩来在报告中详细介绍了高、饶进行反党分裂活动的主要事实，批判了高、饶的资产阶级极端个人主义思想，并指出：高岗的错误已经“不是普通的政治、思想、组织错误，也不是党内严重的路线错误”，他已走上分裂党、反对党的道路，变成了资产阶级个人主义的野心家。

周恩来作完报告后，于 3 月 28 日返回了北京，罗瑞卿则留下来继续指导会议。

这次东北高干会议是大会小会相结合，检讨、揭发一并进行。张秀山、张明远、郭峰、马洪、赵德尊等一些东北局的主要领导同志在会上做了检讨，其中多数检讨了两次；周桓等 30 多人在会上做了揭发批判高岗反党反中央活动的发言，发言的总人数达 42 人。

罗瑞卿在发言中首先重申了这次会议的任务：

这次东北地区党的高级干部会议的任务，是传达党的四中全会的决议并依据党的四中全会的精神，来彻底揭露高岗反党、反人民、反国家的滔天罪行和肃清高岗在东北地区的恶劣影响。

然后，罗瑞卿明确说高饶联盟的出现是“阶级斗争在我们党内的反映”：

同志们！我们党内出了一个反党反中央并企图爬上党和国家领导地位的阴谋野心分子高岗和一个实际上形成同高岗反党联盟的饶漱石，是不是一种什么特别奇怪而不可思议的事呢？不是的。这是更加尖锐的阶级斗争在我们党内的反映，这是帝国主义、资产阶级在我们实行社会主义革命即社会主义改造的时期企图分裂和破坏我们党的一种反映。

接着，罗瑞卿提出，高岗的“罪恶活动”“至迟是在 1949 年开始了的”：

“高岗这个资产阶级个人主义的野心家，他的反党、反国家、反人民的罪恶活动，就今天已被揭发的事实来看，是早就开始了的，这是一种有计划地在党内进行煽动和组织宗派，以便分裂党和夺取党和国家领导权力的阴谋活动。高岗在东北地区已经形成了以他为核心的反党反中央的宗派。他把自己领导的地区，当作独立王国和反党反中央的资本，并且着手按照他所代表的资产阶级个人主义的面貌来进行改造东北地区的党组织。我们东北地区的某些党组织首先是东北局，或者已经受着他的操纵或者在政治上、组织上遭到了不同程度的损害和腐蚀。”

“高岗的这种活动至迟是在1949年开始了的，到现在时间有五年之久。”

罗瑞卿在发言中第一次提出了高岗“反党活动”有“两个纲领”：

“他进行活动的口号，或者叫做他的活动纲领，一方面强调‘东北特殊’、‘东北先进’、‘东北一贯正确’，所谓‘东北特殊论’、‘东北先进论’和‘东北一贯正确论’，实际上是要拿来和中央竞争领导地位，把东北地区同中央对立起来。另一方面认为中央领导同志是他进行篡夺中央权力的障碍，所以拼命反对党中央的领导同志。”

“高岗反党、反中央，在党内煽动和组织宗派活动的另一方面的纲领，就是他拼命地反对少奇同志，说少奇同志有一系列的错误，说少奇同志有宗派，说少奇同志支持彭真同志在东北初期的错误等等。”

罗瑞卿认为“高岗反党活动的步骤和目的”是：

他的篡党、篡军、篡政的罪恶步骤，就是要把东北地区变成他的独立王国，企图把他的“独立王国”的影响超过中央的影响，无耻地胡说他比中央还正确，配合他的反对刘少奇同志的煽动，以便他推翻中央的领导，夺取党和国家的权力，爬上党和国家的领导地位。而他的这一切罪恶活动的根本目的，就是要把我们工人阶级共产主义的党变为资产阶级个人主义的党，就是要把我们这个伟大的在工人阶级领导下的人民民主专政的国家重新变为帝国主义和国内反革命统治下的国家。

罗瑞卿在发言中还点了张秀山、张明远的名字，并宣布高岗“已经自绝于党”：

正如会议上许多同志所指出的：东北局组织内的若干成员和他的主要领导成分中的若干人，例如张秀山、张明远同志等参加了以高岗为领导核心的反党小集团，他们犯了极其严重的错误。他们的错误同高岗的罪恶是有区别的，对于高岗的某些阴谋，他们有的可能还不知道或者知道得不很清楚，但他们的错误绝不是一种普通性质的错误。他们这次虽然也进行对于错误的检讨，但是检讨得还很不深刻、很不老实。这就无法证明他们确实抛弃了错误，确实与高岗划清了界限，确实与那个宗派断绝了一切联系，重新回到了党的立场上。他们这种不彻底检讨错误甚至是坚持错误的态度，当然是不能取得同志们的原谅与宽恕的。应该说明：高岗已经自绝于党，高岗的叛党问题的性质已经不是党内问题的性质，但参加高岗反党反中央的宗派活动而和高岗还有区别的一些同志，他们所犯错误的性质则还是属于党内问题的性质，因此，党仍然希望他们迅速改变态度，继续检讨，彻底交待，坚决抛弃自己的错误，坚决抛弃那个反党的宗派，停止任何的非法活动并要有决心同那个宗派内的坚持错误的任何人决裂。

罗瑞卿最后说：

同志们！我们大家在党中央和毛泽东同志的领导下，紧密地团结起来，让高岗这个蜕化变质的野心家从我们的队伍中滚出去吧，我们的事业，人民的事业，社会主义革命的事业是一定要继续胜利的。

罗瑞卿的这份发言稿是经中央书记处审核修改过的。4 月 17 日，毛泽东曾对罗瑞卿在东北地区党的高级干部会议上的发言稿作如下批示：

此件可用。略有修改。

在会议的最后一天，主持会议的林枫做了总结发言。他在发言中说：

这次会议开得很好，周恩来同志的报告给我们极大启发和深刻教育，这是我们会议开得好的决定关键。会议根据党的七届四中全会和周恩来同志报告的精神，进一步揭发了高岗的资产阶级个人主义野心蓄谋已久，其企图夺取党和国家领导权的阴谋活动，早已积极进行。与会同志对高岗这种叛党叛国的滔天罪行，一致表示极度愤慨，并认为中央及时地揭露和制止了高岗和饶漱石反党反中央的阴谋活动，是我党一次具有伟大历史意义的胜利。会议也揭发了东北局某些负责同志实际上积极参加和支持了高岗反党反中央罪恶的宗派活动，与会同志对于他们的反党反中央的宗派活动深为憎恶。会议对东北局在高岗问题上所犯的严重的原则错误，进行了严肃的批判与指责，对部分高级干部中所存在的骄傲情绪、个人主义、自由主义、宗派情绪也进行了初步的检查与批评。经过这次会议，与会同志受到了极其深刻的教育，对于维护党的统一和团结、巩固和提高中央威信的重要性，有了更深刻的认识和更大的教育。

林枫的发言提纲也是经中央有关领导审阅修改过的。从林枫的总结发言中可以看出，经过近一个月的会议，无论是与会者还是中央主要负责同志，对高岗错误性质的分析都在进一步拔高，对张秀山等东北局负责同志错误严重性的认识也在逐步升级。

林枫在发言中将高岗错误的开端进一步提前，提出：

高岗自任东北局书记以来，即积极进行反党反中央的阴谋活动，他并找到了某些同谋者和积极支持者，来把持东北局的领导。

我们知道，高岗任东北局书记的时间，是1949年3月。

4月24日，大会通过了《东北地区党的高级干部会议关于拥护七届四中全会和讨论高岗、饶漱石问题的决议》，同时还通过了《东北地区党的高级干部会议向中央的建议》。这份建议字数很少，全文如下：

中央：

东北地区党的高级干部会议鉴于张秀山、张明远、郭峰、马洪、赵德尊等同志均积极参加高岗反党反中央的宗派活动，错误十分严重，特建议中央撤销他们现任东北局副书记和东北局委员及其他党内职务。

4月25日，东北局委员会召开全体会议，一致通过了这次高干会议所通

过的《东北地区党的高级干部会议关于拥护七届四中全会和讨论高岗、饶漱石问题的决议》和《东北地区党的高级干部会议向中央的建议》，同时，“鉴于东北局在过去的工作中，特别是在高岗问题上犯了极其严重的政治错误，特恳请中央给予组织纪律的处分，以严肃党纪并教育全党同志”。

4 月 28 日，中央政治局召开会议批准了《东北地区党的高级干部会议关于拥护七届四中全会和讨论高岗、饶漱石问题的决议》和《东北地区党的高级干部会议向中央的建议》，并于 5 月 4 日将东北局向中央的请示报告及上述两个文件和林枫、罗瑞卿在东北高干会议上的发言批转发给各中央局和省、军以上党委。

至此，对揭发批判“高饶事件”有重大影响的东北地区高干会议全部结束。后来被称为高岗“五虎上将”的“张、张、郭、马、赵”，也在这次会议上被正式推出。

4 | 生命的终结

高岗 2 月 17 日虽然自杀未遂，但这次自杀行为却对其最后的人生历程产生了决定性的影响。

据毛泽东的秘书叶子龙回忆：

> 高饶问题被揭露以后，毛泽东一直还想挽救他们。毛泽东让一位中央负责同志找高岗谈话，想让他回陕北负责一个地区的工作。但是话还没来得及谈，就发生了高岗自杀未遂的事。我把这事报告毛泽东时，从他的表情看，他对此事感到厌恶。他说：“高到西北的事不要再提了，随他去！”从此彻底放弃了挽救高岗的想法。①

高岗自杀未遂事件发生后，中共中央和毛泽东对高岗问题的认识和对高岗其人的管理，都发生了重大改变。在事件未发生之前，七届四中全会并没有公开点高岗的名字，而且在七届四中全会召开之前的 1 月 28 日，毛泽东在和杨尚昆谈话时，还提出对高岗要坚持正面批评的方针，“给一条路让他走，

① 《叶子龙回忆录》，中央文献出版社 2000 年 10 月第 1 版，第 200—201 页。

有好路可走，就不走绝路了，当作一种可能性来争取”①。但是，自杀未遂事件发生后，对此事深感厌恶的毛泽东已经放弃了挽救高岗的想法，认为高岗的问题已经不是党内错误，高岗已经走上“自绝于党、自绝于人民”的“叛党叛国”的罪恶道路，只好“随他去”了。

从此，昔日的“高主席”成了失去行动自由的被管教对象。

1954 年高岗在北京

不过，当时对高岗的管教并不十分严格。管教组的组长是高岗的秘书赵家梁，成员有警卫处处长李叔怀和公安部派来的赵光华，甚至还有高岗的妻子李力群。管教组的主要任务就是帮助高岗反省，督促高岗写出检讨材料。管教组直接与周恩来总理联系，周恩来几乎每天都打电话询问高岗的情况，管教组也要一周向周恩来作几次当面汇报。周恩来于 1954 年 4 月 20 日率领中国代表团赴瑞士参加日内瓦会议后，中央委托邓小平负责高岗的管教工作。一个月后，管教组的工作又交由中共中央办公厅主任杨尚昆负责。

自杀不成功，又被管教，高岗的情绪极度低落。特别是看到周总理在高岗问题座谈会上的总结发言后，高岗的情绪波动很大。但是，在昔日的战友及管教人员的耐心开导下，高岗开始静下心来反思自己的错误。

4 月 2 日晚上，老战友习仲勋、贾拓夫奉周恩来总理的指示，来到了东交民巷 8 号，对高岗进行帮助。

此时的高岗在大家的帮助下，经过认真的反思，还是愿意悔过自新的。

4 月 3 日，高岗给周总理并毛主席写了一封信，表态说：

党十八年来对我的培养教育、提拔爱护无微不至，希望我成为人民驯服

① 《杨尚昆日记》上册，中央文献出版社 2001 年 9 月第 1 版，第 102 页。

> 的工具，替人民做点事。但是，我自己辜负了中央和主席，堕落到这样的地步，犯了这样大的错误，危害党和人民的事业，实际上帮助了敌人。主席和中央采取治病救人方针，对我一再耐心帮助教育，等待我的觉悟，而我自己却一错再错，竟可耻地采取叛党自杀的行为。我愈反省愈感到沉痛，愈感到对党对人民欠一笔债。我同意总理的结论的精神，我将很冷静地从几个不同的工作地区特别是在北京时期，从历史根源、思想根源进行深刻的彻底的反省，反省我怎样从小个人主义到大个人主义变为野心家的。我一定会沉痛认罪，向党中央和主席彻底交待，听党怎样对党有利就怎样处理。

高岗还在信中保证说：

> 我向党和主席保证：过去犯过的可耻的叛党自杀行为决不再犯，也决不会杀人，决不逃跑。在中央决定管教期间，我一定坚决服从，遵守一切管教措施。

高岗还在这封信中提出搬出东交民巷 8 号，搬到一个小一点的地方住。

高岗这封信是写给周总理的，但他并不知道，周恩来已于 4 月 1 日启程去莫斯科，出席有苏联、中国、朝鲜、越南四国领导人参加的日内瓦会议预备会议，磋商参加日内瓦会议的方针、政策和谈判方案等问题，一直到 4 月 12 日才返抵北京。

高岗在这封信中对自己的错误表示要“沉痛认罪”，好好反省。但他在信中提出的“让出东交民巷 8 号，搬到小一点的地方住”的建议，却并非自己的主动提出，而是 4 月 2 日老战友习仲勋奉周总理之命来对他进行帮助时给他提出的建议。周恩来在临去苏联之前已经指示公安部副部长徐子荣，最好在半个月内把给高岗的房子准备好。

按照周恩来的指示，徐子荣与杨尚昆一起，在北京西郊（公主坟南边）为高岗找了一处住房，只是该房需要修理，一时还无法搬迁。

中央对被管教期间的高岗的基本要求，就是要他在老实交待的基础上，写出深刻的反省材料。管教组的成员可以帮助他，为他代笔，但他自己一定要认真反省，如实交待。在整个 4 月间，高岗基本上就是在东郊民巷 8 号写反省材料。

4 月 28 日，高岗的交待材料《我的反省》终于写出。此时已变得比较谨慎的高岗决定还是在送交中央审查之前，先让老战友习仲勋看看，征求征求老战友的意见。于是，29 日，他让秘书赵家梁将《我的反省》送到习仲勋处。

习仲勋是高岗问题座谈会的参加人之一，他非常清楚在座谈会上很多人的发言都说高饶问题的要害是“篡夺党和国家最高权力”。因此，看完《我的反省》后，习仲勋立即派人将《我的反省》送回，并打电话给赵家梁说：

要害问题，只字未提。

高岗听赵家梁传达完习仲勋的意见后，情绪激动，几近失控。他用双手左右拍打着自己的脑袋说：

送走，送走，就这样了。

不过，在秘书的劝说下，高岗逐渐冷静下来，对秘书说：

那就写上吧。

于是，赵家梁提笔在《我的反省》上加写了“篡夺党和国家的最高权力”。

然而，第二天早上，赵家梁见高岗又把“篡夺党和国家最高权力”这句话中的“国家”二字勾掉了。赵家梁不解，向高岗询问，高岗则解释说：

我已经是国家副主席，还要当什么国家主席？就这样送走吧。

见高岗执意不改，管教组只好将这份检讨材料上报了中央。

写完《我的反省》并递交上去后，高岗的心情并未好转。特别是东北高干会议的情况传来后，高岗更是坐卧不宁，寝食不安。到了 7 月份，电台开始陆续广播各地将要参加全国人民代表大会的代表名单，高岗虽然很注意地收听，但遗憾的是他并没有听到自己的名字。平日里喜欢高谈阔论的高岗开始变得少言寡语，经常整夜地坐在床边吸烟，以往从不吃安眠药就可以倒头大睡的高岗开始变得不吃安眠药就无法入睡。8月初，高岗肠胃功能失调，出现了腹泻、消化不良等症状。

此时高岗的妻子李力群已经怀有几个月的身孕，妊娠反应非常厉害，心脏也有不好的症状，需要住院治疗。在李力群准备去协和医院住院前的那天晚上，高岗这位曾经背着妻子拈花惹草的负心汉握着妻子的手动情地说：

你很年轻就嫁给了我，但我有许多事情对不起你。不过我冤枉啊，我不想活了。

说着，高岗就拔下电灯的插销，开始撕电线的包皮，要触电自杀。

李力群急忙抢下电线，大声地喊道：

你干什么？你这样做，不就更对不起我和这几个孩子了吗？

高岗见状，停了下来。

第二天，李力群在住院之前，把昨晚的情况告诉了警卫和秘书，并领着他们看了昨天高岗撕破的电线，叮嘱他们要时时注意高岗的动向。

在高岗2月17日自杀未遂事件发生之前，高岗与妻子李力群并不在一个房间住。自杀未遂事件发生后，李力群搬到了高岗的房间与他同住。李力群由协和医院回来后，虽然没有发现高岗在暗中积攒安眠药，但已经感到高岗的情绪越来越不好。8月16日，是高岗开枪自杀未遂的半周年。这天晚间，高岗显得特别兴奋，与李力群唠得很晚。身体疲倦的李力群与高岗说完话后，便与小女儿一道，在高岗的房间睡下了。

据当天晚间值班的警卫回忆，17日凌晨3时20分，高岗出来要水喝，警卫员给他倒了一杯温开水。早上8点多钟，李力群起床后开始梳洗，见高岗仍未起床，便让小女儿喊爸爸起来。一会儿，女儿告诉她说："爸爸不理我。"李力群急忙跑过去看，才知大事不好，急忙喊来了秘书和警卫。大家赶紧向医院和有关部门打电话汇报。9时30分左右，北京医院的医生们来到了现场，并立即在高岗的床上开始抢救。

但是，一切都为时已晚。医生抢救到上午10时17分，宣布高岗已经死亡。

11点左右，政务院秘书长习仲勋、中央组织部副部长安子文、公安部副部长徐子荣一起赶到。

中午，周恩来总理和政务院副秘书长齐燕铭赶来。他们上楼看了高岗的遗体，然后在楼下听了情况汇报。

听完汇报后，总理指示管教组给中央写个书面报告，并叮嘱严守纪律，不许外传。然后吩咐保护好遗体，准备解剖检验，并口述了一份参加检验的人员名单。

晚8点半，周恩来、陈云、彭德怀、邓小平、杨尚昆等二十几人来到了东交民巷8号。在楼下大厅里，周恩来宣布：

今天，8月17号上午，高岗死了。现在要对尸体进行解剖检验，成立监督检验小组，由中央办公厅主任杨尚昆，中央组织部副部长安子文，高岗原秘书、管教组组长赵家梁三人组成，杨尚昆为组长。请大家等候检验结果。①

晚10时多，医生向大家宣读了检验结果：

“死者生前服用过量的安眠药，造成中枢神经麻痹，以致死亡。”

至此，49岁的高岗走完了曲折的人生历程。

① 赵家梁：《高岗之死》，《百年潮》2004年11期。

二十 不尽的尾声

1954 年 8 月 17 日，本书的传主在曾经车水马龙的东交民巷 8 号，服用大量的安眠药自杀身亡。

然而，高岗的生命虽然已经结束，围绕着“高饶事件”的风波却再三发生：

1955 年 3 月召开的中国共产党全国代表会议，通过了《关于高岗、饶漱石反党联盟的决定》；

1955 年 5 月，搞出了一个“饶、潘、扬反革命集团”；

1959 年 7 月召开的庐山会议，在批判彭德怀“反党集团”时，又出了个“彭高联盟”；

1966 年爆发的“无产阶级文化大革命”，在打倒“叛徒、特务、内奸、工贼”刘少奇时，使用了当年高岗反对刘少奇的一些材料。

这一系列事件的发生，使得“高饶事件”在高岗死后，给人们留下了更多的思索。

1 | 党的全国代表会议为“高饶事件”定性

虽然高岗于 1954 年 8 月 17 日自杀身亡，但高岗的后事按照周恩来总理“善殓厚葬”的指示，由政务院机关事务管理局负责，用了很好的棺木，没有火化，于 8 月 21 日安葬在北京郊外的万安公墓。

高岗的灵柩是由一辆大卡车拉往墓地的，伴随的亲人只有从陕北赶来的胞兄高崇义和妻子李力群。车上没有花圈，人们也没戴黑纱，棺材上盖着几片麻袋。下葬时没有告别仪式，甚至也没有亲人的痛哭。

下葬当天没有来得及立碑，但后来立起的墓碑是一块没有任何字迹的无字碑。

高岗在昏睡中走了，人们在静默中将他葬了。

高岗生前并没有离开东交民巷 8 号。但他死后，妻子李力群和孩子搬出了这个住所，搬到了由周总理亲自指示有关人员帮助找的一处比较合适的院落，几个子女的生活费用也在周总理的安排下，由中央有关部门定期发放。

“文化大革命”爆发后，李力群及高岗的孩子也不可避免地受到了冲击。为了让无辜的孩子们免遭迫害，周总理又让李力群劝孩子们暂时改随妈妈的姓。当时李力群与高岗的大儿子高轩已经大学毕业，去了河南插队劳动；大女儿延延和二女儿安安已经高中毕业，改为“李延延”和“李安安”，不久分别到湖南和甘肃插队，当上了“赤脚医生”；小女儿滨滨 1948 年出生于哈尔滨，当时只有 18 岁，高中尚未毕业；小儿子燕生是在高岗去世后三个月出生的，当时只有 12 岁。周恩来建议说，让孩子做个纯洁的人吧。于是，滨滨改名为“李洁”，燕生改名为“李纯”。李力群本人则于 1967 年被下放到安徽干校。1970 年，周恩来派人将其接回北京，安排了工作，补发了工资，并将她的孩子们也都调回了北京。李力群还于 1974 年当上了全国人大代表。

不过，虽然党中央对高岗的家属做了比较妥当的安排，但高岗的问题并没有完结。

高岗作为党和国家的领导人之一，出了这么大的事，自然会引起国内外的关注。1954 年 2 月 26 日，合众社在发自东京的一篇电讯稿上，在推测毛泽东的继承人时就提到了高岗，说高岗“精明”，“曾由于治理满洲有成绩而得到当地领袖们的尊敬”。

看到合众社的这篇报道，毛泽东于 1954 年 3 月 4 日批示说：

“合众社传日本人论高岗，值得注意。”

“日本情报机关对高岗很熟悉，美日两情报机关是合作的。”

1954 年 9 月 1 日，中共中央以毛泽东主席的名义，向苏共中央通报了高岗自杀的情况。

通报中说：

苏共中央：

现将中共中央政治局委员高岗最近自杀身死的事，正式通知你们。关于高岗进行反党反中央及阴谋篡夺党和国家最高权力的活动事实，今年3月间我们曾经告诉过你们。

在最近半年，根据中央各个地方党的组织所揭发的材料，更加证实了高岗的罪行。但是，高岗在被管教的这一期间，却毫无悔悟表现，反于8月17日实行第二次自杀，充分暴露了他的坚持仇恨党的立场和自绝于中国人民。

高岗死后，我们进行了一系列的调查，以便确切查清他的死因。根据医生所作的临床诊断、尿便化验、病理剖检的各项结果和公安工作同志的调查、现场检查情形等，可以肯定高岗确是自杀，是服用多量安眠药致死的。同时，从其他各方面所作的进一步调查，亦证实了高岗在他的阴谋被揭穿后，早就有意识地积存安眠药和准备用这种办法实行自杀。

对于高岗的自杀事件，中共中央决定对外暂不公布。同时，中共中央决定将高岗及另一中共中央委员饶漱石的反党反中央及阴谋篡夺党和国家最高权力的罪恶行为，向中共全体党员和中国新民主主义青年团全体团员进行传达，对中国国内的各民主党派、人民团体和在政府机关工作的党外干部，亦作适当通知。中共中央还决定将"高饶事件"通知各兄弟国家的党中央，并以书面向苏共中央作如上的通知。①

1955年3月21日，中国共产党在北京召开了全国代表会议。毛泽东在开幕词中，正式使用了"高饶反党联盟"的提法，并论述了粉碎"高饶反党联盟"的重大意义。他说：

高岗、饶漱石反党联盟的出现，不是偶然的现象，它是我国现阶段激烈阶级斗争的一种尖锐的表现。这个反党联盟的目的，是要分裂我们的党，用阴谋的方法夺取党和国家的最高权力，而为反革命的复辟开辟道路。全党在

① 《建国以来毛泽东文稿》第四册，中央文献出版社1990年9月第1版，第537页。

中央委员会团结一致的领导下，已经把这个反党联盟彻底地粉碎了，我们的党因此更加团结起来和巩固起来了。这是我们为社会主义事业而奋斗中的一个重大的胜利。

毛泽东在开幕词中还总结了通过“高饶事件”应当吸取的教训，说：

对于我们的党说来，高岗、饶漱石事件是一个重要的教训，全党应该引为鉴戒，务必使党内不要重复出现这样的事件。高岗、饶漱石在党内玩弄阴谋，进行秘密活动，在同志背后进行挑拨离间，但在公开场合则把他们的活动伪装起来。他们的这种活动完全是地主阶级和资产阶级在历史上常常采取的那一类丑恶的活动。马克思、恩格斯在《共产党宣言》上说过：“共产党人认为隐秘自己的观点与意图是可耻的事。”我们是共产党人，更不待说是党的高级干部，在政治上都要光明磊落，应该随时公开说出自己的政治见解，对于每一个重大的政治问题表示自己或者赞成或者反对的态度，而绝对不可以学高岗、饶漱石那样玩弄阴谋手段。①

毛泽东在讲话中还提出，要按照党章成立中央监察委员会，代替过去的纪律检查委员会，借以在新的激烈的阶级斗争时期加强党的纪律，加强对各种违法乱纪现象的斗争，特别是防止像高、饶反党联盟这一类严重危害党的利益的事件重复发生。

毛泽东致辞后，由邓小平代表中央委员会向大会作《关于高岗、饶漱石反党联盟的报告》。

邓小平的报告有两万多字，详细阐述了“高饶反党联盟”出现的背景、目的与特点、阴谋活动的基本事实以及产生的原因和应当吸取的教训。报告中建议：

为了严肃党的纪律，应当开除反党阴谋的首脑和死不悔改的叛徒高岗的党籍，应当开除反党阴谋的另一名首脑饶漱石的党籍，并撤销他们的党内外各项职务。

---

① 《毛泽东文集》第六卷，人民出版社 1999 年 6 月第 1 版，第 391 页。

3月31日，也即会议的最后一天，毛泽东做了结论。他在结论中，专门用了较大的篇幅，分六个方面，讲了“高饶反党联盟”的问题。

毛泽东首先回答了一些同志关于高、饶是否有反党联盟的疑问，列举了五个方面的证据，证明“他们是有一个反党联盟的，不是两个互不相干的独立国和单干户”。

毛泽东列举的这五个证据是：

第一，财经会议期间高岗、饶漱石共同活动。

第二，组织会议期间饶漱石同张秀山配合进行反党活动。

第三，饶漱石说：“今后中央组织部要以郭峰为核心。”

第四，高岗、饶漱石到处散布“三月名单”。

第五，高岗两次向毛泽东表示要保护饶漱石，饶漱石则到最后还要保护高岗，给高岗申冤。

毛泽东还针对有的同志认为高岗、饶漱石并没有明文协定，很难说成是联盟的疑问，批评说：

这是把阴谋分子组成的反党联盟同一般公开的正式的政治联盟和经济联盟等同起来了，看作一样的事情了。他们是搞阴谋嘛！搞阴谋，还要定个文字协定吗？如果说，没有文字协定就不是联盟，那末高岗、饶漱石两个反党集团内部怎么办呢？高岗跟张秀山、张明远、赵德尊、马洪、郭峰之间，也没有订条约嘛！我们也没有看见他们的文字协定嘛！那末连他们这个反党集团也否定了！还有饶漱石跟向明、扬帆之间，也没有看见他们的条约嘛！所以，说没有明文协定就不能认为是联盟，这种意见是不对的。①

如何对待受高、饶影响的同志，同志之间应当保持什么样的距离，怎样避免骄傲自满情绪，如何既要反“左”又要反右，毛泽东也在结论中做了比较详尽的论述。

① 《毛泽东文集》第六卷，人民出版社1999年6月第1版，第398页。

会议最后通过了《关于中华人民共和国发展国民经济的第一个五年计划草案的决议》、《关于高岗、饶漱石反党联盟的决议》以及《关于成立党的中央和地方监察委员会的决议》。

《关于高岗、饶漱石反党联盟的决议》提出：

“高岗从1949年起，‘就以夺取党和国家的领导权力为目的而进行阴谋活动’，‘在1953年被调到中央工作以后，他的反党活动更为猖獗’。‘饶漱石是高岗反党阴谋活动的主要同盟者’。他们‘企图推翻以毛泽东为首的久经考验的党中央的领导核心，以便夺取党和国家的领导权力’。高岗、饶漱石反党联盟的特点就是他们始终没有在任何党的会议上或公众中公开提出过任何反对党中央的纲领，他们唯一的纲领就是以阴谋手段夺取党和国家的最高权力。”

“中国共产党全国代表会议一致决议：开除反党阴谋的首脑和死不悔悟的叛徒高岗的党籍，开除反党阴谋的另一名首脑饶漱石的党籍，并撤销他们的党内外各项职务。”

“中国共产党全国代表会议认为党中央政治局对参加高岗、饶漱石反党联盟活动的向明、张秀山、张明远、赵德尊、马洪、郭峰、陈伯村等同志的处理是正确的。”

至此，高岗问题在其本人已经离开这个世界的八个月后，终于以中国共产党全国代表会议决议的形式“盖棺论定”。

然而，后来的事实证明，“盖棺”未必能够“论定”，随着时间的推移和新史料的发现，人们的认识也有可能发生改变。

2 饶漱石的最后结局

中共七届四中全会闭幕后，按照中共中央书记处的决定，从1954年2月15日上午开始，饶漱石问题座谈会在北京举行。

饶漱石问题座谈会总共开了七次，分别由邓小平、陈毅、谭震林主持。参加会议的有华东局在京干部与调京干部及中央各部与饶漱石工作有关的同志26人。在座谈会的最后一天，饶漱石作检查，参加者有各大区及中央各部人员共66人。

饶漱石问题座谈会与高岗问题座谈会的一个较大区别，是饶漱石一直参加了会议。因此，与会者在对饶漱石问题揭发的过程中，可以与饶漱石随时对证。

1954年3月1日，邓小平、陈毅、谭震林在《关于饶漱石问题座谈会向中央的报告》中，归纳了座谈会对饶漱石问题的几项结论：

（一）饶漱石同志是一个资产阶级极端个人主义的野心家，他个人野心的欲望是日益上升的，而最尖锐的罪恶，是1953年他和高岗共同进行分裂党的活动，并且在实际上与高岗形成了反党的联盟。

（二）饶漱石同志的资产阶级的极端个人主义不是一般性的，有其特殊之点。他善于伪装，不易暴露他的这种本质。饶漱石确是党内少见的伪君子。

（三）饶漱石同志在党内进行争权夺位的斗争中采用了与党的作风完全相反的一套办法，即采用了一套用于取得权位的“权术”。

（四）饶漱石同志对自己所犯的错误，直到现在，还不是采取彻底承认的态度。

饶漱石对与会者揭发自己的错误，有的承认，有的否认。他在座谈会期间的最大顾虑，就是害怕别人把他和高岗放到一起。因此，他虽然承认自己与高岗“在行动上，目标上都是反对少奇同志，并且对个别问题也是相一致的”，但他又极力表白自己和高岗不一样，辩解自己和高岗是有区别的。

饶漱石在座谈会上说：

坦白讲，在这几天会议上，我有两个大错误。第一，我曾经有这样一个顾虑：是不是我犯了错误之后，真的假的都加在我的身上呢？我相信党，我相信同志，但是这样事实不好辩呀！所以开始我是有抵制的，认为这个会议既然要对证材料，就在材料上斤斤计较。这是错误的。这个问题，前天昨天我才大致上解决了，因此谈在组织部的材料我就不多讲了。

另外一个顾虑：好像我同高岗一样，这个顾虑在昨天特别厉害。前天我听到高岗同志的反省报告，我觉得高岗同志牵连那样广，那样多，如果我承认这个东西是这样，那这个问题就来了，我同他一样？所以，昨天我专门找安子文同志谈这个问题，谈了四个钟头。我说：你对华东的干部不熟悉，你对组织部的干部熟悉，请你客观地研究一下，我是不是和高岗的性质一样？我有这样一个顾虑，请你帮助我弄清楚。我不否认我们两个在行动上、目标上都是反对少奇同志，并且对个别问题也是相一致的。但是在政策方面，我是没有批评过少奇同志的，只是在干部问题上，对薄一波同志、彭真同志的看法和少奇同志是不一样的。关于这，我曾经和少奇同志谈过几次。过去我和少奇同志在其他方面都是很好的，就是在这一点上搞得不好。今天讲完全是我的宗派主义。以前说是彭真同志、薄一波同志有宗派主义，现在证明是我错了。四中全会彭真同志检讨，在财经会议那样搞以后，我自己是宗派主义。因此少奇同志完全是正确的。我回想过去跟少奇同志之间没有其他争论，就是在干部问题上。所以在这一点上是有的。在这一点上我同高岗是一致的，他也恰恰讲少奇同志在干部方面有宗派。我曾作了一番研究，是不是少奇同志是宗派头子呢？少奇同志也问过我："你是不是感觉我这样？是不是你感觉我没有划清界限？"我说我怎么会这样讲呢？当时我是这样讲的：你应该批评他，因为你批评他比别人批评他作用大。这是在财经会议上谈的。所以我感觉这几个人有宗派，这个认识曾经取消过，我说我对彭真同志、薄一波同志的看法过去是错误的。但是在财经会议以后，我又恢复了，我感觉以前我的看法还是对了。这个东西一直坚持到四中全会以前，我对彭真同志的这种看法取消了，完全我错了。对彭真同志是我错了，对薄一波同志也是我错了。讲人家宗派，结果自己恰恰事实是宗派。认为少奇同志那天没有批评他，是客观上纵容了，这是错误的，恰恰少奇同志是对的。自己是宗派主义，反说人家是宗派主义。这中间包含有个人主义。

不过，不管饶漱石自己是否承认，组织上的认定是不会因为他个人的意见而更改的。2 月 17 日高岗自杀未遂后，饶漱石也被停职反省，待在家里写检查材料。

4 月 1 日至 15 日，中共中央华东局召开扩大会议，传达和讨论七届四中全会决议和揭发高岗、饶漱石的反党阴谋活动。

会议认为：

"饶漱石长期在华东担负领导工作，他又善于伪装欺骗，因而在华东党内和干部中是有很大的影响和‘威信’的。”

“必须肯定资产阶级代理人饶漱石在执行中央的方针、政策中，不可能不贩卖一些资产阶级的‘私货’。因此。除了应着重揭发饶漱石的反党阴谋外，还必须同时揭发他在执行政策中的资产阶级思想。”

“饶漱石是一个十分奸猾、巧于伪装的阴谋家，其平时的一些活动和错误思想常常都是隐蔽在马列主义、中央路线和所谓‘稳重’、‘严肃’、‘朴素’等外衣之内，有时虽也暴露出一些问题，但一般同志往往从正常的方面去设想或作为一般负责同志难免的缺点而加以谅解，故不易察觉其搞阴谋的本质。另一方面也说明在华东党内还存在着适宜于个人野心家发展的‘土壤’和‘气候’，如党的集体领导不健全，党内民主空气淡薄，缺乏正常的批评与自我批评，特别是在党的高级干部中还存在着顾虑得失、个人打算、自由主义、骄傲自满、个人崇拜与‘迷信’个人、政治嗅觉不高、分散现象与地方主义倾向等弱点，这些都是为什么饶漱石的阴谋诡计虽曾有若干暴露，但终未能及早地、系统地予以揭发的重要原因。”

饶漱石停职反省后，花了半年时间，字斟句酌地写出了一份两万多字的书面检查，主要交待了在四个问题上的“错误”：

第一，关于1934年在淮南黄花塘处理和陈毅关系的错误。承认自己“对于这一事件的处理，无论在政治上组织上和作风上，都犯了严重的错误。”“黄花塘事件本身并不是党内正常的政治、组织问题或路线问题的争论，而是我从资产阶级个人主义出发，为了建立个人威信和巩固个人的领导地位，而不顾党内团结，不顾革命战争的利益，采用了不正确的斗争方法，抓住陈毅同志的个别缺点来打击他，并在事实上造成了赶走他的结果。”

第二，华东军政委员会主席人选问题。承认自己“当时如果没有任何个人主义的打算，就应当坚决拥护陈毅同志当军政委员会主席，可是当时我并未这样做。”“当我见到毛主席时，主席又当面告诉我，华东军政委员会主席一职，本拟以陈毅同志担任，但我除了仅仅以虚伪的态度要求改变由我来担任此职的建议外，并没有任何诚恳和坚决拥护由陈担任此职的表示。这样，就不能不造成主席和中央在处理这个问题时的顾虑和困难。”

第三，关于来北京休养的问题。承认自己从个人主义出发，患得患失，无端怀疑中央让自己来京休养是“调虎离山”，不信任自己，而且竟然在毛主席已经睡下后，“硬请他起来长谈了三个钟头”。

第四，在中组部斗争安子文及在处理此事过程中对刘少奇同志不尊重的问题。承认自己在去年七八月间，在与安子文的争吵和处理过程中，“犯了极其严重的错误”，而且“在处理自己和安子文同志争吵的这个问题上，不服从少奇同志的领导，不执行他的指示，不听从他的劝告和制止，甚至发展到公开对他不尊重”。

但是，饶漱石在这份检讨中，并不承认自己“全面反对刘少奇同志”。他说：

“我过去同刘少奇同志的关系，大家都是知道的。少奇同志的领导，我一向是真诚拥护的。过去和现在，在方针、路线、思想、政策、组织原则等问题上，我对少奇同志从未有过任何怀疑或有过任何不同的意见。”“在这次座谈会上，有的同志以为我是全面地反对少奇同志；以为我是反安为名，反刘是实；以为我对待少奇同志的态度是与高岗同志的反刘宗派活动必然有其密切联系；以为我为先锋，高岗在幕后；甚至有个别同志以为我在这个问题上存有什么重大政治野心。同志们对我的这种种猜测，我现在无法申辩。我只有请求党中央在这一点上据实考察，查明真相，再作结论。我愿在这个问题上将一切有关材料向党中央作专门的报告和交代。”

由于饶漱石当时患有面部神经痉挛症，看和写都有困难，这份书面检查，由他自拟大纲后，逐点口授，让秘书记录整理，读给他听，再按他的意见修改、补充而成。一直到1954年年底后，才定稿签字，上报中央，等候处理。

对于高、饶问题的处理，毛泽东在高岗自杀前后的想法变化很大。在高岗自杀前，毛泽东曾有过在他们作出检讨后，撤销原有职务，安排到基层工作，给予改过机会的打算。即使在高岗自杀后，毛泽东和党中央还打算保留饶漱石的党籍，认为这样做对党比较有利。一直到全国党代表会议召开预备会，请各代表团讨论大会报告（其中有一部分专谈高、饶问题）时，尽管已有不少代表不赞成把饶漱石留在党内，纷纷提出要开除他的党籍，中央政治局在1955年3月18日开会，经过讨论，仍然认为“不必改动原来的意见，应向代表进行说明”。3 月 19 日，毛泽东主持召开七届五中全会，讨论到高、饶问题时，他说这个文件也搞了一年，几经反复才搞成这个样子，他们的联盟是一个阴谋集团，不是什么堂堂正正地拿出自己的主张来争取领导，而是烧野火，煽阴风，见不得太阳，这样来看，肯定是比较恰当的，也是合乎实际的，是一种政变式阴谋。尽管如此，全会最后除同意饶漱石不出席党代表会议外，仍然决定不开除饶的党籍，只撤销他的中央委员和中组部部长职务。

不过，全国党的代表会议召开后，情况突然发生了变化。

1955 年 3 月 21 日，邓小平代表党中央在中国共产党全国代表会议上作《关于高岗、饶漱石反党联盟的报告》。在报告后的讨论过程中，高、饶问题“逐步升级”，最后来了个一百八十度的大转折：会议一致同意中央政治局在七届四中全会后对高、饶问题所采取的措施，通过了《关于高岗、饶漱石反党联盟的决议》，但将决议中对饶漱石的组织处理，改为同高岗一样“永远开除党籍”。经毛主席拍板，认定饶犯有反革命罪，指示公安部在 1955 年 4 月 1 日将他逮捕入狱。三天后，又把饶漱石列为饶（漱石）、潘（汉年）、扬（帆）反革命集团案的首犯来查究。

为什么会发生如此重大的变化呢？

杨尚昆在《回忆高饶事件》一文中对此做了详尽的分析。虽然这段文字比较长，但目前很难找到比杨尚昆的回忆更详尽的材料，所以下面全文引述，读者们可以从中了解饶漱石的最后结局。

杨尚昆说：

这个突如其来的大变化，是怎么造成的？据我了解，主要有以下三点：

其一，饶漱石闹翻案，激起了众怒。

1954 年底前后，国际共运中出现了苏共与南共和解、赫鲁晓夫为铁托恢复名誉的新情况。这个消息在我国见报后，饶漱石突然一反其沉默寡言的常态，先后向陈麒章（饶漱石秘书）等人大发牢骚，矢口否认自己曾经勾结高岗进行反党活动，声称他那份书面检查是被迫说了违心话；进而说他这次“挨整”是陈毅蓄意挑起，对他进行打击报复；一再表示他要向党中央申诉冤屈。陈麒章等将饶的这种反常表现如实地向中央办公厅分别写了两份书面汇报。这两份书面汇报由全国党代表会议秘书处印发给全体代表，作为讨论高饶问题的参考资料。饶的翻案行为把代表们惹火了。

其二，扬帆案件，火上浇油。

扬帆，原名石蕴华，江苏常熟人，1912 年出生，1936 年毕业于北京大学，1937 年加入中国共产党。1939 年参加新四军，历任新四军军部秘书，军法处科长、处长；解放战争期间，任中共中央华东局情报部部长；上海解放，先后任市公安局副局长、局长。

全国党代表会议上印发的材料中，有一件是揭发扬帆在上海解放初期主持镇反，搞“以特反特”，“重用、包庇和掩护了特务分子、反革命分子达三千三百多人”，其中好些事涉及饶漱石。

事情得追溯到上海市解放前夕。当时饶漱石作为华东局书记和内定的上海市委书记，提出在上海解放后清理潜伏特务和反革命分子要采取“以特反特”的方针，并在江苏丹阳亲自接待了由扬帆引见的大特务胡均鹤，交代扬帆将胡带去上海使用。胡均鹤早年曾任共青团中央书记，30 年代被捕后叛变，成为国民党中统特务。抗日战争初期，他被日伪逮捕，又成为汪伪特工总部头子、我党叛徒李士群的重要助手；1942 年前后，李、胡为给自己“留后路”而同潘汉年建立了情报联系，并曾掩护过上海地下党领导同志刘晓等人安全通过封锁线返回淮南根据地。日本投降后，胡再次成为国民党中统骨干；后来他感到国民党大势已去，派人去香港向潘汉年表示，要弃暗投明，立功赎罪。潘将此事电告扬帆。扬取得饶漱石同意，报经中央社会部批准，决定把胡暂留在解放区作为备用的“特情”人员。上海解放后，扬帆在市公安局主管情报和清查潜特等工作，他认为胡均鹤呈交的《可予运用之沪地伪两统人员表》，对上海的镇反有重要参考价值，便在组织“情报委员会”时，提议让胡担任主任。这项任命，也报经饶漱石批准。

根据“以特反特”方针，上海市公安局由扬帆负责，经过筛选，先后运用各类反正人员为镇反工作提供线索，取得很大成绩，但也出现了某些疏漏，如让胡均鹤担任情报委员会主任是不恰当的。这种情况引起了华东公安部和中央公安部的注意，经过他们派工作人员下去检查和批评后，上海市公安局作了认真的检讨，并采取了整顿措施；经中央公安部同意，胡均鹤由上海市公安局继续就地控制使用。这时饶漱石已因病离开华东。

高、饶问题发生后，华东和上海在揭发、批判饶漱石时，“以特反特”的事被重新提起，在并无确切根据的情况下，把本已基本查清和解决的上海市公安局利用反正人员参与镇反斗争中所犯的某些错误，耸人听闻地说成饶漱石和扬帆借“以特反特”“重用包庇、掩护了特务分子、反革命分子达三千三百多人”，工作上的失误变成了严重政治事件。

全国党代表会议一召开，毛主席在开幕词中对当时国内外阶级斗争形势作了十分严峻的估计。他说，帝国主义势力还在包围我们，我们必须应付可能的突然事变，帝国主义发动战争很可能进行突然袭击，因此，我们要有所防备。另一方面，国内反革命残余势力的活动很猖獗，必须有计划地再给他们几个打击，使暗藏的反革命分子力量更大地削弱下来，以保证我国社会主义建设的安全。如果我们有所准备，采取适当措施，就可以避免敌人给我们造成重大危害。否则，我们可能要犯错误。

本来，参加全国党代表会议的代表们得知饶漱石闹翻案，已经很恼火，看过反映上海市公安局“重用、包庇和掩护”大批敌特分子的材料，很自然地把它同毛主席开幕词对阶级斗争形势的估计联系起来，更加群情激愤，认为饶的问题已超出犯错误范围，而是对党对人民犯了罪；进而对饶的政治历史提出了疑问，还联系到他抗日战争时期在皖南事变中的脱险，究竟是如他安抵苏北后给中央电报中说的“派警卫员下山收买敌连长成功”，还是被俘后叛变而被派回来充当内奸的。毛主席在作会议结论说到高、饶问题时，提的已经不只是高、饶两个人的联盟，而是高岗反党集团和饶漱石反党集团（在饶的反党集团里点了扬帆和向明的名）的联盟。扬帆既然已被列为饶漱石的“一丘之貉”，饶的问题实际上已由人民内部矛盾转为敌我矛盾了。扬帆早在1954年底就由公安部派人押解到北京隔离审查。1955年4月1日饶漱石被捕入狱同时，扬帆被正式逮捕；与扬有牵连的许多人，包括胡均鹤在内，也相继被逮捕了。

其三，潘汉年的“交待”，引发更大“爆炸”。潘汉年，江苏宜兴人，1906年出生，1925年加入中国共产党，历任中共中央宣传部文委书记、中共江苏省委宣传部长、中共中央特科情报科长、苏区中央局宣传部长、第二次国共合作时中共谈判代表、中共中央社会部副部长、华中局情报部部长、华南局情报部负责人。上海解放后，历任中共上海市委副书记、第三书记，上海市常务副市长，市政协副主席。这次开全国党代表会议，潘是上海市代表之一。

1955年3月下旬，当全国党代表会议的议程进入“高、饶问题”后，一些受到高、饶影响或和“高、饶问题”有牵连的人，先后在会上作了自我批评或交代。毛主席对此表示充分肯定。会议临结束时，毛号召所有同高、饶反党联盟有过某种联系或有所牵连的干部，以及本人历史上有什么问题要交代的，都应当主动向中央或口头报告或写书面材料讲清楚。潘汉年受到很大震动，他想到：自己同扬帆、饶漱石都有过工作联系；在所谓上海市公安局“重用、包庇和掩护”反革命的问题上，自己作为分管政法、情报工作的副市长当然负有一份不可推卸的责任；胡均鹤是由他介绍到解放区去投诚的，如今出了问题，他不能毫无干系。尤其是，他同胡均鹤在抗日战争时期有过一段特殊的联系：当年他策反李士群的过程中，胡是一个重要联络人。1943年夏天，他从新四军淮南根据地到上海同李士群联系时，李借故把他骗到南京，用劫持的手段拉他去见汪精卫，这件事他在回到根据地后，由于种种原因，一直没有向组织上报告过，现在胡均鹤已被逮捕审查，自然会将有关情况交代出来。会见汪精卫这件事虽然没有对党的利益造成损害，但长期没有向党组织报告，这已是很大的错误了，并且不容易说清楚。经过反复考虑，他在全国党代表会议闭幕的第二天，即1955年4月1日，带着写好的材料去向出席党代表会议的上海代表团团长陈毅报告，并请他将那份材料转呈中央。陈毅也大吃一惊，感到事关重大，安慰了潘几句，便匆匆将潘的交代材料亲自送到中南海给毛主席。毛主席看过材料大为震怒，批示：“此人从此不能信用。”并作出立即逮捕潘汉年的决定，在4月3日责成公安部执行。潘汉年的罪名，一是在抗日战争时期秘密会见过汪精卫而又长期没有向组织上报告；二是对上海公安局“重用、包庇和掩护”胡均鹤等大批特务的问题负有直接责任。据此，潘汉年被认定为隐藏在中共党内的“内奸”。1962年毛主席在“七千人大会”（即扩大的中共中央工作会议）上说：“有个潘汉年，此人当过上海市副市长，过去秘密投降了国民党，是个CC派人物，现在关在班房里，但我们没有杀他，像潘汉年这样的人，只要杀一个，杀戒一开，类似的大都得杀。”语气虽是宽容的，却又给潘的问题再次定了性：实际上已断定，潘早在30年代参与国共第二次合作谈判期间就叛党投靠国民党了。

1955年4月4日，毛主席主持召开七届五中全会，除通过全国党代表会议公报外，正式批准逮捕饶漱石和潘汉年（实际上是追认已执行的决定）。在这次全会上，毛主席特别批评了党内存在“宁右勿左”的思想，对敌人从我党内部来破坏的实际危险认识不足，因此失掉了警惕，形成了空隙。他强调，今后必须着重反右，反对落后于政治斗争，反对麻痹。在大家注意了这样的问题之后，再注意防“左”。以潘汉年来说，多年在党内，大家同他熟悉的不少，是与老虎睡过觉，是瞎了眼睛；但是，一旦发觉了他是老虎，眼睛就应当光亮起来，与之划清界限，帮助党揭露，不要以为与老虎同床过就有所顾虑，而丧失一个党员应有的立场。毛主席还说，因为党在过去肃反问题上曾犯过错误，以后采取九条方针生了效，因而形成了一种右的偏向，总是原谅自己而失去应有的警惕，今后必须改正。一时全场气氛十分紧张，事先对此毫无精神准备的中央委员们，包括我在内，听了都大吃一惊，实在料想不到“高、饶问题”最终会发展到这一步！

潘汉年的问题，直接同饶漱石、扬帆的问题纠缠在一起，当时毛主席认为：“我感觉，饶漱石的罪恶，可能不比高岗小一些。”于是，饶漱石又被认定为饶（漱石）、潘（汉年）、扬（帆）反革命集团的首犯。从 1955 年 5 月到 1957 年底，公安部根据中央指示，成立饶、潘、扬专案组，下分三个小专案组，对他们进行长时间的侦讯。虽然几经内查外调，没有查出他们是“内奸”的确切证据，也没有发现新的问题，只查明了饶隐瞒在皖南事变中被俘后才收买敌军连长成功，而向中央谎报为“派警卫员下山收买”这样一个情节，但在侦讯结束后公安部写给中央的报告中，仍然断言这三个人“实际上是一个反革命集团”。此后，这个案子被长期搁置，并没有依法移交检察、司法机关审理。直到“七千人大会”上毛主席讲了潘汉年可以不杀以后，潘才在 1963 年 1 月由最高人民法院结案，被判处有期徒刑 15 年，剥夺政治权利终身；扬帆也在 1965 年被判处有期徒刑 16 年，剥夺政治权利终身；饶漱石因为在狱中患了精神分裂症，经公安部报请中央批准，在 1965 年予以假释，安排到一个农场养起来，配备了服务员、厨师各一人，每月发给生活费二百元。“文革”中饶、潘、扬三人再次被捕入狱。饶漱石在 1975 年病故。①

虽然饶漱石在“文化大革命”中再次被捕入狱，但狱中的饶漱石并没有落井下石。

“文化大革命”爆发后，“中共中央刘少奇专案审查小组”在收集刘少奇的“叛徒”证据时，让曾在刘少奇手下工作过的饶漱石写刘少奇的“叛变”

① 杨尚昆：《追忆领袖战友同志》，中央文献出版社 2001 年 9 月第 1 版，第 303—308 页。

材料。饶漱石在1967年6月1日，写下了如下的证明材料：

我是1929年到满洲（即东三省）担任共青团满洲省委书记之职的。当时刘少奇同志担任党的满洲省委书记。刘出狱不久即离开满洲。刘离开满洲后，我当代理党的满洲省委书记之职。关于刘少奇在满洲被捕事件，因为时间已隔三十多年，详细情况无法回忆，我只记得他是因为到沈阳奉天纱厂等候工人党员谈话被敌人把他当作小偷而被捕的。因为敌人未得刘的其他材料，故刘只在监狱住了十天左右即获释放。刘被释放后即到我家将上述情况告诉了我。当时我们对秘密工作都缺乏经验，故发生刘被捕后我仍未立即搬家和刘于被释放后即到我家的事情。当时我对刘被捕被释事件过分信任刘的报告，故未作详细研究，当时党内已有个别同志因刘被释放手续过于简单，而向我提出过意见的。现在，我认为我当时对刘过分信任的态度是有错误的，我认为今天把此事彻底审查清楚是完全有必要的。

由饶漱石的这份证明材料可知，他是中共党内第一个知道刘少奇被捕和被释放经过的人，所以，他的这份证明材料就显得尤其重要。因此，当年要把刘少奇打成“叛徒”的“中共中央刘少奇专案审查小组”并没有使用这份不能证明刘少奇“叛变”的材料，反倒是要为刘少奇平反昭雪的“刘少奇案件复查小组”，在证明刘少奇当年并没有“叛变”时，引用了饶漱石的这份证词。

虽然这份证词的功效让人哭笑不得，但如果我们设身处地地回到那个黑白颠倒的年代，想想当年与刘少奇1929年被捕事件有关联的人几乎都写了证明刘少奇“叛变”的材料，而与“反对刘少奇”有关而身陷囹圄的饶漱石却写下了这样一份与众不同的证词，也许对于理解饶漱石为何拒不承认自己“全面反对刘少奇同志”，再三强调“少奇同志的领导，我一向是真诚拥护的”，恳请“党中央在这一点上据实考察，查明真相，再作结论”，是十分有益的。

年长高岗两年的饶漱石虽然比高岗多活了21年，但这21年基本上是在狱中度过的。

“饶漱石反党集团”的其他成员后来境遇也都很凄惨。

1982年8月23日，中共中央发出《中共中央关于为潘汉年同志平反昭雪恢复名誉的通知》，宣布“撤销党内对潘汉年同志的原审查结论……为潘汉年同志平反昭雪、恢复党籍，追认潘汉年同志的历史功绩，公开为他恢复名誉”。但潘汉年并没有看到这一天，他已于 1977 年含冤去世。

扬帆的平反昭雪比较曲折。1980 年 3 月 28 日，党中央作出《中共中央对扬帆同志问题的复查报告的批复》，说：

> 中央同意由最高人民法院按照手续撤销 1965 年 8 月 30 日对扬帆的判决。恢复公民权，然后由公安部党组织给扬帆同志作出复查结论报中央备案。①

1982 年 8 月中共中央为潘汉年平反昭雪后，扬帆给公安部写信，要求公安部对其问题重作复查结论。公安部于同年第二次作出《对扬帆同志问题的复查结论》，说：

> 扬帆同志长期从事革命保卫工作，对党是忠诚的，对革命事业卓有贡献。解放后在上海市公安局任职期间出色地完成了党赋予的各项公安保卫任务。在打击敌人保护人民方面作出了显著的成绩。在过去认定扬帆是内奸、反革命，包庇重用大批特务反革命分子，使用敌特电台供给台湾敌人情报，引起敌机轰炸上海等问题，均不是事实，应予否定，对扬帆同志隔离、逮捕、判刑都是错误的。扬帆同志蒙冤二十余年，应予平反，恢复名誉，消除影响。②

向明还是比较“幸运”的。他当年虽然被说成是“饶漱石反党集团”的重要骨干，但 1963 年就被甄别平反了。

3 | “高饶联盟”演变为“彭高联盟”

“高饶联盟”是 1955 年党的全国代表会议对“高饶事件”的定性。但出乎意料，四年之后，“高饶联盟”又演变成了“彭高联盟”。

1959 年 8 月 16 日，中国共产党八届八中全会通过了《关于以彭德怀同志为首的反党集团的错误的决议》。

---

①② 扬帆口述，丁兆甲整理：《断桅扬帆》，群众出版社 2001 年 9 月第 1 版，第 506—507、507—508 页。

这个决议开篇就说：

在1959年7月党中央召集庐山政治局扩大会议以前，直到庐山会议的一段时间内，在我们党内出现了以彭德怀同志为首，包括黄克诚、张闻天、周小舟等同志的右倾机会主义反党集团反对党的总路线、反对大跃进、反对人民公社的猖狂进攻。

决议认为：

现在已经查明，彭德怀同志和黄克诚同志早就同高岗形成了反党的联盟，并且是这一联盟中的重要成员。张闻天同志也参加了高岗的宗派活动。在反对高饶反党联盟的斗争中，党中央已经知道了彭德怀同志和黄克诚同志参与这一反党联盟的若干事实，给了他们以严肃的批评，希望他们得到教训，从此悔悟，并没有加以深究。但是彭德怀同志和黄克诚同志虽然表面上作了检讨，实则不但没有认识和改正自己的错误，反而长期对党隐瞒他们参加这一反党联盟活动的某些重要事实并且继续发展他们的反党的分裂活动。高岗在手法上是伪装拥护毛泽东同志，集中反对刘少奇同志和周恩来同志。而彭德怀同志却直接反对毛泽东同志，同时也反对中央政治局常委其他同志。

这份决议还认为，彭德怀从“社会主义改造刚一开始，他就同高岗结合起来进行反党活动”。

庐山会议在揭发和批判彭德怀的“反党罪行”时，很多人的发言都从“彭高联盟”说起，下面这段话就是陈伯达8月14日在大会上的发言：

我们现在可以判断，如果没有彭德怀同志的活动和他组织的这个摊摊，高岗那个时候是会有所顾虑的。我们听说那个时候高岗说，军队已经没有问题了。这就是说，他背后有彭德怀同志这个摊摊做他的支柱。彭德怀同志自己现在承认，他是高饶集团的重要成员。当然，这是客气的，实际上，他是高饶联盟主要的一个头头。没有他这个支柱，高岗可能不敢那样放肆，不敢那样猖狂。高饶事件以后，根据小组会和大会所揭发出来的事实，彭德怀同志所搞的这个摊摊的活动并没有停止，彭德怀同志在庐山会议的反党活动就是这个事件的进一步爆发。高饶事件是几个野心家，主要是高岗这个野心家，和彭德怀同志这个野心家的结合。①

还有人在发言中说：

高、饶反党，高岗是野心家，彭德怀同志是主谋者。②

本书不想分析彭德怀是在什么样的形势下承认自己是“高饶集团重要成员”的，但我们知道，彭德怀在1955年召开的全国党的代表会议上，确实就自己与高岗的关系做了检讨，而彭德怀的这个检讨，是经毛泽东等中央领导同志审议通过的。

1955年3月18日，彭德怀用信件的方式，将自己关于高、饶问题的发言稿分送给中央常委和有关同志。他在给毛泽东的信中说：

我准备在全国党代表会议上关于高、饶联盟的发言稿，已分送各位军委委员和克诚、粟裕、谭政、任穷同志看了一下，大家提了一些意见，现将修改稿送上，请阅批复。

3月19日毛泽东批复：

彭德怀同志此件已阅，可用。

邓小平也在稿上批复：

彭总，你的发言稿，我作了个别修改，并送主席、少奇、陈云同志看了。他们都认为好，主席还作了一些修改。现退回，修改处是否妥当，请斟酌。③

陈云、贺龙、罗荣桓、陈毅也都热情地写了复信，提出自己对发言稿的

①② 李锐：《庐山会议实录》，河南人民出版社1999年6月第1版，第323、331页。

③ 王焰：《彭德怀年谱》，人民出版社1998年3月第1版，第592页。

评价和个别修改意见。

党的全国代表会议召开后，彭德怀在大会上发言说：

在对待高、饶问题上，特别是高岗问题上，我是有错误的。党中央对高、饶问题的揭发处理，七届四中全会关于增强党的团结的决议，对我个人有特别重要的教育意义。高岗1951年1月到朝鲜时就开始散布对中央同志的流言蜚语，挑拨同志间的团结，我当时对这些问题的看法与高岗有共同点，也有不同点，但未加说明，是犯了严重自由主义错误的。高岗自我吹嘘和散布谣言，我为什么能够听得进而又信以为真呢，首先是因为我马列主义水平低，嗅觉不高，对高岗个人野心家阴谋家的本质没有认识。由于我本人还存在着各种各样的非无产阶级思想，主要是资产阶级思想的影响未能肃清，对马列主义学习不够，因而对问题的看法存在着成见和感情的成分，是我在高岗问题上犯错误的基本原因。①

全国代表会议以后，彭德怀、马明方依照中央指示，于4月上旬召集西北地区的代表和在京的有关同志就高岗问题进行座谈，会后他们给中央写报告说，会议共开了8次，到会47人，对高岗在西北的错误做了揭批清算，一些同志做了检查，表示要进一步肃清其恶劣影响。

但是，虽然彭德怀在"高饶事件"后既对高岗的错误做了揭发批判，又对自己当时受了高岗的一些影响而没有能够及时向党中央反映高岗的宗派活动做了检讨，但在庐山会议上，这件事仍然成为彭德怀"反党"的重要证据，彭德怀也由此成了"高饶反党联盟"的另一个头头。

彭德怀与高岗在西北时就接触较多，抗美援朝时又一个在前线指挥打仗，一个在后方负责后勤工作，配合得十分默契，俩人敢说敢干的泼辣作风又比较相似，所以关系较深。彭德怀还曾经向毛泽东举荐由高岗任人民解放军总参谋长，自己专心于搞西北经济建设。而且，彭德怀也确实对刘少奇的工作有些意见，并向毛泽东做过反映。1953年9月9日，彭德怀曾"到毛泽东处讲他对刘少奇和周恩来个别问题上的意见，毛泽东要他同刘、周面谈"②。因此，在庐山会议上，与高岗的关系就成了彭德怀无法讲清的

①② 王焰：《彭德怀年谱》，人民出版社1998年3月第1版，第592—593、560页。

关键问题。

在庐山会议召开期间的8月1日，在有毛泽东、刘少奇、周恩来、朱德、林彪以及彭德怀、彭真、贺龙等人参加的常委会上，刘少奇说：

高岗事件前，对我有七八点意见，有些事同我毫无关系。如一件事，召集华北座谈会。（毛泽东插话：这是我建议的。因彭要到党校作报告，怕作不好，对他不利。小范围扯清楚，使彭得到了解，再去作报告。有人要求彭去党校讲讲，何必去党校作报告。不开会，也势必作不好。华北会应开，人家这么多意见，同中央关系如此恶劣，而你名之曰操四十天娘）账挂在我身上。另一件事，同去看关向应，关流着泪说："彭总，你不要反对毛主席，闹派别。我是快死的人了。"觉得我没发表意见，对我不满。高岗事件前，讲了很多对我不满的话。这种话，我沾不到边。（毛泽东插话：关向应讲中了，你这人是搞派别活动的）①

彭德怀在8月12日曾经痛苦地对人说：

现在要我彻底交代高饶问题的错误和军事俱乐部，就是这两个问题难过关。②

1959年10月24日，陈伯达在《红旗》1959年第二十二期发表了《资产阶级的世界观，还是无产阶级的世界观》的长篇文章，对彭德怀的"资产阶级世界观"进行了系统的批判。文章提出：

"彭德怀、黄克诚、张闻天等同志都是高饶反党联盟的参与者，而彭德怀同志还是这个反党联盟的一个头头。"在"高饶反党联盟"被粉碎后，彭德怀"又亲自挂帅，打起了反对党的总路线、反对大跃进、反对人民公社的旗，重新搞起反党集团，进行分裂党的活动"。

① 李锐：《庐山会议实录》，河南人民出版社1999年6月第1版，第204页。
② 王焰：《彭德怀年谱》，人民出版社1998年3月第1版，第747页。

彭德怀看到这篇文章后，在这段话下面批示道：

搞“反党集团”确实没有，对于问题的看法表示共鸣，倒是有一些人。①

1962年1月11日至2月7日，中共中央在北京举行扩大的工作会议，即著名的七千人大会。在这次会议上，刘少奇代表中共中央作书面报告和讲话。他一方面说，彭德怀同志“信中所谈一些问题不少是符合事实的。一个政治局委员向中央的主席写一封信，即使信中有些是不对的，也不算是犯错误”。另一方面又说，“长期以来，彭德怀同志在党内有一个小集团，他参加了高岗、饶漱石反党集团，是这个集团的主要成员。他们都有国际背景，背着中央进行派别活动。”刘少奇还说：“所有人都可以平反，唯有彭德怀同志不能平反。”

彭德怀看到刘少奇的讲话后，气愤地给中共中央办公厅主任杨尚昆打电话，让杨尚昆“转报主席和刘少奇，申明我没有此事”。然后，彭德怀写了《评刘少奇同志在扩大的中央工作会议上的书面报告和讲话》，说刘少奇强加给自己的“里通外国”的罪名，“完全是无中生有”。

从1962年2月到6月，彭德怀开始给毛泽东和党中央写申述信，即著名的“八万言书”。

“八万言书”共有五个部分，其中的第二部分是《关于高、饶联盟的问题》。彭德怀在这部分中回忆了自己从1936年西征认识高岗到抗美援朝前后同高岗的几次接触的情况，承认自己“由于感觉迟钝和政治上的落后”，对高岗认识不清，这是个“严重的错误”，但“以上我同高岗来往的经过和谈话，是抱着对党忠实的态度回忆和写出来的，自问是真实的”。“少奇同志在扩大的中央工作会议上的讲话说：‘到底是高、饶联盟，还是彭、高联盟呢，恐怕是彭、高联盟。’我认为少奇同志这样来强调这个问题，未免太过分。同时与事实也是有出入的”②。

不过，即使彭德怀自己不承认有所谓的“彭高联盟”，但党中央的决议并没有改变。而且“文化大革命”爆发后，他与高岗的关系又成了交待的重点。虽然正直的彭德怀在严刑拷打下，也坚持实事求是的原则。然而，在那

①② 王焰：《彭德怀年谱》，人民出版社1998年3月第1版，第754、774页。

黑白颠倒的年代，昔日的“彭大将军”终于在1974年11月29日被迫害致死。

将军逝去，日月无声。四年多以后的1978年12月24日，彭德怀追悼会才在人民大会堂举行。

不过，彭德怀虽然从此又被重新戴上了“党、国家和军队的杰出领导人”的桂冠，但限于当时拨乱反正刚刚开始，还难以对庐山会议作出科学的评价。一直到了1981年6月中国共产党第十一届中央委员会第六次全体会议通过了《关于建国以来党的若干历史问题的决议》，才对彭德怀及庐山会议作出了这样的结论：

> 从1958年底到1959年7月中央政治局庐山会议前期，毛泽东同志和党中央曾经努力领导全党纠正已经觉察到的错误。但是，庐山会议后期，毛泽东同志错误地发动了对彭德怀同志的批判，进而在全党错误地开展了“反右倾”斗争。八届八中全会关于所谓“彭德怀、黄克诚、张闻天、周小舟反党集团”的决议是完全错误的。

既然“八届八中全会关于所谓‘彭德怀、黄克诚、张闻天、周小舟反党集团’的决议是完全错误的”，“彭高联盟”也就自然不存在了。

附录

一 “五虎上将”的沉浮

“五虎上将”，一个听来颇有传奇色彩的称谓。

在“高饶反党联盟”出现的1954年，“五虎上将”就是“高岗反党集团骨干分子”的另一种说法。

1954年4月24日，东北地区党的高级干部会议通过中共中央东北局向党中央提出建议，撤销“积极参加高岗反党反中央的宗派活动，错误十分严重”的张秀山、张明远、郭峰、马洪、赵德尊的一切党内职务。

同年4月28日，中共中央政治局召开会议，批准了上述建议，并于同年5月4日向省级以上党组织公布。

从此，时任中共中央东北局第二副书记的张秀山，时任中共中央东北局第三副书记的张明远，时任中共中央东北局组织部部长的郭峰，曾任中共中央东北局副秘书长兼办公厅主任、时任国家计划委员会秘书长的马洪，时任中共中央东北局秘书长兼农村工作部部长的赵德尊，被撤销了一切党内职务。

然而，二十几年后，伴随着共和国的年轮进入改革开放的新时期，当年的“五虎上将”又重新焕发了“虎威”，全都被任命到省部级领导岗位上发挥着重要的作用。

“五虎上将”是如何出现的？

他们的命运为什么会这样大起大落？

谜团总归是要解开的，历史也有可能越久远越清晰。

1 | “五虎上将”名称的由来

“五虎上将”，几乎是那个年代过来的人们家喻户晓的一个称谓。

在今天论述中国共产党历史或中华人民共和国历史的著述中，只要讲到高饶事件，如果不是有意回避，也必然要提到“五虎上将”。

然而，历史往往就是这样：熟知的未必是清楚的。

查遍中共中央的有关文件，竟然没有发现“五虎上将”这样一个提法。

不但中共中央的正式文件中没有“五虎上将”的字样，当年东北地区高干会议向中共中央建议撤销张秀山、张明远、郭峰、马洪、赵德尊一切党内职务的文件，也没有“五虎上将”的名称。

1954 年 4 月 24 日东北地区党的高级干部会议通过的东北局向中共中央的建议，这样提出：

东北地区党的高级干部会议鉴于张秀山、张明远、郭峰、马洪、赵德尊等同志均积极参加高岗反党反中央的宗派活动，错误十分严重，特建议中央撤销他们现任东北局副书记及东北局委员及其他党内职务。

1954 年 5 月 4 日中共中央对东北局建议的批复文件，也只是点了张秀山、张明远、郭峰、马洪、赵德尊的名字，并没有“五虎上将”的提法。

1955 年 3 月 31 日，中国共产党全国代表会议通过的《关于高岗、饶漱石反党联盟的决议》，同样没有“五虎上将”的提法，只是这样说：

中国共产党全国代表会议认为党中央政治局对参加高岗饶漱石反党联盟活动的向明、张秀山、张明远、赵德尊、马洪、郭峰、陈伯村等同志的处理是正确的。

既然中共中央的正式文件中并没有“五虎上将”的提法，那么，是谁首先使用了“五虎上将”的名称，并使这一称谓流传甚广呢？

另外，细心的读者可能会发现，1955 年 3 月党的代表会议通过的决议，与 1954 年 4 月东北地区高干会议向中共中央的建议和同年 5 月中共中央对东北局建议的批复有两点不同：一是“五虎上将”的排序由“张秀山、张明远、郭峰、马洪、赵德尊”变成了“张秀山、张明远、赵德尊、马洪、郭峰”；二是在“五虎上将”之外，又多了一个“陈伯村”。

带着这些疑问，笔者于2000年3月29日在哈尔滨市拜访了当年被称为“五虎上将”之一的赵德尊。

久经沧桑的赵德尊虽然年事已高，但这位87岁的老人思维敏捷，他在回答我们关于“五虎上将”的疑问时说：

“东北高干会议期间的一天晚上，周桓（东北军区副政委）到我家，很同情地与我谈话，让我如实地把与高岗的事情讲清楚。我当时看他很亲切，就把我到北京时高岗向我说的对刘少奇的三点不同看法说了，也说了在高岗休假期间我们在杭州吃饭的事情。但周桓过后就在大会上作了揭发，说我在北京捎回来了高岗的三封信，实际上就是高岗对我说的三点不同看法。”

“周桓在大会上揭发我们时用了‘五虎上将’这个名称。”

“周桓揭发后，对我的揭发批判开始升级，说我跟着高岗跑，反对刘少奇，而反对刘少奇就是反对毛主席，反对毛主席就是反党。这样，我的问题就严重了，我也就从‘五虎上将’的第五名，上升到了第三名。”

在此之前，我们已经访问了“五虎上将”的另一位当事人——郭峰。

郭峰也明确地告诉我们，首先使用“五虎上将”名称的就是东北军区副政委周桓。周桓在东北地区高干会议上揭发张秀山、张明远、郭峰、马洪、赵德尊参加了高岗反党宗派活动时，使用了“五虎上将”的提法，并由此流传开来。

看来，解开“五虎上将”名称由来的谜团并不难，几位当事人对此也都记得清楚。但是，“五虎上将”的排序，为什么从“张、张、郭、马、赵”，变成了“张、张、赵、马、郭”了呢？

赵德尊关于“五虎上将”排序变化的说法，有一个明显的漏洞，那就是东北地区高干会议后，东北局4月20日向党中央的建议和党中央5月4日对东北局建议的答复，在提到“五虎上将”时，都是“张、张、郭、马、赵”的排序，赵德尊并不是因为周桓揭发后就立刻从“五虎上将”的第三名变成了第五名。

带着这样的疑问，我们又再一次向另一位重要的当事人郭峰请教。

郭峰对我们详细解释说：

当年在东北地区高干会议上检讨的不止我们五个人。周总理从北京把马洪和安志文带来参加会议，就是让他们也在会上检讨。但是，虽然在会上检讨的人不少，但最后过不了关的就是我们五个人。周桓就是在我们进行第二轮检讨时，在揭发赵德尊时使用了“五虎上将”的提法。周桓这样一提，大部分人都附和，这样，“五虎上将”虽然不是法定用语，但却成了习惯用语。

我们五个人之所以过不了关，也有不同情况。张秀山是高岗的老部下，俩人在陕北时就共同战斗，关系比较深；张明远原来是冀热辽的干部，跟高岗并不相识，高岗是到冀热辽检查工作时发现了张明远，才将他调到了东北局。他与高岗共事的时间虽然短，但高岗比较欣赏他的才干；马洪和安志文与高岗一起去了北京，他们与高岗接触较多，高岗的有些讲话确实是出自于马洪之手；安志文能过关与他哥哥安子文事先与他通气也有一定关系，他在会上的检讨揭发比较深刻，但马洪怎么检讨也过不了关；我和赵德尊都是东北人，高岗之所以也比较看重我俩，主要是因为我俩一是年轻，二是地方干部。高岗用人强调年轻、优秀，还强调要培养地方干部。但是有些老同志对我们那么年轻就当省委书记不大服气，有些意见。

东北地区高干会议期间，“五虎上将”中“张、张、郭、马、赵”的排序，是根据我们五人当时在东北局的职务。张、张是副书记，我们三人在东北局委员中的排序是郭、马、赵。但到了党的全国代表会议通过《关于高岗、饶漱石反党联盟的决议》时，变成了“张、张、赵、马、郭”，我的位置与赵德尊发生了变化，据说主要是因为在东北地区高干会议上我的检查比较诚恳。虽然当时我心里也不太服气，但是在会议上我反复作了检查。实事求是地说，赵德尊在我们五个人中事最少，但他这个人有些书生气，在黑龙江工作期间作风上有些突出个人，妄自尊大，再加上周桓在会上对他的积极揭发，虽然当时在东北局给中央的建议中他排在最后，但东北地区高干会议后，他的问题变得严重了，这就在中央的决议中，由“五虎上将”的第五位变成了第三位。

看来，能将“五虎上将”的缘由讲述得如此明白，非郭峰莫属了。但是，为什么不在“五虎上将”之列的陈伯村，在党的决议上也与“五虎上将”并列，成了“高岗反党集团”的骨干成员呢？

出生于陕西的陈伯村在解放战争时期来到东北后，曾经在张闻天领导下任合江县委书记。1949 年 10 月，陈伯村担任了中共中央东北局组织部副部长，当时的组织部部长就是“五虎上将”的排头人物张秀山。1952 年 8 月张秀山升任东北局第二副书记，部长的职务按照常理应该由副部长陈伯村接任。但是，陈伯村虽然工作积极，高岗对他也比较信任，但他工作作风有些主观生硬，不能民主，有些干部对他有意见，高岗也觉得让陈伯村当组织部长不是太适合。于是，在 1952 年 6 月，陈伯村被调任旅大市委第二书记，原辽西省委书记郭峰被调任东北局组织部部长。不过，在东北地区高干会议期间，虽然陈伯村已经离开了东北局，但一些人在揭发批判时说陈伯村对高岗言听计从，在担任组织部副部长时忠实地执行了高岗的宗派干部政策。而且陈伯村在会议结束回到大连后，成了旅大地区被揭发批判的主要对象，甚至有人在揭发中说，有一次陈伯村到北京开会，高岗对他说，现在搞社会主义建设，必须学习苏联经验。毛主席的著作主要是讲打倒日本帝国主义和打倒国民党的问题，搞社会主义建设要学习斯大林的著作。这是典型的反对学习毛主席的著作。

当这些揭发批判陈伯村的材料反映到中央后，在开党的全国代表会议时，陈伯村就继“五虎上将”之后，榜上有名了。

2 | “张、张、赵、马、郭”的大起大落

党的全国代表会议通过了《关于高岗、饶漱石反党联盟的决议》后，“五虎上将”虽然还被称为“同志”，而且还被留在了党内，后来的命运也没有像被定为“饶漱石反党集团”成员的潘汉年、扬帆那样凄惨，进了监狱，但他们也遭受了撤职、降级、下放的处罚，一直到十一届三中全会后才重新改变了命运。

下面就让我们追寻着张、张、赵、马、郭的足迹，粗线条地勾画出他们曲折的人生经历。

（1）张秀山

张秀山、张明远、郭峰、马洪、赵德尊虽然被称为“高岗反党集团”的“五虎上将”，但实际上只有被称为“五虎上将”之首的张秀山一人是扛枪打仗的出身。

时任东北局第二副书记的张秀山是高岗的陕北老乡，与高岗的关系也最久远。张秀山虽然比高岗小六岁，但二人的经历却很相像。他于1911年7月18日出生于陕西省佳县桃柳沟村一个农民家庭，也是到榆林中学后，接受马克思主义，加入共产党，再受党组织委派，到军阀部队去搞兵运。1930年高岗到军阀苏雨生部组织学兵队时，张秀山曾任这支学兵队的小队长，所以张秀山可谓高岗的老部下。在创建陕北革命根据地的艰苦斗争中，张秀山先后担任过红二十六军四十二师二团步兵连连长、骑兵连指导员、渭北游击队总指挥部政委、耀西游击队政委、陕甘边游击队总指挥部政委、红二十六军四十二师党委书记等职务。他在战场上出生入死，浴血奋战，曾经被敌人的子弹击中了肺部却又在乡村兽医的土法治疗下奇迹般的生还。中央红军到达陕北后，他和高岗一道，又从“左”倾肃反的刀下捡回了一条性命，并先后担任了中共神府特委组织部长、神府红军独立师政委、中共神府特委书记、中共绥德特委书记、中共西北中央局组织部副部长、中共中央党校教务主任等职务。

抗日战争胜利后，国共展开了争夺大东北的历史性决战。1945年8月下旬，中共中央决定从中央机关、中央党校、陕甘宁边区机关抽调精兵强将组成干部团，再抽调两个步兵团，与干部团一道组成东北支队，由张秀山任政委，黄永胜任司令员，奔赴黑土地，创建东北根据地。

东北支队出陕西，过山西，10月末顺利抵达承德，11月2日进入沈阳。但张秀山并没有随同东北支队一道进军沈阳，而是奉命留在承德组建热河纵队，不久又奉命来到北满，任中共松江省工委书记兼松江军区政委，仍然在北满军区司令员高岗的麾下工作。1948年7月，中共中央东北局决定辽宁省和辽南省合并，组成新的辽宁省，并任命张秀山为省委书记兼省军区政委。1949年3月，中共中央又任命张秀山担任中共中央东北局常委、组织部部长兼东北局秘书长、东北局党校校长。

抗美援朝战争爆发后，张秀山兼任东北军区副政委，他三次入朝，亲临前线，解决志愿军所需的物资装备问题。

1952 年 8 月，张秀山被中共中央任命为中共中央东北局第二副书记。

张秀山是高岗的老部下，二人从 1930 年起就并肩战斗，确实有较深厚的情谊，也受到了高岗的一些影响，在东北高干会议上成为“高岗反党宗派”的核心成员，被撤职批判，并于 1954 年 12 月下放到辽宁省盘山机械农场，任第一副场长，分管计划、财务、供销工作。

几乎在一夜间，昔日的东北局第二副书记便成了农场的副厂长，这对年仅 43 岁的张秀山而言无疑是晴天霹雳，毫无准备。但他也只好迎着刺骨寒风，携妻带子，搀扶着年迈的老母，来到了当时号称“南大荒”的盘锦，并且尽职尽责地当起了农场副场长，而且一干就是四年，一直到 1958 年才由组织上调任沈阳农学院副院长。

史无前例的“文化大革命”爆发后，昔日的“高岗黑干将”自然成为批斗的重点对象。在经历了数不清的批斗、殴打后，张秀山又被下放到农场劳动改造。一直到十一届三中全会后，张秀山才于 1979 年 1 月被任命为国家农业委员会副主任、党组成员，分管全国林业、农垦、知青等方面的工作，同时兼任国务院知青领导小组副组长，并恢复了其行政四级的级别。

张秀山从东北局副书记直落到农场副场长，再由农场的劳改对象直升为国家农委副主任，这 25 年间的大起大落，悲欢离合，虽不用细说，人们也尽可以从张秀山饱经沧桑的面庞上读懂。这位在创建陕北革命根据地的斗争中九死一生、在黑土地的征战中功勋卓著的陕北硬汉，1954 年被下放到盘山农场时年仅 43 岁，正值年富力强的金色年华，但当他能够重新回到领导岗位上为人民承担重要职责时，已经是 68 岁的老人。

不过，岁月的磨难并没有使张秀山丧失革命意志和对党对人民负责的高度责任感。他在以拼命工作弥补流失的岁月的同时，也向中央领导同志谈了自己对 1954 年东北地区高干会议对自己处分决定的不同看法，并向党中央写了申诉报告。

虽然由于种种原因，张秀山的申诉没有得到答复，但他并没有因为自己受了委屈就影响党交给的工作，而是以更加勤奋的工作来抢回失去的时光。他为了“三北”防护林工程的顺利实施，多次率工作组深入腾格里沙漠、毛乌素沙漠、黄河河套等地调查研究，召开现场会议。他在领导农垦工作中，亲赴海南、云南、四川、福建、江苏、山东、山西、陕西、内蒙古等十几个省区，深入农场、农村解决实际问题，为新时期农业工作的开展作出了重要的贡献。

张秀山在中国共产党第十二次代表大会和第十三次代表大会上，均当选为中共中央顾问委员会委员。

1996 年 8 月 2 日，张秀山因心脏病医治无效，在北京逝世，享年 85 岁。

（2）张明远

张明远年长张秀山 5 岁，1906 年 11 月 23 日出生于河北省玉田县前独树村一个中农家庭。1918 年 9 月，12 岁的张明远考取了玉田县师范讲习所。在讲习所学习两年毕业后，张明远务过农，当过店员，教过书，进一步了解了社会的黑暗和逐步明确了人生的方向。他先于 1925 年加入了中国国民党，后于 1926 年加入了中国共产党。

1926 年 4 月，张明远受中共北方区委派遣，来到毛泽东主持的广州农民运动讲习所学习。同年 9 月于广州农民运动讲习所结业后，党组织派张明远回到玉田县开展农民运动和发展党的组织。张明远在玉田县建立党组织，领导广大群众成立农会，举行暴动，建立革命武装。1927 年 10 月，他任总指挥，组织领导了玉田及附近四县的农民武装暴动，创建了京东人民革命军，在北洋军阀统治的北方树起了中国共产党领导的第一面武装斗争的红旗。1928 年后，张明远历任中共顺直省委委员、农民运动委员会书记，中共天津一区区委书记，陕甘宁边区抗敌后援会宣传部长，中共北岳区、冀热察区党委常委、宣传部长，冀热辽区党委代理书记等职务。

解放战争期间，张明远担任了中共冀热辽分局常委、冀东区战勤司令部司令员等重要职务。1949 年 2 月，张明远离开冀东来到沈阳，任中共中央东北局常委、副秘书长兼组织部第一副部长。1950 年 8 月，升任中共中央东北局秘书长。抗美援朝战争爆发后，张明远又担任了东北军区后勤司令部政委和中朝联合铁路运输司令部政委。他曾三次赴朝鲜前线调查了解情况，研究解决问题，为抗美援朝的后勤保障工作作出了重要贡献。

1952 年后，东北局的工作中心转向大规模的经济建设，张明远的主要精力也转到了经济建设方面。他先后担任了中共中央东北局副书记、东北行政委员会副主席等重要职务，成为中共中央东北局的重要领导成员。

然而，由于张明远工作能力强，高岗比较欣赏他的才干，作为东北局副书记，他与高岗又必然要有较多的接触，所以，在 1954 年“高饶事件”中，张明远成了“高岗反党集团”的重要成员，被撤销了党内职务，于 1955 年 1

月分配到中国科学院任办公厅副主任。

张明远虽然没有像张秀山那样被下放到农场，但从中共中央东北局副书记的高位到科学院办公厅副主任，落差仍然十分巨大，更痛苦的是精神上的郁闷。正如他后来在向党中央的申诉材料中所言：

“在对我个人进行处理的过程中，东北局没有正式向我谈过组织决定依据及结论的具体内容，没有给我看过有关的材料，也没有问过我对这样的处理有什么意见；本人未在处分决定上签字。”

“对自己究竟犯了什么‘反党错误’，何以受到如此严重的处分，一直不清楚，也一直想不通。”

虽然对处分“一直想不通”，但作为一名长期为革命事业努力奋斗的老共产党员，张明远并没有从此消沉，而是在新的岗位上兢兢业业勤奋工作。

“文化大革命”结束后，张明远于1979年被调到国家机械工业委员会任副主任，分管机关党委和行政业务工作，后又担任了第六届全国政协常委。虽然流逝的时光无法弥补，但张明远还是尽自己的全力为新时期的改革开放事业多做一些工作。他经常到农村进行调查研究，发现问题后总是向中央有关部门反映情况，提出建议和对策。

1992年12月24日，张明远因病逝世，享年86岁。

（3）赵德尊

赵德尊是“五虎上将”中唯一的健在者。他1913年出生于奉天省冷子堡（现辽宁省辽中县冷镇），在他未满周岁时，当教书先生的父亲就病逝了。但刚毅的母亲吃糠咽菜，坚持让失去爸爸的赵德尊读书，所以赵德尊在家乡读完小学后，又来到沈阳读初中、高中，并于1933年进入清华大学外国语言文学专业学习。1935年，尚在清华大学读书的赵德尊加入了中国共产党，参加了著名的“一二·九”运动，并先后担任了中共清华大学“左联”支部书记、中共清华大学党支部书记和中共北平市委学委秘书。1936年6月，赵德尊从清华大学毕业，获学士学位。

抗战全面爆发后，赵德尊在党组织的安排下来到了冀西抗日根据地，先后担任冀西游击队党总支书记、中共晋冀特委组织部长、中共晋中地委副书记等职务。1943年9月，他作为中共七大代表，来到延安党校一部学习，并于1945年在延安出席了中国共产党第七次代表大会。

抗日战争胜利后，他参加了张秀山任政委的赴东北干部团，先到沈阳，后到北满，参加北满根据地的创建工作。1946年7月，他率东北局代表团参加了在河北省平山县召开的全国土地工作会议，并在会上做了长篇发言。

1950年3月，赵德尊被任命为中共黑龙江省委书记。1953年4月，调任中共中央东北局委员、农村工作部部长，后兼任中共中央东北局秘书长。

不过，一路升迁的赵德尊仅仅当了半年的秘书长，就在东北地区高干会议上成了被批斗的靶子，当时的痛苦之情他后来在回忆录中有过叙述：

那时的我，党内经历不多，经验也还很稚嫩，只记得别的什么错误都可以承担，反党的罪名是怎么也难以接受。一时间，两眼发黑，觉得天昏地暗。自己检查“宗派情绪”等都过不了关，会后，睡了一天一夜。最后心里想：已发生的就发生了，也就过去了，“有则改之，无则加勉”就是，作为一名共产党员，主要是今后，只要全心全意为人民，不管什么遭遇，更当积极处之，永远、永远！不管现在如何，由人民、实践、历史去作结论吧！从而心里也就亮堂了。好在只是撤职、降级处分，没有开除党籍。我从六级降到十二级，到东北制药厂任经营副厂长（在党内据说控制使用）。①

赵德尊是1954年10月到东北制药厂的，而且在东北制药厂一干就是11年，一直到1965年8月被化工部调任沈阳化工研究院副院长。史无前例的“文化大革命”爆发后，当年的“五虎上将”自然成了被重点批斗的对象，赵德尊几次在批斗中被打得皮开肉绽，昏死过去，并于1970年被下放到农村劳动改造。“文化大革命”结束后，赵德尊先是于1978年10月回沈阳化工研究院任党委书记，后于1979年2月担任中共黑龙江省委书记，同年12月任黑龙江省第五届人民代表大会常务委员会主任，并于1983年4月再次当选黑龙江省第六届人民代表大会常务委员会主任，一直到1985年9月离职休养。

四川汶川地震发生后，95岁高龄的赵德尊，缴纳了2万元特殊党费支援

① 《赵德尊回忆录》，中央文献出版社1998年9月第1版，第107页。

灾区。

（4）马洪

马洪是“五虎上将”中年龄最小的一位，也是“五虎上将”中后来非常活跃的一位，读者可以随时通过互联网查到这位中国当代著名经济学家的简历。

马洪1920年5月18日出生于山西省定襄县待阳村。1933年，年仅13岁的马洪读完高小后，因家境艰难，无力上中学，到当地小学当上了教员。13岁的教员终究年少资浅，1936年，马洪来到了太原同蒲铁路管理局，开始了他的铁路工人生涯。当时我党领导的“山西牺牲救国同盟会”（简称牺盟会）正在蓬勃兴起，马洪也于当年参加了牺盟会，并于1937年11月加入了中国共产党。1938年3月，党组织派马洪到延安汇报同蒲铁路职工斗争情况，后入中央党校学习，同年12月又被选送到延安马列学院二班学习。

当年的马列学院二班既有徐海东这样身经百战的老革命，也有国外归来的留学生，多数人都在大城市受过大学教育，而马洪仅是一个刚满18岁的铁路职工。然而，就是这位18岁的铁路工人，由于勤奋好学，入学不久就在班级支部改选中被选为支部书记。1939年春的一天，毛泽东来马列学院作《中国革命战争与战略问题》的报告。报告前，毛泽东先来到了马洪所在的二班，与马洪这位年轻的支部书记唠了起来。兴奋的马洪请毛主席题字，毛主席听到马洪说自己爱看报，就提笔写下了“看报有益”四个字，并签上了自己的名字。当毛主席听到马洪说自己特别喜欢读书时，又挥笔写下了“读书是好的，毛泽东”几个字。当马洪向毛主席汇报了自己的工作情况后，毛泽东第三次提起笔，写下了“工作着是美好的”。毛泽东的教诲给马洪以巨大的鼓励，1939年夏天，马洪被马列学院评选为“延安模范青年”，接受了毛泽东主席亲自颁发的奖章。1940年冬，马洪被调到《共产党人》杂志做编辑工作，后又回到马列学院任学习秘书。解放战争时期，马洪历任平泉县县长、中共中央冀察热辽分局秘书处处长等职务，并撰写了不少调查报告和理论文章。

1947年冬高岗代表中共中央东北局到冀察热辽视察工作时，发现了马洪的才干，回哈尔滨后，就于1948年6月将马洪调到了中共中央东北局，先后任东北局政策研究室主任、东北局委员、副秘书长等重要职务，成为高岗的重要助手。高岗进京后，马洪随同前往，任国家计委委员兼秘书长，同时还兼任国家计委机关党委书记。

铁路工人出身的马洪虽然成长为既懂理论又有实践经验的领导干部，但由于他的成长离不开高岗的信任与提拔，所以，在东北地区高干会议上，与他一道从北京来的安志文由于来沈阳之前已经从其哥哥安子文那里知道了中央对高岗问题的处理意见，事先已经按照中央的意见写好了检查，所以在会上顺利过关，但他却几次检讨也无法通过，最终成了“五虎上将”中的一员，被撤销了党内职务。1954 年 10 月，马洪被下放到北京市第三建筑工程公司任副经理，主管财务和材料工作。1955 年 1 月，又被调到北京第一建筑公司任副经理。

虽然由国家计委的高官直落到建筑工地，马洪与“五虎上将”的其他人一样，内心苦闷，痛苦忧伤。但一想到自己本来就是个工人，掌握的知识也都是来源于实践，干脆就从头做起，再到实践这个大课堂去学习吧。于是，马洪在建筑工地上摸爬滚打，努力学习，很快就熟悉了建筑行业的特点，成为管理方面的行家。他还针对当时建筑设计中的某些复古主义倾向，写了题为《反对华而不实》的批评文章。

是金子总要发光，马洪的理论才干并没有随着职务的下降而被人们遗忘。1956 年 6 月，马洪被调到新组建的国家经济委员会政策研究室，以该室负责人的名义从事调查研究和起草政策文件的工作。马洪在国家经济委员会一干就是十年，他不但参加了《工业七十条》等重要文件的研究起草工作，而且取得了重要学术成就，出版发表了《中国社会主义工业化问题》等学术著作和一系列论文。1965 年，马洪调到化工部第一设计院任副院长，1970 年夏，又调任北京石化总厂设计院副院长，还担任了我国第一个大型化工项目——30 万吨乙烯工程的副总指挥。

党的十一届三中全会后，马洪于 1978 年 5 月出任中国社会科学院工业经济研究所所长兼党委书记，后又担任中国社会科学院副院长、院长，国家机械委员会副主任，国务院副秘书长，国家经济体制改革委员会顾问等重要职务，1982 年 9 月，在党的第十二次代表大会上当选为中共中央候补委员。

1985 年，马洪在中国社会科学院任期届满，被任命为国务院发展研究中心主任，参与了党中央和国务院一些重大政策的研究，为我国改革开放政策的制定作出了重要的贡献。1993 年 5 月，马洪因年事已高，退居二线，改任国务院发展研究中心名誉主任。但马洪这位当代中国著名的经济学家仍然十分关注我国改革开放的进展，人们仍然可以在报刊上看到他的精彩文章。

2007 年 10 月 28 日，马洪在北京逝世，享年 87 岁。

(5) 郭峰

郭峰排在“五虎上将”的最后一位，但他又是在目前出版的有关高岗的著述中被提到次数最多的一位。其中的主要原因，是毛泽东在 1955 年 3 月党的全国代表会议上作结论时，说饶漱石说“今后中央组织部要以郭峰为核心”，这就是存在“高饶反党联盟”的证据之一。

事实上，当年调郭峰到中共中央组织部工作并非是高岗对郭峰的特殊关照，而是党中央继 1952 年将各中央局主要领导调到中央工作后，又一次决定调各中央局组织部长到中央组织部统一分配工作。当时打算各大局组织部长基本上都调到中共中央组织部任副部长，然后按工业、农业、财贸、文教等战线分工，各负责一摊。因此，全国组织工作会议后，饶漱石找了几名各大局的组织部长谈话。他在与郭峰谈话时说，“中央已经决定，近期调各大区组织部长到中央组织部工作。因为东北解放得比较早，基础也比较好，经济建设有成就，管理搞工业的干部也有经验。所以，决定调你来负责管理工业部门的干部。”

郭峰是 1952 年 6 月从中共辽西省委书记的岗位上调任中共中央东北局组织部副部长的。1953 年 4 月张秀山辞去了兼任的中共中央东北局组织部部长的职务后，郭峰接任了东北局组织部部长。饶漱石与郭峰交谈时，郭峰表示自己不熟悉全国的情况，更愿意在东北局继续工作。但饶漱石说这是中央的决定，郭峰也只好表示服从。

然而，天有不测风云，郭峰只担任了一年的中共中央东北局组织部长，即因“高饶事件”的出现而被撤销了党内职务。所以，虽然饶漱石已经与郭锋谈了话，郭峰也已经准备交代工作，并且还派人去北京联系住房，但他并没有来得及到中共中央组织部担任副部长的工作。

然而，不但在一些非法出版物中郭峰被绘声绘色地描述成饶漱石在中央组织部的“重要干将”、“得力助手”（如内蒙古人民出版社 1999 年 7 月出版的《西苑风月》一书就这样称谓），就是在一些正式出版物中，也出现了一些严重失实的描述。

北京出版社2000年1月出版的《死亡联盟——高饶事件始末》一书，在描写第二次全国组织工作会议时就这样写道：

此时，东北局的组织部长在发言，他的言辞十分激烈：

咱共产党，本来是搞社会主义、搞共产主义的，可咱就整不明白，为什么中组部的个别领导，好，直说了吧，也就是安子文同志，却对剥削那么保护，对富农、对资本主义那么有感情！咱东北在高主席的领导下，土改后农村形势很好，经济发展很快，广大农民开始走合作化的道路。但是也出现了新富农，出现了党员雇工的问题。高主席明确指出："从原则上讲，党员是不允许剥削别人的，党员要雇工时，要说服他不雇工，党员不参加变工组是不对的。"高主席非常谦虚，党性观念和组织观念非常强，只是咱对党员雇工这个重大问题，要向中组部请示，不能擅自作主。咱请示了，等啊盼啊，想不到中组部的复信是这样说的……①

本书已经叙述了中共中央东北局第二副书记张秀山和组织部部长郭峰在第二次全国组织工作会议的发言，这两份发言稿至今仍在，《死亡联盟——高饶事件始末》一书中的不实描述，读者们一看便知。

而且有必要提醒非东北籍的读者，"咱"的用法虽然是东北的方言，但这一方言的适用范围主要是在东北的辽宁省，而"东北局的组织部长"郭峰却是吉林人。

郭峰1915年出生于吉林省德惠县西刘家屯。1923年8岁时，入德惠县窑门两级小学读书，1928年来到长春私立自强学校学习，1931年2月考入吉林省立第一师范学校，同年8月又考取了吉林大学预科。自幼就聪颖好学的郭峰时年只有16岁，读书入仕的美好前程就在眼前。然而，就在他等待开学后进入吉林大学预科之际，日本帝国主义侵略中国的九一八事变爆发了。国破梦难圆，郭峰只好回到农村家中。第二年春，一心想上学读书的郭锋又考入了著名的吉林省立第一中学。

吉林一中当时是吉林省传播马克思主义的重要阵地，1932年1月，郭峰在这里加入了共产主义青年团。1933年5月6日，郭峰在吉林东便门一带散

① 张聿温：《死亡联盟》，北京出版社2000年1月第1版，第253—254页。

发革命传单时被日伪当局逮捕，同年10月经保释出狱后，他潜赴北平，入北平知行学校读书。1934年1月，郭峰因反对学校当局发放救济证不公平被赶出学校，同年3月，又考入东北中山中学读书。著名的“一二·九”运动爆发后，郭峰积极参加，又被国民党当局列入逮捕名单，只好又一次离开学校，于1936年5月到北平西区区委做团的工作。

1936年8月，郭峰受党组织派遣，化名“高翔”，来到在西安的东北军学兵队做地下工作，后又在东北军五十三军第一一九师师部从事党的秘密工作。1937年3月东北军五十三军工委成立后，他为工委领导成员之一，负责下层士兵工作。抗战全面爆发后五十三军工委撤销，郭峰于10月来到我党领导的冀西民训处，后参加了冀西游击队，并担任了冀西第四游击大队指导员。

抗日战争时期，郭峰先后担任了冀西游击总队政治部主任、太行一分区副政委、中共太行一地委书记、太行区党委调查研究室主任等职务，奋战在太行山下。抗日战争胜利后，郭峰在党组织的安排下，返回东北，创建根据地。他先后担任了中共西满分局委员、吉黑纵队副政治委员、吉江地区行署主任、吉江省委委员、辽吉省委三地委副书记、辽吉第三军分区司令员、辽吉省委民运部长、辽吉省委常委、辽吉军区副政委等职务。1948年7月，辽吉省委改为辽北省委，郭峰任副书记。1949年5月，辽北、辽西两省合并组成新的辽西省委，年仅34岁的郭峰被任命为辽西省委书记，成为当时党在东北地区最年轻的省委书记。

东北全境解放后，年轻有为的辽西省委书记开始逐步得到了东北局书记高岗的重用，于1952年7月被调到中共中央东北局任组织部副部长、部长，成为东北局的领导成员之一，也成了东北地区高干会议上的重点审查对象。

在高干会上，郭峰虽然反复检查，但仍然无法过关。他自己也想不通为什么18岁就跟着党闹革命，今天竟然会成了“反党”分子？但他在会上还是认认真真地一次次主动地剖析自己，“交待”自己与高岗的“关系”。

被称为高岗“亲信”的郭峰，与高岗究竟是什么关系？

东北地区高干会议结束后，郭峰向组织上写过一份“交待”材料。这份“交待”材料虽然产生于那种特殊年代，但我们从中也可以看到郭峰乃至其他的“五虎上将”成员与高岗究竟是一种什么样的关系。

郭峰在这份长篇“交待”材料中，详细地回顾了自己自1946年以来在各个历史时期与高岗交往的情况，说明了自己是如何从工作接触中对其“听取下面意见，具体研究问题”产生了很好的印象。虽然与高岗在工作中也时常产生分歧，但高岗“对我是日益器重，有意拉拢”。

在“交待”了七年来与高岗的“来往关系的情况与在各个时期主要关键问题上我对他的态度”后，郭锋说：

总的说，在政治上我是完全拥护他的，对他的领导作风方面从我每次参加东北局会议及个别谈话中的给我的印象当时一般是好的。如对于他注意抓主要问题（今天看很片面性），多方征求下面工作同志意见，也很民主（今天看是虚伪的，偏听偏信的），很谨慎（今天看是心中有鬼怕出岔子），工作要求总是强调具体解决问题（今天看是很一般化的）是满意的。我也曾向杨易辰等同志宣传过。但另外我对高岗不重视党的建设以及组织上的狭隘我是有意见的。而对其报喜不报忧，愿听好不听坏，吹嘘自己，个人突出也是不满的。

但是由于自己误认为他一贯是执行中央路线的，在经济恢复时期一些具体政策问题上见解也是“正确”的（当时看到他的许多报告为中央批准、转发，均误认为是他的意见，不了解他不学无术，马列主义极少，这些都是根据中央或偷窃中央的指示，或是东北局集体领导成果，许多都是经中央修改过的）。中央、主席甚至斯大林同志对他又是那样器重（当时不了解是他的吹嘘、谎骗），加上他对自己的器重，有时还作不适当的表扬鼓励，吹吹拍拍，与不断的提拔、拉拢也就助长了自己的个人主义的发展，于是对他也就越来越加信任与拥护了，对他的一些毛病、不满也就有所原谅，认为是一般性的问题（对其生活腐化当时是不知道的），失掉了应有的警惕，以致受他的影响越来越深，终于陷到他反党的宗派圈子里。

虽然郭峰在努力地检讨自己和高岗的关系，但他同样未能避免被撤销党内职务的命运，并且是当年的“五虎上将”中第一个被下放到基层工作的。他于1954年9月上旬来到了位于大连地区的旅大地方国营机械五金总厂，任分管计划、财务、劳动工资、基建、技术检查工作的第一副厂长。

一名即将上任的中共中央组织部副部长突然被撤销了党内职务，下放到工厂任副厂长，内心的痛楚已经无须赘述。但郭峰并没有从此消沉，一蹶不振，而是不计个人得失，相信党组织总有一天会正确对待自己。他来到五金厂后，虚心向工人师傅学习，努力钻研业务，积极勤奋地工作，尽职尽责地完成好组织上交给的任务，很快就成为一名企业管理的内行，在企业发展中起着重要的作用。

工作之余，郭峰无法忘记“五虎上将”这顶扣在头上的帽子。然而，百思不得其解，他即使怎样反省，也不明白自己怎么会成为“反党”分子。一日梦里惊醒，他提笔写下了这样两句诗：

梦里依稀反党痛，
身外变幻革心成。

然而，心中的酸楚使他难以平静，苦闷、彷徨的心态无法让思绪归拢，他只好在写下这两句后丢笔长叹，仰望着神秘莫测的夜空。

八年后，当郭峰离开大连时，他才又为这首当年未完成的诗作续写了以下两句：

三番五次经炉火，
心丹志纯更坚贞。

1959 年初，在旅大地方国营机械五金总厂表现尚好的郭峰被调到大连市计委工作，1962 年 7 月，又被调到辽宁省财贸办公室，任副主任，主抓业务工作。虽然此时仍然不是可以信赖的依靠力量，但终归已经不是随时需要检查的被斗争对象，所以，郭峰对于自己的工作还是比较满意的。然而，好景不长，“文化大革命”爆发后，郭峰于 1967 年再度被打倒，并被扣上了四顶帽子：“30 年代的叛徒、40 年代的伪君子、50 年代的黑干将、60 至 70 年代的走资派”。于是，在经历了数不清的批斗后，郭峰又于 1968 年被下放到“五七干校”，接受劳动改造。

郭峰后来在接受我们的访问时曾经说：

我一生中有三件事受教育最深：一是抗战时期秀才当兵，在部队体会到了工农干部对我的帮助；二是“高饶事件”后下厂做工，体会到了淳朴工人的感情；三是“文革”下放劳改，体会到了“当官嘴大，当兵嘴小”。我在五七干校时曾经提过一个合理化建议，但造反派说："你还指手画脚？"

1976年"四人帮"被粉碎后，郭峰也与"五虎上将"中的其他人一样，重新得到了党组织的安排和重用。他先是于1977年调回辽宁省财贸办复任副主任，后于1979年2月被任命为中共辽宁省委委员、常委、书记兼沈阳市委第一书记，又于1980年11月担任了中共辽宁省委第一书记的重要职务。

虽然由中共中央东北局组织部部长转到中共辽宁省委书记的岗位上，期间已经过去了26年，当年34岁的辽西省委书记已经是65岁的老人。但是，国家已经进入了改革开放的新时期，郭峰也随之重新焕发了青春，勇敢地挑起了组织上赋予的重任。他在党中央的正确领导下，团结省委一班人，依靠人民群众的创造力，开拓创新，很快就使辽宁省的各项工作取得了良性发展的好局面。

1985年，郭峰从领导岗位上退下来后，仍然为党的事业辛勤工作。1995年，郭峰在80岁寿辰之际，赋诗一首，总结了自己80年来的战斗历程：

每忆八十历历程，如磐风雨奋然行。
牢房战地英雄气，水远山高坎坷情。
筋骨几番经烈火，肝肠数度铸忠诚。
每思壮士牺牲志，何计生前身后名。

2005年4月13日，郭峰因病逝世，享年90岁。

3 | "委以重任，实际解决"

叙述完"张、张、赵、马、郭"的曲折经历，人们一定会发现，昔日的"五虎上将"虽然在当时被认定为"高岗反党集团"的主要成员，经受了20多年的磨炼，但他们几乎是同时在1979年被重新安排到省部级领导岗位上，予以重用。

然而，重用归重用，迄今为止仍然没有任何部门作出任何关于"五虎上将"平反的决定，甚至没有任何文字上的说明。

历史是凝固的过去，不会出现任何一段的空白。只是当过去尚未完全凝固时，对历史的总结需要时间和人们抛弃功利后的认真思索。

从目前掌握的材料来看，“五虎上将”从被说成是“高岗反党集团”的成员那时起，虽然他们不得不一次一次地检讨、“认罪”，但他们在苦闷、彷徨、震惊的同时，并没有承认自己是主动地参加了“高饶反党联盟”的活动，只是承认自己“头脑简单”，没有发现高岗的阴谋，上了当，受了骗。有人甚至不惜想“用流血的办法”来证明自己对党的忠诚。

中国共产党全国代表会议《关于高岗、饶漱石反党联盟的决议》于1955年4月5日公布后，同年4月中旬，中共辽宁省委派人前往张秀山、郭峰、赵德尊所在的沈阳、旅大、盘山等地，通过侧面了解和正面谈话，调查了解张秀山、赵德尊、郭峰三人在中央公布决议后的思想动态，并向中央打了报告。

虽然这份报告只讲了张秀山、赵德尊、郭峰三人的思想动态，但足可以代表当年的“五虎上将”在上述决议公布后的表现与复杂心态了。

中共辽宁省委向中央的报告中说：

他们到任后在工作上一般说是积极的，能钻研业务，工作深入，能发现与解决一些问题，还想做好自己分管的业务。但他们在工作上也表现了谨小慎微，不够主动，不愿多管自己工作外的工作。愿做具体工作，不愿出头露面，在原则政策、时事问题上很少表示个人的意见。从上述情况看，他们基本上是接受了党分配他们到基层锻炼考验的措施。但由于对错误认识不是在这一思想支配下，在工作和思想表现上虽有积极的一方面，但多注意形式和生活小节，还不是老老实实地、以真诚悔过的赎罪态度，真正积极地工作。

中央公布这一事件，并且指出了他们的名字，参加了高饶反党联盟的活动，是有些出乎他们意料的，因而感到精神压力很大，思想负担沉重。他们一方面表示中央的处理是正确的，拥护中央的决定，认为这是对全党全国人民是一个很大的教育，对自己也是更深刻的教育。另一方面他们事实上仍从个人打算，顾虑多端。张秀山同志当从收音机中听到广播后走到办公室以沉重的声音向史景源（场长）说：高饶问题中央已经公布了，并将我们这些人也公布了，这回算是臭名远扬了。他考虑：我再到分场工作，群众是否会相信我呢？你是反党反中央的张秀山啊。因此，情绪苦闷夜间失眠。赵德尊同志在这一事件公布后，也骤然消沉。以前是业余时间经常打球，公布后两三天时间内不再与别人接触。在这次与党委同志谈话中吐露：我的名字是否能登报，过去曾问过林枫同志，当时未肯定，现在已上报了，不仅国内都知道了，连国外也知道了，并且在党史上记载的。我的精神很痛苦，如像伍子胥。并且唠叨着说，我对人生问题不感兴趣，我很希望党能用流血的办法考验我，为党流尽最后一滴血，这对我来说才是最大的安慰。郭峰对党中央对他的处分有顾虑，说，中央对我的处理是否就这样了，将来如何我不知道。张秀山也探问，不知道有没有新的决定？

他们也是一般地承认错误，承认那些不可推卸的明显的错误或笼统地承认错误严重，并认为党对他们的处理是严肃的、正确的、宽大的。但他们对参加反动联盟的错误本质以及为党所造成的损害没有足够的认识。他们一般认为参加反党联盟是不自觉的，是偶然的现象，是头脑简单，是受骗，是嗅觉问题。他们避重就轻，极力辩护，其事实是企图否定他们本身问题的严重性。如：郭峰在与厂长徐庭湘同志谈话中流露出他参加高岗反党联盟不是主动的、自觉的。他认为，我对高的问题，主要是嗅觉问题。我对一些事情的看法，多不往坏处想。尤其高岗过去中央器重，手段高妙，不知不觉上了当。在最近和宋黎同志谈话中，他认为中央对他们的处理是“断然处之”。张秀山同志这次与党委书记谈话中也说，“高岗谈话竟假借毛泽东名义，说毛泽东同意他的意见，少奇同志如何，搞来搞去，把我这头脑简单的人骗了。”而赵德尊则表现得更不够老实，除用所谓“流血的办法”来考验外，又说：“我下半辈子还能给党做些工作，直到呼吸停止时。早晚会证明我不是宗派，而是党员。”他对组织对他的工作分配不满，他过去曾向林枫同志要求做中学教员，这次说：“我连加减法都不会，对经济工作不感兴趣，不如让我上前线，当一个战士。”他在具体错误问题上，极力辩护，避重就轻，在与高岗的关系上赵说：“我当省委书记时，每年向高岗汇报两次，每次谈20分钟，当我调来东北局时高岗已去中央。我对高岗的腐朽生活，一点也不知道。假如知道，我对他可能有新的看法，我是讨厌这些事情的。”

中共中央于1979年重新恢复了“五虎上将”的工作，将他们分别委以重任后，虽然他们也重新焕发了青春，以加倍的努力工作来弥补失去的时光，为新时期的改革开放作出了重要的贡献，但他们仍然希望党中央能够对当年的那段公案有一个正式的说法。

1992年，张秀山在向党中央递交的《我的申诉》报告中，提出了三点申诉：

第一，把我定为高岗反党集团的成员不符合历史事实。理由之一，我没有参加“高饶反党联盟”的活动。不能因为我与高岗在一起工作时间较长，在工作中有些看法一致，就说成是搞宗派，就定为“高饶反党联盟”的成员。理由之二，中共中央东北局内不存在什么“五虎上将”。张明远、赵德尊、马洪、郭峰当时都是东北局负责干部，其中的赵德尊与郭峰刚从省里调来不久，并无非法组织活动。“五虎上将”的提法是东北高干会议期间一个干部在发言时说的，这个发言的简报报到中央后，“五虎上将”的帽子就扣到了这五个人身上。

第二，我在第二次全国组织工作会议上的发言，虽然有一定的错误，没有按照毛主席的指示先同刘少奇交换意见，但以此作为我参加“高饶反党联盟”的主要证据，是不符合事实的。因为我的发言是中央组织部让讲的，发言的内容是向毛主席汇报过的，发言时刘少奇、安子文是在场的，发言后刘少奇是表过态的。

第三，东北局执行的是中共中央制定的路线、方针和政策，工作上并没有离开党的总路线。不能因为高岗出了问题，就把东北局的整个工作说成一团漆黑，就要在东北局挖出一个反党集团。

1997年12月，91岁高龄的张明远向党中央递交了一份长达10100余字的《申诉材料》。他在《申诉材料》中首先认为，1954年东北地区党的高级干部会议和1955年党的全国代表会议中，“有关我所犯错误的结论缺乏事实依据，不符合我的实际情况，由此而作出的处分决定也是不当的”。然后，他主要就东北高干会议决议及其向中央的建议，结合大量史实，提出了四个方面的申诉意见：

（一）高岗作为中央政治局委员、国家副主席和东北地区党政军的第一把手领导东北地区的工作。我作为东北局的一名常委，和他仅仅是工作关系，而没有任何宗派关系。我是在为党、为人民的利益工作，而不是为高岗工作。他有什么反党阴谋活动，从不对我讲，我不知道，也没有参加，更没有“积极参加”高岗的任何阴谋活动。我的错误在于没能及早发现高岗的阴谋活动，并及时向中央反映（当时整个东北局没有一个人发现并向中央报告）。但这种错误的性质与“参加高岗反党反中央的宗派活动”，甚至“积极参加高岗反党反中央的宗派活动”，有着本质的不同。

（二）东北地区高级干部会议上一些同志“揭露的事实”，是未经调查核实的，其中许多是被歪曲的或捏造的。高岗每次从中央开会回来，都要向东北局的常委传达一些毛主席的讲话，其中有的是对刘少奇同志的议论。但是，关于高岗传达的毛主席讲话及他对刘少奇同志的议论等，我从来没有向外传播或与他人私下议论过，没有“不顾党的纪律”的言行，没有借高岗的这些话“污蔑和攻击中央领导同志”、“破坏中央威信”的行为。

（三）我在东北局工作期间，贯彻执行了党中央、毛主席制定的路线、方针和政策，从思想上和行动上都很明确自己是为党工作，为人民的利益工作，而不是为高岗或其他某个人工作。我认为，在此期间，东北局与党中央的关系是正常的。我没有听说过所谓“东北特殊论”和“东北先进论”的“反动观念”。高岗从来没有给过我上述“两论”的“策动”；我也没有接受过这样的“策动”和“反动观念”，更没有“把东北局和党中央对立起来”。以下事实足可说明我的情况……

（四）高岗调中央工作以后，林枫担任第一副书记，主持东北局的日常工作期间，凡事我都要征求他的意见，对他是尊重的。我从来没有接受过高岗的什么“指使和支持”，没有“故意地孤立林枫”的言行。事实是，每当我征求林枫的意见时，他极少表示不同意见。另外，高岗虽然调到中央工作，但他仍然是东北局书记、东北行政委员会主席和东北军区司令员兼政委，仍然是东北地区的主要负责人。虽然林枫主持东北局的日常工作，但有关东北地区的事，仍然必须向高岗通报并征求他的意见。这是正常的、符合组织原则的。

赵德尊虽然没有直接向中共中央申诉，但他在中央文献出版社1998年9月出版的《赵德尊回忆录》一书中，在讲到“高饶事件”时，申明了两个重要观点：

第一，我与高岗的关系：

"在老黑龙江的北安时期和中黑龙江（黑嫩合并）齐齐哈尔时期，以及后来又任东北局的秘书长兼农村工作部长时，我因此与高岗有正常的工作上、组织上的接触。东北解放后，高岗是中共中央东北局第一书记兼东北军区政委。我于1953年3月调到东北局后，高岗已调任中央副主席兼计划委员会主任，因此没有见面。他在中央与饶漱石关系怎样，我确实不清楚，我'摆不了他的功，也说不出他的过'。"

第二，我在两件事情上应当承担责任：

"第一件，1953年秋我休假到北京，这时我已经兼任东北局秘书长，当然要到高岗处汇报请示工作。他这时正在收拾行装要到杭州休假。他说，他对刘少奇的一些说法有不同看法，一是批评山西试办农业生产合作社的报告为'典型的小资产阶级狂热病'；二是在天津召开资本家座谈会上讲'资本家剥削越多越好'；三是对富农党员雇工看法有不同。当时我觉得党内不同意见是常有的。就说'你找少奇同志谈谈嘛！'他说，'谈不通嘛！'他要我只对几个书记说。这事我和张秀山是原原本本传达了。这是第一件。"

"第二件事是有关中央组织工作会议。这时中央组织部召开的全国组织工作会议，东北局已派组织部长郭峰参加并发言，可是中央组织部又约张秀山参加并要发言。他毕竟在党内生活经验多一些。他很慎重，在发言前，专门向毛主席作了请示，毛主席说：'你讲吧，我支持你。'于是，张秀山这个副书记叫我到杭州休假时向高岗汇报。我到上海，正碰到马洪休假也到上海，共同参观了几个工厂，以后一同到杭州休假，自然都去看望仍兼任东北局书记的高岗。到住处就吃饭，同桌的还碰到华东局的谭震林。毛主席对张秀山的话，我也遵嘱单向高岗传达了。按照当时我党的组织原则观念，我不能不照样传达！这两次传话，我到什么时候都对党对历史负责到底。这两件事，我在东北局批判大会上作了交待。也因此，我成了高岗在东北局的'五虎上将'之一。那时算是'罪有应得'的铁证。最后，党的处理还是宽大的，只是撤职降级，没有开除党籍。当然，以后，东北肃清高岗和'五虎上将'流毒时，在各省市牵连了相当一些组织和个人，这就不说了。"

郭峰在1981年至1984年间，曾经三次与当时的中共中央总书记胡耀邦谈到过高岗的问题：

第一次是1981年的8—9月之间。我是1980年底来省委工作的，我当时主要调查研究包产到户的问题，在各市县里跑。有一天，接到胡耀邦秘书的电话，说胡耀邦要来辽宁。在这之前我没有见过他，他也不认识我，而且这是他自从任总书记后第一次来辽宁。他准备先到辽西，我便去锦州接他。他下车后，吃完饭休息，我去看他。我也想与他交谈一下，介绍介绍自己。所以除了谈工作外，我便很自然地谈了自己。我说，在高岗问题上我有错误，但中央把问题提得这么高，我有想法。他插话说，你的意见我赞成，当时戴这么大帽子不合适，以后中央应考虑这个问题。我还说，我的弱点就是对干部不严，过于宽厚。他立刻插话说，我也是，历来对干部宽厚，这么多年我总被人认为右倾。我们总是对干部处理得过严，高岗问题就是这样。

第二次是1984年秋天。他来辽宁检查工作。当时李贵鲜是省委常委、副省长，管工业。在汇报工业时我就让他去讲，讲得很好，胡耀邦很满意。要到吃中午饭的时间了，宣布散会，当大家都刚刚站起来时，胡耀邦突然说，我有一件事要说。郭峰同志有病（我当时刚刚手术不久），身体不好，这么多年又受了很多的委屈，你们各位要多做些工作，让他多休息些。这次谈话省委办公室有记录。

第三次是1984年。金日成来辽宁，在大连与邓小平同志见面，谈了很多国内外的形势等问题。之后，金日成在回国的途中提出要看看辽化，胡耀邦和我就陪同去了辽化。在从大连去辽阳的火车上吃午饭时，在场的就我们三个人。胡耀邦向金日成介绍我说，郭峰是吉林人，是个好同志，因高岗问题受了20多年的委屈，今后要弄清楚。金日成对高岗的问题也知道些，我想胡之所以这样讲，是想解释我受了高岗问题的牵连为何还能当省委书记。金日成听说我是吉林人后很感兴趣，问我你是吉林哪里的人，在哪里上学。我说，我是吉林一中的。我知道金主席1929—1930年在吉林毓文中学上学还有在那儿被捕的情况。1933年我也曾被捕，也住在金主席被捕时住过的十字监狱。金日成听后非常地感兴趣，又问那个监狱还在不在。后来他还多次地打听我的情况。①

马洪没有向中共中央写申述材料，但他也曾经就“高饶事件”问题向胡

① 笔者2001年1月5日访问郭峰同志谈话记录。

耀邦同志做过口头陈述。胡耀邦同志当时对他说，这个问题很复杂，需要时间研究处理。

“高饶事件”确实十分复杂，但当年被列入“高岗反党集团”的“五虎上将”，又确实在以邓小平为核心的第二代党中央领导集体纠正了以毛泽东为核心的第一代党中央领导集体在党的指导思想上的“左”倾错误后，被委以重任，重新在党和国家的省部级领导岗位上发挥了重要的作用。

对此应当如何认识？

从统一思想、稳定大局、一心一意搞社会主义现代化建设的战略方针出发，对历史问题在一定的时期宜粗不宜细，少争论甚至是不争论，是必要的。党中央也正是基于这样的考虑，才对当年的“五虎上将”采取了“委以重任，实际解决”的处理办法。

但是，在一定的时期粗线条地勾画历史不等于对重大的历史问题永远都是宜粗不宜细，确有必要搞清的历史问题也不可能永远不争论。

因为历史是凝固的过去，它将永远存在。历史的真实不会因为任何人的主观意愿发生任何的改变。而且，真实的历史如果被人们所遗忘，对历史的胡编乱造就会畅行无阻。当前在国内外出版的形形色色的关于“高饶事件”的著述对党和国家所造成的不良影响，已经向我们敲响了警钟。

所以，在国泰民安的今天，无论从总结执政党建设经验的角度出发还是从恢复历史本来面貌的客观要求入手，在适当的时机对当年的“五虎上将”作出正式的结论，既是对当事人的责任，也是对党和国家的利益负责。

二 高岗年谱

1905 年　诞生

10 月 25 日（农历九月二十七日）　生于陕西省横山县武镇乡高家沟村（当时属米脂县）的一个贫苦农民家里。

1915 年　10 岁

冬　到武家坡读私塾。

1918 年　13 岁

到米脂县龙镇小学读书。

1921 年　16 岁

由父母包办与杨芝芳结婚。

1922 年　17 岁

入横山县立第一高级小学（简称“一高”）读书。

1925 年　20 岁

春　与“一高”学生曹动之、石作琦、王东皋、王怀信等人组织了“‘一高’学潮”。

秋　入榆林中学读书。

1926 年　21 岁

经胡立亭、史唯然介绍加入中国共产党。

1927 年　22 岁

2 月　考入西安中山军事学校。

6 月　因开展革命活动被敌人发觉，在党组织的安排下，离开中山军事学校回到了横山县。

秋　奉命与曹亚华等在响水堡等地举办了农民运动通俗讲习所，成立农民协会，领导农民开展抗租和抗捐斗争。

1928 年　23 岁

春　陕北地区遭受特大旱灾。组织武镇、响水一带的农民，与豪绅刘尚和、曹思潮等进行了斗争。

秋　离开横山，辗转佳县、吴堡一带，组织群众抗粮抗捐。不久，奉命到肤施县（延安县）开展地下工作。

1929 年　24 岁

春　在组织安排下，打入国民党延安县党部，开展地下工作。

夏　中共陕北特委在红石峡召开会议，提出党在搞工运、农运、学运的同时，要将今后工作的重点由学运、农运转到兵运上来。并要求大部分党员打入国民党内部去做兵运工作，以建立我党领导的人民武装。会后，刘志丹来延安，向高岗讲授了“红石峡会议”的主要精神。

秋　因反动乡绅告密，国民党政府逮捕了高岗的叔叔高仲魁、高仲发，作为人质，胁迫高岗来降。二人也迫于敌人的淫威，写信招降高岗。信中示意说，如高岗不回来，二人性命将不保。高岗接信后当场将信撕碎，未予理睬。

1930 年　25 岁

春　打入驻宁夏盐池的国民党军第八旅王子元团做兵运工作。

5 月　中共陕北特委经与王子元协商，在贺兰县李岗堡成立了一个学兵队。双方商定：学兵队归属王子元部，但由共产党员领导，并任命张东蛟、高岗为学兵队正副队长。学兵队第一期学员毕业后，高岗被任命为学兵连连长，但不久因与旅长石子俊发生矛盾，被石以招兵为借口，驱逐回陕。

年末　回到高家沟，帮助哥哥娶了新妻（前妻病逝），然后与妻子杨芝芳一道离开了高家沟。

1931 年　26 岁

春　在中共陕西省委任交通工作的高岗奉省委指示，赴陕西省彬县看望关押在国民党狱中的刘志丹。

5 月　刘志丹利用军阀之间的矛盾，打进平凉甘军新编十三师陈珪璋部，以陈的名义成立了十一旅。这期间，高岗奉中共陕西省委令，去平凉与刘志丹商讨兵变事宜。

9 月　中国工农红军晋西游击队西渡黄河，进入陕北。

10 月下旬　晋西游击队转战到陕甘交界的南梁地区，与活动在这里的刘志丹会合。不久，在平凉开展兵运的谢子长、高岗闻讯后一同来到南梁，并根据中共陕西省委的指示，成立了以谢子长为书记，刘志丹、阎红彦等为委员的队委会。

九一八事变后，按照陕西省委的指示，南梁堡红军暂编为西北抗日反帝同盟军。

1932 年　27 岁

2 月 12 日　西北抗日反帝同盟军在甘肃省正宁县三嘉塬改编为中国工农红军陕甘游击队，谢子长任总指挥，高维翰任政委兼队委会书记，杨重远任参谋长。下辖步兵大队两个，警卫大队、骑兵大队各一个。高岗任第二大队政委。

4 月中旬　杜衡及刘志丹、黄子文来到部队驻地旬邑县马家堡。在当晚召开的队委会上，杜衡宣布了省委的决定：撤销陕甘游击队总指挥部，部队改编为三、五两个支队，谢子长调往甘肃从事兵运工作，刘志丹、阎红彦分任三、五支队队长。高岗任三支队二大队队长兼政委。

4 月 20 日　中共中央作出《关于陕甘游击队的工作及创建陕甘边新苏区的决议》，同意中共陕西省委创建红军的意见，规定该部队番号为中国工农红军二十六军四十二师。

5月10日　红军三、五支队在旬邑清水塬集结。为统一指挥，省委决定恢复陕甘游击队总指挥部，由刘志丹任总指挥，高维翰任政委。部队在刘志丹的率领下，15日攻克马栏镇，27日占领吉子岘，31日夺取英旺镇。不久在攻打临镇的战斗中，阎红彦率五支队担任正面主攻，高岗率领二大队占领该镇东山，掩护主力。由于敌人进攻猛烈，高岗率部未能守住东山，带领十余人撤出了战斗，致使攻入镇内的我军损失很大。

6月底　只身一人回到陕甘游击队，被游击队队委会给予撤销党内职务的处分。不久，被调回陕西省委，从事兵运工作。

1933年　28岁

1月5日　黄子文《关于给红二十六军队委改组等问题给省委的报告》说："红二十六军的数量以及质量、武装及战斗力，高麻子给你们有详细的报告，我们到来后无多变化。"

春　奉命来到陕西省耀县，与任陕军骑兵团团长的中共党员王泰吉协商起义事宜。

7月28日　与陕西省委主要领导萧章、贾拓夫、杜衡在西安东大街骡马市福盛楼饭馆开会，研究西北民众抗日义勇军行动计划，遭遇敌人抓捕。杜衡、萧章被捕后叛变，贾拓夫与高岗脱险。高岗脱险后，来到了位于耀县西北的照金革命根据地。

8月14日　主持中共陕甘边特委在照金陈家坡召开的扩大会议，决定把红四团、耀县游击队和西北民众抗日义勇军联合到一起，组成陕甘边红军临时总指挥部，总指挥王泰吉，政委高岗。

10月13日　敌人突袭照金根据地，根据地失守。

11月3—5日　中共陕甘边特委、陕甘边革命委员会和陕甘边红军临时总指挥部，在甘肃省合水县包家寨召开联席会议。会议决定恢复红二十六军（建制为红二十六军四十二师）和建立以南梁堡为中心的陕甘边革命政权。王泰吉任师长，刘志丹任副师长兼参谋长，高岗任政委。

1934年　29岁

1月初　在正宁南邑堡战斗结束后因调戏妇女违纪。

1月上旬　红二十六军四十二师党委在合水县蔺家砭召开会议，对高岗在正宁南邑堡的违纪行为进行了批评，并撤销了他的师政委职务，下派到第二路陕甘边工农游击队。

1月底　第二路陕甘边工农游击队总指挥部在南梁成立，总指挥杨琪，政委高岗。

3月　刘志丹率领红四十二师回师南梁，与高岗、杨琪率领的二路游击队会师。

4月上旬　红四十二师在二路游击队的配合下取得西华池大捷，全歼敌人两个营共600多人，创造了红二十四师成立以来的歼敌最高纪录。西华池大捷也成为粉碎敌人“围剿”的决定性一战。

5月28日　红二十六军四十二师党委在南梁寨子湾召开会议，决定健全中共陕甘边特委，书记张秀山。同时成立了陕甘边军事委员会，主席刘志丹。并决定杨森任红四十二师师长，高岗任政委。

7月下旬　谢子长、郭洪涛率陕北游击队一、二、五支队到南梁，与红二十六军会师。

7月25日　中共陕甘边特委、红四十二师党委与中共陕北特委、陕北红军游击队总指挥部在阎家洼子举行联席会议，决定红四十二师三团北上陕北，配合陕北红军游击队作战。郭洪涛在会上批评刘志丹、高岗等是“梢山主义”，撤销了高岗红四十二师政委职务，由谢子长兼任。

1935年　30岁

2月5日　中共陕甘边特委和中共陕北特委在赤源县（今子长县）周家硷召开联席会议，刘志丹、高岗、惠子俊、崔田夫、郭洪涛、马明方等参加了会议。会议决定成立中共西北工委和西北军委，统一领导陕甘、陕北两块革命根据地和红二十六、二十七军。同时撤销陕北特委，陕甘边特委继续存在。

2月21日　谢子长因伤情恶化不幸逝世。

5月4日　中国工农红军西北革命军事委员会前敌指挥部在安定县（今子长县）玉家湾成立，总指挥刘志丹，政委高岗。

6月　高岗在宜川阁楼寺召集宜川游击队，宜川一支队，抗款军，十八、十九、六支队开会，宣布解散抗款军，将宜川一支队和宜川游击队合编为新编西北抗日义勇军，司令黑志德，政委赵正化。

9月11日　与刘志丹率部攻打横山县城。

9月上旬　红二十五军到达陕北。

9月16日　刘志丹与高岗率领西北红军主力与红二十五军在永坪镇会师。

9月17日　在中共北方代表派驻西北代表团的主持下，中共西北工委、鄂豫陕省委和军队主要领导干部在延川永坪镇召开联席会议，决定撤销西北工委和鄂豫陕省委，成立中共陕甘晋省委，西北代表团书记朱理治兼任书记；改组西北军委，主席聂洪钧；改编红二十五、二十六、二十七军为红十五军团，军团长徐海东，政委程子华，副军团长兼参谋长刘志丹，政治部主任高岗。

10月初　在王明"左"倾机会主义影响下，中共北方局派驻的西北代表团在西北苏区开展错误"肃反"，采取突然袭击的办法，以莫须有的罪名将刘志丹、高岗、习仲勋等一大批党政军领导干部关押起来，原红二十六军营以上干部和陕甘边区县以上干部几乎全部被捕，200多人被错杀。

10月20日　中共中央在吴起镇先后听取了当地游击队负责人张明科和龚逢春的汇报，了解到西北苏区错误"肃反"的严重形势，立即派王首道等先赴瓦窑堡，向陕甘晋省委传达中央关于刀下留人、停止捕人、一切听候中央来解决的指示。并决定派人接管西北保卫局。

11月3日　中共中央在下寺湾召开常委会议。会议听取了中共陕甘晋省委副书记郭洪涛、西北军委主席聂洪钧关于西北苏区、西北红军、肃反及劳山、榆林桥战役情况的汇报。听完郭洪涛关于"肃反"问题的汇报后，张闻天与毛泽东当即认为陕北的"肃反"搞错了，要纠正。

11月7日　中共中央机关到达瓦窑堡。下午，中央党务委员会即下令释放了刘志丹、高岗、习仲勋等因西北错误"肃反"而被关押的100多人。

11月30日　张闻天主持召开了为刘志丹、高岗等平反的党的活动分子会议。刘志丹、高岗等56人出席。会议公布了《西北中央局审查肃反工作的决定》，宣布刘志丹、高岗等无罪。

12月13日　毛泽东由前线回到瓦窑堡，接见了刘志丹、高岗等蒙冤受屈人员。

1936年　31岁

1 月　被派往内蒙古率领只有十几人的陕北骑兵团，不久任中共三边特委蒙古工作委员会主任。

4 月 14 日　红二十八军军长兼北路军总指挥刘志丹在山西中阳县三交镇战斗中牺牲，时年 34 岁。

9 月 15—17 日　列席中央政治局扩大会议，并在会上介绍绥蒙少数民族地区工作的情况。

1937 年　32 岁

1 月 5 日　收到张闻天致谢嵩、甘渭汉、博古、高岗电，提请注意“西安事变是逼蒋抗日，抗日反蒋的口号早已取消。党目前的方针是联合抗日派、左派，争取中派、蒋派，打击亲日派”。

5 月 15 日　中国共产党陕甘边区第一次代表大会在延安召开。高岗虽然未能出席大会，但在这次会议上以最高票当选为中共陕甘宁边区委员会执委。

7 月　中共中央决定成立少数民族工作委员会，由高岗任书记，赵通儒任秘书长。中央初到陕北时成立的蒙古工作委员会和定边工作委员会随即撤销，改为少数民族工作委员会所属的回民工作部和蒙古工作部。

9 月 6 日　根据国共谈判口头达成的协议，中国共产党将陕甘宁边区革命根据地的苏维埃政府改为陕甘宁边区政府（简称边区政府），林伯渠（主席）、张国焘（副主席）、高岗、秦邦宪、董必武、徐特立、谢觉哉、郭洪涛、马明方为边区政府主席团委员。

9 月　中共中央军委决定在延安成立国民革命军第八路军后方留守处和陕甘宁边区保安司令部。八路军后方留守处主任萧劲光，参谋长曹里怀，政治部主任莫文骅；陕甘宁边区保安司令部司令高岗，副司令周兴，参谋长谭希林。

11 月 16 日　毛泽东同张闻天、萧劲光致电高岗，任命高岗为八路军骑兵司令。

12 月 13 日　中共中央决定由林伯渠、张国焘、习仲勋、徐特立、刘景范、马明方、高岗组成边区政府新的主席团，林伯渠任主席，张国焘任副主席。

12 月 22 日　出席中共中央政治局召开的常委扩大会议，讨论陕甘宁边区党委的工作。

1938 年　33 岁

1 月 11 日　中共中央政治局召开常委会议，决定高岗以八路军代表名义到榆林工作，与傅作义、邓宝珊协商办蒙民干部训练班。

2 月 19 日　出席中共中央政治局常委扩大会议，研究在当前形势下如何建立与巩固党的组织。

4 月　中共中央决定高岗任中共陕甘宁边区委员会书记。

5 月 30 日　延安县自卫军 3000 多人举行军事检阅。陕甘宁边区保安司令高岗和边区政府代主席高自立授旗，高岗作报告。

6 月 24 日　出席中共中央政治局常委会议，讨论陕甘宁边区党委工作。

10 月 2—7 日　出席陕甘宁边区第一次青年救国代表大会并讲话。

12 月 23 日　中共中央书记处发出通知，要求对在延安机关检查工作中发现的有突出成绩的人员给予表扬，并由陈云、李富春、高岗、高自立、谭政、滕代远、萧劲光、姜齐贤组成检查工作总委员会，负责对党、政、军、民、学检查工作的总结和评奖。

12 月 28 日　出席中共中央书记处会议，讨论国民党顽固派对陕甘宁边区制造摩擦的问题。

是年　与杨芝芳离婚。

1939 年　34 岁

1 月 12 日　出席中共中央书记处会议，讨论陕甘宁边区参议会问题。

1 月 17 日—2 月 4 日　出席陕甘宁边区第一届参议会，并当选为参议会议长。

1 月 26 日　出席中共中央书记处会议，讨论开展生产运动问题。

2 月 2 日　中共中央在延安召开大会发动生产运动。会后，陕甘宁边区政府成立了由高岗、高自立、王世泰、周兴、毛齐华等人组成的总生产委员会。

2 月 6—8 日　出席陕甘宁边区政府委员及县长联席会议。会议对政府施政方针、国防建设、国防教育、肃清土匪、优待抗日军人及工作人员家属、社会救济等问题作出实施决定，并宣布了政府各部门的主要负责人：民政厅厅长刘景范，秘书长曹力如，保安处处长周兴，保安司令部司令员高岗，粮食局局长曹胜祥，审计室主任曹力如（兼）。

4 月 19 日　出席中共中央书记处会议，讨论陕西省委工作。

5 月 1 日　出席陕甘宁边区工业展览会开幕式。

6 月 8 日　出席中共中央书记处会议，讨论保卫边区的问题。

7 月 12 日　出席陕甘宁边区县长、区长联席会议。

8 月 4 日、6 日、9 日、11 日、14 日、15 日　连续出席中共中央政治局会议。

8 月 16 日　出席中共中央政治局会议，讨论召开党的七大事宜。会议决定党章问题报告由张闻天准备，并组织党章准备委员会，由刘少奇、陈云、康生、李富春、谭政、高岗组成。

8 月 18—19 日　出席中共中央政治局会议，听取博古关于南方党的工作的报告。

8 月 21—22 日　出席中共中央政治局会议，听取张鼎丞关于新四军与东南党的工作报告。

11 月 1 日　出席中共中央政治局会议，讨论边区工作问题。

11 月 15 日　在中国共产党陕甘宁边区第二次代表大会上作《抗战新阶段中陕甘宁边区的任务》的总结报告。在这次会议上当选为陕甘宁边区委员会书记。

12 月 25—30 日　与朱德、彭德怀、林彪、贺龙、刘伯承、林伯渠、萧劲光等先后联名通电全国，抗议顽固派进攻陕甘宁边区，要求全国军政领袖主持公道，惩办肇事魁首，取缔反共邪说，制止反共军事行动。

1940 年　35 岁

5 月 7 日　陕西省委张习高就保一旅刘甫杰率部哗变为我收编情况，致电高岗、高自立、萧劲光。

5 月 18 日　与萧劲光、高自立就对付顽军进攻问题，致电关中分区习仲勋等。

5 月 29 日　致电习仲勋，指示要占领照金，肃清反动武装，酌情决定打马栏。

5 月 31 日　与萧劲光、高自立致电习仲勋等，要正确处理哗变过来的部队的武器。

8 月 5 日　就歼灭赵老五股匪事，发电向毛泽东请示。

9 月 11 日　在中共中央政治局常委会上，毛泽东提议成立陕甘宁边区中央局，由张闻天先同高岗、高自立、谢觉哉商量。

9 月 24 日　陇东参观团向陕甘宁边区政府主席林伯渠、高岗献旗致敬，高岗发表讲话。

9 月 25 日　出席中共中央政治局会议，讨论陕甘宁边区工作问题。中共中央政治局常委会根据毛泽东的提名，决定由高岗、谢觉哉、林伯渠、萧劲光、高自立等 19 人组成中共陕甘宁边区中央局委员会（本地干部 11 人，外来干部 8 人），高岗为书记，谢觉哉为副书记，高岗、林伯渠、谢觉哉、萧劲光、高自立、张邦英、王世泰、刘景范等 8 人为常委。会议还决定由任弼时代表中央领导陕甘宁边区的工作。

9 月底　陕甘宁边区中央局召开常委会议，毛泽东、任弼时和张闻天参加了会议。高岗在会上表示：军事干部要有涵养，地方干部要有耐心。

10 月 5 日　中共中央政治局常委召开会议。会议同意任弼时的提议：原边区工委的组织、宣传、统战等部，工青妇团体，边区政府，保安部和留守兵团政治部的工作，均应集中由中央局讨论解决，需要请示中共中央的问题，经由中央局讨论后提请中共中央或中央有关部门讨论解决；中央和中央各部门下达的指示，经由中央局讨论执行。中央局讨论各部门工作时，请中央有关部门派人指导。有关边区军事上的大的行动，经中央局商议后，由书记高岗报毛泽东主席批准执行，一般的军事行动由高岗负责解决。

是年　与李力群结婚。

1941 年　36 岁

1 月 30 日　中共陕甘宁边区中央局就彻底实行“三三制”选举运动向各级党委发出指示。

3 月 5 日　出席中共中央政治局会议，讨论时局和财经问题。

4 月 16 日　中共中央政治局召开会议。会议原则决定，将中央西北工作委员会与陕甘宁边区中央局合并，成立中共西北中央局，中共陕西省委划归西北中央局领导。

4 月 27 日　中共中央政治局召开会议决定：中共西北中央局正式委员为高岗、王世泰、张邦英、林伯渠、谢觉哉、萧劲光、陈正人，候补委员为李卓然、贾拓夫，高岗任书记；陕西省委改为陕甘省委，隶属西北中央局；成立一个委员会，由任弼时召集，李富春、王首道、陈正人、康生、陈云参加，以解决过去边区党内争论的问题。

5月26日　在《解放》第一二九期发表《为实现陕甘宁边区新的施政纲领而斗争》。

6月6日　出席在边区银行召开的如何发起储蓄运动座谈会，并与朱德一道被推举为“劝储团”名誉团长。

6月16日　在《解放》第一三一期上发表《抗战四年来陕甘宁边区的建设》。

6月29日　出席西北局在中央大礼堂召开的干部大会，纪念中国共产党成立20周年。

8月6日　出席中共中央政治局会议，讨论陕甘宁边区财政经济工作的基本方针。会议决定，为了统一认识，促进团结，协调工作，由毛泽东召集林伯渠、谢觉哉、高岗、陈正人、陈绍禹、任弼时、朱德商谈，统一思想，解决问题。

8月9日　毛泽东致信高岗、陈正人：“谢老8日信及所附从安塞来的报告，均附上，请察阅。”

8月13日　出席中共中央政治局会议，继续讨论陕甘宁边区财政经济工作的方针。

8月27日　出席中共中央政治局会议，讨论中央机关及编制问题。

9月10日—10月22日　出席中共中央政治局扩大会议（九月政治局会议），讨论党在十年内战后期的领导路线问题。

9月16日　毛泽东致信高岗、陈正人，请他们考虑答复反映民族学院存在困难的一封来信，提出：“民族学院的困难须要设法解决，经费似宜增加一点改善其伙食。”

10月10日　民族学院在延安成立，由西北局领导。院长高岗，副院长高克林。

同日　在延安市第一届参议会会议上发表讲话。说：“辛亥革命纪念是一庆，今天参议会召开，又是一庆。可谓双庆临门。延市已经实行了三民主义，有了许多成绩，但还有些缺点，希望大会检讨市政府的工作，同时也检讨边区政府的工作，共同商讨，共同决议，共同执行，共同监督真正实行‘三三制’的民主政治，建设日趋繁荣的新延安。”

10月14—27日　边区政府专员县长联席会议在延安召开。在25日大会上，高岗报告了运盐检查情况，在说明了督运的必要之后，指出了督运以来的成绩与不足。说："实践证明，组织得好，牲口好，派出的人有经验，都赚了钱，反之都亏了本，今后应好好注意发扬好的经验。"

10月27日—11月3日　出席西北局高干会议。

11月3—6日　陕甘宁边区厂长联席会议在延安召开。高岗在最后一天作总结时提出，各厂明年的重要任务是提高劳动效率，增加产量。当前的状况与边区的需要很不适应。他还提出："工厂同志学习的原则，是七分技术，三分政治。"

11月5日　中共中央政治局召开会议，讨论陕甘宁边区政府二届参议会问题，决定提议由高岗为陕甘宁边区参议会议长，李鼎铭、谢觉哉（或刘景范）为副议长，林伯渠为边区政府主席，边区政府委员人选为17人，其中共产党员7人，非党员10人。

11月6—21日　陕甘宁边区第二届参议会第一次会议在延安举行。出席6日开幕式的正式参议员193名，候补参议员16名。晋察冀、鲁西等各敌后抗日根据地的代表和各界来宾500余人应邀参加了会议。高岗宣布开会并致开幕词。在第二天的选举中，高岗以152票连任第二届参议会正议长，谢觉哉以139票、李鼎铭以129票当选为副议长。

11月10日　出席中共中央书记处会议。会议同意毛泽东的提议，决定这届陕甘宁边区政府的两个副主席中，要选一名非党进步人士。会议还决定召开一次中央政治局会议，专门讨论边区财政问题。

11月12日　出席中共中央政治局会议，讨论陕甘宁边区财政经济问题。

11月15日　在参议会上作《关于五一施政纲领的解释》的报告。说："施政纲领的精神是'团结抗战救中国'七个大字，中国之欲不亡，必须团结抗战。""今日之团结抗战，是为挽救祖国之危亡，在求民族自由与幸福，将来之经济建设，民主政治建设与反对帝国主义之干涉，仍需要全国人民的继续团结，此即决定长期合作的基础。坚持统一战线，实行三民主义，此为吾人一贯政策，兹代表中国共产党西北局负责人坚决声明，吾人此项政策不仅今日实行而且将来亦必实行。为保证实行此项政策，共产党已提出并实行了三三制。""今日实行三三制并不是请客，装门面，这不是有位无权，而是大家真正说话，真正做事，真正有权管理国家。""希望各党各派无党无派的

各界人士，能够和舟共济，不存丝毫客气，共同为抗战、团结、民主和边区的进步而斗争。”

11 月 22 日　新当选的边区政府主席、副主席和委员宣誓就职。由林伯渠主席领导全体政府委员举手宣誓，高岗监誓后致辞：“希望本届政府全体委员彻底执行第二届边区参议会之一切决议，参议会同仁定当尽力帮助，共同促其实现。”

12 月 8 日　出席中共中央政治局会议，讨论太平洋战争爆发后的新形势与工作部署。

1942 年　37 岁

1 月 4 日—3 月 20 日　率西北局考察团到绥德、米脂调查经济工作、政权建设、文化教育、社会阶级关系和党务状况等问题，为西北局高干会做准备。考察团 30 余人，分成三个分团，高岗率第二分团深入到双湖峪、周家硷等地，进行考察。调查工作结束后，出版了《绥米土地问题初步研究》一书。

4 月 3 日　出席中共中央书记处会议。会议通过了经毛泽东修改的《中央宣传部关于在延安讨论中央决定及毛泽东同志整顿“三风”报告》的决定。会议决定陕甘宁边区整顿“三风”工作由任弼时、高岗负责。

4 月 21 日　出席边区干部学习动员大会并讲话。说：“在学习中，不是望文生义就算懂，而是要真正领会精神实质。要精读，要写笔记写心得写反省出墙板，帮助学习。要使理论和实际相联系。”

4 月 27 日　任弼时、高岗负责的陕甘宁边区学习总委员会决定，由西北中央局抽出七人组成巡视团，了解整风学习情况，吸取学习经验，发现学习中的问题。

5 月 9 日　主持边区参议会常驻会第六次会议，决定参议会二次大会延至明年召开。

5 月 13 日　中共中央军委作出《关于成立陕甘宁晋绥联防军司令部的决定》。任命贺龙为司令员，关向应为政委（关在养病期间，由高岗代理政委）。

6 月 2 日　边区学习总委员会在参议会大礼堂召开各单位学习委员及学习小组长联席会议，200 多个学习小组的 400 余人以及各校的 300 余名学生参加了会议。高岗在总结报告中指出，当前的学习热潮是空前的，但在学习中反省自己不够，这是很大的缺点，今后要加强领导深入学习。

6月9日　与贺龙、林伯渠、关向应、徐向前、林枫电贺第三八五旅旅长王维舟五十六寿辰。

7月2日　与萧劲光等联名致电留守兵团"大渡"三营副营长张玉清："王旅长甘政委转张玉清同志：你十余年如一日地为党为革命而艰苦奋斗，虽年高而益壮，这是我党我军的光荣，兹值你五十三寿辰，谨此电贺。"

7月27日　与贺龙、林伯渠致电边区党政军县团级以上干部，重申禁止法币流通令，提出要严惩破坏金融人犯。

7月31日　与贺龙、林伯渠就不许扩兵问题发出紧急通知。

8月22日　出席中共中央政治局会议，讨论加强陕甘宁边区工作和召开西北局高干会问题。

8月29日　中共中央召开政治局会议。会议通过《关于统一抗日根据地党的领导及调整各组织间关系的决定》，确定由党领导一切其他组织，中央代表机关（中央局、分局）及各级党委（区党委、地委）为各地区的最高领导机关，统一各地区的党政军民工作的领导。会议决定，原给予陕甘宁晋绥联防军统一两个区域党政军民关系的职权，交由西北局执行。会议还决定，10月5日召开西北局高干会议，地方县委书记以上、军队团以上干部参加；议程为精兵简政、财政及整风学习、党政关系等。

9月24日　与贺龙、徐向前等发布命令，确定陕甘宁边区划分及防务。

10月9日　中共中央书记处召开会议，同意任弼时提出的关于西北中央局高干会议准备工作通知。决定西北中央局高干会议讨论各种决议草案，可先经高干会议讨论，于会议结束前提到中央讨论，再交高干会议最后通过。会议还同意任弼时、李富春的提议，为统一财经委员会实际工作的领导，向西北中央局提议，以贺龙、南汉宸、叶季壮、高自立、朱理治组织财经办事处工作会议，以贺龙为主任。此项议案委托任弼时与林伯渠、贺龙、高岗等商妥后，交西北中央局决定。会议批准调李维汉到边区政府工作，并参加西北局，为委员。

10月19日—1943年1月14日　西北局在延安召开高级干部会议，地方县以上、部队团以上的党内负责干部300多人出席，中央高级学习组和中央党校的大部分领导干部到会旁听。会议解决了三个重大问题：一、总结了边区党的历史经验教训；二、检讨了抗战以来边区党内存在的主要偏向；三、明确了发展生产、教育是边区党今后的基本任务，而又以生产为第一。毛泽东多次参加会议并发表重要讲话。1月13日、14日，高岗作大会总结。

10月20日　与贺龙、林伯渠发出《致党政军领导的一封信》，要求各地务须严格执行政府法令，一概使用边币，不得用法币代替。同时指出，搜查民间法币和强迫登记过境法币的过火行为必须纠正。

11月7日　在《解放日报》上发表纪念苏联十月革命25周年文章：《团结的像一个人一样》。

1943年　38岁

1月6日　西北局发出通知：经中共中央书记处批准，高岗、林伯渠、贺龙、陈正人、贾拓夫五人为西北局常委。贾拓夫为西北局秘书长，杨清为副秘书长，并组成西北局办公厅；张秀山为西北局组织部副部长；高岗为西北局书记；林伯渠为边区政府党团书记。

2月4日　出席延安各界庆祝废约大会。大会有延安各界2万余人参加。高岗与毛泽东、朱德、林伯渠、贺龙、刘少奇、陈云、叶剑英、李鼎铭、李富春、谢觉哉、陈正人、张邦英等为主席团成员。朱德总司令、西北局书记高岗、边区政府主席林伯渠在大会上发表了讲话。

2月7日　在《解放日报》发表《庆祝废除不平等条约感言》。

2月28日　与贺龙、徐向前、萧劲光、谭政、张经武发布陕甘宁边区剿匪训令，确定剿匪的方针、计划、战术以及对匪徒处理办法，并规定限期在春耕前清剿完毕。

3月8日　出席在延安市举行的纪念三八妇女节大会，并发表讲话说："妇运必须从实际出发，如能发动边区妇女均各喂一猪、饲一羊，则边区全年即可增加财富十万万元。"

3月14日　在《解放日报》上发表《党在春耕运动中要解决的三个问题》。

4月1—24日　出席延属各县妇联主任会议，在报告中提出，妇纺运动要"突破一点，影响全区"。

4月10日　与贺龙、谭政、徐向前、萧劲光、张经武向中共中央军委主席毛泽东，副主席朱德、王稼祥，参谋长叶剑英呈报《剿匪工作报告》。

4月17日 在《解放日报》上发表《克服春耕运动中领导上的弱点》。

4月22日 与林伯渠等率延安市各界万余人，恭迎刘志丹同志的灵柩。

4月24日 在《解放日报》上发表《向刘志丹同志学习》。文中说："志丹同志被公认为西北党和西北人民最好的领袖。他是陕甘苏区和红军的创造者。"

4月28日 中共中央政治局会议决定：在中央书记处之下设立以刘少奇为主任，以康生、彭真、高岗参加的反内奸斗争专门委员会。

5月2日 参加志丹县万人公葬刘志丹同志大会。在讲话中说："志丹同志是西北人民的救星。"

5月17日 在边区党群系统工作人员会议上作关于宽大政策的报告。

5月21日 陕甘宁边区银行行长黄亚光致函高岗、林伯渠、贺龙等，提议在边区确定法币统一牌价。

6月29日 与贺龙、林伯渠、李鼎铭发布《陕甘宁边区政府八路军留守兵团司令部训令》，规定了延安各机关、学校实行精简后编余人员送分区安置的原则。

7月6日 在《解放日报》上发表文章《进一步发展生产，纪念七七抗战六周年》。

7月7日 中共中央政治局召开会议，讨论对付国民党反共宣传和军事进攻边区问题。会议决定：由任弼时、高岗负责指导，准备9日在延安举行"坚持抗战，反对内战"、"坚持团结，反对分裂"的群众大会，并用大会名义发表通电。

7月9日 出席延安民众纪念抗战六周年大会。会议于下午4时在文化沟体育广场举行，延安各界3万多人参加了大会。贺龙、高岗、林伯渠等17人被选为大会主席团。林伯渠致辞，朱德、刘少奇、高岗、贺龙等发表讲话。高岗在讲话中号召全边区人民紧急动员起来，制止内战，保卫边区。《解放日报》在关于这次会议的报道中，称高岗为"陕甘宁边区创造者"。

7月12日 吴家枣园全体村民致函高岗："高岗同志：吴满有从延安开会回来，咱们庄子上也开了一个会，咱们大家都说：顽固分子要想进攻边区，真是活做他的糊涂梦，要不，就是他活得不耐烦了，或者从外国要回来的枪炮太多了，没处送，要送一些给八路军。好！就让他送我们一些吧！现在，请你告诉全边区的战士们：后方的治安，粮米的筹集，你们家属的照顾，都由我们负责，一旦战争爆发，你们可以放心作战，把这些和日本强盗一鼻孔出气、不去看门、反而回口咬主人的狗东西，打到很远很远的地方去吧！到了那个时候，咱们一定杀猪拉羊，到你们营盘里庆祝胜利。祝你们打胜仗。”

8月8日　延安党政军民代表及蒙、回各民族群众1000余人，隆重追悼蒙古族革命领袖、边区政府委员那素先生。那素是伊盟蒙古族革命领袖，7月31日在延安病逝。高岗与那素相交八年，1936年10月，两人曾结拜为把兄弟。高岗在追悼大会上说：“那素先生奋斗一生，从实践中找到他应该走的道路——坚决抗日，坚决反对大汉族主义，坚决联合共产党和依靠广大人民，这是他成为蒙古族先进的重要因素，另一方面，也是他和群众有联系的结果。”“我们永远反对日本帝国主义及大汉族主义，并且反对到底！用解放蒙古民族、解放中华各民族来纪念那素先生。”

8月15日　在延安各界公祭国民政府林森主席大会上发表演说：“边区乃全国人民的一面明镜，边区实行了三民主义，反映出大后方没有实行三民主义，所以有人要拼命打破这面镜子，拼命要取消边区。但是边区人人有饭吃、有政权，努力打日本，究竟犯下什么罪应该取消呢?”

8月29日　就与敌特斗争问题，与周兴致电习仲勋、师哲。

9月4日　延安县5000余人召开防奸运动动员大会，高岗在会上发表演说。9月21日的《解放日报》报道说：“当高岗同志起立演说时，台下掀起一阵震耳欲聋的掌声，‘拥护高司令’的口号此起彼伏，但当这位万众敬仰的西北人民领袖，在长时间的掌声中讲话时，台下即刻寂静无声了，因为每一个人都不愿因为自己的欢呼而错过他所说的每一个字。”

10月12—16日　中共西北局和陕甘宁晋绥联防司令部召开高级军事干部会议，毛泽东、林彪、朱德和高岗先后在会议上作报告。

10月15日　在边区召开的加强回汉民族团结工作会议上发表讲话说：“共产党、边区政府和八路军是反对大汉族主义，尊重回民同胞的生活习惯和文化的，我们是竭尽力量多方面帮助回民同胞的。并且我们回汉同胞都应看到，现在是民族敌人打进中国的时候，我们应该和同一祖国的人团结起来。汉人和回民都是中国人，去打日本，打我们共同的敌人，打走日本帝国主义，把中国搞好。”

11月26日　边区第一届劳动英雄模范生产工作者代表大会及边区生产展览会在延安开幕。200名劳动英雄和3万名群众出席了大会。朱德、高岗、林伯渠等在大会上讲话。高岗在讲话中说：今天我们开劳动英雄大会，同时开生产展览大会，这不仅是中国从来没有的事情，而且也是东方各民族从来没有过的事情。这是拿锄头的、拿斧头的、拿鞭子的、拿剪刀的人民所开的劳动英雄会议。在苏联，劳动者已经成了社会的主人，他们被人尊重。在我们这里，革命以前劳动者是被人看不起的，可是他们现在已经受到了无上的尊重。他们是劳动英雄，是新社会的状元。

12 月 5 日　西北局招待出席边区第一届劳动英雄模范生产工作者代表大会的全体劳动英雄。各分区劳动英雄共向高岗献上六面旗帜。关中分区为："西北星辰"；延属分区为："你给我们创造了丰衣足食的边区"；绥德分区为："西北人民的领袖"；陇东分区为："西北灯塔"；三边分区为："西北人民的灯塔"；中直、军直、留直、边直为："西北人民的领袖"。高岗代表西北局发表了讲话。

12 月 22 日　中共中央书记处会议。会议同意毛泽东的提议，由任弼时、朱德、彭德怀、林伯渠、高岗、李富春组成财经问题座谈会，任弼时负责主持。

1944 年　39 岁

1 月 7 日　出席晋绥边区第三届劳动英雄大会，与毛泽东、朱德、贺龙、关向应、林伯渠、续范亭等被选为大会名誉主席。

1 月 11 日　下午，边区参议会常驻委员会召开第十次会议，听取政府一年来施政工作与今年工作方针的报告。在各议员讨论后作报告说："去年政府工作进步的原因，是整风搞通了思想，同时又抓住了中心——发展生产。"

1 月 27 日　西北局邀请在延安的党外人士李鼎铭、李丹生、柳□、贺连城、毕光斗、杜立亭、白宝山等举行座谈会，征求对本年工作的意见。西北局和边区政府主要负责人到会听取意见，同时林伯渠做了关于彻底肃清官僚主义、改进工作作风、保证完成今年工作任务的发言，高岗做了总结发言。

2 月 1 日　西北局办公厅召开边区党民系统生产动员大会。在会上宣布了个人的生产节约计划：带领他的秘书、警卫员、勤务员和马夫，种棉花两垧、洋芋两垧，生产细粮两石，被服全年自给。以后不吸纸烟，改吸旱烟。

2 月 7 日　延安民众代表毕光斗、吴汉章等到杨家岭和王家坪，向毛泽东、朱德以及边区政府主席林伯渠、西北局书记高岗、边区保安司令王世泰献旗，感谢共产党给人民带来的好光景。

2月21日　出席中共西北局会议。会议听取了贺龙关于去年陕甘宁边区财经问题的总结报告。

2月24日　中共中央书记处召开会议。会议决定：关于七大的议程，拟由毛泽东作政治报告，朱德作军事问题（包括政工）报告，刘少奇作组织问题（包括党章）报告，彭德怀、陈毅、高岗各准备一发言。

3月5日　出席在参议会礼堂举行的南区党政军机关妇女组织起来从事生产大会。在讲话中号召："组织边区二十五万妇女生产，一年就多得百万石细粮。"

3月8日　在延安边区纪念三八妇女节大会上发表讲话。说："我们妇女工作的方向，就是组织起来，自己动手，发展经济，做到每个家庭的丰衣足食。"

3月16—20日　出席中共西北中央局常委会，讨论2月21日贺龙的报告。

4月初　主持召开西北局高干会议。

4月3日　在中央党校第五部开学典礼上发表讲话。

4月6日　劳动英雄马海旺同志致信高岗。信虽然只有1000字，但讲了变工队、开义田、改良农作法、修水地、合作社、改造二流子、读报、放哨、参观等十余个问题。《解放日报》在发表此信的编者按中说："这种报告体裁，极其值得提倡。"

4月7—12日　任弼时代表中央做了《去年边区财经工作的估计与今年边区金融贸易财政政策的基本方针》的长篇报告；8日，朱德做了《生产运动与财经问题的讲话》；12日，毛泽东做了《学习和时局》的讲演。

4月10日　出席延安各界追悼朱德总司令母亲钟夫人大会。

4月14日　参加西北局办公厅召开的组织问题座谈会，就建立模范支部问题发表意见。

4月29日　劳动英雄吴满有致信高岗及林伯渠主席、李鼎铭副主席，汇报他3月17—27日到三五九旅帮助开荒的情况。

5月10日　中共中央书记处召开会议，讨论召开中共七大问题。会议决定组织报告委员会：军事报告委员会由朱德、彭德怀、林彪、刘伯承、陈毅、叶剑英、谭政、徐向前、贺龙、聂荣臻组成，朱德负责召集；组织问题报告委员会由刘少奇、周恩来、彭真、高岗、谭政、王若飞组成，刘少奇负责召集；党的历史问题决议准备委员会，由任弼时、刘少奇、康生、周恩来、张闻天、彭真、高岗组成，任弼时负责召集。

5月1—25日　陕甘宁边区工厂厂长及职工代表会议在延安举行。刘少奇、朱德、周恩来、高岗、邓发等到会讲话。大会确定为今后两年全面实现自给与提高质量而斗争的工业生产方向和任务，提出公私兼顾，先公后私，科学技术与工人群众的创造性相结合、领导与群众相结合，学习赵占魁运动的新内容为革命工人品质与生产技术的统一，工厂企业化等重大原则和方针。23日，高岗在会上作《为工业品的全面自给而奋斗》的讲话。

6月1日　就建立秘密侦察力量问题致李景波信。

6月10日　朱德在延安举行游园会欢迎中外记者西北参观团。高岗与周恩来、邓颖超、秦邦宪、徐向前、贺龙、萧劲光、林彪、聂荣臻等出席，并两次回答了中外记者提出的问题。

6月14日　出席延安各界庆祝联合国日及保卫西北动员大会，与毛泽东、朱德、周恩来等18人被选为大会主席团成员。

6月16日　与徐向前、萧劲光、林伯渠、李鼎铭等代表陕甘宁边区政府、八路军留守兵团司令部、中共西北中央局发布《保卫西北联合训令》。

6月24日　出席中共西北中央局常委会议，讨论盐的销售问题。

6月29日　在西北局大礼堂招待出席合作社联席会议的全体合作社主任，并即席发表讲话，说："我们边区有许多模范合作社，大家应该向他们看齐，但这些合作社没有理由可以自满，应该继续向前发展。落后的合作社，也不能灰心，而应改正缺点，赶上先进的。我希望全区合作社来一个大竞赛，看谁把合作社办得更好一些，经过合作社不仅把老百姓组织起来，而且要把他们提高一步，我们边区的事情办好了，对于全中国都是件大事情，希望大家努力。"

7月9日　在西北局办公厅欢宴政府委员及常驻议员座谈会上发表讲话。

8月7日　中共西北中央局召开常委会议，会议听取了高岗关于西北局工作的意见，讨论西北局干部的配备问题。

9月1日　出席中共六届七中全会主席团会议。会议讨论组织解放区联合委员会、成立联合政府及派军队南下建立湘鄂赣抗日根据地问题。会议决定中央及各中央局、分局、区党委成立城市工作委员会及城市工作部。中央城市工作委员会以彭真、刘少奇、康生、周恩来、高岗、刘晓六同志组成，中央城市工作部以彭真为部长，刘晓为副部长；中央军委设立报导处、教育局、外事组等，由任弼时、高岗、陈云商议急需解决军委必需的建设及经常费用。

9月12日　出席陕甘宁边区留守兵团学习模范和前线回延安整训的各部队战斗英雄代表会议，与贺龙、徐海东、萧劲光、谭政等23人组成大会主席团。下午，与贺龙、徐向前、萧劲光、张经武、谭政等宴请会议代表。

9月15日　中共西北中央局召开常委会议，讨论统一战线问题。

9月16日　在西北局招待留守兵团全体模范学习代表大会上发表讲话，号召全边区部队在反攻的前夕，要努力掌握技术，提高战术，发扬八路军勇猛果敢的优良传统。

9月20日　在边区仓库主任联系会议上发表讲话。

9月26日　与贺龙、陈毅、林彪、聂荣臻、徐向前、谭政、萧劲光等陪同毛泽东在延安东关大操场观看八路军留守兵团学习模范和战斗英雄代表举行的投弹、射击、刺杀、马术、越障碍、木马、单杠等七项军事技术表演。美军观察组包瑞德上校及其率领的美国军官应邀前来参观。

11月9日　在边区文教大会上讲话，要求各级领导必须亲自动手负责将延大，各中学、完小，各区乡干部训练班办好，各级政府机关一律办干部文化夜校，为长期建设边区打下基础。

11月11—14日　中共西北中央局召开常委会议，会议讨论关于召开西北局高干会、陕甘宁边区参议会和英模大会的问题。会议决定了参议会报告的分工：工作总结——李鼎铭，选举条例及议会工作问题——谢觉哉，财经问题——陈云，军事问题——贺龙和谭政，卫生问题——刘景范，三三制及民主团结问题——高岗。

11月中旬　与贺龙、徐向前、萧劲光、谭政、张经武发布《1944年部队冬训整训训令》。

11月29日　在《解放日报》上发表《今冬中心工作》一文，重申西北局关于冬训的指示，提出："各分区各县今年冬季均应以训练区乡干部作为最中心的工作，作为转变与推动一切工作的关键。"

12月7日　六届七中全会决定成立解放区联合委员会，由边区参议会发起，准备委员会党内由周恩来、高岗、林伯渠、薄一波等14人，党外由李鼎铭等19人共同组成。

12月16日　在边区参议会上发表讲话。指出国民党统治区是“公私交困，民不聊生”，而边区则是“公私两利，民生改善”。原因在于“边区的政权是真正人民的政权，而国民党的政权则是少数独裁者的政权”。

1945年　40岁

1月5—9日　西北局召开高级干部会议，检查领导作风。高岗在9日作题为《1945年边区的主要任务与作风问题》的讲话。指出：我们目前最主要的问题是工作作风的问题，主观主义仍然较严重地存在着，即“四多四少”：任务多，开会多，调查多，跑腿多；主动少，检查少，用脑少，研究少。这主要责任在上级，但是下级也有不负责的现象，对于上级的指示贯彻有困难的时候，一不申辩，二不打招呼，采取应付的态度。我们犯主观主义错误的原因是，我们不了解农民，不了解农民的实际情况，缺少脚踏实地的调查和研究。今后，首先我们的干部要在深入调查的基础上多动脑筋，多研究问题，一切从实际出发。

1月12日　在群英大会上发表了《时时刻刻为老百姓兴利除弊》的讲话。号召英雄们和群众一起，以自己的事业和经验影响别人，帮助别人，为进一步推动集体的英雄事业，培养出更多的英雄，创造出更多的模范单位而奋斗。提出工作方法是一切问题的关键，要按照群众资源与需要，兴利除弊。老百姓赞成的事就办，否则就不办。好事而老百姓一时还不了解，也暂且不办。

3月16日　出席中共六届七中全会主席团会议。会议讨论中共七大的准备工作，决定：向六届七中全会提出以毛泽东、朱德、刘少奇、周恩来、彭德怀、康生、高岗、陈毅、陈云、林伯渠、任弼时、董必武、彭真、张闻天、徐向前、贺龙等16人为中共七大主席团成员。

4月21日　出席中共七大预备会。会议听取了毛泽东作的《七大工作方针》的报告。通过了六届七中全会向七大提出的大会主席团及常委主席、正副秘书长、代表资格审查委员会、大会议程、议事规则等议案。大会主席团成员为：毛泽东、朱德、刘少奇、周恩来、任弼时、彭德怀、康生、高岗、陈毅、陈云、林伯渠、董必武、彭真、张闻天、徐向前、贺龙。

6月19日　毛泽东主持中共七届一中全会第一次会议。会议选举毛泽

东、朱德、刘少奇、周恩来、任弼时、陈云、康生、高岗、彭真、董必武、林伯渠、张闻天、彭德怀 13 人为中央政治局委员；选举毛泽东、朱德、刘少奇、周恩来、任弼时为中央书记处书记；选举毛泽东为中央委员会主席兼政治局、中央书记处主席。

9 月 5 日　出席延安各界庆祝抗日战争胜利大会，与朱德、刘少奇、林伯渠等 16 人为大会主席团成员。

9 月 14 日　出席中央政治局会议。会议听取了曾克林关于东北情况的汇报，决定：第一，立即成立东北局，以彭真为书记，陈云、程子华、林枫、伍修权为委员，马上随苏军飞机去沈阳。赶赴东北开展工作，力争在东北建立根据地。东北局全权代表中央指导东北一切党的组织及党员活动，东北一切党的组织和党员必须接受其领导。第二，从华中、华北派遣 100 个团的干部去东北。会上，高岗与张闻天、李富春等要求去东北。

9 月 26 日　中共中央政治局召开会议。会议认为，国共谈判已进行八次，国民党方面对中共让步方案仍不满意，致使谈判陷入僵局，形势可能逆转。为配合重庆谈判，要大力开展东北工作。会议决定：（一）开一次高干会，将谈判经过及我之方针通告大家；（二）请毛泽东利用时机回延安；（三）高岗兼任陕甘宁晋绥联防军司令员，阎揆要任参谋长。

9 月 28 日　中共西北中央局办公厅转发中共中央书记处调整西北局成员的通知：任命高岗、林伯渠、贺龙、谭政、马文瑞、贾拓夫、王世泰、李维汉、李卓然、谢觉哉、张邦英、刘景范、贺晋年、张德生、周兴 15 人为西北局委员，任命高岗、林伯渠、贺龙、谭政、马文瑞、贾拓夫、王世泰 7 人为西北局常委。

10 月 11 日　毛泽东结束重庆谈判，返回延安。在听取中央书记处的汇报后，决定对东北战略作大幅度调整。并决定高岗、张闻天、李富春也去东北，加强东北局的工作。

10 月 20 日　与林伯渠就外来延安学习或工作的人员暂行处理办法致电关中地委书记和专员。

10 月 22 日—11 月 22 日　与张闻天、李富春、王鹤寿、陈正人、朱瑞、凯丰、陈光、郭述申、刘英及 1 名机要员共 11 人，乘美军飞机离开延安飞抵河北邯郸，尔后经陆路于 11 月 1 日到达太行地区，在晋冀鲁豫军区司令部休息了两三天后，继续前进，于 11 月 8 日抵玉田，11 月 13 日抵承德，后乘火车到朝阳，乘汽车到锦州，再乘火车于11月22日到达沈阳。

10月31日　进入东北的中共武装力量组成东北人民自治军。林彪为总司令，吕正操为第一副司令，李运昌为第二副司令，萧劲光为第三副司令兼参谋长，彭真为第一政治委员，罗荣桓为第二政治委员，程子华为副政委。

11月2日　中共中央致东北局电："同意周保中为第四副司令，伍修权为第二参谋长。""组织北满分局，陈云为书记，林枫为副书记，任务为控制北满各地，组织军队，建立政权，发动民众，镇压反动，巩固东北之后方"。决定高岗、张闻天为北满分局委员，高岗兼北满军区司令员，陈云兼北满军区政治委员。

11月22日　高岗、张闻天等一行到达沈阳。当晚出席中共中央东北局会议，会上就当前我党的力量重点究竟放在城市还是农村问题发生争论。

11月24日　东北局决定撤离沈阳，具体安排是：高岗、张闻天去北满，与陈云会合开展工作；彭真、罗荣桓、林枫带领东北局机关去本溪；李富春、吕正操、张平化组成东北局西满分局去抚顺；陶铸、邓华带辽宁省委和军区去法库县建立根据地。

11月26日　与张闻天、李富春、王鹤寿、方强、刘英等乘苏军的运煤车到达哈尔滨。同日，东北局发出《东北局关于东北局内部与北满人选分工的通知》，拟任命高岗为北满军区司令员，陈云任政委，张闻天任中共合江省委书记。

11月28日　同张闻天在哈尔滨与陈云等会合，开会研究东北局势及对策。

11月29日　与陈云、张闻天以陈、高、洛的名义起草致中共中央东北局并转中共中央电——《对满洲工作的几点意见》。

12月1日　参加北满分局扩大会议，并在报告中发出了"扫荡反动土匪武装，肃清日奸力量，放手发动群众，扩大部队"的号召。

12月5日　同陈云复电彭真，提出关于东北战略方针的不同意见。

同日　同陈云、张秀山、李兆麟等致电中共中央东北局并报中央，请示有关北满分局组成人选问题。

12月7日　刘少奇为中共中央起草致东北局并林彪、程子华电，指出，我们企图独占东北特别是独占东北一切大城市，已经是肯定的不可能，因此，我们目前不应以夺取沈阳、长春为目标来布置工作，而应以控制长春路两侧地区，建立根据地，利用冬季整训15万野战军，建立20万地方武装，以准备明年春天的大决战为目标来布置一切工作。这是一个工作方针的问题，望你们迅速考虑成熟加以确定，否则，动摇不定，妨碍工作，丧失时机。北满分局收到此电后，立即转发各省工作委员会，并补充五点意见。

12月8日　东北局致电林彪、陈云、高岗、吕正操、李富春并报中共中央，决定将新老部队合编组成野战兵团。

12月12日　与陈云致电东北局转中央，再次建议以抗日联军将领周保中、李兆麟、李延禄等和东北籍八路军将领吕正操、万毅、张学思以及冀热辽抗日根据地领导人李运昌的名义发表宣言；同时，在东满、北满组成几支以抗日联军干部为首并表明其前身是抗联的军队，以利在政治上加强同国民党的斗争。

12月13日　中共中央致电东北局："高陈（高岗、陈云）要求派老部队四个大团到北满，应从速派去，因在北满建立武装与根据地，将更比较有安全保障的。"

12月16日　中共中央北满分局致电北满各省工作委员会，指出，北满各省土匪蜂起，这些人不是历史上的"胡子"，而是经国民党委任过的"国、伪、匪"合流的政治土匪。北满三分之二的大小城市实际上掌握在他们的手里。各省要立即组织可靠的机动部队，主动有计划、有胜利把握地进行剿匪，并首先消灭其中最凶之股。这是在苏军未撤而蒋军未到时，北满决定胜利的一环。

12月上旬　同陈云起草致彭真、林彪、罗荣桓、吕正操、林枫电，报告北满匪情、民情、我情，指出，估计美蒋全力北来，苏联不能额外帮助我们，依靠东北现有主力已无独占东北可能。应下决心放弃独占东北打算，立即执行中央创造根据地的指示，除将适当数量的主力用作以迟阻蒋顽北进为目的的进攻作战外，将必需数量的主力及干部分散东、西、北满，带领新部队肃清土匪，创造根据地。再犹豫将既不能独占东北又无可靠的根据地，使东北和全国的形势处于不利的地位。

12月21日　同陈云致电彭真，建议除重点确保热辽外，将主力部队更分散些，例如放到东辽、间岛、牡丹江、合江、松花江两岸、北安、绥化与嫩江之间，南辽西地区，抢先剿除土匪，发动人民创造根据地，造成可战可和的局面。

12月22日　同陈云致电彭真、罗荣桓，请他们转告三五九旅刘转连、晏福生，火速赶到舒兰和榆树，协同当地部队消灭国民党土匪，然后立即向宾县开进。

12月23日　北满分局致电张闻天、各省工作委员会并报东北局转中央，就北满一些县委委任地主分子组成保安队一事指出，这件事情是完全错误的，实际上增加了许多国民党的武装。根本原因在于一部分的干部思想上存在问题，不能正确地认识东北的形势。东北与抗战敌后是完全不一样的。各省必须对干部进行这种专门的教育，纠正经验主义。

12月25日　北满分局致电北满各省工作委员会，要求凡已接收政权的县，都必须明令减租，以便发动群众。为了取得经验，可集中人力，在一个区域试办。

12月26日　同陈云致电北满各省工作委员会、各部队，指出东北人民向来仇恨和惧怕特务，我部队不要再用特务称谓，也不要用特务连、特务团的番号，可改称警卫连、警卫团。以免致人民误会。

12月28日　刘少奇致电彭真、林彪并转高岗、陈云、李富春："毛主席在看了最近一个多月东北与延安往来电报之后，从休养所中写来一个关于东北工作指示（即毛泽东为中共中央起草的致东北局的指示，编入《毛泽东选集》时，题为《建立巩固的东北根据地》）即发你们，望注意收听。其中心是进行切实的群众工作，建立根据地。"

12月30日　同陈云致电东北局指出，如我在东北的方针已由独占东北转为创造根据地，则辽热边需有重兵，不应抽兵太多，东南满兵力太多，应速抽一万至一万五千老部队到东满。北满、西满老部队少，新部队不断哗变，国匪众多，农运暂难开展。因此，主力部队能否多来早来，对能否造成大块根据地、巩固部队具有决定作用。

同日　同陈云致电东北局，请他们命令吉林区党委不要留住三五九旅，以免丧失时机，命令三五九旅电台直接与北满分局联系。

1946年　41岁

1月1日　同陈云致电周保中、张启龙，请他们向刘转连、晏福生转达命令：立即率所部经五常向宾县赶进，不得以任何借口推迟，贻误大事。

1月3日　收张闻天到宁安后致陈云、高岗电，提出不回分局，留在新

区工作。

1月4日　奉中共中央军委命令，东北人民自治军改称为东北民主联军。

同日　同陈云致电北满各省工作委员会，询问目前各地在发动群众方面有何情况、成绩、经验，群众最迫切的要求是什么，最能发动群众的口号是什么，伪满时代的开拓地、满拓地有多少，如何确定其产权和如何处理为适当。可否作为敌产分给贫苦农民，实现耕者有其田。目前部队中有哪些严重问题，在巩固部队方面有何经验。

1月6日　同陈云致电北满各省工作委员会，介绍开展农民运动的做法。

同日　同陈云致电刘转连、晏福生，令其部队兼程北进，后续部队勿再停留，每日电告行程。

1月8日　同陈云致电中共中央东北局转杨国夫，确定将杨师放在北满，并以其为基础，吸收三肇、嫩江、黑龙江地区两万余人的新部队，编为一个纵队，要求该师自法库出发，迅速兼程北进。

1月9日　收张闻天致陈云、高岗电。称：此间地方银行印钞票需要刻一个钢板，不知在哈尔滨有办法否？钞票纸能买到否？望速告。

1月12日　收张闻天致陈云、高岗电。称宁安开拓地、军用地等占全县能耕地二分之一以上，地主希望将这些土地物归原主，多数农民则希望都取得土地。如将全部土地都分给无地与少地的农民，当然为基本农民所赞成，地主亦不能反对。但究竟如何分法正在研究中，无论如何此问题必须于今年春耕前解决。你们对这个问题有什么指示，望即电告。

1月13日　同陈云致电刘转连、晏福生和杨国夫，指出：全国停战令虽已公布，但东北斗争仍极复杂艰难，望兼程向指定地点前进，否则，北满将无我们地位。

1月15日　同陈云致电张闻天，指出，据中央13日电，国党仍拒绝与我谈判东北问题，不承认我在东北之任何地位，并对东北我军仍未放弃武力解决方针。因此，国民党军队进入东北后，向我们进攻是不可避免的。我们必须布置一切，在顽军向我们进攻时，坚决击破其进攻。

1月16日　收张闻天致陈云、高岗电：牡丹江北部土匪日益猖狂，我方派兵去打尚无结果，牡丹江市又趋紧张，而东面的土匪马喜山最近由南向北进攻，似有南北配合之势。故盼望田松支队速来，以振奋人心，猛力反攻。

1月17日　就开拓地、满拓地的处理政策问题同陈云致电中共北满各省工作委员会。

1月18日　同陈云致电林彪、彭真、罗荣桓，要求杨师仍按原计划来北满，将以其一部肃清三肇土匪，一部北上肃清北安及齐齐哈尔土匪。

1月19日　同陈云致电刘转连、晏福生，指示他们在先头部队占领方正后，等后续两个主力营跟上再计划进攻通河。

1月24日　同陈云致电中共中央东北局转中央，建议东北局将日本昭和十五年十月关东军宪兵司令部出版的《满洲共产主义运动概史》中有关抗联的部分及蒋介石在抗战中有关东北抗日义勇军的言论汇编成册，在关内外散发，以打破国民党关于抗联尚不合法的说法，争取社会同情，同意东北局起草的抗联将领的通电。

1月29日　接到陈云的复信（此时高岗在通河），信中说，已电告张闻天，部队不能坐着整训，而要积极地在有胜利把握的剿匪中整训。提议用七师主力控制洮南，以稳靠山；再以两个团北上至嫩江、黑龙江之间。洮南虽北满分局所管，但何时有兵北上西满很难预料。

2月1日　同陈云致电杨国夫等，下达关于七师任务的命令。指示他们迅速以两团主力深入北安、齐齐哈尔、哈尔滨四条铁路之间地区，协助黑龙江、嫩江两省创造根据地，准备在西满无主力到达的情况下，以一部主力进入白城、洮南地区，后续部队须迅速北赶，万勿迟缓。

2月3日　中共中央北满分局致电东北局并报中央，请求将刚由苏联回国路过宾县的李立三、杨至诚、钟赤兵、袁牧之留在北满工作，尤其是李立三留下做城市及办报工作，并慰问毛主席的病情。

2月26日　收到陈云来信。称现在的问题关键在于东北有无谈判的可能性。如果谈判不进行，为谈判的南行可推延。估计谈判将推迟，国民党要搞反共苏的运动，这是预先可以想象的逆流。但这毕竟是小势，不能根本改变中国的大势。如果这股逆流发展到推翻政治协商会议的地步，那么，国民党反动派在政治上将更加孤立。

2月29日　同陈云电告杨国夫、刘转连：中共中央北满分局拟办一机要训练班，请从七师和三五九旅分别物色15名政治绝对可靠并有高小文化程度的年轻党员，派往训练班。

2月底　中共中央东北局由本溪迁至抚顺。

3月6—8日　参加中共中央东北局在抚顺召开的由部分东北局委员和党

政军主要领导干部参加的“抚顺会议”。会议着重讨论了东北形势、和战问题、城市与农村工作问题、是否应准备长期作战以及作战指导方针问题。

3 月 9 日　原抗联第三路军总指挥、中共哈尔滨市委常委、中苏友好协会会长李兆麟被国民党特务暗杀。

同日　中共中央北满分局由宾县迁往通河。

3 月 13 日　中共中央北满分局召开干部座谈会。

3 月 20 日　中共中央东北局由抚顺迁至梅河口。

3 月 24 日　毛泽东为中共中央起草东北局并转林彪、黄克诚、李富春电，指出，“我党方针是用全力控制长、哈两市及中东全线，不惜任何牺牲反对蒋军进占长、哈及中东路，而以南满、西满为辅助方向。”“黄李部动员全力坚决控制四平街地区，如顽军北进时，彻底歼灭之，决不让其向长春前进。”

3 月 27 日　刘少奇为中共中央起草致东北局电：“为了应付东北目前紧张的局面，高岗、立三同志（立三，即李立三，当时任中共中央东北局敌工部部长兼城市工作部部长）暂时不必回延，留在东北工作，高岗最好留东北局帮助彭真工作，立三工作由东北局决定电告。”

3 月 28 日　参加在梅河口召开的由部分东北局委员和党政军主要领导干部参加的“梅河口会议”。会议围绕和战问题、创建根据地问题及部队作战方针问题进行了又一次的广泛讨论。

4 月 3 日　陕甘宁边区参议会三届一次会议选举高岗任议长。到会正式议员 111 名，经无记名投票，高岗以 87 票连任。

4 月 4 日　收到陈云、李天佑电，表示同意张闻天关于将合江、牡丹江、东安三个单位在军事上合并为一个大军区的意见，建议党的组织也同样合并，请张闻天任书记，方强任军区司令员，最高领导机关设在佳木斯。

4 月 11 日　同陈云致电王友，指出国民党必然会利用日本人与我争夺哈尔滨，这一力量不容忽视，要设法通过各方面关系，争取他们保持中立。可向日本资本家说明，只有保持中立，将来才可能在满洲保存其财产和生命，并通过他们影响日本军人和特务。

同日　同陈云电告王友：据黑龙江省来电，孙吴东北方三十五里的山中有许多山洞，隐藏有日寇，数目不详，带有枪炮，储有可供三年用的食物。苏军从黑龙江撤退时曾进剿过一次，望转告苏军，请他们在此次撤退前再进剿一次。

同日 同陈云电告王鹤寿、范式人、叶长庚，命令从北安抽调有战斗力的成建制的1200人，于当月25日运至呼兰集结待命，准备参加争夺哈尔滨的战斗。

4月13日 同陈云致电北满中共各省委及军区各部队，指出土匪虽经我无数次清剿，大部分已被消灭，但尚有少部分盘踞在我未到达之处，我们必须彻底肃清散匪，是建立北满巩固根据地的一个重要关键。

同日 同陈云致电彭真并中共中央，报告哈尔滨市内外敌我双方兵力情况，指出如果苏方不允许国民党军在其撤退前空运部队，我夺取哈市有把握。

4月19日 毛泽东为中共中央起草致林彪、彭真并转周恩来、陈云、高岗电，指出："（一）长春占领，对东北及全国大局有极大影响，望对有功将士，传令嘉奖。（二）杨师（指以杨国夫为师长的东北民主联军第七师）立即或休息数日南下参战，必须增加四平方面兵力，歼灭新一军主力并准备继续打几个大胜仗，方能保卫长春。（三）用全力夺取哈、齐二市。（四）用全力发动群众，帮助他们组织起来与武装起来，作为控制全满之中心区域，迅速准备一切，为保卫长春而战。"

4月21日 同陈云、李天佑致电彭真、吕正操、萧劲光，指出北满事实上已经成为整个东北的大后方，但北满后勤部门只有几个干部，供给、交通运输、工业、卫生等各项工作无法开展。建议将东北局后勤机关全部移往北满，与北满后勤机关合并，如不能，则派大批干部来。

4月22日 收张闻天致高岗、陈云转彭真转中央电：提议在我们占领长春、哈尔滨之后，美国公开援助蒋介石侵占东北时，我们应即考虑在最近召开东北各省人民代表会议，成立东北联合政府问题。

4月27日 与陈云在哈尔滨郊区召开各部队干部会议，部署苏军撤离后进军哈尔滨。高岗在会上要求准备50辆卡车，三五九旅抽出1000人的精干部队准备追击敌人。卫戍司令部负责统一解除旧警察武装，把物资仓库接收保管好，各部队不要擅自行动，解除武装要经陈云同志批准。

4月28日 随着凌晨最后一列苏军火车撤离哈尔滨，北满军区哈尔滨前线部队在哈市70万市民的热烈欢迎下，进驻哈市。傍晚，随同中共中央北满分局和北满军区机关迁入市内。

5月1日 毛泽东电告林彪："前线一切军事政治指挥，统属于你，不应分散。如因工作繁忙需人帮助，则可考虑调高岗等同志来助你。如前线机关以精简为便利，则照现状为好。”

5月2日　同陈云致电中共中央及东北局，报告进占哈尔滨市后的情况。

5月6日　同陈云致电李富春、黄克诚，指出，肇东一县政府原封不动地收编土匪队伍，将来一定叛变，在军事剿匪胜利后，要采取政治的办法瓦解土匪。

5月8日　收张闻天同李大章致陈云、高岗电：同李大章定于9日动身去佳木斯，同张松（李范武）一同到哈市开会。中东路土匪破坏，故不能走。

5月14—23日　参加中共中央北满分局在哈尔滨召开的扩大会议。主要讨论贯彻中央《五四指示》、进一步发动群众和建设根据地等问题。

5月21日　中共中央东北局由长春迁至哈尔滨。次日，东北民主联军放弃长春、吉林，主力部队撤至松花江以北。

5月25日　参加中共中央东北局会议。会议研究东北民主联军主力部队撤至松花江以北后的形势以及北满分局与东北局合并的有关问题。

5月26日　中共中央根据东北局的建议，批准将北满分局与东北局合并。

5月28—30日　参加中共中央东北局会议，讨论当前形势问题。会后，中共中央东北局于6月1日发出《关于四平战役后东北形势与任务的指示》。

6月7日　东北停战协议签订后，东北民主联军对军区和部队编制进行了较大的调整，北满军区机构撤销，高岗、陈云回东北局参加领导工作。

6月16日　中共中央电示东北局：“目前东北形势严重，为了统一领导，决定以林彪为东北局书记、东北民主联军总司令兼政治委员；以彭真、罗荣桓、高岗、陈云四同志为东北局副书记兼副政委。并以林、彭、罗、高、陈五人组织东北局常委。中央认为，这种分工在目前情况下不但有必要而且有可能，中央相信，诸同志必能和衷共济，在重新分工下团结一致，为克服困难争取胜利而奋斗。”接中央指示后，东北局委托高岗和谭政到五常，将林彪接到哈尔滨。

6月22日　同陈云、谭政、林枫开会，研究中共中央东北局与北满分局合并后干部的安排问题。

7月3日　上午参加中共中央东北局常委会。会议讨论委托陈云起草的

《关于形势任务的决议》稿，决定根据讨论意见修改后，提交东北局扩大会议通过。

7月3—11日 出席在哈尔滨召开的东北局扩大会议。参加会议的有：中共中央委员林彪、彭真、罗荣桓、高岗、陈云、李富春、李立三、张闻天、蔡畅、林枫，候补中央委员黄克诚、王首道、谭政、陈郁、萧劲光、吕正操、古大存等。这是在东北的中央领导的空前聚会。会上传达讨论了中共中央《关于清算减租及土地问题的指示》（《五四指示》）。7日，会议通过了《关于东北形势及任务决议》（《七七决议》），号召全党全军深入动员，到农村中去，做发动群众的工作，解决农民的土地问题，建立巩固的东北根据地。11日，《东北日报》发表社论《到农村去，到群众中去》。会后，林彪到松江、高岗到合江、陈云到西满分头传达会议精神。

7月6日 收张闻天同李范五联名致陈云、高岗电：陈郁现在率领了两个工作团在千振、勃利工作，他即任勃利中心县委书记，统一该地区的一切地方工作，我们意见目前不抽调他的人为好，这地区的工作搞好也是很有意义的。如何，请示。

7月27日 在于佳木斯召开的中共合江省委干部会议上传达东北局扩大会议精神。

8月10—12日 参加中共中央东北局会议。会议讨论了财经、干部、军队政治和遣返日侨工作中的问题。

8月13日 收张闻天致林彪、高岗电：我再次提议牡丹江、东安二区合并为一省，由东北局直接领导，我认为这是完全合理的，一则我们这方面照顾不到。二则二地区均为二师的工作区，这样做对二师也便利。三则利用这个机会也可以加强一下牡丹江、东安党委的领导。这是我早已有的想法，希东北局批准。

9月4日 同林彪、彭真、陈云联名致电东北民主联军所属部队，提出“采取运动战消灭敌人有生力量为根本方针”的十条对敌作战原则。

10月3日 收到陈云自佳木斯致林彪、彭真、高岗并叶季壮的电，说：我昨日到达佳。我后悔来迟。此间早将六万匹大布送去东安，但事前未找得仓库，又不知闷子车是漏水的。查找此次搬运失误的原因，在于不知家务之难与自大妄为。

10月18—20日 与林彪、彭真、陈云连续致电辽东军区萧华等，就新开岭战役提出意见。

10月28日　参加中共中央东北局会议，讨论加强南满根据地领导力量的问题，决定派陈云、萧劲光去南满。

10月31日　中共中央东北局决定，并经党中央批准，成立南满分局（也称辽东分局），陈云兼任分局书记和辽东军区政治委员，萧劲光任分局副书记、辽东军区司令员，萧华任分局副书记、辽东军区副司令员兼副政治委员。

11月1日　同林彪、彭真、陈云致电辽东省委，就南满战略任务提出指示。

11月7日　收到陈云途经桦林时的来信，提出土改存在“半生不熟”的问题。

11月9日　收到陈途经东京城时的来信，再谈土改中要充分发动群众的问题。

11月16日　林彪致电彭真、高岗，同意辽东省委关于改组第三纵队领导机关的请示意见。

12月20日　收陈云致林彪、彭真、高岗的信，称在敌后坚持与建立游击根据或小块、大块根据地，要具备三个条件就有把握。第一，消灭敌人的地方武装，使敌人正规军不能不填防，由于敌正规军兵力不足，这就在实际上减少了敌人向我们正面进攻的机动兵力。第二，保护农民切身利益。农民是最实际的，他们的积极性是建立在切身利益基础上的。南满根据地不论土地分得如何彻底，但由于时间太短，群众得利不多，因此，不能希望群众与我并肩作战。第三，相互配合。即游击区之间，正面与敌后，南满与北、东、西满，关内与关外都要配合。

12月28日　收到陈云同萧劲光、萧华、罗舜初、吴克华给林彪、彭真、高岗并中共中央电，表示同意在作战根据地不成熟、机动地区受限制、敌紧迫压缩的情况下，事实上不得不拼掉几个棋子，以改变敌我力量的对比。

1947年　42岁

1月16日　收到陈云致林彪、彭真、高岗电，电中表示同意1946年12月17及26日两封电报的意见。

2月8日　收到陈云致电。对于林彪、彭真、高岗1月18日关于北满难补兵员给南满的来电提出意见。称南满吸引着敌两个军及一个师全部、另一个师的两个团和不少保安独立师，对北满来说是一个重要的牵制敌人的力量。南满有两个前途。我力争上策之心未死，一再求援，请再考虑一次。

2月24日　刘少奇为中共中央起草至东北局电："请派彭真率东北代表团出席五四土地会议，最迟须于3月中旬起身。"

3月31日　收到陈云同萧劲光、萧华、程世才复林彪、彭真、高岗电。说，目前南满敌情严重，但敌主力不多，渐次粉碎敌人的进攻是可能的。

4月2日　收陈云信。信中表示北满能给南满输送新兵，增加了争夺长白山最有利的条件，即派三个补充团的架子去接新兵。

4月14日　毛泽东为中共中央起草复林彪并告高岗电，同意他们8日电提出的以主力出南满的战略计划。

同日　毛致电林彪、高岗："请你们考虑，在东北今后是否尚须破坏铁路。我们感觉似不宜再破路，例如南满、吉奉（吉奉，指吉林市到沈阳段）、安奉［安奉，指安东（今丹东）到沈阳段］、四梅（四梅，即四平到梅河口），打通诸路，敌我来去，争夺必尚有一个时期，即尚有一个时期被敌利用而我不能利用，即使如此也不要紧，不久将来即可全为我用，若再破坏则将来修复极为困难。"

5月初　出席东北局会议。

5月5日　东北局通过了《关于东北目前形势与任务的决议》。指出东北我党我军贯彻执行《七七决议》后，敌我力量发生了有利于我的重大变化。东北正处于一个新的形势面前，即在军事上敌人从进攻转入防御，而我军则从防御逐渐转入进攻。因此，我党在东北的任务是积极组织力量，全力准备大反攻，大量歼灭敌人，大量收复失地，巩固和扩大解放区。

5月8日　收到陈云复信。称东北战局敌我力量已发生很大变化，东北我军已由守转攻，今后的重点是打攻坚战，以吸引更多的蒋军机动兵到关外来加以歼灭。

5月下旬　中共中央东北局对东北党政军领导机构做了调整。东北局委员除原有的中央委员、候补中央委员20人外，增加6人，由26人组成东北局委员会。东北局领导核心明确分工：林彪任书记，罗荣桓、高岗、陈云任副书记，高岗兼任秘书长。成立中共中央军委东北军分会，主席林彪，副主席罗荣桓，委员有高岗、谭政、刘亚楼、萧劲光、程子华；成立东北行政委员会党委会，书记陈云。

5月20日　毛泽东复电林彪、高岗并告朱德、刘少奇："出师顺利，甚慰。东北在你们领导之下，改革了土地，发动了群众，建设了一支强有力的军队。在全国各区中，就经济论你们占第一位，就军力论你们占第二位（山东为第一位）。目前你们以八个师南进，希望能于夏秋两季解决南满问题。"

5月30日　毛泽东为中共中央起草致林彪、高岗电，庆祝他们歼灭国民党第七十一军主力及其他各战线的胜利。

6月15日　毛泽东致电高岗并告各首长，通报陕甘宁边区三个月的作战情况。

6月20日　出席松江省县委书记联席会议，就形势与政策问题发表讲话。指出："所谓熟透的地区，就是要做到放手发动群众把封建地主阶级从经济、政治、武装上彻底摧毁，不仅要分掉恶霸地主的土地、牛马、浮财，而且还要挖出他们的家底，这样才能最后摧毁恶霸地主阶级的经济基础。"

7月10日　毛泽东就全军一年作战总结及今后两年计划致电林彪、罗荣桓、高岗。

7月15日　刘少奇为中共中央工委起草复东北局电，同意他们所制定的关于继续完成土地改革深入群众运动的指示文件。

10月—次年2月　到热河、冀东调查研究工作。

11月10日　参加中共冀东区党委召开的全区土地工作会议。大会历时32天，县以上干部300余人出席了会议。高岗在讲话中号召："要丢弃小我深入群众，搞好工作，去掉毛病。"

12月26日　冀察热辽分局召开热中地委、县委书记及分局工作团负责干部联席会议，高岗于29日在会议上做了《如何转变作风完成土改》的报告。

1948年　43岁

1月6日　毛泽东为中共中央起草致东北人民解放军司令员兼政治委员林彪，副政治委员罗荣桓、高岗、陈云及全体指战员电："庆祝你们1947年消灭敌军二十八万余人的伟大胜利。尚望继续努力，为完全解放东北而奋斗。"

4月2日　同陈云、林彪、罗荣桓、李富春致电中共中央，对一个时期以来没有按照中央要求向毛主席和中央作各方面工作及政策情况的报告进行检讨并说明情况。

4月22日　毛泽东复电林彪、罗荣桓、高岗、陈云、李富春、刘亚楼、谭政："同意你们先打长春的意见。"

5月上旬　东北局组成巡视团，开始对以城市经济为重点的东北解放区的调查。团长高岗，副团长张闻天。陆续参加的成员有马洪、李华生、李正亭、邓力群、于杰、于建亭等等。

5月31日　参加中共中央东北局常委会议。会议决定成立东北财经委员会，由陈云负责财经工作。

6月7日　参加中共中央东北局常委会议。会议根据陈云的提议，决定在第六次全国解放区职工代表大会上准备重建的全国总工会中，陈云只做名义上的主席，日常工作由李立三主持。

7月25日　毛泽东为中共中央起草致东北局电，指出由高岗、李富春出面，抽一二天时间，根据中央九月会议通知精神，邀集沈钧儒、谭平山、章伯钧、蔡廷锴、高崇民、朱学范等，恳谈一二次，征得他们对新政协各项问题的同意，并请他们提出参加政协会议的名单。

8月3日　在内蒙古干部会议上发表讲话。

8月4日　在第六次全国劳动大会上作政治报告。报告首先简要叙述了中国工人阶级的奋斗史，然后详细分析了当前的国内外形势，并着重论述了中国工人阶级当前的任务。

9月12日　辽沈战役正式打响。

9月27、29日，10月1、4日　出席东北局常委会议，讨论为东北局高干会议准备的各项工作报告。

10月6日　出席中共中央东北局高干会议。东北局、东北军区、东北行政委员会和各省干部80人出席会议。会议讨论了东北1949年度的工农生产计划，研究了紧缩后方机关、充实前线主力的措施，总结了各地整党、建党、建政的经验，布置了相关的工作。

10月9日　出席朱瑞公祭追悼大会。同时出席的还有陈云、林枫、李立三、李富春、吕正操、周桓、伍修权、张学思等及哈尔滨各界人士千余人。

10月16日　中共中央东北局、东北政委会、东北军区各直属机关千余干部在哈尔滨市文化俱乐部集会庆祝锦州大捷。高岗在会上作《东北目前形势与任务》的报告。

10月26日　在哈尔滨的住处召开东北局紧急会议，研究接收沈阳的方针、办法与注意事项。

11月1日　出席东北局常委会议。会议决定在业务上分工，将报纸、广播、通讯社均归党报委员会领导，出版、教育、文艺归宣传部管。东北大学也属宣传部，城工部取消，由省委办公室负责。这次会议还讨论了供销社问题，最后高岗说这个问题“洛甫负责研究”。

11月2日　沈阳市解放。凌晨，沈阳军管会抵达沈阳郊区榆林堡村。

同日　中共中央致电林彪、罗荣桓、高岗、陈云及东北人民解放军、东北全体同胞，祝贺沈阳和东北全境解放。

11月18日　毛泽东为中共中央起草致林彪、罗荣桓、刘亚楼电，指示东北野战军提前结束休整，于21日或22日以最快的速度入关，突然包围唐山、塘沽、天津三处敌人，不使逃跑，并争取使其不战投降。

11月23日　出席中共中央东北局扩大会议。会议总结了东北三年解放战争获得胜利的基本经验，分析了东北全境解放后的形势，提出了全力建设新东北和支援全国解放战争的任务，通过了《关于东北解放后的形势与任务的决议》。

11月　林彪率东北野战军入关作战，高岗任东北军区司令员兼政治委员。

12月　中共中央东北局、东北行政委员会由哈尔滨迁往沈阳。东北行政委员会办公地址设在和平区太原街1号。

12月18日　毛泽东为中共中央起草致高岗并告林彪、罗荣桓电，提出为了讨论明年各军作战的整个战略方针问题准备召集二中全会问题及其他问题，拟约刘伯承、陈毅、饶漱石、罗荣桓、薄一波来中央开会，请高岗考虑可否来中央参加此会。

12月21日　中共中央东北局召开会议，决定在高岗去中央开会期间，由陈云主持东北局工作。

1949年　44岁

1月4日　收到陈云致中共中央、罗荣桓、高岗并告林彪、刘亚楼电，称我占平津后，关外与华北铁路不久即通。平汉与津浦路逐渐修复后，通车线路还随之延长。关内外其他财经工作彼此尚可暂时保持一定程度的独立性，但铁路管理与调度均需统一，以免由于调度不统一而产生贻误军运和浪费运输能力的现象。故建议在占领平津前，对此要预先准备相应措施。

1 月 5 日　刘少奇致信高岗："你寄来苏联同志起草的农村合作社标准（标准二字较模范二字为好）章程及东北合作总社章程我大体看了一下。章程草稿是完备的，但须按中国实际情形加以增减和改造，又有许多名词亦须斟酌改变，你们如能加以研究并改造，可能成为一个有用的文件。又东北如有苏联合作专家，最好能请他们首先帮助我们办好一个城市合作社、一个县的合作社和一个乡的合作社。"

1 月 6 日　收到陈云同林枫致罗荣桓、高岗并报中共中央电，报告：莫洛托夫来电表示，苏联政府已同意满足我们聘请专家的要求，并要我们提出所需专家的数量。现已拟就聘请 338 人的清单，即工业 212 人，军事工业 64 人，财政及工业大学 38 人，航空机械修理 14 人。另据苏方告，他们已同意再派来铁路工作人员 200 名（原件如此）。

1 月 10 日　陈云复电高岗。称要使鞍山、本溪等工业基地恢复生产，需要在现有设备的基础上加以补充，包括要求苏联退还在进入东北后搬走的大机器。如果要达到"八一五"前的规模，还需要订购更多的机器。如果要制造汽车、坦克、飞机，则需要新建各种内燃机、发电机和大型母机的制造厂。建立这些工业要花费很多的资金和时间，但将来必须建立。仅恢复已有的生产能力，就需要投资两亿四千万美元，可请示中共中央考虑从减轻东北军费负担中找出路。

1 月 31 日　中共中央东北局例会。会议听取并讨论了高岗对中共中央政治局在西柏坡召开政治局会议精神的传达报告。

2 月 27 日　同陈云、伍修权致电林彪、罗荣桓、刘亚楼并告中共中央，说中央驻地所需防空木材，将按来电规格赶制，由 250 个车皮陆续运往关内。

3 月 7 日　同陈云致电中共中央，请示有关苏联方面提出的由他们负责在黑龙江两岸设立通航灯塔，其所有权属于他们的问题。22 日，周恩来为中共中央起草复高岗、陈云电，表示同意苏方派出技术人员在黑龙江我岸指导修建灯塔，一切经费由我们负担，所有权也属于我们。

3 月 21 日　出席东北工人政治大学开学典礼。在讲话中说："今天在这样一个礼堂开会，正式成立我们的学校，这件事是有很大意义的，过去的大学生，多是豪门子弟，工人是没有权利学习的，今天我们工人有了这个权利，是由于工人阶级多年来流血斗争所得来的，是由于工人阶级当中最先进的部分，共产党人，组织了工人阶级及广大人民进行革命并取得了巨大胜利的结果。我们既然有了自己的学校，当然应该努力学习，充实我们的政治、经济、文化与管理国家的知识，相信我们的工人同志一定能够完成学习任务。”

4月21日　东北行政委员会发布命令，重划东北行政区划，任命各省主席、副主席。

5月1日　在沈阳人民纪念五一大会上发表讲话。说：“今天是全东北解放后的第一个五一节，我们举行这样盛大的会议来纪念并庆祝南京的解放，是有很大意义的。”“现在中国人民和中国人民解放军的任务就是奋勇前进，迅速地把国民党残余势力打扫干净，把革命进行到底，解放全国人民，建设一个独立的自由的民主的经济繁荣的新中国。”“今后我们后方全体人民的任务，就是全力进行经济建设，发展我们的工业和农业。特别是恢复我们的工业。我们一切工作的中心，所有党政军民各方面工作都应该服从与服务于这一中心任务。”

6月21日　随同刘少奇率领的中共中央代表团赴苏联访问。

6月26日　中共中央代表团到达莫斯科。

6月27日　斯大林、莫洛托夫（联共中央政治局委员）、马林科夫（联共中央政治局委员）、米高扬等会见中共中央代表团成员刘少奇、高岗、王稼祥。

7月2日　随同中方代表团与苏方进行了第二次会谈。

7月10日　应邀与刘少奇等到斯大林在孔策沃的别墅参加宴会。

7月11日　应邀与刘少奇等列席联共中央政治局会议，就中共中央代表团所提出的问题进行协商。双方商定组织一个借款条约共同起草委员会，联共方面米高扬、柯瓦廖夫参加，中共方面刘少奇、高岗、王稼祥参加。

7月15—26日　随同中共中央代表团和苏联国家计划委员会、财政部、商业部、国家银行等的负责人交谈，并参观工厂、集体农庄。

7月18日　刘少奇和高岗、王稼祥向中共中央、毛泽东报告参加11日联共中央政治局会议及与斯大林谈话情况。

7月22日　中共中央致电刘少奇、高岗、王稼祥：任弼时血压仍有190以上，稍劳累即增高，罗荣桓病加重，两人均不宜远征治病。要求根据商定的专家名单，向苏联提议先派两位名医来给任、罗治病。

7月25日　毛泽东复电刘少奇、高岗、王稼祥，回答了与苏方谈判时的五个方面的问题。

同日　与刘少奇、王稼祥电告中共中央："给弼时和荣桓的医生正选派中。"

7月27日　斯大林在孔策沃别墅宴请了中共代表团。

7月30日　刘少奇和马林科夫分别代表中国和苏联签订贷款协定。

同日　高岗回国。

8月14日　在东北中苏友好协会代表大会上作报告。说："中国人民三十二年的切身经验，充分证明了伟大的社会主义国家苏联是我们最忠诚、最可靠的朋友。中国解放战争，今天已经取得了基本的胜利，全国的解放已在眼前，中国人民所以能获得这种伟大胜利的一个主要原因，就是以苏联为首的国际力量的援助。"

8月20日　出席东北人民代表会议预备会议。会议通过了筹委会提出的由27人组成的主席团名单，高岗、李富春、林枫、张闻天、张学思、高崇民、栗又文7人为主席团常委。

8月21—26日　东北人民代表会议在沈阳召开。开幕前，东北职工代表400余人在乐队齐奏和欢庆声中，向大会献旗30余面。在会场门前举行的献旗仪式上，高岗代表大会即席向东北工人致谢。

8月22日　在东北人民代表会议上作《中共中央东北局关于东北人民政府施政方针向东北人民代表会议的建议》。

8月24日　毛泽东为中共中央起草复东北局电，同意对东北人民政府组成人员名单的调整及分工，并指出："据华北经验，政府机构中设人民监察委员会置于人民政府委员会之下，对检查工作反对官僚主义有很大好处。"

8月26日　东北人民政府委员会经代表会议选举，正式成立。出席参加选举的代表314名，选出正式政府委员41名，候补委员11名。高岗以313票当选。

8月27日　东北人民政府委员会第一次全体会议推选高岗为东北人民政府主席，李富春、林枫、高崇民为副主席，林枫兼监察委员会主任。

9月5日　陈云致电高岗、李富春、林枫，告知上海会议已决定取消纸烟专卖，新政协会议上，产业界代表也会提出此要求，请东北做好准备。

9月8日　在东北干部会议上发表《荣誉属于谁?》讲演。

9月21日　出席中国人民政治协商会议第一届全体会议在中南海怀仁堂举行的开幕式，并代表解放区讲话。

10月1日　下午2时，出席中华人民共和国中央人民政府委员会第一次会议。会上，中央人民政府主席毛泽东，副主席朱德、刘少奇、宋庆龄、李济深、张澜、高岗和全体委员宣布就职。会议一致决议接受《中国人民政治协商会议共同纲领》为中央人民政府施政方针，并选举林伯渠为中央人民政府委员会秘书长，任命周恩来为中央人民政府政务院总理兼外交部部长、毛泽东为中央人民政府人民革命军事委员会主席、朱德为人民解放军总司令、沈钧儒为中央人民政府最高人民法院院长、罗荣桓为中央人民政府最高人民检察署检察长，并责成他们从速组成政府机构，执行各项政府工作。

11月13日　收陈云致高岗、李富春信，说苏联政府要向中国购买3万吨小米种子，毛泽东已经批准，他们决定在东北购买一半，请派人负责此事。依华北经验，不仅需要农业技术专家下乡协助，而且需要地方党政机关动员群众，将好种子卖出，切不可把坏种子掺入，贻害苏联之播种者。

12月5—7日　东北局、东北人民政府召集辽东、吉林、松江、黑龙江、辽西、热河、内蒙古等地比较大的县份的县长、县委书记以及各省的办公室主任，座谈了农村工作问题。高岗与林枫每天均亲临主持。座谈中对农村情况的新变化、生产变工互助组和县区村人民代表会议等问题分别反映了具体情况，交换了意见。高岗最后做了总结发言。

1950年　45岁

1月11日　出席高自立同志追悼会，主祭并发表讲话。会后送灵车去沈阳北陵墓地。

2月13日　傍晚赴火车站为张闻天送行（张调离东北任出席联合国会议和参加联合国工作的中国代表团首席代表）。

2月16日　在沈阳各界庆祝中苏友好互助同盟条约大会上发表讲话。

3月1日　毛泽东主席、周恩来总理于1949年12月16日至1950年2月17日访问苏联后，在回国途中，到达沈阳。在沈阳期间，高岗陪同毛主席、周总理视察了沈阳橡胶一厂、沈阳医学院（现中国医科大学），参观了北陵公园和沈阳农机展览。

3月3日　毛泽东、周恩来同高岗、林枫等就中苏两国政府签订的有关协定需要在东北地区贯彻实施的问题交换意见。

3 月 13 日　在中国共产党东北区第一次代表大会上作《站在东北经济建设的最前面》的报告。

3 月 20—22 日　出席东北人民政府委员会第二次会议，并作《关于东北国民经济恢复与重建问题》的报告。报告对 1949 年国民经济恢复的工作做了基本总结，提出了 1950 年的经济计划。

4 月 13 日　签署东北人民政府令，严禁各地乱发表格，责成统计局统一审查制定。

4 月 23 日　赴沈阳机器第一厂检查工作。

7 月 1 日　在东北局庆祝中国共产党诞生 29 周年的干部大会上发表《密切党与人民群众的联系》的整风报告。报告指出了各主要工作部门目前尚存在的严重毛病，号召各级党的领导机关和全体同志，不要满足于已有的成绩，而要坚决执行毛主席、党中央的指示，认真地开展批评与自我批评，检查与总结各个部门的工作，切实改正工作中和思想作风上的错误与缺点，进一步发挥全党同志的积极性与创造性，把全党同志的政策水平提高一步，搞好东北的经济建设及其他建设事业。

7 月 10 日　周恩来致电高岗：为加强东北边防，中央决定第十三兵团、第四十二军和炮兵第一师、二师、八师等部队调到东北本溪至安东、通化至辑安线集结待命。

7 月 14 日　周恩来致电高岗、李富春、林枫并告林彪、邓子恢、谭政：“由于币制不同，决定凡四野在东北境内的部队，除武器、弹药、服装、医药器材、电讯器材、汽车油料由军委直接补给外，其余粮料柴草及一切经费与作战费等，完全由东北人民政府供给，经过东北军区后勤部转发边防军后勤司令员李聚奎。”

7 月 21 日　出席东北总工会执委会扩大会议，就今后东北工会工作发表讲话。

7 月 22 日　周恩来和聂荣臻联名致函毛泽东，建议东北边防军“先归东北军区高岗司令员兼政委指挥”，边防军司令部待“粟、萧、萧去后再成立”；23 日，毛泽东批示：“同意。”

7 月 26 日　周恩来函复高岗、林枫：同意将溥仪等战犯暂送抚顺市。

8 月 5 日　毛泽东起草中央军委致高岗电，要求东北边防军“于本月内完成一切准备工作，待命出动作战”。

8月11日　周恩来致电高岗：如果东北鼠疫情况不严重，不必轻易请苏联帮助，责成东北人民政府卫生部靠自己力量捕灭。

8月18日　毛泽东致电高岗，要求东北边防军务必在9月底以前完成一切作战准备工作。

8月25日　周恩来致电高岗、贺晋年并告倪志亮：有关同朝鲜的对外交涉事宜，“应先电中央批准，经外交部系统统一办理，不要直接电令大使馆，以免分歧”。

8月27日　周恩来和李富春致电高岗：（一）基本上同意关于东北与全国结合制定计划的意见。（二）东北同志来京参加定计划，只能是与全国结合，确定方针、任务及重大的控制数字及与全国重大生产项目的平衡数字等的计划纲要，然后据此回东北再制定详细计划。（三）关于财政、贸易、金融、农林各方面，均望于月底前各来一二人，并带明年的初步计划来。

同日　中共中央致电高岗、彭德怀、邓小平、邓子恢、饶漱石：“为了事先商量几个重要问题，以利应付时局及制定三年计划，准备提交11月或12月开会的党的四中全会和政协全国委员会讨论，请你们五位同志于9月25日来京开会，会期五天左右。特此通知，请作准备为盼。”

8月30日　就东北南满地区工业设备的迁移等问题致信毛泽东。

9月6日　在青年团东北第一次代表大会的第二天会议上作报告，说：“东北青年是勇敢积极、坚决革命的，过去，在反对美蒋的斗争中，东北青年大批地参加了部队和地方工作。在土地改革运动中，东北青年也起了很大的作用。一年多以来，东北青年参加了经济建设，出现了许多劳动英雄和模范工作者，在改进技术、提高生产上，都有些成绩。农村中的青年也积极参加了农业建设工作。”“现在我们已拥有四十八万青年团员，而且我们将面临更新更艰巨的任务”，“为完成这一光荣的任务，青年要学习文化，学科学，学技术，学习马列主义基础知识和时事，提高政治认识，养成爱祖国、爱人民、爱劳动、爱科学、爱公共财产的精神，培养勇敢、勤劳、吃苦的优良性格。”

10月1日　在《东北日报》发表《实施共同纲领的伟大一年》的文章。

10月2日　中央军委致电高岗：“请高岗同志接电后即行动身来京开会。”

10 月 4 日　上午 10 时，由中央办公厅接至中南海颐年堂参加中央政治局讨论出兵援朝的会议。

10 月 5 日　晚上，与毛泽东、周恩来、彭德怀、聂荣臻等共同研究出兵方案。

10 月 6 日　参加周恩来在中南海军委作战室召开的军委扩大会议。会上讨论了中央政治局 10 月 5 日出兵朝鲜的决定，部署国内防空和东南沿海的战备工作以及如何支援入朝作战的各项工作。

10 月 8 日　中国人民革命军事委员会主席毛泽东发布《关于组成中国人民志愿军的命令》："为了援助朝鲜人民解放战争，反对美帝国主义及其走狗们的进攻，借以保卫朝鲜人民、中国人民及东方各国人民的利益，着将东北边防军改为中国人民志愿军，迅即向朝鲜境内出动，协同朝鲜同志向侵略者作战并争取光荣的胜利。""任命彭德怀为中国人民志愿军司令员兼政治委员。""中国人民志愿军以东北行政区为总后方基地，所有一切后方工作供应事宜，以及有关援助朝鲜同志的事宜，统由东北军区司令员兼政治委员高岗同志调度指挥并负责保证之。"

同日　上午与彭德怀冒雨同机返回沈阳。

10 月 9 日　周恩来致电朝鲜驻华大使倪志亮："中央已委托高岗同志负责处理一切有关援助朝鲜同志的问题，嗣后关于此类事务均向高岗同志直接接洽。"

10 月 10 日　与彭德怀一起研究出国作战问题。

10 月 11 日　毛泽东致电彭德怀并告高岗、邓华："同意四个军及三个炮兵师全部出动集结于你所预定的位置，待机歼敌。"

同日　在锦州市立医院院部《关于伤病员违反纪律的情形向高岗请示报告》上批示："林（林枫）：一方面加强管理教育，一方面对放纵生事的应予扣押，请考虑并告辽西办理。"

10 月 12 日　毛泽东致电彭德怀、高岗："（一）10 月 9 日命令暂不执行，十三兵团各部仍就原地进行训练，不要出动。（二）请高岗德怀二同志明日或后日来京一谈。"

10 月 13 日　与彭德怀乘专机飞北京。下午，出席中央政治局讨论出兵援助朝鲜的紧急会议。

10 月 14 日　毛泽东就朝鲜情况和我军入朝参战意见致电周恩来，在通报了朝鲜情况后说："彭及高岗同志均认为打伪军有把握，他们和我一样，都认为参战为必需和有利。""高本日返沈阳积极布置各参战准备事宜，彭暂留京等候你的回电。"

10 月 15 日　凌晨 1 时，毛泽东致电高岗："（一）我人民志愿军决于 10 月 18 日至迟 19 日开始渡江前进，粮食等项则应立即前运勿延为要。（二）彭德怀同志本日或明日返安东。"清晨 5 时，毛泽东又就志愿军先头部队出动时间问题致电高岗、彭德怀并告邓华，并请高岗电告"粮弹是否已开始渡江输送"。彭德怀当日乘专机返沈阳后，立即与高岗召集东北局和东北军区负责人，传达中央政治局最后决定。当晚，高岗与彭德怀、朴宪永一起乘火车赴丹东。

10 月 16 日　与彭德怀在丹东召开志愿军师以上干部动员大会。

10 月 17 日　下午 5 时，毛泽东来急电，请彭、高于 18 日乘火车来京一谈。当晚，与彭德怀乘火车离丹东返沈阳。

10 月 18 日　上午与彭德怀乘专机回北京。听取周恩来汇报后，和毛泽东、彭德怀、周恩来等讨论出兵后第一步作战方案和应采取的各种措施。

10 月 19 日　上午与彭德怀乘专机返丹东。向东北军区和东北局负责人宣布志愿军于黄昏开始分批渡江。

10 月 21 日　下午 4 时，接到彭德怀自朝鲜第一次致毛泽东、高岗、邓华电。

10 月 21 日—12 月 29 日　毛泽东就朝鲜战争问题发的电报中有 46 封是给高岗或由彭德怀等人转告高岗的。

11 月 5 日　周恩来派刘亚楼当晚去东北，向高岗、李富春面报空军在东北的部署问题。

11 月 7 日　在庆祝十月社会主义革命 33 周年会议上发表讲话。

11 月 12 日　关于招待友方空军人员工作问题批示。

11 月 14 日　受中央委派到大榆洞志愿军司令部，准备与朝、苏方面讨论第二次战役作战方针和朝、中两军联合作战问题。

11 月 15 日　与彭德怀联名致周恩来电：前线汽车被炸毁和翻车者已达六百台以上，现宋兵团已过江，供应甚困难，部队经常断炊。因此，由满洲里运往大连之苏方汽车一千台，无论如何，请设法借用。

11 月 16 日　下午与彭德怀商谈如何保障志愿军粮弹物资供应问题。当晚返回沈阳。

11月29日　在东北荣军劳模代表大会上讲话。

12月6日　彭德怀致电毛泽东：为便于今后指挥，志司需南移至价川或德川以南。待东线战役结束后，请高岗再来前线商谈联合司令部之组成及越“三八线”作战之弹粮运输和就地筹粮办法。

12月19日　彭德怀就宋兵团在何处修整和越“三八线”作战等问题致电毛泽东、高岗。

12月21日　毛泽东给彭德怀复电，并告之“已请高岗设法速运大衣、棉衣、棉鞋、被毯等”。

12月23日　彭德怀致电高岗、李富春并毛泽东、周恩来：“部队由安州、军隅里经过十三至十五天夜行军，于26日晚可到达链川、华川线，应休息三四天才能开始作战。但给养困难，因敌机增加，日夜均不易烧火煮饭。所有部队对东北地区送来之炒面颇为感谢，请今后多送以黄豆、高粱、稻米加盐制的炒面。”

12月23日　接抚顺矿务局提前完成全年任务的报捷信后，复函勉励该局全体职工继续努力，迎接明年新的生产任务。

1951年　46岁

1月4日　毛泽东代表中央致电高岗：“你12月29日致各省委及万毅等同志关于与苏联军事人员建立良好关系的指示电，我们完全同意，希望照此实行。在关内各地亦应如此，中央已有指示，并将你的电报转告各地。”

1月8日　彭德怀致电高岗：“第三战役结束，为了总结经验，统一思想，拟于1月25日召开军级干部会议，并希望有中央及东北局同志出席。”

1月10日　复函丰满发电厂全体职工：“你们在1950年12月6日完成了全年发电计划，到年底超过了全年任务百分之九点四。这对东北电力的供应上有重大作用。希望你们今后更好地学习技术，爱护设备，为完成1951年的计划和安全供电任务而继续努力。”

同日　复函辽阳市19个公营厂矿的共产党员、共青团员和全体职工，庆贺他们提前完成1950年的生产任务。

1月12日　苏家屯机务段一〇五号包车组致函高岗，汇报一年来取得的重大成绩。

1月17日　毛泽东关于对反革命分子必须打得稳打得准打得狠的问题致电高岗等各中央局领导。

1月20日　周恩来致电高岗、李富春："北京中央各机关团体组成之慰问团，已于14日出发赴东北慰劳。现中央正筹备一个全国性的慰问团赴朝鲜慰劳前线部队。"

1月22日　毛泽东就建议再召开一次城市工作会议问题致电邓小平并告高岗等中央局领导。

1月24日　毛泽东致电高岗等中央局领导，批示转发邓小平关于西南局11、12月综合报告。

同日　毛泽东致电高岗等中央局领导，批示转发华东局关于镇反应注意之点的电报。

1月25—29日　出席由彭德怀主持于朝鲜成川郡君子里召开的中国人民志愿军与朝鲜人民军军以上高级干部联席会议。出席这次联席会议的朝鲜方面领导人有金日成、金科奉、朴宪永、金雄、朴一禹，中方领导人有彭德怀、邓华、宋时轮、陈赓和十九兵团部分军、师干部。

1月27日　为敌人趁中朝军队休整之机于25日发起进攻之事，同彭德怀、金日成、朴宪永、邓华等协商后于24时致电毛泽东。

2月4日　周恩来致电彭德怀并告高岗：前方是否需要成立志愿军后勤司令部受志愿军司令部指挥，归东北军区后勤部管理，请你决定，以便军委早做决定。

2月5日　彭德怀致电毛泽东、高岗：金日成来此商议，他对目前力争停止敌人前进、稳步打开战局并从各方面加紧准备仍作长期艰苦打算的方针是完全同意的。

2月8日　彭德怀致电军委、高岗：2月7日来电坚持长期作战，采取轮番作战方针，我们完全同意。唯十三兵团四个军置平壤以南地区修补，作为二番兵团的临时预备队，防止意外事故。

同日　毛泽东致电高岗等，批示转发山东分局关于镇反工作的报告。

2月9日　周恩来为中共中央起草致高岗、饶漱石、陈毅、邓子恢、叶剑英、邓小平、习仲勋电："请于2月13日晚，赶到北京开会。望准时到达。"

2月20日　出席中央人民政府委员会第十一次会议。会议听取各大区负责人高岗、饶漱石、邓子恢、邓小平、习仲勋关于本地区工作的报告，并通过《中华人民共和国惩治反革命条例》。

2月27日　在东北人民政府委员会第三次扩大会议上作《巩固国防，发展经济》的工作报告。

3月1日　与从北京前来沈阳的彭德怀商议后方支援问题。

3月3日　周恩来致电彭德怀、高岗并报毛泽东，告以第二番部队调动的行进情况、朝鲜境内机场修建的安排、空军出动计划、装甲兵出动计划、炮兵出动计划、运输计划、医院床位设置计划等。

同日　在东北人民政府委员会第三次扩大会议上作会议总结。

3月5日　彭德怀于安东致电高岗等：据辽东军区王副司令员谈，近有逃兵携带武器三五成群、抢劫勒索等不法行为，在安东收容达数百人，其他地区也可能有同样情况，请严令各省军区收容，情节严重者必须就地公审给予纪律制裁。

3月8日　在东北第五届公安工作会议上发表讲话，指示要坚决镇压特务。

同日　在沈阳市庆祝三八国际妇女节大会上发表讲话。

3月11日　周恩来致电彭德怀并报毛泽东、高岗，提出在朝鲜修建机场应“采取逐步前进的方针”。

3月21日　在东北工人政治大学开学典礼上发表讲话。

3月22日　彭德怀致电周恩来、高岗：根据目前情况，铁路应以军运为主，在不影响战争的情况下，适当照顾国民经济，现志愿军供应困难，兵力增加。朝方如不同意，则请金首相另行提出办法，但需确保军运如数完成。

同日　周恩来致电彭德怀、高岗并报毛泽东，告以本月15日菲利波夫来电内容和中、朝、苏三方空军入朝作战前的兵力准备、机场修建情况和对指挥机构设置的意见。

3月25日　周恩来复电彭德怀并告高岗并报毛泽东：“同意十五军不参加机场修建仍去前方。三十八、三十九、四十三各军因经长时作战，消耗急需补充，故其待补之新老兵亦不宜再留作修建机场之用。”次日，再电彭德怀并告高岗并报毛泽东：经与有关方面商谈后，决定调四十七军前往朝鲜担任修建机场任务，预计当在4月中旬到达目的地。

3月28日　周恩来致电彭德怀并高岗，告以同沙哈罗夫商谈我在朝鲜修建机场的最后结果。

同日　彭德怀致电周恩来、聂荣臻并高岗："如空军4月底不能入朝，现有运输工具将遭更大损失，供应全无保障，对下一战役影响颇大。盼请多方促成。"

同日　东北荣军一等模范张义德同志给高岗写信，报告自从开完东北首届劳动模范代表大会回村后的生产工作情况和获得的成绩。高岗阅后予以嘉勉："来信报告组织生产、优待军属、训练民兵和帮助小学的工作。这些工作都做得很好。并在抗美援朝运动、生产和其他工作中都起了带头作用。张义德同志的确保持与发扬了革命军人的优良品质。我们希望每一个荣誉、复员军人都能这样做，成为人民的好榜样。"

3月30日　毛泽东致电高岗等，批示转发黄克诚关于湖南镇反问题的意见。

4月2日　毛泽东致电高岗等，批示转发中南局传达讨论政治局扩大会议精神的报告。

4月7日　毛泽东致电高岗等，批示转发福建省关于镇反情况的报告。

4月初　复函沈阳广播电台，说："你们用广播的办法，推动工人生产竞赛，鼓舞工人生产热情，是很好的。希望你们继续努力，取得更好的成绩。"

4月10日　复函第七水泥厂全体职工，祝贺该厂去年完成计划171%，勉励再接再厉，为超额完成1951年生产任务而奋斗。

同日　毛泽东致电高岗等，批示转发天津市关于企业系统查出内奸的情况报告。

4月16日　周恩来和聂荣臻就各特种兵参加第五次战役问题，联名复电彭德怀并告高岗并报毛泽东。

4月17日　毛泽东致电彭德怀并告高岗，注意对付敌可能降落伞兵。

4月18日　与东北人民政府李富春副主席，东北局组织部陈伯村副部长，东北人民政府工业部王鹤寿部长、吕东副部长、安志文副部长等20余人，到工业部高速切削训练班检阅该班第一期学员学习苏联高速切削操作技术的成绩。高岗对训练班学员们的成就予以赞扬，鼓励他们更加熟练地掌握新的技术，提高技术能力。

4月21日　毛泽东致电高岗等："下面是师哲同志的报告，其中说到各地招待外宾的缺点，请加注意，尔后不要过分和不适当。"

4 月 28 日 周恩来为中共中央起草致彭德怀并告高岗电："同意来电所拟作战方针及在这一战役结束后的兵力部署，望即照此执行。"

4 月 30 日 沈阳市 38 个提前完成生产任务的单位，通过电台向毛泽东、高岗报捷。

同日 中共中央东北局书记高岗向东北全体职工发表广播讲话。说："我们庆祝五一劳动节，庆祝中国人民反帝国主义斗争的伟大胜利，庆祝中国人民土地改革和镇压反革命的伟大胜利，庆祝我们国防建设与经济建设的成就。这是中国人民的功劳，是中国工人阶级的功劳，是毛主席的功劳，是工人阶级中的劳动模范、工作模范与先进生产者的功劳。"

5 月 16 日 毛泽东致电高岗等，批示转发邓小平关于土改、镇反、抗美援朝的综合报告。

同日 毛泽东致电高岗："清理'中层'问题中央将于数日内发一指示，请你接此指示后将你们的指示作适当修改，然后发出实施。请由汪金祥向你面报。"

同日 刘少奇致电高岗："关于在国营工厂中实现统一领导问题，华东城市工作会议及其他多数同志都主张在工厂中建立党委来实现这种统一领导。理由是我们暂时还没有或少有既懂得经济工作的技术又懂得党与群众工作的干部来管理工厂。因此，在工厂中实行一长制是难于管理好工厂的。而以党委方式来实行集体领导，则既可补足厂长的某些缺点，又可统一各方面主要是党、政、工、团的领导。""党委负责制，并不取消或妨碍厂长负责制，相反，它加强并支持厂长负责制，同样，也加强党的、工会的、青年团的工作，各方面的缺点则可以得到一些补助，少犯一些错误。"

5 月 21 日 彭德怀电致毛泽东、高岗："以前各役携带五天粮食可打七天仗，因就地可补之，现在携带七天粮食只打五天仗，因战斗中耗损，就地难补，据此我军继续前进，不易消灭敌人，不如后撤，使主力休整，以逸待劳，寻机歼敌。"

5 月 22 日 毛泽东致电彭德怀并告高岗："21 日 23 时电悉。根据目前情况收兵休整，准备再战，这个处置是正确的。"

5 月 23 日 复函东北林业全体职工，表扬东北 10 万林业工人超额完成秋采冬运任务。说："由于你们以爱国主义精神艰苦努力地工作和贯彻了合理采伐方针，使 1951 年秋采冬运的计划完成 102%，给国家节省了 508000 立方米木材，是值得表扬的。希望你们再接再厉，总结采伐经验，为完成与超额完成1951年全年木材生产运输任务而奋斗。”

5月26日　彭德怀以志愿军党委名义致电高岗：根据各军反映，目前部队有些干部情绪消极，对战争长期性、艰苦性感到厌倦，认为没有飞机、大炮、坦克配合，很难大量歼灭敌人，埋怨飞机不出动，炮、坦不配合。对四五次战役未取得很大胜利表示不满，顾虑今后作战会更困难，特别因供应困难而对战争胜利表示怀疑。

5月31日　毛泽东致电彭德怀并告高岗，同意阻敌和兵力调动计划。

同日　毛泽东致电高岗等，批示转发邓子恢关于城市工作的报告。

6月2日　在东北局召开的城市工作会议上作总结。这次会议于5月18日至6月2日召开。出席者有东北省市一级领导工业生产的行政、党务、工会、青年团的主要领导干部与某些重要工矿企业的经理、厂长、党委书记与工会主席等共382人。

6月初　金日成到北京，与中方研究朝鲜停战问题。中共中央决定派高岗陪同金日成前往苏联。

6月11日　与张闻天会晤，张闻天代发高岗致毛泽东电。

6月12日　由张闻天陪同与师哲看望在苏联养病的林彪，谈到朝鲜的战争与和平等问题。

6月13日　会见斯大林。

6月13、15、17日　与张闻天多次会面，交谈朝鲜停战谈判的问题。张闻天提供了苏使馆获悉的朝鲜战争的最新消息，并请高岗转告马洪设法送一些国内情况的材料。

6月17日　离开莫斯科返回国内。

7月1日　参加东北区各民主党派联合举行的庆祝中国共产党诞生30周年大会。会议由国民党革命委员会东北临时工作委员会、中国民主同盟东北总支部临时工作委员会、民主建国会沈阳分会筹备委员会等东北区的民主党派联合举行。高岗代表中共中央东北局接受了各民主党派向中国共产党的献旗，并致答辞。大会最后通过了向毛主席及中共中央的贺电。

同日　东北森林工业总局致信高岗，保证完成并超额完成木材生产任务，加速资金周转，节省二十万吨粮食。

7月2日　凌晨4时，毛泽东就准备和谈会议有关问题致电彭德怀并告金日成、高岗。

同日　24时，毛泽东就同敌方代表准备和实行谈判期间我军部署问题致电彭德怀、高岗并告金日成。

7月9日　回信嘉勉东北森林工业总局。说：“看了你们七一给我的电报十分高兴。希望你们团结森林工业方面全体职工，积极增产木材，超过1952年采伐任务，实行合理采伐与合理制材，并实现你们所提出的为国家节省流动资金二十万吨粮食与各项提高效率、降低成本的光荣任务。”

7月16日　关于镇反问题致信辽西省委。

7月20日　毛泽东就做好尤金来华的接待工作问题致电高岗：“菲里波夫同志同意我们的要求，再派尤金同志来中国帮助我们做理论教育工作，为时三个月。现尤金同志已于7月15日动身，7月21日可到满洲里，请即派妥人好好接待。他到东北后，请你和他恳谈一次。如他愿先来北京，则请派人护送来京。如他愿意先在东北各城市向我们的干部作理论讲演，及参观工厂学校农村则请你给以布置，派出有能力的翻译人员引导人员及保护人员。在各处布置适当数目的干部听讲会及座谈会。”

8月1日　毛泽东就九月战役的部署问题致电彭德怀、高岗。

8月21日　毛泽东为征询对邓华所提作战方案的意见致电彭德怀、高岗。

8月31日　彭德怀致电毛泽东、高岗：“（一）菲兄提议派约一百人的顾问团来朝很好。很有必要。但不知翻译能否解决如此之多。（二）邓、洪二同志由京回部只谈起有顾问来此，未谈多少和征求我的意见。”

同日　在东北局各直属机关干部会议上作报告，号召展开反对贪污、腐化、官僚主义的斗争。

9月27日　收到彭德怀致中央军委并空军司令部、高岗、贺晋年电，提出关于空军指挥员和指挥机构组建的建议。

9月29日　复信辽阳市第一届工属代表会议全体代表，祝贺提前完成生产任务。

9月30日　复函机械工业管理局全体职工，祝贺提前完成生产任务。

同日　彭德怀致电毛泽东、高岗，提出11月初发起战役较好。

10月1日　分别复函鞍山钢铁公司钢管厂全体职工和轻工业管理局全体职工，祝贺提前完成生产任务。

同日　在沈阳市国庆纪念日阅兵典礼大会上发表讲话。

10月17日　毛泽东在转发高岗关于东北农村生产合作互助运动报告上批示："刘、周、朱、陈、彭真、陈伯达、胡乔木、杨尚昆：此件请阅，阅后请尚昆印成一个小册子，分送各中央局、分局，各省市区党委。同时发给中央各部门、中央政府各党组、此次到中央会议各同志及到全国委员会的各共产党员。"

同日　中共中央在转发这份报告时指出："中央认为高岗同志在这个报告中所提出的方针是正确的。"

10月26日　在东北局干部大会上作报告，号召广泛开展增产节约运动，进一步深入反贪污、反浪费、反官僚主义斗争。

11月20日　毛泽东在中央转发高岗关于"三反"斗争报告上批示："各中央局，并转发分局、各省市区党委、各同级政府党组和各同级军区，并转告中央和各部门首长、中央政府各部门党组：兹将高岗同志于本年11月1日所作关于开展增产节约运动，进一步深入反贪污、反浪费、反官僚主义斗争的报告一件发给你们，中央认为这个报告是正确的。请你们重视这个报告中所述的各项经验，在此次全国规模的增产节约运动中进行坚决的反贪污、反浪费、反官僚主义的斗争。在展开这个运动和这些斗争之后，每一个部门都要派出必要的检查组检查所属的情况，总结经验，向上级和中央作报告。"

11月23日　东北局召开增产节约座谈会，主要讨论如何搞好车间工作的问题，高岗发表讲话。

11月24日　在东北人民政府第十九次行政会议上提出："明年农业生产要为完成二千万吨粮食的生产任务而奋斗。在正常年景情况下，只准超过，不准降低。"

11月28日　在东北人民政府第二十次行政会议上做总结发言，号召发扬艰苦朴素作风，多想办法厉行节约。

12月13日　毛泽东就转发习仲勋关于西北地区反贪污斗争的报告致电高岗等。电文中说："发现贪污问题的严重性和大规模地惩治贪污分子，从东北开始，是由高岗同志亲自动手的。"

12月14日　毛泽东在中央转发高岗关于工矿企业开展增产节约运动报告上批示："各中央局，并转省市区党委、政府工业部门党组和工会党组：高岗同志1951年12月3日关于在工矿中深入车间，开展增产节约运动的报告很好，特发给各地参考。根据这个报告，东北单是国营公营部门，在1951年，截至10月底止，除完成原有生产计划之外，就为国家创造了价值一千多万吨粮食的财富，这是因为我们的工作深入了车间得来的，因而也就改善了工人的生活。这种经验应在全国一切工矿企业中传播，并按自己的条件适当地仿照执行。高岗同志的报告，应在党内刊物上发表。”

12月21日　周恩来致电高岗、饶漱石、邓小平、薄一波、邓子恢、习仲勋，说明《政务院关于调整机构紧缩编制的决定》和《各级人民政府编制员额表》待中央审核后即可下发。

12月24日　东北人民政府林业部召开扩大会议，讨论西部防护林带营造计划。高岗于26日出席会议并作报告。

12月27日　在东北妇女二届代表会上发表讲话。

1952年　47岁

1月10日　在中共中央东北局高干会议上作《克服资产阶级思想对党的侵蚀，反对党内的右倾思想》的报告。

1月14日　在东北人民政府办公厅主任王光伟带领七名同志下乡调查所写的报告《金时龙农业生产合作社》上批示：“这个报告极有价值。请各省委、地委、县委、区委、支部、生产合作社、互助组的党员同志，及各级政府的党员同志们认真研究讨论，以便参考这些经验来改进农业生产互助合作的工作。《东北日报》与各省的报纸应该登载这些报告。”

1月31日　毛泽东致电中央和军委各部门、各中央局等，转发东北局关于寻找贪污线索的经验。

同日　毛泽东致电高岗：“1月26日的报告收到。你们清除了大小贪污分子十六万多人，收到了很大成绩，甚为高兴，你们的方针和做法是基本正确的。”

2月9日　毛泽东对高岗关于东北打虎计划报告复电：“东北计划打大老虎四千只，中小老虎二万五千只，为全国六大区第一位。各大区虽然不能都向东北看齐，但要根据自己情况逐步提高预算，批判干部中的右倾思想。”

2月13日　毛泽东就志愿军第一线部队停止“三反”、全力对敌问题致电彭德怀、高岗等。

2月15日　在沈阳市庆祝中苏友好同盟两周年大会上发表讲话。

2月17日　毛泽东就派陈伯达去东北了解情况一事致信高岗："高岗同志：为了解东北五反斗争情况，派陈伯达同志到沈阳看一看，有时间的话去长春哈尔滨两处看一下，一星期到十天回来再去上海一带。陈去后请你给他以指示。"

2月21日　周恩来为中央军委起草致彭德怀、邓华、甘泗淇并高岗、贺晋年电："据许多征候看来，敌人最近在朝鲜所撒放的各种昆虫，显系进行细菌战的行动，应引起我各级领导同志的高度注意。"

2月27日　毛泽东就拍摄"三反"纪录片问题复电高岗："高岗同志：2月26日的电报收到。你的意见很好。凯丰电报中主张拍军队一点是正确的，已采纳。恩来同志已将提纲做了修改（加上拍军队和拍民主人士），我已看过发出。凯丰电报中的其他部分是不正确的，已托陈云陈伯达二同志向你及凯丰说明。凯丰有意见（不论意见正确与否）打电报给我是好的，他以后有意见还可以打电报来。有意见不打电报则不好。以上请告凯丰。3月中旬或下旬中央可能开一次会，那时你再来京，目前不要来。"

3月4日　毛泽东就感谢苏联专家对鞍钢建设的援助复电高岗："高岗同志：2月28日电悉。拟陈云同志会后，就苏联冶金设计院长对鞍钢的恢复与改建的设计工作的成就，以我名义电斯大林同志致谢。对设计院长赫列波尼可夫同志本人，拟由政务院送给感谢状一纸。如其很快回国，则此感谢状将另行补去。"

3月16日　周恩来致电高岗：在动员人民反对细菌战、进行灭虫消毒的防疫运动时，"要教育人民既不麻痹，也不恐慌，使一切防疫力量都能有效地用在紧急措施上面，并告公安部门注意破坏分子的活动。"

3月29日　与林枫等视察并试用第一批国产的新式马拉农具（其中播种机系国产第一台）。高岗手扶犁耕地，坐在圆盘耙上耙地，并勉励沈阳农具工厂职工再接再厉，提高质量，为农民生产出更多更好的新式马拉农具来。

4月6日　赴铁岭农村视察春耕情况。在黑牛圈村，高岗邀集村长、互助组组员、农业生产合作社社员和个体农户等十余人进行座谈。在听取了关于春耕生产情况的介绍后，高岗详细地询问了每一个农民的家庭生活情况后，说，农业生产合作社今年是试办，一定要办好，等试办好以后大家再学。高岗向村长说："村长不要有强迫命令，要密切联系全体劳动农民，领导老百姓把生产搞好。凡是对人民有利的事，就积极去办；对人民不利的事，就绝不要办。人民有权选择给自己办好事的人，去代替那些不给人民办好事的领导者。”

4月7日　出席东北人民政府第二十四次行政会议，并发表讲话，要求各级党组织、人民政府和群众团体必须很好地组织工人农民的生产积极性，迅速地推动经济建设高潮的到来。

4月9日　赴抚顺县检查春耕情况。适值该县召开全县区村干部会议布置春耕，高岗首先听取了县、区负责同志关于全县备耕情况的汇报，然后又询问了备耕及农村工作的其他情况，最后在全县的区村干部330余人的大会上发表了讲话。

4月11日　参加东北工人政治大学建筑班结业典礼，并发表讲话。

4月17日　陈云签发中财委复高岗、王鹤寿等并报周恩来电，说：本钢厂的恢复及两台高炉的设计由他们与苏联方面商定，但此工程不得妨碍本溪将来的总体发展。

4月18日　组织召开东北局的负责干部学习毛泽东的《矛盾论》。高岗亲任东北局学习《毛泽东选集》学习组组长，并决定每两个星期学习讨论一次，讨论前每个参加会议的同志均须充分准备，并联系当前革命斗争和工作中的问题。

4月26日　《东北日报》发表了东北局宣传部办公室的文章：《高岗同志怎样领导〈矛盾论〉的学习》。

5月7日　在东北一级机关、各省市及厂矿干部大会上作《开展爱国生产竞赛，为完成国家工业生产计划与增产节约800万吨粮食的财富而奋斗》的报告。

5月13—20日　出席中共中央东北局全体委员扩大会议，在会上做了《关于东北地区“三反”“五反”运动的基本总结》的报告。

5月27日　与林枫副主席接见了中国人民志愿军归国代表团和朝鲜人民访华代表团的全体代表。高岗在致辞中代表东北人民政府和东北人民对代表们表示热烈欢迎，赞扬了朝鲜人民、人民军和中国人民志愿军对保卫世界和平和人民民主事业的伟大贡献，并表示东北人民将继续加紧抗美援朝工作，支持中国人民志愿军，取得抗美援朝的最后胜利。

6月12日　在工业部和东北总工会联合召开的先进生产经验推广大会上发表讲话。

7月9日　周恩来向中共中央和中央军委报告：“前承中央同意并决定以彭副主席兼代总长，主管军委常务。我请求即日起解除我军委日常工作，直接向主席及中央负责，此后一切经我处转呈主席或交我阅办的军委文件，均改送彭副主席处理。”除代总参谋长仍由聂荣臻担任外，这一报告中各项均被批准。彭德怀对到军委工作一再推辞，到毛泽东处举荐改由高岗或邓小平担任，自己去搞农业，但未获批准，遂服从了中央决定。

7月17日　参加欢迎中央访问团大会并发表讲话。代表中央人民政府和毛泽东主席来东北访问的各少数民族代表团以彭泽民为团长，萨空了、朋斯克、阿艾沙为副团长。欢迎大会在市人民体育场举行，东北各族各界2.3万余人参加了大会。

7月21日　《东北日报》发表了橡胶四厂全体职工向高岗主席的报捷信。

8月31日　在东北一级党员干部会议上作《反对贪污腐化、反对官僚主义》的报告。

9月22日　出席青年团东北委员会第三次全体会议并作报告。

9月23日　毛泽东致电高岗：“请你早日来中央着手建立由你担负的工作。何时可来，盼告。习仲勋同志明日可到北京担负中宣及文委工作。周总理陈云同志明日可回京，并告。”

10月1日　为庆祝中华人民共和国成立三周年，欢宴来沈阳市参加国庆观礼的战斗英雄与工农业劳动模范及各少数民族代表。

同日　在《东北日报》发表《迎接经济建设新时期——纪念中华人民共和国成立三周年》文章。

10月8日　奉调进京，住翠花湾东北办事处。半月余返回沈阳处理有关事宜。

10月26日　在东北一级党员干部会议上作《全面开展增产节约运动，进一步深入反贪污、反浪费、反官僚主义的斗争》报告。

11月10日　在中共中央东北局召开的东北农村工作会议上发表讲话。

11月15日　中共中央决定，在中央人民政府下建立国家计划委员会，高岗任主席，陈云等15人为委员。

11月28日　出席东北人民政府委员会扩大会议并作报告。

12月初　由沈阳调到北京工作。来京后仍住翠花湾，1953年1月搬到东交民巷8号。

12月21日　毛泽东对东北农村工作会议有关文件批语："周、朱、陈、薄阅，尚昆办。此件经廖鲁言、陈伯达二同志研究过。其修改几点伯达和我谈过，并得高岗同志同意。你们如无时间，只看东北局报告及中央复电即可。"

12月25日　毛泽东对高岗报送的在苏共十九大文件学习讨论会上的发言批语："周、邓、陈、薄、曾山同志阅。退高岗同志：此件很好，使人一看知道我们商业工作的问题在什么地方。不知此次商业部会议的结果是否与高岗同志在此件中所说明相同。请曾山同志告我为盼。"

12月27日　《东北日报》发表了高岗在东北妇女二届代表大会上的讲话。

1953年　48岁

1月4日　毛泽东就曾山、姚依林关于商业问题的来信批示高岗等。

1月13日　参加中央人民政府委员会第二十次会议，与中央人民政府主席毛泽东，副主席刘少奇、朱德、李济深，秘书长林伯渠等在主席台上就座。

同日　毛泽东就中共中央山东分局第二副书记向明的报告批示高岗等："关于领导责任和领导方法问题——领导的集中或分散的问题，在山东表现得颇严重，在向明这个报告中算是解决了。此问题，不但山东有，在各地也是有的，在中央也是有的。在过去的中央会议上，我曾几次提出过这个问题。向明的报告请你们看一看。中央1月5日的指示附后，请少奇、子恢二同志一阅。"

1月15日　毛泽东对国家计委关于1953年第一季度工作要点问题致信高岗、邓子恢说："1953年1月14日收到的你们关于国家计划委员会去年12月的工作情况与今年第一季度的初步工作要点的报告，我已看过，认为很好，可即照此进行工作。此件并已送各政治局同志阅看。"

1月18日　周恩来书面报告毛泽东并刘少奇、朱德、高岗、彭真、邓小平：对印度尼西亚以大米换橡胶的合同已签，数量虽少，但对打破帝国主义的封锁是有利的。为进一步做好这项工作，我已告曾山、雷任民，将最近时期对属于资本主义体系国家的贸易情况向党中央作一综合报告，以便能在中央会议上作一次专门研究。

1月23日　签署发表《东北行政委员会通告》："遵照中央人民政府委员会第十九次会议通过的《中央人民政府关于改变大行政区人民政府（军政委员会）机构与任务的决定》，东北人民政府已奉命撤销。东北行政委员会业已组织成立，并已收到中央人民政府颁发的铜质方印一颗，决定自即日起，启印办公。除报告中央人民政府外，特此通告周知。"

1月26日　列席中共中央书记处会议。

1月31日　下午列席中共中央书记处会议。

2月1日　列席中共中央书记处会议。

2月8日　列席中共中央书记处会议。

2月17日　周恩来审改中共中央《关于建立计划机构的通知（草案）》。随即致信刘少奇、高岗、薄一波："现在地方各级政府除东北各省外均无计委组织。上次中央关于成立国家计划委员会的电文，亦未提到成立各大区、省、市计划局、处事（原件如此），故在取得高岗同志同意后，特将此二点加以修改。"

2月19日　周恩来根据本年初毛泽东认为政府工作存在分散主义的意见，主持召开关于加强政府各部门向党中央请示报告和做好分工的座谈会。确定高岗负责国家计划工作，董必武、彭真、罗瑞卿负责政法工作，陈云、薄一波、邓子恢、李富春、曾山、贾拓夫、叶季壮负责财经工作，习仲勋负责文教工作，周恩来除主管全面工作外，还负责外交、对外贸易等工作，邓小平负责监察、民族、人事等工作。

3月4日　获悉斯大林突患脑溢血症的消息后，和毛泽东、周恩来、朱德、林伯渠等前往苏联驻中国大使馆会见潘友新大使，对斯大林重病深表关切和慰问。

3月14日　毛泽东关于修筑通往福建的铁路线路问题致信高岗："高岗同志：此件请你与铁道部同志商谈审查，以其结果告我。我意只要工程方面无特别严重困难，较原拟南昌、抚州、瑞金、厦门线为好，闽北、闽南均可满足。惟贵溪至朋口线国民党时期似未留下勘测材料，须重新做，完成时间可能要延长一点。"

3月28日　晚张闻天来访，言及想到计委搞经济工作，高表示欢迎，并答应向毛主席反映。

3月30日　与张闻天谈计划工作。

4 月 2 日　周恩来召集高岗、薄一波、章汉夫、伍修权、李哲人、雷任民等开会，商谈外贸工作问题。

4 月 25 日　周恩来同高岗、邓子恢、薄一波研究在海南岛种植橡胶的问题。

4 月 28 日　中共中央作出《关于加强对中央人民政府财政经济部门工作领导的决定》。该决定对 3 月 10 日中共中央《关于加强中央人民政府系统各部门向中央请示报告制度及加强中央对于政府工作领导的决定（草案）》所确定的政府领导人的分工作出部分调整，决定：高岗、李富春、贾拓夫负责国家计划、工业工作，陈云、薄一波、曾山、叶季壮负责财政、金融、贸易工作，邓小平负责铁道、交通、邮电工作，邓子恢负责农业、林业、水利、供销合作工作，饶漱石负责劳动工作和工资问题。

5 月 6 日　毛泽东致信高岗："高岗同志：此件看过，可用。我只作了一些文字性质的修改，请即送贾拓夫同志照此去讲。""刚才又接到恩来同志的修改稿，他比我看得更仔细，我同意他的修改意见，请高统一加以修改，再交拓夫同志去讲。毛泽东又及。"

5 月 14 日　周恩来签署《政务院关于中央人民政府所属各财政部门的工作领导的通知》。该通知指出：政务院财经委员会的领导任务日益繁重，其领导力量必须加强才能适应建设工作的需要。为此，规定各财经部门的工作分属高岗（重工业部、一机部、二机部、燃料工业部、建筑工程部、地质部、轻工业部、纺织工业部）、邓小平（铁道部、交通部、邮电部）、邓子恢（农业部、林业部、水利部）、饶漱石（劳动部）、陈云（财政部、粮食部、商业部、对外贸易部和人民银行。在陈休养期间，由薄一波代理）五人领导。在五人之下分设五个办公机构，分别称为财委第一（工字）、第二（财字）、第三（交字）、第四（农字）、第五（劳字）办公室；五个方面的联系事项，由总理办公室负责。

6 月 9 日　周恩来约请高岗、邓小平、饶漱石、彭真、薄一波、习仲勋、李维汉、曾山、贾拓夫、齐燕铭等开会，研究召开全国财经会议的有关事宜。

6 月 13 日　由中共中央召开的全国财经工作会议在北京开幕。高岗在会议的第一阶段做了《关于编制五年计划几个问题的意见》的报告，在会议的第二阶段做了"批薄射刘"的长篇发言。

6 月 28 日　周恩来致信毛泽东并转高岗，对高岗《关于编制五年计划几个问题的意见》的报告稿提出修改意见。

7月21日　周恩来约高岗、李富春、邓子恢、饶漱石谈全国财经会议问题。23日，又约朱德、高岗、李富春、邓子恢谈这个问题。

8月初　受党中央派遣访问苏联。11日，代表中国政府与苏联政府签订了《苏联在1953年至1955年给予中华人民共和国在恢复与改建鞍山钢铁公司方面以技术援助的议定》。

8月22日　于东交民巷住所接待彭德怀来访。

8月28日　向军队的高级干部作国家财政经济情况的报告。

10月3日—11月2日　南下休假。先到南京、苏州、无锡，后到上海、杭州、广州，最后经长沙、武汉、郑州返回北京。

11月9日　列席中共中央书记处会议。

11月13日　列席中共中央书记处会议。

11月下旬　与彭德怀一起审阅修改在高干会上的报告稿。

11月28日　列席中共中央书记处会议。

12月4日　出席毛泽东主持的政治局会议，议题之一是讨论彭德怀在高干会上的报告稿。毛泽东此前曾在一次会上讲过彭的这个报告稿没有思想性，彭德怀也曾建议，请高岗主持修改，想趁机把军委日常工作也推给高岗。但在这次会议上毛泽东两次说，还是以彭为主吧。

12月14日　周恩来和高岗、陈云、邓小平、叶季壮等根据对苏谈判的有关情况商议中国同苏联与东欧各国的贸易问题。

12月15日　与彭德怀、邓小平、陈云、杨尚昆、胡乔木列席中共中央书记处会议。会上毛泽东提议，在他外出休假期间由刘少奇临时主持中央工作，刘少奇表示由书记处的同志轮流主持为好。书记处的其他同志都同意由刘少奇主持，不赞成轮流，但高岗坚持轮流。

12月24日　出席毛泽东主持的中共中央政治局扩大会议。会议决定，毛泽东请假休息一个时期，在休息期内，由刘少奇代理主持中央工作。毛泽东在讲话中说："北京有两个司令部，一个是以我为首的司令部，就是刮阳风，烧阳火；一个是以别人为司令的司令部，就是刮阴风，烧阴火，一股地下水。"

12月26日　鞍钢举行三大工程——大型轧钢厂、无缝钢管厂、七号炼铁炉——开工典礼。高岗陪同苏联部长会议副主席兼冶金工业部部长捷沃西安等参加了鞍钢扩建落成典礼。

12月28日　在沈阳召开了由省市委书记参加的东北局扩大会议，在会上传达了毛主席关于增强党的团结的指示。

1954年　49岁

1月3日　毛主席在杭州接见捷沃西安和尤金，说："我们党内，或许也是国内，要出乱子了。"

1月5日　张闻天致电高岗、李富春、贾拓夫并报周恩来与毛泽东，反映苏联方面对我国委托苏联设计并交付成套设备企业工作的两项意见。

1月22日　毛泽东致电刘少奇："杨尚昆同志到此，收到所需文件，并收到高岗同志一信。高岗同志在信里说完全拥护和赞成关于增强党的团结的决议草案，拟在四中全会上作自我批评，想于会前来这里和我商量这件事。我认为全会开会在即，高岗同志不宜来此，他所要商量的问题，请你和恩来同志或再加小平同志和他商量就可以了。关于四中全会开会的方针，除文件表示者外，对任何同志的自我批评均表示欢迎，但应尽可能避免对任何同志展开批评，以便等候犯错误同志的觉悟。这后一点我在1月7日致你和书记处各同志的信中已说到了。如你们同意这个方针，就请你们据此和到会同志事先商谈，并和高岗同志商谈他所要商谈的问题。尚昆同志留此几天即回北京。此电请高岗同志一阅，我就不另复信了。"

1月24日或25日　邓小平向彭德怀谈高岗和饶漱石问题。

1月25日、2月5日　在高岗分别找刘少奇、周恩来、李富春就自己的问题作检讨和解释后，刘少奇、周恩来、邓小平一起，找高岗谈话，对高进行帮助。

1月30日　张闻天来谈话。关于这次谈话，张闻天在日记中写道："关于他的错误，我提了一点，关于个人在活动中的想法，有何个人打算，此点他似乎难于说出。"

2月6—10日　出席中国共产党七届四中全会，并在会议的第一天做了第一次检讨。

2月12日　中共中央政治局扩大会议。会议决定成立由陈云（主持人）、高岗、李富春、邓小平、邓子恢、习仲勋、陈伯达、贾拓夫组成的编制五年计划纲要八人小组，并于2月开始工作。

2月15—25日　周恩来主持关于高岗问题的座谈会。高岗在会议上做了第二次检讨。16日，周恩来受刘少奇委托，在会上转告刘对高岗15日检讨的意见，并介绍高进行分裂活动的有关事实。同日，陈云发言，揭发批判了高岗反对刘少奇、企图当党中央副主席的言行。

2月17日　自杀未遂。晚，中共中央书记处和中共中央政治局先后召开会议，周恩来在会议上汇报了高岗在本日午后自杀未遂的情况和对高的紧急处置办法。政治局会议批准周恩来提出的各项办法。

2月28日　毛泽东对周恩来在高岗问题座谈会上的发言提纲进行修改。毛泽东在修改中写道：高岗虽有其正确的有功于革命的一面，但他的个人主义思想和私生活的腐化却长期没有得到纠正和制止，并且在全国胜利后更大大发展了，这就是他的黑暗面。他在最近时期的反党行为，是他黑暗面发展的必然结果。

3月3日　中共中央发出周恩来在高岗问题座谈会上的《发言提纲》，决定将该提纲作为向地委书记和解放军军党委以上作口头传达时的材料。

3月4日　周恩来在有2400人出席的高级干部会议上作关于中共七届四中全会精神的传达报告，介绍会议的情况和关于高岗阴谋活动的主要事实以及应该吸取的经验教训。

同日　毛泽东在合众社2月26日发自东京的一篇电讯稿上批示："合众社传日本人论高岗，值得注意。""日本情报机关对高岗很熟悉，美日两情报机关是合作的。"

3月26日—4月24日　中共中央东北局召开全区党的高级干部会议，传达了中共七届四中全会的决议，并检查了东北地区党的工作。出席会议的有517人，列席的190人。会议第一天由东北局代理书记林枫主持，首先听取了周恩来关于中共七届四中全会决议和高岗、饶漱石问题以及初步结论的传达报告，详细介绍了高、饶进行反党分裂活动的主要事实，批判了高、饶的资产阶级极端个人主义思想，共有42人在会议上发言。4月24日，东北地区党的高级干部会议通过了《东北地区党的高级干部会议关于拥护七届四中全会和讨论高岗、饶漱石问题的决议》。

4月2日　晚上，习仲勋、贾拓夫奉周恩来总理的指示，来到了东交民巷8号，对高岗进行帮助。

4月3日　高岗给周总理并毛主席写了一封信，表示要"沉痛认罪，向党中央和主席彻底交待”。

4月17日　毛泽东对罗瑞卿在东北地区党的高级干部会议上的发言稿批语：“此件可用。略有修改。”

8月17日　高岗服安眠药自杀，周恩来、彭德怀等前去看了高的遗体。

8月31日　周恩来将以毛泽东名义发出的关于高岗自杀问题给苏共中央的通报送毛泽东批发。通报说：“对于高岗的自杀事件，中共中央决定对外暂不公布。同时，中共中央决定将高岗及另一中共中央委员饶漱石的反党反中央及阴谋篡夺党和国家最高权力的罪恶行为，向中共全体党员和中国新民主主义青年团全体团员进行传达，对中国国内的各民主党派、人民团体和在政府机关工作的党外干部，亦作适当通知。中共中央还决定将“高饶事件”通知各兄弟国家的党中央，并以书面向苏共中央作如上的通知。”

9月1日　中共中央向苏共中央通报了高岗自杀情况。

1955年

3月21—31日　中国共产党全国代表会议在北京举行。会议听取了邓小平所作的关于高岗、饶漱石反党联盟的报告，通过了《关于高岗、饶漱石反党联盟的决议》。

三 参考书目

（一）文集

《毛泽东选集》，人民出版社 1991 年 6 月出版。
《毛泽东文集》，人民出版社 1999 年 6 月出版。
《毛泽东军事文集》，军事科学出版社、中央文献出版社 1993 年 12 月出版。
《毛泽东在七大的报告和讲话集》，中央文献出版社 1995 年 4 月出版。
《建国以来毛泽东文稿》，中央文献出版社 1987 年 11 月出版。
《刘少奇选集》，人民出版社 1985 年 12 月出版。
《建国以来刘少奇文稿》（1—4 册），中央文献出版社 1998 年 11 月出版。
《建国以来刘少奇文稿》（5—7 册），中央文献出版社 2008 年 11 月出版。
《刘少奇论新中国经济建设》，中央文献出版社 1993 年 10 月出版。
《周恩来经济文选》，中央文献出版社 1993 年 2 月出版。
《周恩来军事文选》，人民出版社 1997 年出版。
《邓小平文选》，人民出版社 1989 年 5 月出版。
《陈云文稿选编》，人民出版社 1982 年 6 月出版。
《张闻天选集》，人民出版社 1985 年 8 月出版。
《彭真文选》，人民出版社 1991 年 5 月出版。
《邓子恢文集》，人民出版社 1996 年 7 月出版。
《林伯渠文集》，华艺出版社 1996 年 3 月出版。
《中共中央文件选集》，中共中央党校出版社 1991 年 3 月出版。

（二）年谱

《毛泽东年谱》，人民出版社、中央文献出版社 1993 年 12 月出版。
《刘少奇年谱》，中央文献出版社 1996 年 9 月出版。
《周恩来年谱》，中央文献出版社 1997 年 5 月出版。
《任弼时年谱》，中央文献出版社 1993 年 12 月出版。
《陈云年谱》，中央文献出版社 2000 年 6 月出版。
《彭德怀年谱》，人民出版社 1998 年 3 月出版。
《贺龙年谱》，人民出版社 1996 年 2 月出版。
《彭真年谱》，中央文献出版社 2002 年 10 月出版。
《王稼祥年谱》，中央文献出版社 2001 年 12 月出版。
《朱德年谱》，中央文献出版社 2006 年 11 月出版。
《杨尚昆年谱》，中共党史出版社 2007 年 7 月出版。

（三）传记

《毛泽东传》（1893—1949），中央文献出版社 1996 年 8 月出版。
《刘少奇传》，中央文献出版社 1998 年 10 月出版。
《周恩来传》，中央文献出版社 1998 年 2 月出版。
《任弼时传》，中央文献出版社 1994 年 4 月出版。
《张闻天传》，当代中国出版社 2000 年 8 月出版。
《罗荣桓传》，当代中国出版社 1991 年 12 月出版。
《李富春传》，中央文献出版社 2001 年 11 月出版。
《邓子恢传》，人民出版社 1996 年 7 月出版。
《刘志丹传》，解放军出版社 1992 年 9 月出版。
《谢子长传》，中国青年出版社 1994 年 3 月出版。
《王泰吉传奇》，中共中央党校出版社 1996 年 5 月出版。
《贾拓夫传》，中共党史出版社 1993 年 3 月出版。
《安子文传略》，山西人民出版社 1985 年 11 月出版。
《林枫传略》，中国人民解放军总参谋部一二〇师战史编写办公室 1995

年 12 月编写。
《陈云传》，中央文献出版社 2005 年 6 月出版。
《陈正人传》，中共党史出版社 2007 年 5 月出版。
《朱理治传》，中共党史出版社 2007 年 7 月出版。
《彭真传略》，人民出版社 2007 年 9 月出版。
《习仲勋传》上卷，中央文献出版社 2009 年 5 月出版。

（四）回忆录

彭德怀：《彭德怀自述》，人民出版社 1981 年 12 月出版。
薄一波：《若干重大决策与事件的回顾》，中共中央党校出版社 1991 年 5 月出版。
《领袖元帅与战友》，人民出版社 2002 年 3 月出版。
《领袖元帅与战友》（图文本），中央文献出版社 2008 年 1 月出版。
杨尚昆：《追忆领袖战友同志》，中央文献出版社 2001 年 9 月出版。
《杨尚昆日记》，中央文献出版社 2001 年 9 月出版。
李维汉：《回忆与研究》，中共党史资料出版社 1986 年 4 月出版。
李锐：《庐山会议实录》，河南人民出版社 1999 年 6 月出版。
师哲：《在历史巨人身边》，中央文献出版社 1991 年 12 月出版。
刘英：《我和张闻天命运与共的历程》，中共党史出版社 1997 年 8 月出版。
《刘英自述》，人民出版社 2005 年 10 月出版。
扬帆：《断桅扬帆》，群众出版社 2001 年 9 月出版。
《胡乔木回忆毛泽东》，人民出版社 1994 年 9 月出版。
《谢觉哉日记》，人民出版社 1984 年 4 月出版。
《程子华回忆录》，解放军出版社 1987 年 12 月出版。
《叶子龙回忆录》，中央文献出版社 2000 年 10 月出版。
《杨易辰回忆录》，中央文献出版社 1996 年 6 月出版。
《赵德尊回忆录》，中央文献出版社 1998 年 9 月出版。
《最后的遗言——赫鲁晓夫回忆录续集》，东方出版社 1997 年 3 月出版。
《郭洪涛回忆录》，中共党史出版社 2004 年 1 月出版。

张明远：《我的回忆》，中共党史出版社2004年4月出版。

张秀山：《我的八十五年——从西北到东北》，中共党史出版社2007年3月出版。

王光美：《我与刘少奇》，中央文献出版社2006年10月出版。

（五）研究著述

《横山县志》编撰委员会：《横山县志》。

吴志渊：《西北革命根据地的历史地位》，湖南出版社1991年4月出版。

房成祥等：《陕甘宁边区革命史》，陕西师范大学出版社1991年5月出版。

高新民等：《延安整风实录》，浙江人民出版社2000年7月出版。

宋晓梦：《李锐其人》，河南人民出版社1999年6月出版。

魏燕茹：《张闻天在合江》，中共党史资料出版社1990年6月出版。

中共哈尔滨市委党史研究室：《中共中央北满分局》，黑龙江人民出版社1998年6月出版。

刘统：《东北解放战争纪实》，东方出版社1997年8月出版。

唐洪森：《国共征战大东北》，科学普及出版社1999年5月出版。

编审组：《辽沈决战》，人民出版社1988年10月出版。

余建亭：《陈云与东北的解放》，中央文献出版社1998年6月出版。

军事科学院军事历史研究部：《抗美援朝战争史》，军事科学出版社2000年9月出版。

中国人民抗美援朝总会宣传部编：《伟大的抗美援朝运动》，人民出版社1954年4月出版。

林蕴晖：《共和国年轮，1953》，河北人民出版社2001年9月出版。

高化民：《共和国年轮，1955》，河北人民出版社2001年9月出版。

鲁彤等：《刘少奇在建国后的20年》，辽宁人民出版社2001年2月出版。

杨奎松：《毛泽东与莫斯科的恩恩怨怨》，江西人民出版社1999年7月出版。

张文武等译：《中苏走向联盟的艰难历程》，新华出版社2001年12月出版。

陈春华等译：《斯大林与中国》，新华出版社 2001 年 1 月出版。〔俄〕A·M·列多夫斯基著。

李建彤：《反党小说〈刘志丹〉案实录》，星克尔出版（香港）有限公司 2007 年 5 月出版。

赵家梁、张晓霁：《半截墓碑下的往事：高岗在北京》，大风出版社（香港）2008 年 7 月出版。

（六）档案资料

在中共中央档案馆、辽宁省档案馆、黑龙江省档案馆、陕西省档案馆、延安市档案馆、横山党史办等处查阅的档案资料。

（七）报刊资料

《东北日报》、《解放日报》、《人民日报》、《新中华报》、《解放》等报刊上登载的有关资料。

（八）访谈材料

访问高岗前妻杨芝芳、妻子李力群，高岗秘书赵家梁、苏丹，当事人马洪、赵德尊、郭峰、安志文，张秀山的儿子张奉生，张明远的女儿张晓霁以及高岗叔伯弟弟高崇礼、高崇道等人的谈话记录材料。

后记

为高岗做传，是件难事。

收集资料难，论证评价难，出版发表难。

自从1995年承担了全国中共党史人物研究会招标的《高岗传》后，我们开始致力于高岗问题的研究。历经七年，直到2002年4月，终于在《中共党史人物传》第82卷发表了一篇5万字的《高岗》小传。

但35万字的《高岗传》书稿却仍然堆砌在案头。

光阴荏苒，又是一个七年。这部凝聚了无数艰辛、反复修改的《高岗传》终于可以和读者见面了。

心情激动却亦忐忑不安。

为了这部传记能够面世，我们的努力仅是一个方面。许多当事人、知情者、老同志以及专家学者，还有中央档案馆、辽宁省档案馆、黑龙江省档案馆、陕西省档案馆、延安市档案馆以及横山县党史办等部门，为我们提供了珍贵的史料、热情的帮助和诚挚的建言。中共中央党史研究室的专家审查了书稿并提出了很好的修改意见。陕西人民出版社的编辑和领导为本书的出版作出了不懈努力。

感激之情，言所难及。

然而，现在呈现给读者的这部《高岗传》，肯定还存在着某些史实未必准确、某些事件不应忽略、某些评述未必得当、某些观点未必正确等等的缺欠。

诚恳地等待着读者的批评指教，也只有在大家的校正下我们才能在以后修改得更好。

谢谢所有关心和帮助这部传记出版的人。

作　者

2010年6月于沈阳